비영리 커뮤니케이션

사회적 약자와 공공 이익을 위한 커뮤니케이션 캠페인

이화학술총서

비영리 커뮤니케이션

사회적 약자와 공공 이익을 위한 커뮤니케이션 캠페인

김영욱 지음

이화여자대학교출판부

책을 펴내며

다윗이 골리앗을 이겼을 때 사람들은 환호한다. 커뮤니케이션 캠페인도 마찬가지이다. 사회적으로 힘을 가진 사람들the powerful을 위한 커뮤니케이션 캠페인은 이미 보유하고 있는 자원의 활용과 효율적인 배분에 의지하는 경우가 대부분이다. 하지만 힘이 없는 사람들the powerless은 다르다. 실패가 프로그램의 실패를 의미하는 것이 아니라 생존과 근거 기반의 박탈을 의미하는 경우가 많기 때문에 더욱 절박할 수밖에 없다. 성공하기 위해서 가진 모든 것을 걸어야 하는 경우가 많고, 진정에 호소하는 신념이 최대의 무기가 된다. 때로는 이러한 열정이 이미 가진 권력에 익숙한 세력들을 무너뜨리는 불씨가 되기도 한다. 이 책에서 비영리 조직과 커뮤니케이션 캠페인을 연결시키는 것은 이러한 사뭇 혁명적인(?) 의도를 담고 있기도 하다.

하지만 이 책의 목적은 다윗과 골리앗의 대결에만 초점을 맞추지는 않았다. 우리가 기대를 걸었던 언론이 공론의 장을 형성하는 데 실패하고 있는 요즈음, 사회 곳곳에서 여러 가지 생각을 가진 사람들이 시민과 직접적인 커뮤니케이션을 시도하고 있다. 하지만 때로는 어떻게 말해야 하는지 몰라서 때로는 어디에 말해야 하는지 몰라서 메아리 없는 함성만으로 울분을 삼키는 경우가 많이 있다. 이 책은 그러한 사람들, 열정은 있지만 구체적인 커뮤니케이션 방법을 모르는 사람들을 염두에 두고 씌어졌다. 크게 보면 커뮤니케이션 캠페인이 사회적으로 힘을 가진 사람들을 위한 도구로만 쓰이는 것이 아니라, 사회적인 약자들이 공론의 장을 형성하고 사회적인 힘의 균형을 회복하기 위해 이용할 수 있다는 사실을 명시했다. 여기서 말하는 비영리 커뮤니케이션은 시민운동, 사회복지, 교육, 의료건강, 아동·청소년, 환경, 지역사회운동 등 사회 모든 비영리 공공 분야에 적용될 수 있다.

이 책에서는 이러한 접근이 이론적인 수준에서 먼저 논의되고 있지만 실행 차원에서 어떻게 응용할 수 있을 것인가도 함께 고민했다. 이 책의 전반부를 차지하는 이론적인 논의들은 실제 비영리 조직이 커뮤니케이션 활동을 영위하기 위해 어떤 철학적인 기반을 가져야 할 것인가를 고민하는 차원에서 구성되었다. 이러한 이론적인 기반이 없다면 실행 차원의 논의는 공허한 방법론의 나열에 불과할 것이다. 따라서 이 책의 목적은 대결이나 갈등의 조장, 이분법적 사고가 낳은 투쟁을 부추기기 위한 것이 아니라, 어느 누구든 공론의 장을 형성할 권리가 있으며 커뮤니케이션을 통해 힘의 균형을 회복할 수 있다는 것을 이론적인 기반과 함께 보여 주려는 데 있다.

이 책의 내용은 시민단체를 포함하는 비영리 조직의 커뮤니케이션 활동을 이론적으로 공부하려는 사람들과 현재 비영리 조직에서 일하고 있는 내부 구성원을 염두에 두고 구성되었다. 특히 현재 비영리 조직에서 활동하는 사람들이 커뮤니케이션의 중요성과 사회적인 의미를 좀더 잘 이해함으로써 다윗의 지혜를 가질 수 있기를 바라는 마음이 간절하다. 하지만 이 책은 비영리 조직을 염두에 두고 구성되었지만 공공 이익을 목적으로 하는 어떤 조직에도 적용될 수 있다. 예컨대 공공기관, 군대, 학교, 병원 등 광범위한 조직에 적용 가능하다. 영리를 목적으로 하지 않고, 사회의 공동선을 조직 활동의 근거로 삼고 있다면 이 책에서 주장하는 커뮤니케이션과 공중 관계 접근을 적극적으로 권하고 싶다.

지금까지 비영리 조직과 관련한 연구는 연구자들 나름대로의 전공 영역에 맞게 변수를 선정하여 인과 관계를 측정하거나 사안과 관련한 이해의 폭을 넓히기 위한 노력을 기울여 왔다. 하지만 비영리 조직과 관련한 연구에서 커뮤니케이션학의 관심은 그다지 체계적이었다고 보기 어렵다. 사실상 비영리 조직의 부흥은 시민들의 참여 의식을 고취시켜 사회적으로 커뮤니케이션 기능을 강화하는 중요한 역할을 담당한다. 위르겐 하버마스Jürgen Habermas는 시민 참여 의식의 증대에 따른 커뮤니케이션 공론의 장 확대가 진정한 민주주의를 가져올 수 있다고 보았다. 이러한 중요성에도 불구하고 비영리단체 커뮤니케이션 활동과 관련해서는 전략적인 마케팅 목표 달성 캠페인이라든지, 보건 관련 커뮤니케이션Health Communication, 미디어 알기 운동Media Literacy, 과학 알리기 커뮤니케이션Science Communication 등 주제별 혹은 분야별 필요성에 의해서 단편적인 주제 중심으로 이루어지는 경향이 있었을 뿐, 비영리단체 중심의 커뮤니케이션 활동에 대해서 본격적으로 살펴본 저작은 드물었다.

이제 정부, 시장과 함께 비영리 부문의 사회적인 역할이 점점 커져 가고 있으며, 사회적인 커뮤니케이션의 역할 증대가 비영리 부문의 대내 혹은 대외 커뮤니케이션 활동과 직접적으로 연결되어 있기 때문에 비영리 조직의 커뮤니케이션 활동을 좀더 체계화해야 할 필요성이 대두되고 있다. 또한 비영리 조직과 관련한 연구가 조직관리를 넘어서서 국가와 시장 간의 관계, 국제 혹은 국내 정치적인 관련성, 시민운동과 자원봉사 활동, 기금 조성 활동, 지방자치단체와 복지정책의 관련성, 세계화 등으로 영역을 넓혀 왔지만, 비영리 조직 활동의 가장 핵심이라고 할 수 있는 시민과의 대화, 관련 조직과의 의사소통, 장기적인 기부자 관계의 형성과 유지, 조직 존재 이유의 설파 등 커뮤니케이션적인 측면이 간과되어 왔다는 것은 심각한 결함으로 지적될 수 있다. 이러한 분위기 속에서 커뮤니케이션 영역에서는 그나마 비영리 조직에 꾸준한 관심을 보여 온 영역이 공중 관계public relations 커뮤니케이션이기 때문에 이를 중심으로 비영리 조직의 커뮤니케이션 행위를 분석하는 것은 현실적인 선택이라고 할 수 있다. 따라서 이 책에서 대부분 커뮤니케이션이라고 지칭하는 경우에는 공중 관계 커뮤니케이션과 의미가 혼재되어 쓰이고 있다는 것을 미리 밝혀 둔다.

비영리 조직은 영리를 목적으로 하는 것이 아니라 관련 공중과의 관계 형성을 통해서 자신의 가치를 공유하는 데 목적을 두기 때문에 본질적으로 공중 관계에 기반하는 커뮤니케이션을 실행할 수밖에 없다. 비영리 조직의 커뮤니케이션 활동은 공중 관계 커뮤니케이션을 지칭한다고 해도 과언이 아니다. 또한 공중 관계와 커뮤니케이션은 유사한 개념이다. 공중 관계를 쌓기 위해서 커뮤니케이션해야 하고, 커뮤니케이션을 통해서 공중 관계를 형성해 나간다. 따라서 이 책에서는 비영리 조직 커뮤니케이션과 비영리 조직 공중 관계 커뮤니케이션을 같은 의미로 함께 사용하기로 한다.

한편 본문 중에 비영리 조직의 유형을 나누면서 설명하고 있지만, 현대 사회 비영리 조직의 형태는 너무나 다양하다. 이 책에서 다루는 커뮤니케이션 전략은 모든 비영리 조직에 적용될 수 있지만, 책의 제목에서 밝혔듯이 사회적인 약자와 공공의 이익을 위해 노력하는 비영리 조직에 특히 초점을 맞춘다. 물론 회원의 이익을 위해서 운영되지만 사회적인 공공성을 어느 정도 확보하려는 비영리 조직에도 적용될 수 있다. 하지만 초점은 사회적인 공공성에 있지 회원 간의 이익 도모에 맞추어지지 않았다. 물론 여기서 말하는 공공성은 누군가 그렇게 간단하게 판단할 수 있는 문제가 아니다. 많은 숙의민주주의deliberative democracy 학자들이 고민했던 것처럼 공공성에 대한 판단조차도 커뮤니케이션 활동을 통해서 사회적인 동의와 합의 과정을 거칠 수밖에 없다. 따라서 공공성은 가변적이며 공중과의 커뮤니케이션에 의해서 결정된다.

이 책은 크게 2부로 구성되어 있다. 제1부에서는 비영리 조직의 커뮤니케이션 활동을 위한 이론적인 배경을 다루고, 제2부에서는 이러한 커뮤니케이션 활동을 실행하기 위한 실질적인 방법론으로서 커뮤니케이션 캠페인 과정을 다룬다.

제1부 '이론적인 배경: 비영리 조직과 커뮤니케이션 접근'에서는 비영리 조직과 관련해 왜 커뮤니케이션 접근이 중요한가를 설명하기 위해서 기존의 비영리 조직의 활동과 관련한 전략적인 논의를 소개하고, 커뮤니케이션 접근의 필요성과 전략적인 우위에 대해서 설명한다. 제1장 '비영리 조직과 커뮤니케이션'에서는 우선 다양한 비영리 조직의 정의와 구분을 통해서 우리나라 비영리 조직을 정의하고, 비영리 조직이 수행하는 기능에 대한 전반적인 배경 지식을 설명한다. 제2장 '기존 논의와 새로운 커뮤니케이션 접근: 전략 경영과 사회 마케팅으로부터 진화'에서는 비영리 조직의 발전 전략과 관련한 기존의 전략 경영과 사회 마케팅 논의를 설명하고, 이러한 논의가 가지는 맹점을 극복하기 위해서 커뮤니케이션 접근으로 통합할 필요가 있음을 설명한다. 또한 미션 전략 표현 기능을 중심으로 어떻게 비영리 커뮤니케이션 접근이 통합되어야 하는지 보여 준다. 제3장 '비영리 커뮤니케이션 활동과 사회 공론의 장 확대: 사회적 약자와 공공 이익을 위한 비영리 커뮤니케이션'에서는 본격적으로 비영리 커뮤니케이션이 가지는 사회적인 의미를 천착하고, 비영리 커뮤니케이션과 사회운동의 관계에 대해서 설명한다. 특히 갈등 전략이 가지는 현실적인 의미를 살피고 이를 뛰어넘는 제3의 길을 모색한다. 또한 공론의 장 확대, 가치 보존의 문제, 미디어와의 상호작용, 갈등과 타협의 문제, 소스source 능동주의와 공동선의 추구, 시민운동과 민주주의와 같은 비영리 커뮤니케이션과 관련한 중요한 개념들을 짚어보고, 이를 통해서 비영리 커뮤니케이션이 나아가야 할 방향성에 대해서 설명한다. 또한 현대 사회 비영리 조직의 영향력 증대에 따른 다른 섹터와의 협력 방안에 대해서도 논의한다.

제2부 '실행: 비영리 커뮤니케이션 캠페인'에서는 1부의 배경 지식을 바탕으로 실질적으로 비영리 커뮤니케이션 활동을 실행하기 위한 커뮤니케이션 캠페인 전략과 세부적인 과정에 대해서 논의한다. 비영리 조직의 기능적인 목적과 내부적인 자기 표현 목적을 달성하기 위해서는 공중과의 관계를

중심으로 한 커뮤니케이션 활동이 필요하며, 이러한 활동은 조사, 계획, 실행, 평가, 관계 유지와 같은 단계를 밟아서 실행될 필요가 있다. 이러한 활동은 일시적 · 선형적으로 끝나는 것이 아니며 관계 유지 단계가 다시 조사 단계로 이어지는 연속적인 구조를 이루게 된다. 제2부의 각 장들은 이러한 세부적인 각 과정을 설명한다. 제2부의 실행 과정은 제1부에서 논의된 내용들을 실질적으로 실행할 수 있는 방법을 제시했다는 점에서 의미를 가진다. 이 책에서 이론적인 접근과 함께 실제 사례를 들어 주기 위해서 사용한 미니 케이스 분석은 저자의 탐색 범위 내에서 얻은 정보를 가지고 구성되었기 때문에 실제 캠페인과 다른 부분이 있을 수 있다. 그런 부분에 대해서는 우리나라 비영리 커뮤니케이션에 힘을 보태기 위한 선한 의도를 헤아려서 이해해 주기를 부탁드린다.

지난 2007년 8월부터 1년간 하버드법대에 풀브라이트 교환교수로 머물면서 비영리 조직과 관련하여 법학과 행정학에서 함께 협동 과정으로 개설한 수업을 들을 수 있었다. 이와 함께 경영도서관에서도 비영리 조직 경영과 관련한 많은 전략 경영과 사회 마케팅 저작들을 접하는 기회를 가졌고, 비영리 조직 활동과 관련하여 각 학문 분야에서 개설한 세미나와 학술 발표도 들을 수 있었다. 이러한 과정을 통해서 다시 한 번 확인한 것은 비영리 분야가 어느 한 학문 분야에 의해서 주도되기보다는 관련된 학문을 아우르는 통합적인 접근이 필요하다는 것이다. 하지만 유독 커뮤니케이션 분야에서만 비영리 분야에 대한 기여가 부족하다는 것은 안타까운 일이었다. 최근 한국을 방문한 영국런던경제대학의 저널리즘 및 사회연구소의 찰리 베킷 Charlie Beckett 소장은 미래 저널리즘은 시민과의 네트워크를 구축해야 생존할 수 있다는 의미심장한 말을 남겼다. 지나치게 전문직업화되어 버린 우리나라의 커뮤니케이션 교육과 연구는 시민과의 연대, 지역사회에 대한 기여, 비영리 가치의 고양과 같은 본질적인 커뮤니케이션 문제에 대해서 간과하거나 무시하는 경향을 보여 왔다. 앞으로 커뮤니케이션의 가치가 존중받기 위해서는 우리나라 커뮤니케이션 학자들도 좀더 비영리 분야에 관심을 가지는 것이 필요하고, 비영리 가치와 커뮤니케이션을 연결하는 작업이 필요하다는 생각이 집필 기간 내내 들었다. 이 책이 그러한 노력에 조금이나마 기여하게 되기를 바라는 마음 간절하다. 하지만 이 책은 온전히 현재 시점에서 나로서는 최선을 다한 결과물이다. 미흡한 점이 많지만, 이 책이 조금은 우리 사회의 민주주의가 진보하는 데 도움이 되기를 바라는 마음이다.

무엇보다도 이 책을 쓸 수 있는 기회를 제공해 준 미 풀브라이트재단에 감사의 마음을 전한다. 시민사회의 갈등 해소와 대안적인 방법에 대한 아이디어를 정리할 수 있게 해 준 하버드법대 협상연구소Program on Negotiation에도 감사의 마음을 전한다. 또한 1년간 온전히 연구에만 집중할 수 있는 기회를 준 이화여자대학교와 언론홍보영상학부 선후배 교수님들께도 깊은 감사의 말을 드린다. 책을 읽어 주고 그림 그리기를 도와 준 대학원생 세민, 연선, 유진, 태영, 민주, 비영리 캠페인 사례와 관련해서 조언을 해 준 이화여대 홍보과 직원들에게도 고맙다는 말을 전한다. 나의 점심 친구였던 고故 송용회 선생님과의 즐거운 대화도 이 책을 쓰는 데 많은 도움이 되었다. 이 책의 출간과 더불어 삼가 고인의 명복을 빈다. 아울러 책 출간에 흔쾌히 동의해 주고 책이 형태를 갖추는 데 마지막까지 최선의 노력을 기울여 준 이화여자대학교출판부에도 고마움을 전한다. 갑작스럽게 학교 보직을 맡으면서 지난 연구년 동안 써두었던 내용을 마무리하는 일이 결코 쉽지만은 않았다. 분주한 일상에서 벗어나 조용히 책을 읽고 글을 쓰는 것이 얼마나 귀중한 것인지도 다시 한 번 깨닫게 되었다. 마지막으로 들쭉날쭉한 생활 속에서도 언제나 자기 자리를 지켜 준 아내와 고등학생 아들에게 고맙다는 말을 전한다.

2010년 1월

이화여대 본관에서 저자 씀

차례

제2부 실행: 비영리 커뮤니케이션 캠페인

〈미니 케이스 분석〉 차례

들어가는 말

비영리 커뮤니케이션이란 무엇인가?

비영리 조직에서 커뮤니케이션은 필수불가결한 요소로 자리잡고 있다. 이는 한 조직체로서 비영리 조직에 다양한 영향력을 행사하는 공중과 커뮤니케이션을 통해서 우호적인 관계를 형성하지 않고는 사회 구성원으로 존재할 수 없다는 현실적인 고려를 반영한다. 아무리 좋은 의미와 가치를 추구하는 비영리 조직이라고 할지라도 공중의 지지를 얻지 못한다면 사회에 아무런 영향력을 행사할 수 없다. 비영리 조직의 정당성과 힘은 공중의 지지 정도에 의해서 판가름나기 때문에 커뮤니케이션 활동이 무엇보다도 중요해지고 있다. 이러한 공중에 대한 커뮤니케이션의 중요성은 현대 조직의 공중 관계public relations 커뮤니케이션 이론화와 밀접한 관련이 있다.

시민단체를 포함하여 비영리 조직의 커뮤니케이션 활동을 논의하면서 공중 관계 커뮤니케이션 이론과 논의를 참조하는 것은 공중 관계 커뮤니케이션이 조직과 공중의 관계를 둘러싼 커뮤니케이션 활동을 통칭하는 개념이기 때문이다(김영욱, 2003). 초창기 공중 관계 커뮤니케이션 활동은 언론 관계를 위한 퍼블리시티 혹은 언론 홍보 활동과 유사한 활동으로 인식되었지만, 1980년대 중반 이후 현대 조직에 필요한 커뮤니케이션 이론으로 점차 발전하면서, 말 그대로 공중과의 관계relationships with publics를 형성하기 위한 광범위한 커뮤니케이션 활동을 의미하게 되었다. 따라서 이 책에서는 이러한 학문적인 발전을 반영하여 공중 관계 커뮤니케이션을, 조직을 둘러싼 다양한 공중과의 관계를 형성 · 유지 · 발전시키기 위한 조직의 다양한 커뮤니케이션 활동으로 정의한다.

현대 공중 관계 커뮤니케이션 이론은 조직을 둘러싼 다양한 공중과의 관계 형성을 근간으로 형성되고 있으며, 이는 비영리 조직이 펼쳐나가야 하는 커뮤니케이션 활동, 즉 다양한 공중과 관계를 형성 · 유지 · 발전시켜 나가야 한다는 목적과 그대로 일치한다. 비영리 조직의 커뮤니케이션 활동과 관련하여 여러 가지 명칭이 혼재하여 쓰이지만, 이 책에서는 조직과 공중 간의 우호적인 관계 형성을 위한 커뮤니케이션 활동이라는 의미를 담아 비영리 공중 관계 커뮤니케이션 혹은 간단하게 줄여서 비영리 커뮤니케이션으로 통일해서 부르기로 한다. 한편 제1장(비영리 조직과 커뮤니케이션)에서 논의하겠지만, 비영리 조직은 시민단체Non-Governmental Organization: NGO의 의미를 포함하는 포괄적인 의미로 사용될 수 있다. 여기서 비영리 조직은 시민단체만을 의미하는 것이 아니고 다양한 생활 세계를 근간으로 하는 비영리 조직을 모두 포함하기 때문에 시민단체를 포함하는 포괄적인 의미로 해석하는 것이 바람직하다. 또한 사익보다는 공공의 이익을 위해서 존재하는 광범위한 조직이 이 책에서 설명하는 공중 관계 커뮤니케이션 혹은 커뮤니케이션 활동을 이용할 수 있다.

이 책에서 말하는 비영리 커뮤니케이션 활동은 정부의 대對국민 커뮤니케이션 활동과 기업의 영리를 위한 커뮤니케이션 활동과는 대비되는 개념이라고 할 수 있다. 소제목으로 '사회적 약자와 공공 이익을 위한 커뮤니케이션 캠페인' 활동이라고 명명했지만 사실상 비영리 조직과 시민단체가 사회적인 약자의 위치만을 차지하고 있다고 보는 관점은 항상 적절하지도 않을 뿐 아니라 논쟁의 소지를 내포한다. 여기서 '사회적 약자를 위한 커뮤니케이션 캠페인' 활동이라고 한 이유는 사회경제적인 자원을 정부나 기업이 상대적으로 많이 차지하고 있고, 몇몇을 제외한 비영리 커뮤니케이션의 주체는 사회경제적인 자원의 열세 때문에 커뮤니케이션 활동이 효율적으로 이루어져야만 겨우 생존할 수 있는 어려움에 직면해 있기 때문이다. 따라서 사회적 약자는 특정 단체나 조직을 지칭하는 것이 아니고 비영리 커뮤니케이션의 주체들이 일반적으로 직면해 있는 상황을 의미한다. 즉 사회적인 자원의 열세에도 불구하고 비영리 커뮤니케이션이 그러한 자원의 열세를 만회하는 데 도움을 줄 수 있다는 의미에서 사용한 것이다. 따라서 사회적인 약자라는 개념은 일반적인 자원의 열세를 뛰어넘어 사회적인 권력의 균형을 확보하려는 능동적인 주체의 의미를 포함한다.

비영리 조직의 커뮤니케이션 활동 정도는 우리나라의 민주화, 개방화, 세계화 흐름 등과 관련이 깊다. 권위주의 시대의 비영리 조직은 관변단체이거나 권위주의의 시녀 역할을 하는 경우가 많았고, 일부 시민단체도 실정법상의 합법성을 획득하지 못해 그 활동이 제약적일 수밖에 없었다. 대표적인 공공 조직이라고 할 수 있는 정부도 국민의 서비스 기관으로서의 역할보다는 감시와 통제의 '순사巡査기관'으로 인식되는 경우가 많았다. 하지만 이제 시대가 많이 변했다. 사회 곳곳에서 점점 시민의 힘이 커지고 있으며 시민의 의사가 적극적으로 정책에 반영되고 있고, 지역사회의 중요한 일들을 시민 스스로의 힘으로 결정하는 일이 점점 더 많아지고 있다.

그렇지만 이러한 시민단체를 포함한 비영리 조직의 활성화가 현대 사회의 경쟁 원칙에서 자유롭다고 보기는 힘들다. 기업과 같은 영리 조직이 재화와 서비스를 통해서 경쟁하는 것처럼, 비영리 조직도 서로의 사회적인 의의cause를 놓고 경쟁하는 시대가 오고 있다. 이러한 경쟁은 사회의 한정된 자원resource을 생각할 때 자연스러운 일이다. 그렇다고 내가 하고 있는 일이 좀더 사회적으로 의미가 있고 옳은 일이라고 생각해서, 다른 사람들의 생각을 무시하고 법적으로 혹은 강제적으로 사회 정의를 실현하는 장치가 필요하다고 생각하는 사람이 있다면 이는 권위주의를 다시 부르는 우를 범하는 것이다. 비영리 조직의 활성화도 시장 경제의 원칙 혹은 자본주의의 한계를 벗어날 수 없기 때문이다.

아무리 사회적으로 의미가 있는 일이라고 할지라도 개개인에게는 상대적인 중요도와 가치를 내포하고 있기 때문에 사회 차원에서 대화를 통해 서로 경쟁해 나가는 것이 바람직하다. 예를 들어 보수단체와 진보단체를 놓고 보았을 때, 어느 쪽이 더 사회적으로 공익을 위하고 있는가를 판단하기는 어렵다. 다만 두 조직이 서로 자유로운 공론의 장에서 대화와 커뮤니케이션을 통해 자신들의 의견을 피력하고 자유롭게 비판할 수 있다면, 판단은 시민의 몫으로 남겨질 수 있다. 따라서 비영리 조직의 경쟁은 자유로운 커뮤니케이션의 보장을 통해서 이루어져야 한다. 하버마스가 이상적인 의사소통 상황에서 지적했던 것처럼 내가 말할 권리와 함께 상대방이 말할 권리를 존중하는 것이 비영리단체의 커뮤니케이션 활동에서 가장 우선시되는 원칙이라고 할 수 있다.

한편 비영리 조직의 커뮤니케이션 활동을 진작시킴으로써 언론 주도의 여론 형성 구도를 다양화하는 효과를 거두는 것도 가능하다. 지금까지는 권력을 가지거나 돈을 소유한 집단이 거대한 대중 매체를 이용해서 일방적으로 자신들의 가치를 커뮤니케이션하는 방식이 대세를 이루었지만, 시민이 결성한 비영리 조직의 커뮤니케이션 활동을 통해서 다양한 목소리들이 언론에 반영될 수 있고, 대안 매체를 통해서 기존 언론을 통하지 않고서도 생략되지 않은 건전한 의견들이 공론의 장을 통해서 논의될 수 있다. 여론 형성에 기존 언론을 통한 안전 장치gatekeeping가 필요하다고도 주장할 수 있겠지만, 비영리 조직이 공중을 대상으로 다양한 커뮤니케이션 통로를 형성하여 효과적으로 커뮤니케이션하는 방법을 찾아나가는 것은 민주주의의 발전과 깊은 연관을 지닌다. 지금 우리나라 사회를 뒤흔들고 있는 인터넷의 발전은 이러한 경향과 절묘하게 맞물려 있다.

하지만 이러한 커뮤니케이션 통로의 발전에도 불구하고 비영리 조직은 아직까지 상대적으로 경쟁에 취약한 점이 많다. 물론 자원의 부족 때문이기도 하겠지만, 대부분의 비영리 조직은 스스로 커뮤니케이션 동력을 만들어 내는 데 인색하거나 무능력하다. 이러한 조직은 전략적으로 사고한다든지, 목표에 기반을 둔 기획, 공중 접근, 프로그램 실행, 평가 및 피드백 등에 대부분 익숙하지 못한 것이 사실이다. 이러한 작업은 기업을 비롯한 영리기관에서는 이미 오래 전부터 사용된 것이지만, 몇몇 성공한 비영리 조직을 제외하고 비영리 조직 스스로 사회 가치의 고귀함 속에 안주하면서 바깥 세계의 공중과 커뮤니케이션하려는 노력을 소홀히 해온 것이 정확한 현실 진단이라고 할 수 있다.

사실 영리 조직 중심의 세련된 공중 관계 커뮤니케이션 활동에서 볼 수 있듯이, 사회 전반의 전략적인 사고 능력의 불균형은 사회 전체에 심각한 문제를 초래한다. 예를 들어 정부나 기업은 어떻게 미디어를 활용하는지 오래 전부터 고민해 왔기 때문에 별로 어렵지 않은 방법으로 자신들이 원하는 메시지를 미디어를 통해서 내보낼 수 있다. 하지만 많은 비영리단체나 시민 모임은 자신들의 메시지를 어떻게 남에게 알려야 할지에 대한 이해가 부족한 경우가 많다. 물론 만만찮은 비용도 문제이다. 사실 우리나라에서 대중 매체에 광고할 수 있는 조직이 재벌을 제외하고는 얼마나 되겠는가? 이렇다 보니 우리 사회에 넘쳐나는 메시지들은 힘이 있는 자나 돈이 많은 자 위주의 메시지인 경우가 많다. 이러한 일반적인 경향은 또한 메시지 자체의 신뢰도를 떨어뜨려 어느 누구에게도 좋은 결과를 주지 못하는 '서로 지는lose-lose 게임'이 되어버리는 경우가 많다.

영리 조직과 비영리 조직의 불균형과 함께 정부 등 권력기관과 비영리 조직의 불균형도 문제점으로 지적될 수 있다. 정보의 불균형 수급, 자원 분배권의 행사, 입법과 규제 등을 통해서 정부는 비영리 조직에 상당한 영향력을 행사할 수 있다. 이는 사회 구분 모델인 제3섹터 모델에서 정부와 기업의 힘이 강화되어 시민사회의 힘을 약화시킴으로써 전체적인 사회의 균형을 무너뜨리는 결과를 가져오게 된다. 이런 불균형은 시민사회의 국가와 시장에 대한 견제 기능과 사회 통합과 복리 증진 기능을 현저히 떨어뜨리고 참여를 통한 문제 해결, 공동체주의, 관용과 포용과 같은 사회 가치를 약화시키면서 시민의 생활 세계를 식민지화하는 결과를 초래하게 된다.

이러한 다른 부문과 비영리 조직의 불균형 문제와 함께 비영리 조직 자체의 커뮤니케이션 불균형 문제도 심각한 사회 문제가 되고 있다. 예를 들어 우리 사회에서 미디어의 조명을 받는 비영리단체는 소수의 권력기관화한 시민단체나 비영리단체에 집중되는 형편이고, 이러한 일방적인 집중이 시민사회의 다양한 목소리를 수용하느냐에 대해서는 회의적인 반응이 많다. 또한 비영리 조직 상호간에도 대화를 통한 문제 해결보다는 극한 대립을 통한 선명성 경쟁에 의존함으로써 비영리 부문 전체의 토양을 약화시키는 결과를 가져오기도 한다. 이러한 문제들은 결국 영리 조직을 포함한 일반적인 조직의 사람들이 어떻게 외부와 커뮤니케이션하고 전략적으로 사고하는가를 이해하는 데서 해결의 실마리를 찾을 수 있다. 왜냐하면 아무리 작은 조직이라도 효율적인 커뮤니케이션 활동을 통해 같은 조건에서 경쟁할 수 있는 기반을 조성할 수 있다면 우리 사회의 공론 영역을 확장하는 데 기여할 수 있기 때문이다.

따라서 지금은 이러한 두 가지 불균형의 문제를 해결하고 공론 영역을 확장하도록 커뮤니케이션 활동을 대중화하는 것이 필요한 시점이다. 이 책은 비영리 조직이 공중 관계 커뮤니케이션을 통해서 공중과 좀더 효과적으로 소통하는 방법을 터득함으로써 우호적인 공중 관계를 통해서 사회적인 힘의 불균형을 시정하고, 궁극적으로 대화와 타협을 통해서 공론의 장을 확대함으로써 사회민주주의를 성숙시키는 데 기여하기를 바라는 마음으로 구성되었다.

한편 비영리 조직의 커뮤니케이션 활동이 가져올 사회적인 효력과 함께, 이 책은 공중 관계 커뮤니케이션 활동이 현재 몸담고 있는 영리 중심의 기능주의적인 한계functional fallacy를 벗어나고자 하는 의도 또한 담고 있다. 기능주의의 한계는 흔히 실적 위주 조직 행동의 한계를 의미한다. 사실 지금까지 공중 관계 커뮤니케이션 활동은 영리 조직 중심의 편익 창출과 언론 관계를 중심으로 한 과도한 언론 퍼블리시티 활동—여기서 언론 퍼블리시티 활동은 기사 게재를 중심으로 이루어지는 과도한 언론 중심의 공중 관계 커뮤니케이션 활동을 의미한다—에 집중되어 온 경향이 농후하다(김영욱, 2003).

이렇게 공중 관계 커뮤니케이션 활동을 언론 중심 활동으로 과도하게 축소하는 것은 다양한 공중 관계를 근간으로 이루어지고 있는 현대적인 공중 관계 커뮤니케이션의 발전을 전혀 반영하지 못하는 것이며, 오히려 금권 결탁을 중심으로 이루어지는 언론 퍼블리시티 활동을 통해서 공론의 장을 축소하고 사회적인 엘리트주의를 강화하는 방향으로 작용해 온 것이 사실이다. 따라서 이 책은 오히려 비영리 공중 관계 커뮤니케이션을 통해서 권력과 금력의 차이와는 무관하게 이루어질 수 있는 보편적인 커뮤니케이션 능력에 대해서 논의하고, 사회적인 힘의 균형과 확장된 공론의 장을 추구하는 조직 커뮤니케이션 행위를 보여 주게 된다. 또한 공중 관계 커뮤니케이션이 가지는 긍정적인 사회 역할에 대한 논의와 함께 그 실행 차원의 절차를 함께 살펴보고자 하는 의도를 담고 있다.

제1부

이론적인 배경

비영리 조직과 커뮤니케이션 접근

제1장

비영리 조직과 커뮤니케이션

1970년대 이후 비영리 조직은 국가나 시장이 해결해 주지 못하는 사회적인 문제를 해결하기 위한 대안 패러다임으로 떠올랐고(박상필, 2002), 이제 많은 국가에서 환경, 평화, 인권, 반부패, 빈곤, 여성, 문화 등 사회 전 부문의 문제를 해결하기 위한 중심 세력으로 부상하고 있다. 오늘날은 자본주의 체제의 위기에서 비롯된 시민사회의 정책 참여가 활발하게 이루어지고 있으며, 거버넌스governance의 활성화로 인해서 국가와 시민사회의 권력 배분과 상호 협력이 자연스럽게 일어나고 있다. [박상필(2005) 등의 학자들은 이러한 담론에서 비영리 조직이라는 개념보다는 NGO, 즉 비정부 조직이라는 개념을 사용한다.] 이러한 결과 앞으로 공적 영역이 점점 더 확대될 것이고, 사회 구성원 간 첨예화된 갈등의 해결, 개인화된 욕구 추구의 강화, 공동체 참여를 통한 자아 실현 등을 위해 비영리 조직의 역할은 점점 더 중대되어 갈 것이다. Salamon(1992)의 경우도 비영리 조직이 발달하게 되는 배경을 4대 위기와 2대 혁명으로 설명한다. 4대 위기는 복지국가의 위기,

제3세계의 발전 위기, 환경의 위기, 사회주의의 위기를 말하고, 2대 혁명은 급속한 경제 성장과 커뮤니케이션 기술의 발달을 말한다. 이러한 배경은 대부분의 국가에 비영리 조직의 필요성을 강조하는 강력한 계기가 되었다.

1. 비영리 조직의 정의와 구분

비영리 조직의 정의

비영리 조직Non-Profit Organization: NPO은 제3부문the Third Sector으로 불린다. 제1부문은 합법적인 강제력을 지닌 국가정부 영역이며, 제2부문은 이윤을 추구하는 기업 영역을 말하고, 제3부문은 강제력이나 경제적 이윤 동기에 입각하지 않은 자발적 활동 영역으로서 비영리 조직의 영역을 말한다(Salamon & Anheier, 1997).

이러한 비영리 부문non-profit sector은 자선 부문charitable sector, 독립 부문independent sector, 자원봉사 부문voluntary sector, 면세 부문tax-exempt sector 등으로 매우 다양하게 불리고 있다(Salamon, 1992). 이렇게 비영리 조직에 대한 용어가 다양한 것은 비영리 조직을 일괄적으로 정의하기가 쉽지 않다는 것을 의미한다. 하지만 여기서 분명한 것은 비영리 조직이란 사회적인 가치를 주체적으로 추구하는 어떤 조직체를 광범위하게 의미하는 것이지 사회봉사나 기부 활동philanthropy을 하는 조직만을 의미하지는 않는다는 것이다.

비영리 조직에 대한 일반적인 전제는 비정부 조직Non-Governmental Organization: NGO이라는 것이다. 비영리 조직은 정부의 간섭 없는 독자적 생존이 관건이 되며, 또한 법률적으로 세제 등 지원을 받는다. 따라서 비영리 조직은 영리를 목적으로 일해서는 안 되고 공공의 선을 위해 노력해야 한다. James & Rose-Ackerman(1986)은 비영리 조직을 금전적 잔여분을 배분하는 것이 금지된 민간단체라고 정의한다. 이런 이윤 배분의 금지는 조직 내부의 자발적이고 공식적인 입장을 의미한다. 이보다 더 협의의 정의로는 조세법에 의해 면세 혜택을 받으며, 조세 감면 조치를 받을 수 있는 기부금을 걷을 수 있도록 허용된 조직이 비영리 조직이다. 하지만 이러한 이익 분배나 세금 감면 상태만으로 비영리 조직을 정확하게 정의한다고 보기는 힘들다.

Hay(1990)의 경우 비영리 조직은 비영리적인 서비스를 제공해야 하고, 소득이 사적인 목적으로 분배되어서는 안 된다고 보았다. 또한 조직의 자산이 사적인 목적이 아니라 공공의 미션을 달성하기 위해서 사용되어야 하며, 특정 정치인의 선거 활동을 대변해서도 안 된다고 보았다. 이러한 조건은 비영리 조직의 공익성을 강조한 것이다. 하지만 네 번째 조건이 보여 주는 것처럼, 공익성의 척도는 논란의 여지가 많다. 왜냐하면 간접적으로 비영리 조직이 특정 정치인을 도울 방법은 얼마든지 있으며, 공익성의 경계를 설정하기는 매우 힘들기 때문이다. 공익성의 기준을 적용할 때 광범위한 공익성 기준을 적용할 필요가 여기에 있다. 특정 정치운동을 통해서 한 나라의 정치문화를 향상시킬 수 있다면 그것은 공익성 기준에 부합할 수도 있다. 따라서 공익성은 직접적인 사적 이익을 제외하고 주관적으로 해석될 수 있는 광범위한 영역을 의미한다.

지금까지의 논의를 포함하여 비영리 조직의 정의에 대해서는 Salamon (1992, 1999)의 정의가 가장 많이 인용된다(〈표 1-1〉 참조). 그에 따르면, 비영리 조직은 다음과 같은 여섯 가지 특성을 지니고 있다. 첫째, 공식적이다. 즉 비영리 조직은 공식적인 집회와 모임을 가지는 등 조직화의 특성이 있다. 둘째, 민간 주도적이다. 정부가 아니라 민간이 주도하고, 제도적으로 정부로부터 독립되어 있으며, 정부로부터 자금을 받을 수는 있으나 관료의 통제를 받지 않고 민간이 주도하는 독립적인 기관이다. 셋째, 이익을 배분

표 1-1 비영리 조직의 여섯 가지 특성

1. 공식성formally constituted
2. 민간 주도성private, as opposed to governmental
3. 이익 무분배성not profit-distributing
4. 자주 지배성self-governing
5. 자발성voluntary
6. 공익성of public benefit

하지 않는다. 비영리 조직이 사업 활동을 통해서 이윤을 낼 수는 있지만 그것을 보유하지 않고 다시 조직 활동에 투입해야 한다. 넷째, 자주적 지배 형태를 갖는다. 즉 스스로 활동을 관리하고, 외부의 관리를 받지 않는다. 다섯째, 자발적 참여의 특성이 있다. 비영리 조직의 조직원은 스스로의 자유의사로 참여한다. 마지막으로, 공익 기준으로서 사회 공익을 위해 다수의 이익에 봉사하고 기여하는 것을 의미한다. 공식성, 민간 주도성, 이익 무배분성, 자주 지배성, 자발성, 그리고 공익성이라는 여섯 가지 특성은 비영리 조직을 정의하고 구분하는 일반적인 척도라고 할 수 있다.

또한 비영리 부문은 그 나라의 사회 발전 과정 및 역사적·문화적 특수성에 의해 규정되는 특성을 지닌다. 비영리 조직이 존재하는 상이한 국가들의 상황과 다양한 조직 형태를 고려하여 비영리 조직의 기본 속성을 법률적, 재정적, 기능적, 조직·구조적 측면에서 정리하는 것이 가능하다(Salamon & Anheier, 1996; 김인춘, 1997).

법적 정의legal definition

가장 현실적이고 직접적인 체계는 법령에 따르는 것이다. 비영리 영역이란 법에 따라 조세 감면을 받는 조직들을 지칭한다. 이윤을 조직 구성원에게 배분할 수 없으며, 조직 활동은 면세 대상이 된다. 그러나 국가마다 법적인 적용이 다르기 때문에 이 정의를 사용할 경우, 국가별 비교 연구는 불가능해진다. 미국의 예를 들면, 비영리 조직 중에서 자선 기부금의 연방 소득세 면세 대상 그룹tax-exempt status은 조세법 501(c)(3)에 해당하는 조건을 갖추었을 때만 해당한다(Hay, 1990). 보통 자선적인 성격을 띤 종교·교육·과학·문학 등의 설립 목적을 가지거나, 아마추어 스포츠 정신을 진작하기 위한 조직 또는 어린이나 동물에 대한 잔혹 행위를 예방하기 위한 단체에 자격이 부여된다. 미국의 경우 이렇게 사전에 지정된 비영리 조직에 대한 기부금만 면세 대상이 된다. 이처럼 각국마다 비영리 조직에 대한 정의와 구분, 지원 절차 등이 그 나라의 상황에 맞게 법적으로 정해져 있다.

경제적/재정적 정의economic/financial definition

조직의 수입원에 따라 결정하는 방식으로 UN의 국가회계 체계System of National Accounts: SNA에 의해 채택되고 있다. SNA는 모든 경제 활동을 비영리 영역, 기업 부문, 정부, 가계의 4개 부문으로 나눈다. 비영리 영역은 개인이나 가계 등으로부터의 기여금으로 수입의 대부분을 충당하는 조직을 의미한다.

기능적 정의functional definition

조직이 수행하는 기능 또는 목적에 따라 분류하는 것이다. 비영리 조직이란 공적 목표, 즉 공동선과 관련된 명분을 가지며 사회 가치를 추구하는 민간 조직을 말한다.

구조적/운영상의 정의structural/operational definition

조직의 기본적 구조와 운영상의 특성에 따른 것이다. Salamon의 비영리 조직의 특성 대부분이 여기에 해당한다. 민간 주도성, 공익성, 이익 무분배성, 자주 지배성, 자발성 등의 특성이 이러한 정의에 해당한다. 김인춘에 따르면, 비영리 조직의 정의와 관련한 차원에서 가장 유용하게 비영리 조직을 구분할 수 있는 것이 이러한 구조적/운영상의 정의라고 보았다.

한편 지금까지 살펴본 비영리 조직의 정의와 관련해서는 미국의 사회문화적인 배경과 특성이 많이 반영되어 있으므로 우리나라의 사회문화적인 배경과 비영리 조직의 생성 역사와 관련하여 종합적으로 정의를 내릴 필요가 있다. 예를 들어 경제적/재정적 정의에 따르면 비영리 조직은 가계나 개인 등으로부터 순수한 기부금에 의해서 회계가 운영되어야 하지만 우리나라의 경우는 순수한 개인 기부금의 비중이 높다고 할 수 없다. 이러한 경향은 각 나라의 사회민주주의의 발전 정도와 정치사회적 여건을 반영하는 것으로 일률적인 정의를 어렵게 한다.

비영리 조직의 유형과 활동

비영리 섹터의 구성은 또한 비영리 조직의 유형을 보여 준다. 비영리 섹

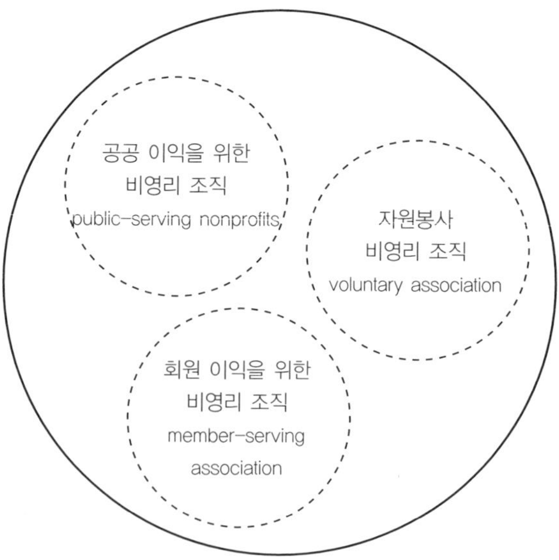

그림 1-1 비영리 섹터의 구성

터는 크게 공공 이익을 위한 비영리 조직public-serving nonprofits, 자원봉사 비영리 조직voluntary association, 회원 이익을 위한 비영리 조직member-serving association으로 나눌 수 있다(Frumkin, 2002, 〈그림 1-1〉 참조).

비영리 조직의 유형을 분류하는 데는 보통 네 가지 기준이 적용되기도 한다(Hay, 1990). 그러한 기준은 상품/서비스 속성, 시장 속성, 미션의 유형, 중심 자산을 포함한다. 상품/서비스 속성은 상품 서비스가 집단적으로 제공되는가 아니면 개인 차원으로 분리되는가로 구분된다. 예를 들어 공원 같은 경우는 집단적인 서비스를 제공하는 것이다. 시장 속성은 비영리 시장의 구성원이 유사한가 상이한가 정도로 구분하는 것이고, 미션의 유형은 조직의 미션이 조직 내부로 향하고 있는가 아니면 조직 외부로 향하고 있는가로 구분한다. 예를 들어 회원 간의 복리를 증진하기 위한 비영리 조직은 조직의 미션이 내부로 향하고 있는 것이다. 마지막으로 중심 자산의 경우는 자원봉사가 어느 정도 비영리 조직의 운영에 기여하고 있는가를 기준으로 한다. 이러한 네 가지 기준을 복합적으로 사용하여 다양한 비영리 조직 유형을 분류해 볼 수 있다. 예를 들어 대부분 환경단체의 경우는 상품/서비스 속성이 집단적이며, 시장의 속성이 유사하고, 외부적인 미션을 가지고 있으며, 자원봉사의 기여 정도가 높은 비영리 조직이라고 유형화해 볼 수 있다.

미국의 기준National Center for Charitable Statistics에 따르면, 보통 비영리 조직의 유형은 아홉 가지로 대분류되기도 한다(Stevenson, 1997). 아홉 가지 유형은 예술arts, 문화 및 인문culture and humanities, 교육education, 환경 및 동물environment and animals, 건강 및 의료health and hospitals, 국제 업무international and foreign affairs, 공공사회 이익public societal benefit, 종교religion-related, 상호 회원 이익 추구mutual and membership benefit를 말한다. 이러한 아홉 가지 대분류 안에 26개 유형의 조직 분류가 있고, 세부적으로 400여 개의 소분류를 이루고 있다. 이처럼 비영리 조직의 유형은 매우 다양하여 일괄적으로 그 특징을 분류하기가 쉽지 않다.

또한 ICNPOInternational Classification of Non Profit Organization 분류에 따르면 비영리 조직은 다음 열두 가지 유형의 조직으로 나눌 수 있다(Sargeant, 1999). 그것은 문화와 여가culture and recreation, 교육과 연구education and research, 보건health, 사회 서비스social services, 환경environment, 개발과 거주development and housing, 법률 옹호 및 정치law advocacy and politics, 박애 중재 및 자원봉사 독려philanthropic intermediaries and volunteerism promotion, 국제적인 활동international activities, 기업이나 전문가집단 관련 혹은 노조business, professional associations and unions, 기타not elsewhere 등으로 분류한다. 하지만 이러한 ICNPO 분류가 모든 나라에 똑같이 적용되는 것은 아니다.

Salamon & Anheier(1998)는 각 나라의 비영리 조직 범위와 활동을 결정하는 요소를 설명하면서 다양성, 복지 제도의 범위, 사회 발전의 정도, 법적인 체계, 역사적인 전통을 꼽았다. 다양성heterogeneity은 사회 구성이 다양하면 비영리 조직이 더 많을 가능성이 높다는 것을 의미하고, 복지 제도의 범위scope of the welfare state는 한 나라의 사회복지 제도가 많을수록 비영리 조직의 활동이 활발하다는 것을 의미한다. 또한 사회 발전의 정도level of development는 보통 비영리 조직이 발전하는 나라는 중산층 중심으로 사회가 형성되고, 중산층이 주도권을 형성하는 나라라는 것을 보여 준다. 다음으로 법적인 체계legal framework에서는 한 나라가 비영리 조직을 보호하기 위한 법률을 어느 정도 구비하고 있느냐에 따라 비영리 조직의 범위와 활동의 다양성이 결정된다. 마지막으로 역사적인 전통historical tradition이 중요하다. 비영리 활동에 대한 각 나라의 역사적인 전통에 따라 그 나라의 비영리 조직 활동의 범위가 결정된다. 우리나라의 역사적인 배경은 어떠할까? 전통적으로 우리나라는 사회적인 조화를 중시하고 상부상조하는 전통을 가지고 있기 때문에 비영리 조직의 활동에 우호적이고 사회적인 필요성이 강하게 제기되는 편이다. 하지만 근대국가의 발전이 느렸고, 경제적인 어려움을 겪으면서 이러한 상부상조의 전통이 많이 희석되었다고 할 수 있다.

한편 비영리 조직의 유형을 두 가지 차원으로 나누기도 한다(Hansmann, 1980). 두 가지 유형은 자금 제공source of funds 방법과 지배의 성격nature of control이다. 자금 제공 방법은 비영리 조직이 조직 유지를 위한 자금을 어떻게 충당하는가를 의미한다. 보통의 경우 기부에 의존하거나, 아닌 경우 회비에 의존한다. 지배의 성격은 내부 구성원 혹은 후원자들에 의해서 운영

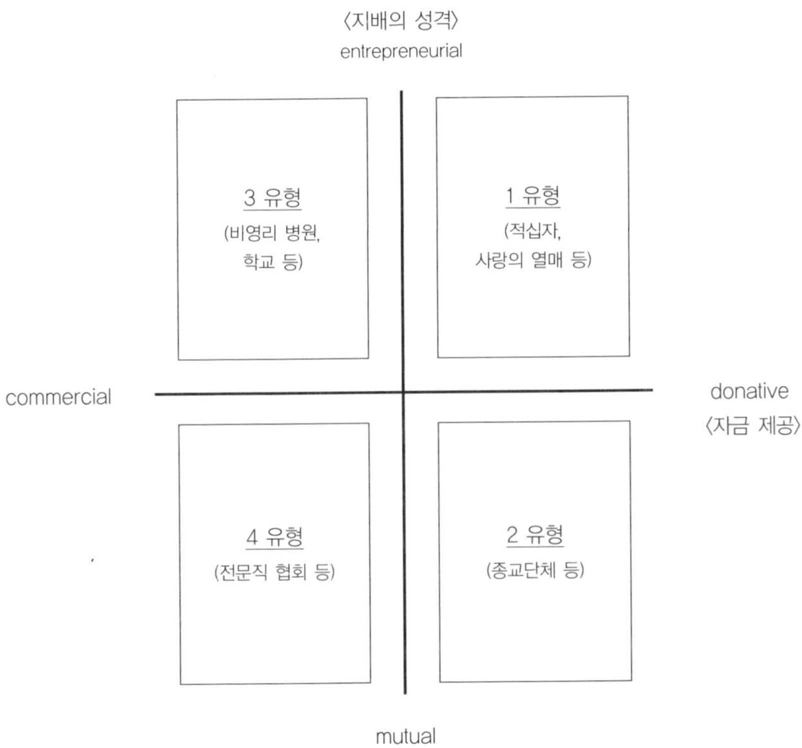

그림 1-2 비영리 조직의 유형: 자금 제공과 지배의 성격에 따른 구분
X축-자금 제공: donative(기금에 의존), commercial(사용자 이용료 혹은 회비에 의존)
Y축-지배의 성격: mutual(후원자 혹은 내부 구성원 운영), entrepreneurial(전문가 집단 운영)

되는 경우와 전문가적인 집단에 의해서 운영되는 경우로 나누어 볼 수 있다. 그래서 두 가지 차원에 의해서 네 가지 유형의 비영리 조직을 나누어 볼 수 있다(〈그림 1-2〉 참조).

하지만 이러한 네 가지 분류는 자금 제공 방법에 지나치게 집중하고 있다는 측면에서, 세금 등 비영리 조직의 지위 부여 및 법적인 분류 측면에서 민감하게 얽혀 있는 미국 상황을 주로 반영하고 있다. 사실상 우리나라의 많은 NPO들은 이러한 네 가지 영역이 모두 조금씩 포함되어 있다고 보는 것이 정확하다.

비영리 조직의 역할

현대 사회 비영리 조직의 폭발적인 증가는 비영리 조직의 역할이 현대 사회의 작동에 필수적인 요소로 작용하기 때문이다. 비영리 조직은 정부, 비즈니스 섹터 모두와 영향력을 주고받으며, 각 섹터들이 하지 못하는 일을 수행하고 있다(Sargeant, 1999). 비영리 조직이 사회에 어떤 역할을 하고 있는가에 대해서는 논란이 많다. 광범위한 정의만큼 그 역할에 대해서도 의견이 분분하다. 하지만 논의의 공통점을 기준으로 비영리 조직의 사회적 역할에 대해서 정리해 보는 것은 가능하다(Stevenson, 1997).

우선 비영리 조직은 사회 자본을 형성하는 기능을 한다. 사회 자본social capital은 민주주의 사회 발전을 위한 신뢰, 호혜성의 네트워크 구축을 의미한다(Putnam, 1993). 사실상 현대 사회에서 정부의 공적 기능에 대한 불신은 점점 더 심화되고 있고, 비영리 조직이 일정 부분 공공 부문의 역할을 분담하는 현상이 가중되고 있다. 따라서 비영리 조직의 활동을 통해서 공공 이익을 위한 개인의 주체적인 판단을 결집함으로써 전체 사회의 신뢰 수준을 자발적으로 끌어올릴 수 있다. 이와 함께 비영리 조직은 시민의 사회 활동을 진작시키는 역할을 한다. 비영리 조직은 시민으로서 권리 획득과 의견을 표출할 수 있는 장을 제공하며, 시민사회 구성원으로서의 자각을 유도한다. 이러한 자각은 정치적인 행위로 연결되기도 하며, 직접 혹은 간접적인 정치 참여로 연결된다. 현대 사회에서 개인은 무력하지만, 이들의 조직화된 힘은 사회 동력으로 작용하기도 한다.

한편 종교, 문화, 예술 등 다방면에 걸친 비영리 조직의 역할도 지대하다. 정부가 주도할 수 없는 이러한 영역은 비영리 조직의 주도적인 역할을 통해서 사회 차원의 목적을 달성한다. 이와 함께 비영리 조직의 경제적인 역할도 무시할 수 없다. 우리나라에서 이루어지는 논의에서는 비영리 조직의 경제적인 역할이 무시되어 온 경향이 있는데, 선진국의 경우 비영리 조직이 가지는 고용 · 서비스 제공 측면의 기여는 엄청나다. 여기에 자원봉사자의 활동까지 합치면 경제적인 영향력은 매우 크다. 한편 경제적인 영향력과 관련하여 서비스를 제공하는 역할은 특히 강조될 필요가 있다. 물론 기업과 정부의 역할 분담이 쟁점이 되고 있지만, 기업과 정부가 하지 못하는 부문의 사회 서비스 제공은 분명 현대 사회 비영리 조직이 가지는 중요한 역할이라고 할 수 있다.

비영리 조직의 사회적인 역할과 관련하여 긍정적인 측면만 있는 것은 아니다. 특히 비영리 조직의 역할 강화는 여론을 조작하거나 양극화하는 현상으로 이어질 수도 있다. 예를 들어 우리나라의 경우, 보수단체와 진보단체의 영향력이 커지면서 점점 더 사회적인 여론을 양극화함으로써 사회적인 합의를 이끌어 내는 과정에서 오히려 방해 요인으로 작용하는 경우가 있다. 또한 비영리 조직이 점점 더 정부에 의존하게 됨에 따라 사회적인 책임성을 상실하고 영리 조직화하는 경우도 생기고 있다. 예를 들어 서비스 제공과 관련한 비영리 조직에 이러한 사례가 많은데, 우리나라의 적십자사 같은 경우가 정부와 연계한 서비스 제공에 너무 집착하여 관료화됐다는 소리를 많이 듣고 있다. 이는 비영리 조직이 사회적인 책임성을 상실했을 때 사회적으로 부정적인 영향력을 미칠 수도 있다는 것을 보여 준다.

비영리 조직의 상황: 미국의 경우

현재 미국 사회 전반의 비영리 조직에 대한 의존은 계속 증가하고 있으며, 그 수 또한 계속 증가하고 있다(Brinckerhoff, 2004). 비영리 조직에서도 경쟁이 일상적인 일로 받아들여지며, 경제 활동과 고용 활동의 상당 부분을 비영리 조직이 차지하고 있는 것으로 나타났다. 즉 현대 사회에서 정부와 기업이 담당해야 할 많은 부분을 비영리 조직이 담당하는 경우가 일상적 혹은 필수적인 일이 되어가고 있다. 사회적인 기부자를 둘러싼 경쟁은 말할 것도 없고, 최근에는 비영리 조직과 관련한 많은 위기가 발생하면서 비영리 조직도 영리 조직과 비슷한 평판과 신뢰 문제를 안고 있다. 이는 비영리 조직의 경우에도, 본래 가지고 있는 사회적으로 긍정적인 존재 의미에도 불구하고 공중과의 꾸준한 커뮤니케이션의 필요성이 제기되고 있음을 보여 준다.

비영리 조직의 법적인 측면을 살펴보면, 수입이 5천 달러가 넘는 모든 비영리 조직은 이익을 분배하지 않더라도 미 국세청(IRS)에 보고하게 되어 있다. 이 중에서 교육, 종교, 과학, 문학, 구호 등의 분야에서 공공 이익을 위해 활동하는 조직은 세금 면제가 가능한 기부금을 받을 수 있는 지위를 신청할 수 있다[미 국세청 501(c)(3) 조항]. 이러한 자선기관의 지위 외에 소득세를 면제받는 비영리 조직 지위는 더 광범위하게 적용된다. 예를 들어 노동조합, 여가클럽, 신용조합, 정치정당 등도 모두 세금 면제의 지위를 부여받는다(Boris, 1999). 하지만 미국의 경우에는 자선기관이 세금 면제 지위의 대부분을 차지한다. 우리나라의 경우 기부금에 대한 세금 면제가 미국보다는 더 광범위하게 적용되는 경향이 있다.

법적인 측면에서 비영리 조직의 유형을 좀더 살펴보면 미국의 세금 조항은 세금을 면제받는 비영리 조직을 25개 영역으로 나누고 있는데, 이는 크게 보아 공공 이익을 위한 조직public-serving organizations과 회원 이익을 위한 조직member-serving organizations 두 유형으로 나눌 수 있다(Hudson, 2003). 공공 이익을 위한 조직 중에서 자선 및 종교조직[501(c)(3) 조항]과 사회복지 조직[501(c)(4) 조항]이 가장 큰 부분을 차지하며, 이 두 부문을 합쳐서 독립섹터independent sector라고 부른다. 이 두 부문 중에서 기부금에 대한 세금 면제는 자선 및 종교단체만이 받을 수 있다.

미국 전체 수입national income에서 비영리 조직이 차지하는 비율은 6.7%이며, 독립섹터가 6.1%, 나머지 비영리 조직이 0.6%를 차지하고 있다(Hudson, 2003). 전체 비영리 조직의 숫자는 확실하지 않다. 10년 전 통계에 따르면 160만 개(공공 이익 120만 개, 회원 이익 40만 개)였고(Salamon, 1999), 2002년에는 비영리 조직 중 종교기관 35만 개를 포함하여 법적으로 미 국세청 501(c)(3)과 501(c)(4) 조항에 해당하는 세제 혜택 조직의 수를 약 120만 개로 추정하고 있다(Salamon, 2002). 또 다른 자료를 보면 2006년의 비영리 조직 숫자도 150만 개로 나타나고 있다(National Center for Charitable Statistics, IRS 2007년 1월 자료). 이는 비영리 조직을 집계하는 방식이나 분류 유형이 상이하기 때문에 나타나는 현상이다. 지금까지 나온 자료를 종합하면 현재는 대략 150만에서 200만 개 정도로 추정된다.

독립섹터의 수입 구조를 살펴보면 회원의 회비와 서비스, 정부 용역 및 지원금, 개인 기부가 각각 38, 31, 20%를 차지한다(Weitzman, 2002). 나머지는 비영리 조직의 자체 투자 이자 및 배당금에서 충당한다. 이러한 수치는 미국의 경우, 독립섹터 비영리 조직이 다양한 재원을 이용하려 노력하고 있음을 보여 준다.

한편 현재 미국의 비영리 조직이 안고 있는 쟁점들을 정리해 보면(Hudson, 2003), 우리나라에도 많은 시사점을 안겨 준다. 현재 미국은 비영리 섹터의 역할을 둘러싼 논쟁이 계속 이어지고 있다. 이는 정부가 맡아야 할 역할을 과연 개인에게 맡겨두는 것이 정당한가 등의 문제와 연결된다. 이와 함께 비영리 조직의 영향력이 계속 커짐에 따라 비영리 조직의 책임성accountability에 대한 논쟁도 계속되고 있다. 비영리 조직이 영리 조직처럼 회계적인 측면의 책임성을 준수해야 할 것인지, 아니면 비영리 조직 고유의 공공 이익 달성 여부를 확인할 수 있는 책임성 측정 장치들이 개발되어야 할 것인지에 대해서 논란이 계속되고 있다.

특히 세금 공제와 관련한 논란은 계속 증폭되고 있다. 미국의 경우는 대부분의 종교단체가 기부금에 대한 세금을 면제받고 있는데, 이러한 종교단체의 세금 공제에 대해서는 이의 제기가 계속되어 왔다. 이는 종교적인 신념에 기반한 단체가 과연 공공의 이익을 지향한다고 볼 수 있느냐는 문제와도 연결된다. 한편 비영리 조직의 경쟁 문제도 가장 큰 쟁점의 하나이다. 비영리 조직이 사회적인 기금을 둘러싼 경쟁, 그리고 영리 조직과도 경쟁하게 됨에 따라 얼마나 비영리 조직의 상업화를 용인할 수 있는가의 문제는 사회적 논의의 뜨거운 감자가 되고 있다.

마지막으로 각 사회재단들이 어느 정도 기금을 출연해야 하는가의 문제도 사회적인 논의의 중간에 서 있다고 할 수 있다. 이러한 논의들은 사회적으로 개방된 공론의 장에서 이루어지기 때문에 향후 비영리 조직의 사회적 역할을 규정하고 정부, 기업, 비영리 섹터의 협력 관계를 정의한다는 측면에서 사회 발전을 위한 바람직한 동력을 제공한다. 하지만 우리나라의 경우는 이러한 미국의 비영리 조직 관련 쟁점들이 모두 사회적으로 개방된 논의로 이어지지 못하고, 아직 수면 밑에서 맴돌고 있다고 할 수 있다. 따라서 이러한 쟁점들이 건강한 토론을 거쳐 사회 발전의 방향성과 함께 통합적으로 논의되는 것이 필요하다.

2. 우리나라의 비영리 조직

우리나라의 비영리 부문에 대한 개념 정의

1990년대 이후 한국 사회에서는 '비정부 조직Non-Governmental Organization: NGO', '비영리 조직Non-Profit Organization: NPO', '시민사회단체Civil Society Organization: CSO' 또는 '제3부문the Third Sector'이라고 불리는 시민 조직들에 대한 관심이 급속히 증대했다. 그러나 현실적 또는 학문적 관심의 증대에도 불구하고 여전히 제3부문 또는 비영리 부문이라고 불리는 이러한 영역에 대한 명확한 정의와 구분은 이루어지지 않았다(노연희, 2002). 한국의 경우, 비영리 조직NPO과 비정부 조직NGO이라는 말이 혼동되어 사용되어 왔는데, NGO는 좀더 시민단체의 의미를 내포하고, NPO는 사회복지단체를 의미하여 사용되기도 한다(김인춘, 1997; 김광식, 1999).

한편 NGO를 정부기구Governmental Organization: GO에 대응되는 개념으

표 1-2 외국의 비영리 부문 관련 유사 정의들

1. 제3섹터: 정부 영역을 1섹터, 기업을 2섹터로 보았을 때 시민이 자발적으로 형성한 조직을 일컬음.
2. NGO: Non-Governmental Organization. 비정부 조직. 우리나라에서 통상적으로 시민단체를 나타낼 때 쓰임.
3. NPO: Non-Profit Organization. 비영리 조직. 우리나라에서는 사회복지단체를 의미하기도 하지만 NGO를 포함한 모든 비영리 조직을 포괄하는 개념으로 볼 수 있음.
4. CSO: Civil Society Organization. 시민사회단체. 시민사회운동을 하는 단체를 지칭하는 용어임. 우리나라의 경우 NGO를 CSO의 의미로 좁혀서 쓰기도 함.
5. CMO: Civil Movememt Organization. 시민운동단체. 시민운동을 강조하여 쓰이는 시민사회단체 표현.
6. 그 외 명칭: VO 혹은 CVO Community Voluntary Organization, CBO Community-Based Organization, PVO Private Voluntary Organization, NFP Not For Profit Organization, NFGO Not For Gain Organization, GONGO Government Organized NGO, QUANGO Quasi Autonomous NGO, BONGO Business Organized NGO, FONGO Funder Organized NGO, PONGO Political NGO

주) Sargeant(1999), 김광식(1999) 등을 참조하여 정리.

로, NPO를 기업Profit Organization: PO에 대응되는 개념으로 바라보는 관점이 있다(박재영, 2003). 이 경우 NGO와 NPO는 병렬적인 의미를 가진다. 또한 NGO를 한국적 상황에서 NPO보다 더 포괄적인 개념으로 정의한 경우도 있다(조희연, 2000). 이는 한국의 비영리 부문 중에서 시민사회단체가 급속하게 발전했고, 독재에 대항하여 민주화를 이루려는 행동이 두드러졌기 때문이다. 우리나라에서는 보통 시민단체, 시민사회, 시민사회운동, 시민운동조직이라는 개념 대신 NGO라는 용어를 사용한다(김동춘, 2000). 그러나 이러한 NGO 개념에는 복지나 종교, 그리고 노동조합 등은 포함되지 않는다(차명제, 2000). 우리나라에서 NPO와 NGO 이외에 비영리 조직과 관련하여 많이 쓰이는 명칭으로 민간단체, 공익단체, 시민단체, 민중단체, 관변단체, 사회단체, 시민사회단체, 이익집단과 같은 것이 있다.

우리나라에서는 비영리 조직을 법적으로 공익법인이라고 지칭하며, 공익법인이 다른 법인과 구별되는 것은 세제상의 혜택을 받는다는 점이다. 대표적인 공익법인은 학교법인, 사회복지법인, 장학법인 등으로 비영리 영역의 주요한 구성 요인이다(김인춘, 1997). 이처럼 이미 존재하는 단체를 NPO라는 범주 안에 한꺼번에 집어넣기란 그리 쉽지 않다. 2000년 1월 12일 제정된 '비영리민간단체지원법'은 행정적 측면에서 이들의 범주를 규정하는 방법을 보여 준다(조희연, 2003). 이 법에서 비영리 민간단체는 영리가 아닌 공익 활동을 수행할 목적을 지닌 비영리 · 비정치 · 비종교 민간단체로 규정했다. 그러므로 직능단체, 친목단체, 조합, 학술단체, 예술단체, 종교기관 등은 지원 대상에서 제외된다(조희연, 2003). 이 법의 제정은 정부가 NGO의 역할에 대해 공식적으로 인정한 것이다(주성수, 2002). 하지만 비영리 조직의 범위는 법 테두리 안에서도 여전히 모호하다. 한국민간단체총람도 NPO(비영리 조직)의 개념이 NGO(비정부 조직)와 시민사회단체, 비영리 민간단체 등과 혼재되어 있음을 밝히고 있다. 이는 1980년 이후 수많은 민간단체가 설립되고, 단체의 성격이 시대적 상황에 따라 변화되고 있기 때문이다(조희연, 2003).

따라서 이 책에서 사용하는 비영리 조직의 개념은 비정부 조직NGO이라는 개념을 포함하여 사회단체, 복지나 종교단체 등 광범위한 비영리 섹터를 포괄하는 개념으로 사용한다. 즉 비영리 조직은 비정부 조직보다는 좀더 포괄적인 개념으로 다양한 하부 영역을 지닌 제3섹터로 정의되는 것이 바람직하다. 이 책에서 NPO의 개념은 우리나라의 대표 NGO들이 가지는 조직 체계 속성만을 염두에 둔 것이 아니라, 좀더 시민 자발적인 조직으로서 생활 세계에 기반을 둔 조직을 모두 의미한다고 보는 것이 타당하다. 즉 비영리 조직NPO의 의미를 조직의 특성이나 구조에 두는 것이 아니라 공론의 장을 형성하여 사회민주주의를 성숙시키려는 시민들의 생활 세계를 광범위하게 지칭하는 것으로 정의해 두는 것이 좋을 것 같다. 한국 내 시민사회와 NPO, NGO 등의 개념적 관계를 비교적 한국 사회 현실에 맞게 구성한 문헌들은 꽤 있다(박상필, 2002). 대체적으로 보면 비영리 조직에는 크게 이익집단과 공익집단이 있고, 그 사이에 각종 사회단체, 민중단체, 관변단체, 비정부 조직Non-Governmental Organization: NGO과 시민사회단체Civil Society Organization: CSO 등이 존재한다. 따라서 비영리 조직은 매우 광범위한 제3섹터를 모두 포괄하는 개념이라고 보아야 한다.

이렇게 복잡하게 얽힌 비영리 조직과 유사 개념의 정의를 기반으로 비영리 조직이 가지는 공통적인 조건을 우리나라 상황에 맞게 선별할 필요가 있다. 박상필(2005)은 우리나라의 NGO를 정의하기 위한 조건을 내세웠는데 첫째, 시민의 자발적 참여에 의한 결성, 둘째, 회원 가입의 비배타성, 셋째, 자원봉사 활동에 의한 사업 수행, 넷째, 공익 추구를 들고 있다. 이러한 조건은 Salamon의 것과 많은 부분 일치하기 때문에 큰 무리가 없을 듯하다.

하지만 커뮤니케이션 측면에서 보았을 때, 박상필과 Salamon이 공통적으로 들고 있는 공익 추구라는 조건에는 논쟁의 여지가 있다. 왜냐하면 공익public interest이라는 말은 매우 자의적인 개념으로 오히려 사회적인 엘리트주의를 조장하고 공론의 장을 약화시키는 결과를 가져올 수 있다. 예를 들어 핵폐기물처리장 설치를 둘러싸고 지역사회단체는 설치를 찬성하고 환경단체는 설치를 반대하는 커뮤니케이션 활동을 한다고 가정해 보자. 이런 경우 갈등을 해결하고 공론의 장을 통해서 서로의 차이점을 좁히기 위해서는 자신만이 공익을 위한다는 생각에서 벗어나야 한다. 하지만 조직의 입장에서 본 공익의 개념은 상대방의 입장에서는 서로 다른 해석이 가능할 수 있다. 이런 경우 공익 추구라는 조건은 오히려 커뮤니케이션의 개방성, 토론의 유용성, 공론의 장 형성을 방해할 수 있다.

하버마스가 주장한 이상적인 커뮤니케이션 상황을 위해서도 어떤 조건이나 전제는 배제되는 것이 좋다. 오히려 공익 추구라는 조건보다는 커뮤니케이션 개방성을 통한 공론의 장 참여를 비영리 조직의 조건으로 보는 것이 바람직하다. 사실 광복절이 되면 다양한 비영리 단체들이 애국시민 집회를 개최한다. 이들 중 어떠한 애국이 진정한 애국인가를 판별하는 것은 어려운 일이다. 하지만 조직이 외부 커뮤니케이션에 대해서 개방되어 있고, 언제든지 조직이 추구하는 것을 공론의 장을 통해서 논의하고 발생하는 문제점을 해결할 자세가 되어 있다면 비영리 조직으로서 최소한의 조건은 갖추었다고 할 수 있다. 물론 비영리의 말뜻 그대로 사적인 영리를 추구하지는 않아야 한다는 전제는 당연한 것이다.

또한 회원 가입의 비배타성은 일반적으로 시민사회단체에 적용되는 것이지만 그 밖의 목적으로 결성될 수 있는 비영리 조직의 조건으로는 부적합하다. 예를 들어 젊은 음악가들의 모임이 불우계층의 음악 감상 활동을 돕기 위한 활동을 한다면, 이 모임의 구성원이 되는 것은 일정 부분 배타적일 수밖에 없다. 하지만 조직의 자주 지배성이 보장받는 것은 반드시 필요하다. 만약 국가나 지방자치단체에서 규정한 의무 조항에 맞추어 비영리 조직의 활동을 해야 하는 상황이라면 이는 시민사회 조직으로서 가치를 상실하게 되는 것이다. 따라서 조직의 자주 지배성은 하나의 조건임에 분명하다.

표 1-3 우리나라 비영리 조직이 갖추어야 할 조건

1. 시민의 자발적 참여에 의한 결성
2. 자원自願 활동에 의한 사업 수행
3. 커뮤니케이션 개방성을 통한 공론의 장 참여
4. 조직의 자주 지배성
5. 사업 활동을 통한 이익의 무배분성

주) Sargeant(1999), 김광식(1999) 등을 참조하여 새롭게 정리.

이와 함께 이익 무無배분성은 비영리 조직의 성격을 영리 조직과 확실히 구별짓게 하고, 또한 윤리적인 기준을 명확하게 한다는 의미에서 하나의 조건으로 추가될 필요가 있다. 따라서 이 책에서는 우리나라 비영리 조직이 갖추어야 할 조건으로 다섯 가지를 최종적으로 설정했다(〈표 1-3〉 참조). 이러한 조건을 갖춘 조직을 이 책에서는 광범위한 의미에서 비영리 조직이라고 지칭한다.

비영리 조직NPO이 지금까지 논의한 유사 개념을 광범위하게 포함하는 개념으로 본다면 비영리 부문의 하부 영역은 다양하게 분류될 수 있다. 그 대표적인 것은 앞에서 논의된 UN의 ICNPO와 Salamon & Anheier(1998)의 분류이다. 이들은 종교집단, 정당, 협동조합, 준정부기관의 유형을 비영리 영역에서 배제하고 있다(김인춘, 1997). 하지만 우리나라의 비영리 조직 유형 분류 논의는 조금 다르다. 김인춘(1998)은 우리나라 비영리 부문의 개념을 구조적/운영적 정의와 법적 정의에 따라 다음과 같이 여덟 개로 구분하고 있다. 1) 종교 부문, 2) 사립 교육기관, 3) 비영리 의료기관, 4) 민간 문화예술단체, 5) 민간 사회복지기관, 6) 비정부 시민단체, 7) 기업재단, 8) 특수회원 조직 등이다.

박상필(2005)도 우리나라의 비영리 조직을 세 가지 범주에 여덟 개의 단체로 분류하고 있다. 박상필(2005)에 따르면, 비영리 조직은 크게 공익단체, 종교단체, 집단이익 추구 단체로 나눌 수 있다. 공익단체의 대표적인 예는 참여연대와 같은 NGO이고, 대표적인 집단이익 추구 단체로는 의사협회와 같은 직능단체를 들 수 있다. 하지만 이러한 분류는 너무 공익과 관련한 비영리 조직과 집단의 이익을 추구하는 비영리 조직을 명확하게 구분함으로써 공익단체의 범위를 지나치게 한정하는 잘못을 범할 수 있다. 공익단체와 집단이익 추구 단체의 차이를 고려하면서도 다양한 형태의 비영리 조직을 상정하는 것이 시민사회의 발전이라는 목적과 더 부합한다고 할 수 있다. 따라서 이 책에서는 앞서 논의되었던 조건을 충족시키는 다양한 성격의 조직을 모두 비영리 조직이라고 보았다.

현황과 문제점

2006년 한국민간단체총람에 게재된 한국 비영리 조직은 총 23,017개였다. 1997년판 3,900개, 2000년판 7,600개, 2003년판 18,266개였던 것에 비하면 조사통계에 잡히는 비영리단체의 수는 계속 늘어나고 있다. 한국민간단체총람은 모집단이 불분명하고 임의적인 조사 방법을 사용했기 때문에 정확한 비영리 조직의 수를 보여 준다고 할 수 없지만 비영리 조직의 수가 꾸준히 늘어나고 있다는 것은 짐작할 수 있다. 또한 2006년 총람에서 신상명세만 간단하게 조사한 각종 민간단체를 제외한 시민단체의 수는 5,556개였고, 이는 2003년 시민단체 수 3,937개에 비해서 상당히 늘어난 숫자이다. 총람 조사에서 시민단체 조사는 중복적인 조사와 확인 작업을 거쳤기 때문에 비교적 믿을 만한 자료라고 할 수 있다. 시민단체의 수만 놓고 보았을 때도 우리나라 비영리조직의 양적 확대는 엄연한 현실이다.

한국민간단체총람은 비영리 조직을 시민단체와 분야별 민간단체로 나누고, 시민단체는 시민사회, 교육학술, 국제연대협력, 노동농어민, 문화, 사회서비스, 여성, 종교, 빈민지역자치, 환경, 온라인단체로 크게 분류하고 있다. 총 11개 분야 중에서 시민사회, 사회 서비스, 환경, 온라인단체가 차례

대로 가장 많은 수를 차지하여 이 네 개 분야가 전체의 67%를 차지했다. 시민사회는 사실상 명목에 잡히지 않는 기타 단체를 의미하기 때문에 사회서비스단체가 19%(1,029개)로 가장 많고, 그 다음으로 환경단체 13%(736개), 온라인단체 12%(639개)가 차지했다. 분야별 민간단체의 수에서는 교육단체(15.14%), 사회복지단체(14.72%), 학술단체(12.61%)가 상위 3개 분야를 차지했다.

응답한 시민단체 중에서 전체의 58.75%가 인터넷에 홈페이지를 개설하고 있었는데, 이는 2003년 60.93%에 비해서 오히려 떨어진 수치이다. 또한 정기간행물 발행 수에서 시민단체 전체의 22.46%가 정기간행물을 발행하고 있었는데, 이는 2003년의 31.7%에 비해서 낮아진 것이다. 정기간행물과 홈페이지가 비영리 조직의 커뮤니케이션 활동과 능력을 정확하게 보여 준다고 할 수 없지만 적어도 공중과의 커뮤니케이션 활동이 발전적인 방향으로 가고 있다고는 보기 힘들다.

시민단체의 수는 늘어났지만 전체 비영리 조직의 활동 상황은 개선되지 않았다. 시민단체의 지역별 분포에서도 수도권 소재가 55%로 대부분을 차지하여 지역별 편중을 보여 주었고, 전체 시민단체의 70% 정도가 회원 수 1천 명 이하의 소규모였다. 또한 조직을 이끌어 갈 상근자 수도 취약하여 상근자 수 5명 이하가 전체 약 60%를 차지했고, 예산도 전체 시민단체의 35%가 1억 원에서 5억 원 사이에 분포했다. 연간 예산이 10억 원 이상인 조직은 전체의 9%에 불과했다. 한국민간단체총람에 나타난 이러한 취약성은 전체 시민단체의 70% 이상이 1990년 이후에 설립되었고, 2000년 이후에 설립된 시민단체도 40%에 달했기 때문에 아직 우리나라에는 비영리 조직이 뿌리를 내리는 단계에 있기 때문인 것으로 짐작된다.

한편 김광식(1999)의 경우는 우리나라에서 활동하고 있는 비영리 조직을 서른 가지로 분류했다. 그에 따르면 우리나라의 비영리 조직은 주민자치, 정치개혁, 행정개혁, 경제개혁, 부정부패, 법률, 인권, 국제, 환경, 언론개혁, 교육개혁, 여성운동, 소비자, 농업, 협동조합, 교통문제, 보건의료, 문화, 복지, 노동, 외국인 노동자, 청년, 빈민, 정보화, 청소년, 의식개혁, 자원봉사, 학술연구, 통일, 종합 등으로 분류할 수 있다.

이러한 분류는 너무 광범위해서 일반화할 수는 없지만, 우리나라에서 어떤 비영리 조직이 활동하고 있는지 대강 엿볼 수 있다. 크게 보아서 우리나라의 비영리 조직은 설립 연도에 따라 해방 전에 만들어진 비영리단체, 해방 후에 만들어진 비영리단체, 그리고 1897년 6월 항쟁 이후 만들어진 비영리단체로 나눌 수 있다. 규모에 따라서는 대규모 단체인 YMCA, 흥사단, 경실련, 환경운동연합, 여성단체연합, 녹색연합, 참여연대, 언론개혁시민연대 등이 있고, 중규모 단체로는 불교환경교육원, 녹색교통연합, 녹색소비자연대, 장애우권익문제연구소 등이 있으며, 소규모 단체로는 재미난 어린이집, 돌산공부방, 숨결생협, 도봉푸른청년회, 지역공동체 너울내 등이 있다(김광식, 1999). 이러한 구분 외에 전국 단위 조직과 지역 단위 조직으로 분류할 수도 있는데 대규모 단체는 주로 전국적인 조직이고, 소규모 단체는 지역 단위의 지역 생존 활성화 단체인 경우가 대부분이다.

대체적으로 나와 있는 기존 자료를 분석하면, 우리나라의 비영리 조직은 시민운동 위주의 활동에서 사회 서비스와 관련된 활동으로 변환을 시도하고 있지만, 독재 시대 시민운동의 뿌리가 깊기 때문에 전국적이고 큰 담론 위주로 활동하는 경우가 많다고 할 수 있다. 따라서 몇몇 큰 시민운동단체를 제외하고는 예산이나 인원면에서 사회적인 영향력을 발휘하기에는 미미한 조직구조와 활동을 하고 있다고 분석해 볼 수 있다. 시민운동이 지역과 생활 속으로 더 파고들어야 한다는 것은 많은 학자들과 운동가들이 주장하는 바이지만, 그러한 시민운동의 생활화를 뒷받침하는 것은 비영리 조직의 커뮤니케이션 능력이며, 어떻게 가장 효율적으로 커뮤니케이션하여 사회적인 영향력을 획득할 것인가의 문제는 각 비영리 조직의 효과적인 커뮤니케이션 활동 여부에 대부분 달려 있다.

우리나라와 외국을 비교해 보면 우리나라 비영리 조직이 겪고 있는 상황의 차이가 분명하게 드러난다. 국제적인 시각, 특히 미국의 경우와는 많은 차이가 있다. 우리나라의 경우, 경제 활동 인구 중에서 비영리 조직 고용률은 2.4%에 머물고 있다(Salamon, 2006). 이는 네덜란드 14.4%, 미국 9.8%, 일본 4.2%와 비교해서 현저히 낮은 수치이다. 이는 우리나라에서 비영리 조직이 고용 시장 및 경제 발전에 미치는 영향력이 매우 미미함을 보여 주는 것이다. 우리나라 비영리 조직의 상황을 외국의 경우와 일률적으로 비교하는 것은 큰 의미가 없지만, 우리나라의 비영리 부문이 상대적으로 열세에 있으며 국민 경제에서 차지하는 비중도 상대적으로 작다는 것은 확인할 수 있다.

우리나라 비영리 조직의 발전과 시민사회

우리나라 비영리 조직의 역사는 근대화의 역사와 궤를 같이한다. 개화기 독립협회나 신민회 등의 근대화 계몽운동단체들과 함께 서울 YMCA와 같은 사회단체가 한국 비영리 조직의 시초라고 볼 수 있다(김광식, 1999; 박상필, 2002). 일제 강점기에는 다양한 독립운동단체와 사회단체들이 탄생했는데 우리나라 시민사회단체를 규정하는 운동성은 이때 형성된 것으로 볼 수 있다. 하지만 우리나라 비영리 조직의 발전 과정은 어떤 일관성을 가지고 있다고 보기 힘들다. 해방 후와 전쟁을 거쳐 이데올로기적 성격을 띤 조직들이 형성되면서 관변단체 위주의 시민사회 조직이 주를 이루게 된다. 엄밀히 말하면 이러한 단체들은 Salamon이 정의한 비영리 조직의 범주나 이 책에서 설정한 정의에 들지 않을 뿐 아니라 정부의 부속 조직 같은 기능을 담당하게 된다.

우리나라에 진정한 의미의 자율적인 비영리 조직이 다시 형성된 것은 독재정권에 항거하면서 재야단체가 형성되고, 시민사회단체, 종교단체 등이 이들의 운동을 뒷받침하면서부터라고 할 수 있다(김광식, 1999). 하지만 독재정권과 군사정권이 길어지면서 시민단체를 포함한 우리나라 비영리 조직의 발전 양상은 자기 목소리를 내기 위해 파행적일 수밖에 없었고, 정치권의 갈등과 함께 관변단체와 시민단체 간의 갈등 양상이 심각하게 드러나는 형국을 겪어야 했다.

우리나라 비영리 조직의 개화기를 초래한 것은 1987년 6월항쟁으로 대표되는 권력에 대한 시민운동의 승리였다. 그러나 시민사회를 초래한 민주화운동 세력들은 권위주의 세력과의 거대 담론에 매달려 있었기 때문에 진정한 의미의 시민사회운동을 가져올 수 있는 생활 속의 시민운동에는 취약한 면이 많았다. 이런 점에서 시민과 직접적인 관련성이 있는 의제를 채택하여 창설된 경제정의실천시민연합(경실련), 환경운동연합, 참여민주사회시민연대(참여연대), 한국여성단체연합은 우리나라 비영리 조직의 향후 성격을 규정하는 촉매제로 작용하게 된다.

박상필(2005)은 우리나라 사회에서 비영리 조직이 급속하게 발전하는 이유를 여섯 가지로 정리하고 있다. 그것은 1) 표현의 자유를 포함하는 정치적 민주화, 2) 중산층을 양산하는 자본주의의 발달, 3) 민주화운동을 통한 민주적 리더십의 함양, 4) 후기산업사회 성격의 사회 분화와 전문화, 5) 지구화, 정보화, 지방화의 경향, 6) 정당성의 빈곤을 겪고 있는 정부와 기업에 대한 불신을 말한다. 이러한 토대는 앞으로도 우리나라에서 비영리 조직이 계속 발전할 근거를 제시해 주며 지속적인 발전 모델에 대한 압력으로 작용하기도 한다.

현재 우리나라의 시민사회는 서로 간의 다양한 연대와 교육 프로그램, 참여 프로그램 등을 통해서 세력을 확장해 나가고 있다. 비영리 조직도 서울 중심에서 탈피하여 풀뿌리 민주주의를 위한 지역주민운동이 확산되고 있는 추세이다. 하지만 오랜 기간 지속되어 온 민주화운동의 영향으로 전국 단위의 거대 담론을 다루는 시민 조직이 대부분을 이루고 있고, 강력한 지도자에 의한 카리스마에 의존하거나 투쟁성을 통한 선명성 경쟁을 벌이는 경우도 적지 않다. 이는 지역사회 문제를 직접적으로 다루는 지방 지역 단위의 비영리 조직의 빈곤함과도 연결되어 있는데, 이러한 상황이 시정되지 않는다면 비영리 조직이 사람들의 생활 속으로 파고들지 못한 채 유리되는 결과를 낳을 수도 있다. 박상필(2005)의 경우도 비영리 조직의 기능으로 견제 기능, 복지 기능, 대변 기능, 조정 기능, 교육 기능 다섯 가지를 들고 있다. 우리나라의 경우는 민주화 투쟁의 역사로 인해서 권력 견제 기능에 너무 치중해 왔기 때문에 비영리 조직의 균형적인 발전이 지체되어 온 것이 사실이다.

비영리 조직의 존립 목적은 시민 스스로 만들어 가는 사회 가치 구현을 위한 참여의 공간이라는 데 있다. 이는 지역 문제를 위한 지역 단위 생활 조직의 필요성을 절실히 요구한다. 이러한 반성을 거쳐 요즘은 이러한 지역 단위 생활 문제를 해결하기 위한 비영리 조직이 많이 늘어나고 있는 편이다. 부산 반송동 어린이도서관 건립 캠페인을 주도한 '희망세상', 지리산지키기운동을 주도한 '지리산생명연대' 등이 그러한 예이다. 또한 요즘 들어 정신적인 가치와 관련된 조직이나 문화 표현 조직, 동호인 조직 등이 늘어나면서 비영리 조직의 성격이 다변화되어 가는 추세이다.

하지만 우리나라는 아직 충분할 정도의 시민민주주의를 구현하고 있다고 보기는 어렵다. 그렇기 때문에 시민 자율적으로 형성된 비영리 조직이 사회가 안고 있는 많은 문제점을 시정하고, 사회 발전을 올바른 방향으로 유도할 수 있도록 사회적인 지원 방안을 찾아야 하고, 지원 방법에 대한 사회 구성원의 합의가 필요하다. 하지만 우리나라의 많은 비영리 조직은 정부의 지원에 의존함으로써 실질적인 자율성을 확보하지 못하고 있으며, 회원 감소, 유사 조직과의 경쟁 등으로 재정적인 압박에 시달리고 있다. 외국의 비영리 조직 통계에 따르면, 우리나라 비영리 조직이 회비에 많이 의존하는 것으로 보이고는 있지만, 이는 비영리 조직의 재정 규모가 워낙 작기 때문

표 1-4 우리나라 비영리 조직의 특성 분석

1. 지도층 위주의 하향식 조직 우리나라 시민사회는 '위에서 아래로'의 방식으로 이루어졌다. 일본 식민지, 전쟁, 독재정권 하에서 살아남기 위한 지도층 위주의 생존 본능이 강했기 때문에 시민의 공공 이익에 대한 각성이나 자발적인 시민사회 구성 의지 등이 약하다고 볼 수 있다.
2. 정부 종속과 체제 저항의 이원화 국가의 권한과 역할이 너무 강했기 때문에 서구 선진국에서 볼 수 있는 다양한 비영리 조직의 발달이 어려웠다. 비영리 조직은 정부에 일방적으로 종속되거나 민중운동단체와 같이 체제에 저항하는 형태를 띠게 되었다.
3. 권위적인 조직문화 비영리 조직 내의 의사결정 과정은 투쟁성의 전통 때문에 절차를 중시하고 토론을 통해 합의에 도달하기보다는 결과를 우선으로 하고, 권위에 의해 의사를 결정하는 문화가 강하게 작용하고 있다. 이는 비영리 조직의 약점으로 지적될 수 있는 엘리트주의, 특정인 위주의 활동 방식과 연결된다. 내부 커뮤니케이션 측면에서 가장 먼저 해소되어야 할 과제로 지적될 수 있다.
4. 규모와 재정의 열세 규모와 재정면에서 전국 단위임에도 불구하고 소규모의 조직을 이루는 것이 우리나라 비영리 조직의 특징이다. 비영리단체의 재정에서 기부금이 차지하는 비율이 매우 적기 때문에 대부분의 재정을 정부의 직 · 간접적 지원과 서비스 요금에 의존하고 있다. 우리나라의 '비영리민간단체지원법'은 민간단체와 정부 간의 재정적 지원을 공식화한 것이다. 이러한 상황은 비영리 조직의 활동이 진정한 시민사회 민주주의를 발전시키는 방향으로 나아가지 못하는 요소로 작용하고 있다.
5. 법적인 체계의 미정비 우리나라 비영리단체는 하부 영역별로 법적인 체계와 소속 관할 정부 부서가 모두 다르다. 예를 들면, 대한적십자사의 경우는 보건복지가족부에 등록한 '특수 법인'이다. 즉, 특별법에 의해 설립된 법인이다. 하지만 아름다운 재단은 단순히 재단법인이다. 우리나라에서 비영리 공익법인은 보통 의료법인, 학교법인, 사회복지법인, 재단법인, 사단법인 등에 속해 있다.

주) 박상필(1999; 2002), 황창순(1998) 등 참조하여 정리.

에 나타난 현상이다(Salamon, 2006). 우리나라 비영리 조직의 전반적인 상황은 회비를 통한 안정적인 재정 확충이 어려우며, 그렇다고 외부적인 재정 지원을 충분히 받을 수 있는 상황도 아니라는 것이 대체적인 평가이다. 이는 시민사회가 성숙해 가는 과정에서 겪게 되는 절차라고 볼 수 있지만, 진정한 의미의 비영리 조직으로 거듭나지 못하고 있는 우리나라 비영리 조직이 처한 힘든 현실이라고도 할 수 있다.

Salamon(1992)은 비영리 조직이 처하게 되는 주요한 도전challenges으로 재정적 압박, 심화된 경쟁, 떨어지는 효율성, 정당성에 대한 의문 제기를 들었다. 이러한 도전에서 비영리 조직이 살아남기 위해서는 가치와 비전을 검토하고, 조직 활동을 항상 모니터링하는 것이 무엇보다도 필요하다. 또한 Salamon은 비영리·조직의 존립 의미에 맞게 시민 위주의 사회 기반을 재구축하고, 교육을 통해서 조직원과 참여자들을 전문화하며, 관련 공중과의 신뢰를 증진시키는 전략을 개발하는 것이 필요하다고 보았다. 특히 정당성과 관련한 도전은 비영리 조직을 둘러싼 다양한 공중이 조직의 활동이 정당하지 않다고 생각하는 것인데, 이러한 적법성에 대한 의문은 비영리 조직이 추구하는 활동 자체를 불가능하게 만든다.

따라서 당면한 도전을 극복하기 위한 많은 방안의 성공 여부는 결국 비영리 조직이 얼마나 내부와 외부의 공중과 조직이 추구하는 가치와 소명을 커뮤니케이션하고 장기적으로 우호적인 관계를 형성할 수 있느냐에 달려 있다. 비영리 조직은 다른 섹터에 비해서 눈에 보이는 강력한 자원은 없지만, 커뮤니케이션 능력을 극대화함으로써 재정적 압박, 경쟁, 효율성과 정당성에 대한 의문을 해소하고, 사회적인 영향력을 높일 수 있다. 내 · 외부의 공중과 소통하지 못하고 독선에 빠져 있는 비영리 조직은 이제 더 이상 존립할 수 없으며, 공중과의 커뮤니케이션에 성공하는 비영리 조직만이 현재의 도전을 극복할 수 있다.

비영리 조직에 관한 연구 현황과 커뮤니케이션 관점

우리나라의 비영리 조직에 대한 연구와 관련하여, 중요한 선구적 연구들이 진행되어 오기는 했으나 아직도 개념 규정이나 범위의 파악을 위한 포괄적이고 체계적인 연구가 요구된다. 한국에서 비영리란 의미는 주로 사회복지법인을 지칭하는 것으로 이해되지만, 연구 부문에서는 시민 및 권리 옹호 활동을 주로 하는 조직에 대한 연구가 집중적으로 이루어지고 있다(김인춘,

미니 케이스 분석 1-1

풀뿌리 민주주의를 위한 지역주민운동

- 부산 희망세상, "희망도서관 건립 캠페인" -

부산 반송동의 희망도서관 캠페인은 주민들이 직접 모금 운동에 나설 정도로 지역사회의 일체감을 이루어 내었을 뿐만 아니라 모금의 진행 과정과 이후에도 지속적인 공중 관계를 통해서 캠페인을 성공적으로 이끌어 낸 사례라고 할 수 있다. 캠페인이 성공하기 위해서는 얼마나 다양한 공중과의 커뮤니케이션과 관계 설정이 중요한지 이 사례가 보여 준다.

"놀이터도 없고 방과 후 갈 곳이 없는 우리 마을 아이들에게 엄마가 되고 공부방이 되고 친구가 되는 공간, 지역 주민들에게는 희망을 꿈꾸고 마을 발전에 대한 의논을 할 수 있는 희망의 작은 도서관을 만들기 위해 유치원 어린이부터 80대 할머니 할아버지들까지 모두 한마음으로 뭉쳐 작은 도서관을 만들어 가고 있습니다. 벽돌 한 장 기금(10,000원)을 기부하는 지역 주민 10,000명을 모아 도서관을 건립하여 아이들이 밤늦게까지 마음 놓고 책을 읽을 수 있고 청소년들도 토론하고 공부하면서 자기 끼를 마음껏 발휘할 수 있는 공간, 지역 주민들이 마을 일에 대해 함께 의논하고 함께 꿈꾸는 공간을 마련하기 위해 아이들과 매주 토요일 거리에서 모금도 하고 홍보도 하면서 도서관을 만들어 가고 있습니다." (2007년 풀뿌리시민운동 사례공모 보고서에서 가져옴. 풀뿌리상 수상)

"부산지역 한 시민단체와 주민들의 힘과 열정으로 불가능해 보이던 '저소득층 아이들을 위한 희망의 도서관'이 세워지게 됐다.(중략) 도서관 건립에 가장 큰 역할을 담당한 것은 10년째 해운대구 반송동에서 활발한 활동을 펼치고 있는 '희망세상'이라는 시민단체. 희망세상은 저소득층과 맞벌이 부부가 많은 지역 특성상 방치되고 있는 아이들을 오후 늦게까지 돌볼 수 있는 공간이 필요하다는 데 의견을 모으고 지난 해 말부터 도서관 건립 성금 모금은 물론 각계각층에 도움을 요청해 그

결실을 눈앞에 두게 됐다.

도서관 건립에는 지역 주민들의 역할도 컸다. 희망세상의 뜻에 동참한 지역 주민 등 800여 명은 지난 해 말부터 이 달 초까지 쌈짓돈을 털어 총 7천만 원이라는 성금을 모았다. 비교적 큰돈을 내놓은 시민도 몇몇 있었지만 대부분 자신의 용돈을 십시일반으로 내놓은 적지만 소중한 성금이었다.

지난 2월 초 도서관 부지를 구입할 때는 땅 주인이 도움을 줬다.(중략) 또 모 설계사는 건물 설계를 무료로 해 줬고 감리까지 맡는 열정을 보이고 있다. 해당 관청인 해운대구청도 가만히 있지 않았다. 땅 구입으로 인한 취득세와 등록세를 면제해 줬고 각종 행정적인 지원도 아끼지 않고 있다. 책 읽는 사회문화재단은 '도서관 골조만 완성되면 내부 인테리어를 해 주겠다'고 나섰다. 또 희망세상의 지원 요청에 동감한 문화관광부도 지난 달 초 도서관 내부 공간 건립 비용으로 8천만 원, 도서관 1년치 운영 비용으로 2천만 원을 지원해 주기로 약속했다.

희망세상 관계자는 "도서관 완공을 위해서는 3천만 원 정도가 부족하지만 모자란 부분은 지속적인 거리 모금과 장터 운영 등을 통해 채우고 새 책 기증운동도 펼쳐 나갈 것"이라고 밝혔다. "(부산일보, 2007년 5월 10일자에서 가져옴.)

이 캠페인에서 구체적인 공중 관계 형성 유지 전략은 나타나지 않지만, 어느 특정 공중을 목표로 해서 캠페인을 펼치지 않고 다양한 관련 공중 모두를 대상으로 커뮤니케이션 캠페인을 펼친 것은 분명해 보인다. 기사에 언급되는 공중만 보아도 주민, 동네 유지, 해당 관청, 시민단체, 지역 언론, 정부기관, 일반 시민 등 매우 다양한 공중과의 관계 형성을 통해서 커뮤니케이션의 동력을 확보하고 문제를 해결해 가고 있음을 알 수 있다. 이제 희망세상 캠페인이 좀더 지속적인 지역 풀뿌리 민주주의 운동으로 발전하기 위해서는 관련 공중에게 좀더 분명하게 캠페인의 성과를 알리고, 공중과의 관계 유지 전략을 지속적으로 펼쳐가는 것이다. 이 사례는 지역 풀뿌리 민주주의 운동이 다양한 공중과의 관계를 통해서 성공적인 커뮤니케이션 캠페인의 동력을 확보할 수 있다는 것을 잘 보여 준다.

1997). 이러한 시민단체와 관련한 연구의 집중은 오히려 비영리 조직을 포괄적으로 연구하는 데 장애 요인으로 작용한다.

비영리 조직과 관련한 연구 중에서 많이 진행되어 온 세부 주제는 비영리 조직과 정부 간의 관계이다(김광혁, 2003; 박상필, 1999; 이근주, 2000; 정윤수, 1996; 정진경, 2002, 2008; 주성수, 2002). 특히 이러한 연구에는 시민사회단체와 정부의 재정 지원에 대한 논의가 주를 이룬다. 또한 비영리 부문의 하위 부문별 연구가 늘어나고 있는 추세이다. 예를 들면, 연고집단(유석춘 · 장미혜, 1998)과 한국의 공익법인(하승수 · 김현수, 2007; 황창순, 1998), 민간 사회복지 부문(이혜경, 1998; 정무성 · 남석훈, 2008), 그리고 사립대학(유팔무, 2001)과 의료법인(변충규, 2009; 황창순, 2001), 문화예술 부문(김인춘, 2001) 등이 개별적으로 논의되고 있다. 그리고, 국가 간 비교 연구도 이루어지고 있다(김혜경, 1997; 박윤철, 2003; 이혜경, 2001; 이홍균, 1997; 한부영, 2005). 비영리 조직에 대한 연구와 관련하여 대체로 개념적이고 규범적인 연구에 그치고 있다는 비판이 제기되기도 했지만(김인춘, 2001), 비교적 실증적인 연구들이 점차 늘어가고 있는 상황이다. 그 중에는 기부금 관련 논의와 조직 성과, 내부 구성원의 의식과 시민 인식에 관련된 연구가 눈에 띈다.

이러한 비영리 조직 연구와 관련하여 가장 큰 문제점으로 지적할 수 있는 것은 이와 같은 연구가 대체로 행정학과 사회복지학 부문에 몰려 있고, 커뮤니케이션 관점에서 비영리 조직의 활동을 설명하는 논문이 별로 없다는 것이다. 하지만 비영리 조직은 시민의 참여에 의존하기 때문에 관련 공중과의 활발한 커뮤니케이션이 무엇보다도 중요하다. 이런 측면에서 비영리 조직 공중 관계public relations 커뮤니케이션이 활성화되지 못한 것은 공중 관계 커뮤니케이션 학자들이 영리 부문의 기능적인 역할에 집중된 연구를 해 온 데에서도 원인을 찾을 수 있다. 비판적인 학자들 사이에서 제기되고 있는 공중 관계 커뮤니케이션 연구의 문제점, 즉 경제력을 가진 조직에 대한 일방적인 편향, 연구 주제에서 조직 위주의 활동 효과 설정, 공중 개념과 마케팅 고객 개념의 동일시, 지나친 조직 중심의 기능주의 매몰 등이 꾸준히 문제점으로 지적되어 오고 있다. 이는 그 동안 관계 커뮤니케이션 연구가 비영리 조직 등 다양한 조직 활동을 반영하지 못하고 편향된 시각을 보여 주었음을 의미한다.

비영리 조직은 상품과 서비스를 통한 영리 획득을 목적으로 하거나 기존에 보유한 권력을 효율적으로 행사하려는 의도를 가지고 있지 않기 때문에 무엇보다도 공중과의 커뮤니케이션을 통한 관계 형성이 중요하다. 즉 공중과의 커뮤니케이션을 통해서 비영리 조직이 추구하는 가치를 공유하고 장기적인 관계를 형성해 나가는 것이 비영리 조직의 생존 이유이다. 이런 점에서 비영리 조직의 조직 특성과 커뮤니케이션 활동과의 관련성, 관련 공중과의 효과적인 커뮤니케이션을 위한 메시지 특성, 사회 맥락을 반영하는 변수가 비영리 조직 커뮤니케이션에 미치는 영향, 갈등 해소를 위한 비영리 조직 커뮤니케이션의 특성 등 비영리 조직 커뮤니케이션 활동과 관련한 연구가 더 강조될 필요가 있다. 이러한 비영리 조직을 중심으로 한 커뮤니케이션 연구 활동이 자칫 영리 위주의 기능적인 역할에 치중해 온 공중 관계 커뮤니케이션 학문에 균형 감각을 찾아 주는 역할을 하게 되는 것도 기대해 볼 수 있다.

3. 비영리 조직의 기능

일반적으로 비영리 조직은 세 가지 특징을 가진다(Frumkin, 2002). 우선 참여를 강요하지 않아야 하고, 다음으로 관련 당사자들에게 이익을 분배하지 않아야 한다. 이와 함께 자발적인 참여에 의존하다 보니 소유 구조가 불분명하고 책임성에 대한 한계가 불분명할 수밖에 없다. 이 중에서도 가장 중요한 특징은 참여를 강요하지 않는다는 것이다. 이는 어떻게 보면 독재국가와 민주국가를 구분하는 특징이 될 수 있는데, 독재국가에서 비영리 조직은 국가의 강제적인 동원에 의존하지만, 민주국가에서는 자발적인 참여에 의해서 비영리 조직을 형성한다. 따라서 시민이 참여할 수 있는 독특한 유발 요인과 사회적인 의미를 가지고 있지 않다면 비영리 조직은 안정적인 조직 운영이 어려울 수밖에 없다.

한편 이러한 특징들이 현대 사회에서 아무런 변화 없이 그대로 유지되고 있다고 보기는 어렵다. 점점 더 시민사회가 커지면서 비영리 조직이 시민에게 참여를 강요하는 부분이 생기고 있으며, 몇몇 비영리 조직은 조직원의 이익을 추구함으로써 문제가 되고 있기도 하다. 또한 비영리 조직의 책임성 혹은 활동 평가의 문제는 이제 비영리 조직 내부에서 검증받는 것이 아니라 전체 사회 공중의 시선에서 책임성을 평가받아야 하는 상황이 도래하고 있다. 따라서 이제 비영리 조직은 그 존재 자체로서 특별한 대우를 받기보다는 사회의 일원으로서 정당한 평가와 공중의 지지를 획득해야만 존재할 수 있는 시대가 되고 있다.

비영리 조직이라는 것이 현대 민주주의 사회의 독특한 기능이라는 것은 틀림없다. 하지만 아직까지 비영리 조직의 기능을 간결하게 정의하지는 못했다. 그래도 지금까지 논의되어 온 내용을 간추리면 비영리 조직의 기능 혹은 행위와 관련하여 두 가지 차원을 들 수 있다(Frumkin, 2002, 〈그림 1-3〉 참조). 첫 번째 차원은 어떻게 비영리 조직이 설명되고 있는가의 부분, 즉 비영리 혹은 자발적인 조직nonprofit and voluntary organizations이 수요에 의해서 창출되었는가, 공급에 의해서 창출되었는가 하는 부분이다. 공급자에 초점을 맞추는 것은 약간의 무리가 있지만, 현대 사회에서 비영리 행위를 제공하는 사람들, 즉 기업가 정신entrepreneurship을 가진 운영자나 기부자 등 공급자의 의도를 담은 기능이 존중되지 않는다면 비영리 조직의 발전을 기약하기 어렵다. 분명 비영리 조직은 사회적인 수요를 만족시키기 위해서 존재하지만, 공급자 위주의 활동 양상도 무시할 수 없다.

두 번째 차원은 어떻게 비영리 섹터가 정당화되는가의 부분, 즉 조직이 사회에 기여하는 기능적인 부분에 의해서 정당화되는가 아니면 참여하는 사람들의 만족에 의해서 정당화되는가 하는 부분이다. 일반적인 회원제 비영리 조직은 사회적인 정당화 부분보다는 회원 간의 친목 도모나 만족에 초점을 맞추게 된다. 하지만 월드비전이나 참여연대 같은 비영리 조직은 조직이 사회에 기여하는 결과의 정당성 측면이 훨씬 더 많이 강조된다.

이러한 차원을 통해서 비영리 조직의 활동을 크게 네 가지 기능으로 분류한다(Frumkin, 2002). 이러한 기능을 통해서 비영리 조직은 시민의 정치적인 참여와 지역사회의 자발적인 발전을 도모하고 진정한 민주주의를 위한 사회 자본을 확충하며 자신이 내세우는 가치와 신념을 도모할 수 있는 방법을 모색하게 된다. 비영리 조직이 사회의 일원으로 존재하면서 정부와 기업 등의 다른 섹터의 조직과 관련을 맺고 비영리 조직 간 경쟁과 협력을 모색하는 지금과 같은 다변화된 상황에서 비영리 조직이 어느 한 기능에 초점을 맞추기보다는 네 가지 기능을 모두 아우르는 것이 조직의 생존을 위해서 필요하다. 이러한 네 가지 기능을 모두 갖추는 비영리 조직만이 공중의 지지를 받으며 안정적으로 생존할 수 있다. 그 네 가지 기능은 시민의 정치 권리와 관련한 참여civic and political engagement, 서비스 제공service delivery, 가치와 신념의 제고values and faith, 그리고 사회기업가 정신social entrepreneurship을 말한다.

첫째 기능인 시민의 정치 권리와 관련한 참여 기능은 미국 역사적인 전통과 관련이 깊다. 미국의 시민 참여 전통은 토크빌A. C. H. M. Clérel de Tocqueville의 연대이론theory of associations을 비롯하여 오랜 전통을 가지고 있다. 연대이론의 핵심을 간단히 이야기하면 시민들은 서로 연대함으로써 비로소 사회 문제에 대처할 수 있다는 것이다. 시민의 권리와 관련한 참여는 시민의 정치적인 수요와 표현 기능이 만나는 지점에 있다. 사실상 현대

	수요 측면	공급 측면
기능 차원	서비스 제공 service delivery • 필요한 서비스 제공, 정부와 시장의 실패에 대응	사회기업가 정신 social entrepreneurship • 기업가 정신 구현 통로 제공, 상업 및 자선적 목적 통합
표현 차원	시민의 정치 권리와 관련한 참여 civic and political engagement • 시민의 정치 참여 동원, 사회적으로 의미 있는 일 옹호, 사회 구성원 간의 사회 자본 형성	가치와 신념의 제고 values and faith • 자원봉사자, 조직운영자, 기부자 등이 자신이 추구하는 가치와 신념을 표현하는 장 형성

그림 1-3 비영리 조직의 정당성에 따른 기능 분류

사회 문제 해결은 시민의 연대를 통해서 사회적인 자본을 형성하고 정치적인 참여를 진작시켰을 때 가능하다.

사회 자본은 사람이나 재정과 관련된 자본과는 달리 사회적인 네트워크나 규범, 신뢰 등을 형성하여 사회 구성원 간의 상호 편익을 증진시킬 수 있는 자본을 말한다(Putnam, 1995). 이러한 사회 자본은 비영리 조직의 사회조직 특성과 밀접하게 연결되어 있다. 대개의 경우 사회 자본의 형성을 통해 시민의 사회 정치 참여가 원활해진다. 시민사회 연대와 지역 공동체의 활성화를 통해서 형성되는 신뢰가 정치적인 영향력 창출에도 영향을 미치고, 자연스럽게 시민의 정치적인 참여를 강화하게 된다(Frumkin, 2002). 시민 참여를 높이는 방법은 크게 세 가지 활동으로 나누어 볼 수 있다. 우선 사회 자본 확충을 통해서 시민의 관여와 정치 참여를 높이는 방안과 각종 옹호 활동, 로비, 선거 참여를 통해서 시민 참여를 높이는 방안, 그리고 국제적인 연대를 통해서 시민의 정치 관여를 강화하는 방법을 들 수 있다.

하지만 이 중에서 사회 자본 확충을 통한 시민의 정치 참여를 이끌어 내는 것은 당파성이 문제가 되지 않지만, 각종 로비를 통한 시민의 정치 참여는 당파성이 문제가 될 수 있다. 미국의 경우 각종 세금 혜택을 받는 비영리 조직이 로비와 같은 각종 옹호 활동이나 정치 활동에 참여하는 것을 법으로 엄격하게 규제하고 있다. 시민의 정치 참여는 로비나 정치적인 옹호 활동보다는 사회 자본을 확충하는 방향으로 진행되는 것이 더 포괄적이라고 할 수 있다. 이러한 활동은 당연히 개방적이고 상호 호혜적인 커뮤니케이션에 기초하는 것이다.

두 번째 기능은 서비스 제공이다. 비영리 조직의 사회 서비스 조달 기능은 정부 기능의 실패와 기업의 계약 위반에 기인한다. 현재 정부는 사회복지를 보장하는 방향으로 사회 서비스를 제공하지 못하고 있으며, 기업은 소비자 공중을 실망시키는 생산품을 양산하고 있다. 이러한 두 섹터의 실패는 시민 스스로 시민의 요구 조건을 충족시켜야 하는 과제를 남겨두게 되었다. 하지만 비영리 조직이 독립적으로 사회 서비스 기능을 수행하기는 역부족인 측면이 있다. 따라서 비영리 조직은 정부나 기업과 연대할 수밖에 없는데, 이러한 경우 비영리 조직의 독립성이 훼손되거나, 혹은 정부의 하부 기관화하거나 관료화될 가능성이 많다(Salamon, 1995).

이런 경우에는 비영리 조직 본연의 임무를 수행하기 힘들게 되고, 시민의 지지를 잃게 될 가능성이 크다. 또한 정부에 의존하게 되면, 제안서를 쓴다든지 평가를 받는다든지 회의에 참석한다든지 하는 관료적인 업무에 시간을 뺏기게 된다(Bernstein, 1991). 이러한 시민 조직의 관료화는 시민과의 연대보다는 정부의 연대에 더 신경쓰게 하는 역효과를 낳게 한다. 결국 사회 서비스 제공도 시민에 대한 시혜자의 입장이 아니라 시민의 지지를 기반으로 하는 증진된 관계 형성에 초점을 맞추어야 하는 이유가 여기에 있다. 현실적인 예를 들어 우리나라의 적십자사, 사회복지공동모금 등 많은 사회 서비스에 주력하는 비영리 조직이 이러한 문제를 겪고 있다. 특히 사회복지

공동모금이 하는 사업을 보면 거의 정부기관의 입장에서 시혜자의 태도로 모금된 금액을 각 비영리 조직에 배분해 준다. 이러한 형태는 실패한 정부 중심의 사회 서비스를 되살리는 것과 다를 바 없다.

따라서 비영리 조직과 정부가 서로 협력하는 관계를 형성하기 위해서는 다음 두 가지 상황에 대한 고려가 반드시 이루어져야 한다. 먼저 비영리 조직과 정부가 반드시 힘의 균형을 이루어야 한다. 정부에 지나치게 의존하게 되면 위에서 말한 문제점들 때문에 비영리 조직 본래의 목적을 달성하기가 어렵게 된다. 다음으로 비영리 조직과 정부가 같은 목적을 지향하지 않을 수도 있다는 것을 인정하고, 비영리 조직과 정부 어느 한쪽이 자신의 목적을 희생하는 경우가 생기지 않도록 조심해야 한다.

비영리 조직은 또한 영리 조직과 경쟁하기도 한다. 정부의 경우 비영리 조직보다는 영리 조직을 통해서 사회 서비스를 제공하는 경우가 점점 늘어나고 있는 것이 사실이다. 이는 아무래도 영리 조직이 복잡한 업무를 수행할 행정 조직이나 배포 조직을 잘 갖추고 있고, 조직이나 인력면에서 우수하기 때문이다. 또한 영리 조직의 로비 능력이나 업무 획득 능력, 재정적인 안정성에서 비영리 조직보다 훨씬 우수한 것이 사실이다. 비영리 조직의 사회적인 의미 때문에 비효율적인 조직에 사회 서비스를 맡길 수는 없다.

따라서 비영리 조직의 경우에도 영리 조직에 버금가는 효율성과 업무 수행 능력을 갖출 필요가 있다. 특히 여기서 강조되는 부분이 책임성 혹은 평가accountability의 부분이다. 비영리 조직의 행위를 평가하는 기능은 영리 조직에 비해서 상대적으로 취약했으며, 효율성을 높이기 위한 노력도 상대적으로 적었다. 물론 영리 조직과 같은 잣대를 들이댈 수는 없지만, 목표의 효율적인 달성이나 효과적인 업무 수행을 위한 나름대로의 잣대를 마련할 필요는 있다. 이는 물론 경제적인 책임만을 의미하는 것은 아니다. 시민의 참여를 통한 지역사회의 활성화에 대한 만족 등 비경제적인 측면의 효과도 함께 고려될 필요가 있다. 효율적인 비영리 조직의 활동이 영리 조직의 이익 추구 활동보다는 사회 서비스 제공에 더 적절하다는 것은 두말 할 나위가 없다.

세 번째 기능은 가치와 신념의 제고이다. 가치는 비영리 조직의 형성에 무엇보다도 중요하다. 사람들은 같은 가치를 추구하기 위해 조직을 형성하고 사회와 커뮤니케이션한다. 하지만 이러한 가치 중심의 비영리 조직 활동은 현대 사회의 지나친 전문화 현상으로 인해 뒷전으로 밀려난 감이 있다. 즉 비영리 조직 자체도 지나치게 직업 전문화됨으로써 비영리 조직 내부의 이익에 집중하거나 효율성만을 추구하게 되고, 이것이 본래의 가치를 희석시키는 결과를 가져오게 되었다. 비영리 조직이 오히려 개인의 가치를 위협하거나 부차적인 것으로 만드는 결과를 가져오기도 한다.

따라서 비영리 조직의 본래 목적을 복원하고, 시민의 참여를 확대하기 위해서는 가치와 본래 미션에 기반하는 비영리 조직의 활동이 무엇보다도 필요하다. 앞에서 이야기했던 사회 서비스 기능을 위한 전문성과 효율성을 높이기 위해서 가치를 희생할 수는 없다. 결국 비영리 조직의 활동은 전문성과 가치 추구 사이에서 화해할 수 있는 접점을 찾아야 한다.

일단 시민의 참여, 특히 기부자의 참여를 이끌기 위해서는 본래 가치를 극대화하는 것이 무엇보다도 중요하다. 기부자들은 가치에 투자하는 것이지 영리 추구에 투자하는 것은 아니다. 이것은 표현적인 기능expressive function이 기능적인 부분 못지않게 중요하다는 것을 의미한다. 비영리 조직은 어떤 기능만을 달성하기 위해서 존재하는 것이 아니라 참여하는 사람의 자기 표현적인 기능을 충족시키기 위해서 존재하는 측면이 크다. 이를 무시했을 때 문제가 발생할 수 있다. 또한 가치는 사람들이 가지는 신념, 정체성과 밀접하게 관련되어 있다. 비영리 조직의 활동을 통해서 자신의 신념을 확인하고 정체성을 형성하는 사람들에게 전문성과 효율성만이 강조될 수는 없다. 이는 종교나 정치 관련 비영리 조직에서 압도적으로 나타난다.

가치의 추구가 〈그림 1-3〉의 기능의 분류에 나오는 대로 공급자 위주의 표현적인 기능을 만족시키는 부분에서만 논의될 수는 없다. 공급자 위주 표현 기능은 비영리 조직의 활동에 참여하는 사람들의 가치 표현을 고려하지 않고는 조직 자체의 효과적인 활동을 기대할 수 없다는 것을 강조한다. 하지만 이와 함께 가치와 관련된 인식을 한 단계 더 확대하면, 비영리 조직의 가치 추구는 내부 구성원의 가치 추구 측면도 있지만 전체 사회가 지향하는 가치 추구라는 측면으로 확대될 수도 있다. 이러한 측면에서 본다면 공급자 위주 혹은 내부 구성원 위주의 가치 추구가 아니라 광범위한 사회 연대의 가치 추구도 중요하다고 할 수 있다.

물론 실제 사회에서는 광범위한 가치 추구보다는 회원 위주의 가치 추구를 통해서 서로 다른 가치 사이의 경쟁이 일어나고, 이러한 경쟁이 사회 갈등 상황으로 비화되는 경우가 더 빈번하다. 이런 경우 비영리 조직의 활동은 서로 지향하는 가치를 통해서 누가 더 일반 공중의 지지를 받을 수 있느냐를 놓고 공개적으로 경쟁하는 것이 바람직하다. 예를 들어 미국과의 자유무역협정Free Trade Agreement: FTA을 놓고, 찬성하는 쪽과 반대하는 쪽의 시민 조직이 형성될 수 있고, 이 조직들은 서로 다른 가치를 고양하면서 사회 갈등의 진두에 설 가능성이 많다. 이런 경우, 회원 중심의 가치 추구가 사회의 일반 구성원에게 받아들여질 수 있는 광범위한 가치가 되도록 커뮤니케이션하고 우호적인 관계를 형성하는 노력을 해야 한다. 이렇게 조직의 가치를 공개적으로 확대하는 행위가 비영리 조직의 커뮤니케이션 행위이며 가장 효과적인 가치 추구 행위라고 할 수 있다. 이런 상황에서 사회 갈등은 단지 이러한 가치 추구가 공론의 장에서 공개적으로 충돌하는 것에 불과하다.

네 번째 기능은 약간 논란의 여지가 있는 기능이다. 하지만 공급자 위주의 사회기업가적인 활동과 기능이 우리 사회에 존재하는 것은 엄연한 현실이다. 경영학과에서 주로 논의하는 기업가 정신이 비영리 조직에 적용되지 말라는 법칙은 없다. 하지만 기업가 정신이 영리나 효율성의 극대화에 초점을 맞추고 있다는 것은 경계해야 한다. 많은 비영리 조직이 재정적인 안정, 설정한 임무의 효율적인 추구라는 측면에서 기업가 정신과 중복된다. 하지만 비영리 조직을 이익의 극대화와 경제 체제로만 이해할 수는 없다. 따라서 사회기업가 정신이라는 개념은 지금도 많은 논란이 되고 있다(Young, 1986).

분명한 것은 비영리 분야에서 실제적으로 사회기업가라고 부를 수 있는 사람들이 계속 등장하고 있으며, 이를 통한 효율성의 제고나 비영리 조직 임무의 효과적인 달성이라는 측면도 무시할 수는 없다. 예를 들어 학교, 병원, 극장, 사회사업 기업 등등 비영리 조직으로 운영되지만 사회기업가 정신으로 무장한 조직이 많이 등장하고 있다. 많은 비판에도 불구하고 이러한 조직의 출현을 현대 경쟁 체제의 불가피한 속성이라고 본다면 지나친 추측일까? 하지만 업무의 효율성과 가치의 보존이라는 측면이 서로 조화를 이루지 못한다면 사회기업가 정신은 언제든지 비판의 대상이 될 수 있다.

사회기업가의 역할은 효율성의 측면에서 많이 강조되어 왔다. 기업가 정신으로 무장하는 것은, 비영리 조직에 효율성과 목표 달성 노력을 반영한다는 의미로 1) 경쟁에 바탕을 둔 상황 분석, 2) 파트너십, 협동 전략을 통한 능력 극대화, 3) 우수한 인재의 확보, 4) 이사회 등 영리 기업과 유사한 지배 구조, 5) 기부자를 투자자로서 양성, 6) 다양한 이해관계자와의 관계 증진 등을 포함한다. 비영리 조직 기업가 정신은 영리 기업의 비용 대비 효율성과 시스템화를 받아들여 비영리 조직 경영의 미션을 가장 효율적으로 달성하는 것이다. 하지만 이러한 역할을 달성하기 위해서 조직 중심의 효율성이 지나치게 강조되는 것은 문제가 있을 수 있다. 비영리 조직의 목적으로 최상의 효율성보다는 공중과의 소통을 통한 정당성 확보 및 관계 유지, 지지 세력의 강화, 사회적인 영향력의 확대 등이 더 강조되어야 하기 때문이다.

때로는 비영리 조직의 역할에서 기업가 정신은 전략적인 경영이나 마케팅 이론을 도입하여 조직에 자연스럽게 적용하는 과정을 의미하기도 한다. 이런 의미에서 기업가 정신은 전략 경영 이론이나 마케팅 이론과 연결된다. 물론 이러한 기업가 정신의 직접적인 도입은 비영리 조직과 맞지 않는 측면이 많다. 하지만 이러한 약점을 충분히 고려한다면 사회기업가 정신은 비영리 조직 전략 경영의 측면을 효율성에 바탕을 둔 커뮤니케이션 전략으로 연결하는 데 중요한 개념이 된다(Dees, Emerson, & Economy, 2002). 사회기업가 정신을 가진다는 말은 조직의 테두리에서 벗어나 효율적으로 공중과 커뮤니케이션하고자 하는 의지를 의미한다.

처음으로 비영리 부문의 기업가 정신을 주장한 Drucker(1990)의 경우도 비영리 조직은 사회기업가 정신을 통해서 조직의 미션을 달성하고, 고객에 봉사하며, 지역사회의 발전을 증진시키는 것이 가능하다고 보았다. 여기서도 사회기업가 정신의 전략적인 측면과 함께 커뮤니케이션적인 측면이 더 강조되었다고 할 수 있다. 지금까지의 논의를 종합해 보면, 사회기업가 정신을 비영리 조직 역할의 하나라고 보고, 그것이 필요한 경우에는 적절하게 사용될 수 있다. 하지만 사회기업가 정신이 전략적인 측면에서 일률적으로 적용되어서는 곤란하며, 커뮤니케이션 측면이 좀더 강조되어 비영리 조직에 맞게 유연하게 적용되는 것이 바람직하다. 예를 들어 영리기관의 경영기법을 도입하여 조직 구조와 운영의 효율성을 제고하는 것도 중요하지만, 무엇보다 중요한 것은 영리기관이 가지고 있는 고객 우선의 가치관과 공중위주의 커뮤니케이션 노력을 비영리 조직에 도입하는 것이다.

지금까지 설명한 네 가지 기능의 근저에는 결국 비영리 조직과 시민과의 관계 형성이 비영리 조직의 생존을 결정한다는 의미가 담겨 있다. 시민의 정치 권리를 제고하고, 시민이 사회에서 주어진 권리를 누릴 수 있도록 서비스를 제공하며, 효율적인 조직 운영을 위해 사회기업가 정신을 도입하는 등의 활동을 통해서 비영리 조직의 가치를 제고하는 것은 모두 시민과의 관계 형성에 얼마나 성공할 수 있느냐에 달려 있다.

그것이 수요자의 입장에서 참여하는 것이든, 공급자의 입장에서 참여하는 것이든 상관없이 비영리 조직의 존재 이유에 대해 시민이 공감하면서 우호적인 관계를 형성하지 못한다면 그 이후의 기능들 즉 시민의 참여나 가치의 공유, 사회기업가 정신의 활성화 등의 기능도 힘을 잃게 된다. 이러한 모든 기능을 아우르기 위해서는 시민 즉 공중과 관계를 형성하기 위한 커뮤니케이션 프로그램을 효율적으로 가져가는 것이 중요하다(김영욱 · 김찬아, 2004). 사회경제학자 카를 폴라니Karl Polanyi가 주장한 대로 시장이나 획일적인 국가 정책에 의해서는 현대 사회의 문제를 해결할 수 없고, 시민사회의 확대를 통한 대화와 소통의 중요성, 사람 사이의 관계를 복원하는 공동체주의의 복원 등이 시대의 화두로 떠오르고 있다("시장을 의심하는," 2009년 3월 30일). 결국 시민사회의 성숙이 관건인데, 이를 위해서는 비영리 조직의 커뮤니케이션 활동 강화를 통한 시민과의 연대, 공동체 문제를 함께 해결할 수 있는 관계 강화가 가장 중요한 전제 조건이 된다.

문제점과 방향성: 통합적인 관계

지금까지 설명한 비영리 조직의 기능은 각각 나름대로의 문제점을 안고 있다(Frumkin, 2002). 시민의 정치 권리와 관련한 참여 기능의 경우는 소수 붕당화를 통한 극단화polarization의 위험을 안고 있다. 주로 소수의 열성파에 의해서 조직이 운영됨으로써 일반 공중과 지도부 사이에 균열이 생기고 본래의 순수한 의미가 소수의 권력화로 변질될 가능성을 내포하고 있다. 이러한 현상은 우리나라 비정부 조직NGO에서도 많이 찾아볼 수 있다. 특히 조직을 운영하는 사람들의 정치 성향이 이러한 경향을 부채질하기도 한다.

사실상 시민의 정치 참여는 어떤 가치보다 민주주의의 발전을 위해서 필요하다. 하지만 이러한 기능이 지나치게 되면 모든 다른 섹터들의 기능을

미니 케이스 분석 1-2

표현 욕구의 분출과 참여 기부문화 형성

- 세이브 더 칠드런Save the Children, "신생아 살리기 모자뜨기 캠페인" -

세이브 더 칠드런은 전 세계 빈곤 아동을 돕는 국제아동권리기관으로서 2000년 이래로 세계 각국을 대상으로 의료 수준과 경제 수준, 영아사망률, 여성의 평균 수명과 교육 수준 등 각종 지표를 토대로 어머니가 되기 좋은 나라 순위를 발표하고 있다. 2006년 발행된 어머니 보고서에 따르면, 매년 4백만 명의 신생아들이 생후 1개월 내에 사망하고, 이 중 절반은 24시간 이내에 목숨을 잃고 있다. 하지만 저렴하고 간단한 방법으로 죽어가는 신생아 중 60%의 생명을 구할 수 있다. 폐렴 항생제, 탯줄을 자르는 살균된 칼, 그리고 저체온증을 막아 줄 털모자가 그 예이다. 바로 이 때문에 "신생아 살리기 모자뜨기 캠페인"이 시작된 것이다. 세이브 더 칠드런 미국, 캐나다, 독일도 함께 진행하는 이 글로벌 캠페인은 국내에서는 작년에 이어 2009년 두 번째로 진행되었다. 캠페인은 저체온증을 막아 줄 털모자를 보내 주는 것뿐 아니라 항생제, 말라리아 방지 모기장, 예방 접종 키트 등 기초 보건의료 물품을 지원하기 위한 후원금 모집도 하고 있다. 이와 함께 털모자를 뜨기 위한 털실 키트도 판매한다.

관련 보도에 따르면, 이 캠페인은 우리나라 비영리 조직이 실행한 가장 성공적인 캠페인 중의 하나로 꼽힌다. 2007년 시작된 시즌 1 캠페인에서는 참여자들이 직접 손으로 짠 털모자 25,000개를 앙골라, 라오스, 캄보디아로 보냈다. 매우 다양한 계층의 약 15,000명이 모자뜨기 행사에 참여했다. 2008년 시작한 시즌 2에서는 시즌 1보다 3배가 많은 총 80,460개의 모자를 모아서 아프리카 최빈국인 말리Mali에 전달했다. 관련 홈페이지 현황을 보면 모금액도 4억 원 이상이 모인 것으로 나타나고 있다.

시즌 2에서는 홍보대사인 개그맨 박경림 씨와 임산부 10명이 함께 캠페인 런칭 행사를 가짐으로써 세간의 주목을 받았고, 캠페인 홈페이지에 들어가면 가수, 방송인 등 많은 유명인사들이 홍보대사로 참여하고 있다. 이 캠페인에는 연령을 초월하여 초, 중, 고등학생부터 남녀노소를 불문하고 뜨거운 호응을 이끌어 낸 것으로 평가받고 있다.

이 캠페인이 성공한 요인은 무엇일까? 우선 이 캠페인은 사람들의 관심과 궁금증을 자아내는 데 성공하고 있다. 사람들은 아프리카처럼 더운 나라에서 왜 털모자가 필요한 것인지 궁금해진다. 아프리카는 더운 나라이지만 아침저녁으로 일교차가 아주 심한 편이다. 그렇기 때문에 아프리카와 같은 나라에서도 갓 태어난 아기를 젖은 곳에 놓지 않고 따뜻하게 보온해 주는 것이 중요하다. 또한 조산아들에게는 이렇게 보온해 주는 것이 인큐베이터의 역할을 대신할 수 있다. 사람들의 궁금증을 자아내면서 관심을 끌 수 있다면 그 캠페인은 성공할 확률이 높아진다. 아무리 고귀한 미션도 사람들의 관심을 집중시킬 수 없다면 공허한 독백이 되고 만다.

다음으로 중요한 것은 우리 사회 저변을 흐르고 있는 어떤 참여 욕구를 결집할 수 있었다는 것이다. 이것을 참여 기부라고 해도 좋겠다. 남을 돕고 싶은 마음은 있지만 어떻게 해야 할 지 모르는 사람들에게 자신이 직접 어떤 정성을 쏟아서 할 수 있는 일을 제시하는 것만큼 시의적절한 캠페인도 없다. 이러한 참여자들의 표현 욕구expressive desire를 살릴 수 있을 때 비영리 조직의 캠페인도 성공할 확률이 높아진다.

하지만 이 캠페인에서 아쉬운 것은 글로벌 캠페인의 일환으로 진행됨으로써 우리의 정서에 좀더 밀접하게 다가갈 수 있는 장기적인 아이디어의 개발이 부족했다는 것이다. 캠페인이 시즌 1, 2 등으로 연이어서 진행되기는 했지만, 캠페인 참여자들을 묶어 주고, 이 사람들이 결국은 조직의 가장 중요한 미션인 전 세계 빈곤 아동을 돕기 위한 지속적인 참여자가 되기 위해서는 좀더 참여자들을 묶어 주고 모자뜨기라는 일회성에서 끝나는 것이 아니라 아동권리 옹호사업, 아동발달 교육사업 등 좀더 광범위한 세이브 더 칠드런 미션의 후원자가 되기 위한 관계 유지 캠페인을 펼치는 것이 필요했다. 하지만 이런 아쉬움에도 불구하고 "신생아 살리기 모자뜨기 캠페인"은 우리나라에서 보기 드물게 참여자의 표현 욕구를 충족시키며 즐기면서 봉사할 수 있는 새로운 기부 모델을 보여 주었다고 평가할 수 있다.(캠페인 내용은 관련 홈페이지 moja.sc.or.kr 등에서 가져옴.)

방해할 수도 있고, 사회가 너무 과도하게 사당화私黨化된 시민의 정치 참여에 의해서 지배되면 오히려 그것이 공공의 이익을 해칠 수도 있다. 예를 들어 지역의 발전을 도모하는 지역 시민 참여 조직은 필요하지만, 그것이 지역 이기주의를 부추기거나 지도자의 정치적인 역량을 과시하기 위한 기능으로 변질된다면 사회적인 문제로 등장할 수 있다. 사회 전체가 쓰레기 문제에 아무리 공감하더라도 어느 곳에서나 쓰레기 처리시설을 세울 수는 없는 상황이 발생하게 된다. 또한 시민 참여 조직이 공공 이익보다는 집단 이익을 옹호하기 위한 로비나 압력 조직으로 변질된다면 그 또한 큰 문제가 아닐 수 없다.

서비스 제공 기능의 경우, 가장 큰 문제점은 정부기관의 보조를 받아 운영되다 보니 정부의 하부조직화vendorism할 가능성이 높다는 것이다. 정부의 보조를 받게 되면 아무래도 자율성이 약화될 가능성이 높아지고 조직이 규모의 효율성을 추구하게 되어 많은 공중의 요구에 부응하는 서비스의 다양성 정도를 떨어뜨릴 가능성이 높게 된다. 예를 들어 우리나라 적십자사의 경우 혈액 관련 서비스 제공을 정부를 대신하여 운영하고 있는데, 방만한 조직 운영에서 비롯되는 문제점들로 인해 연일 위기 상황을 자초하고 있다. 현재 정부를 통해서 징수되던 회비도 없어지고 조직의 자율성이 시험대에 오르게 되자, 과거 정부의 하부조직화를 통해서 부실화되었던 조직 운영의 맹점들이 그대로 드러나고 있다. 서비스 전달 기능의 경우는 정부의 보조를 통해 운영되더라도 어떻게 비영리 조직 고유의 특성을 유지할 것인가에 신경을 쓰는 것이 가장 중요하다고 하겠다.

가치와 신념 추구 기능의 경우는 맹목적인 가치의 추구를 통한 특정 가치 보호particularism가 문제가 될 수 있다. 즉 자신이 가진 가치는 어떠한 다른 가치와도 교환할 수 없는 신성불가침한 것이라고 주장한다면 일반 공중의 외면을 받게 될 가능성이 높다. 즉 이러한 과도한 가치 경도는 다른 가치를 무시하게 하고 차별하는 경향이 농후해진다. 또한 가치와 신념과 관계된 경우에는 엄격한 책임성 기준을 스스로 약화시킴으로써 아집에 빠지게 할 가능성을 높이게 된다. 우리가 목격하는 많은 종교단체 지도자들의 부정이나 횡령 사건 등이 이러한 예를 잘 보여 준다. 가치와 신념에 관계된 일을 할수록 자신의 조그만 부정은 정당화할 수 있다는 아집이 형성될 가능성이 높다. 가치와 신념의 문제도 결국은 공중과의 관계를 통해서 정당성을 인정받고 기본적인 책임성을 충족시켜야 한다. 현재 우리나라의 많은 비영리 조직의 지도부 비리와 관련한 사건들은 이러한 아집과 관련이 깊다.

사회기업가 기능의 경우, 아무래도 가장 큰 문제는 지나친 상업화의 문제를 들 수 있다. 사회기업가 정신이라는 개념을 영리 조직의 기업가 정신에서 빌려오다 보니, 아무래도 영리 위주의 효율성에 치중한 나머지 소외된 계층에 대한 서비스 기능을 약화시킬 가능성이 높다. 비영리 섹터는 효율성을 목적으로 움직이는 섹터가 아니다. 어떻게 보면 비영리 섹터는 비효율성을 근간으로 움직이는 섹터이다. 예를 들어 어떤 지역에 서비스를 제공하는 것보다는 다른 지역에 서비스를 제공하는 것이 더 효율성을 높일 수 있지만, 그 지역이 오랫동안 소외받아 오고 사회적으로 차별을 받아온 곳이라면 효율성을 차치하고 그 지역에 먼저 서비스를 제공하는 것이 필요하다. 사회기업가 정신으로 무장된 비영리 조직은 처음 세웠던 조직의 미션을 추구하기보다는 효율성과 편익의 극대화를 추구할 가능성이 많고, 그러한 활동은 본래 비영리 조직이 형성된 의미를 퇴색시키고 지나친 상업화의 길로 갈 가능성을 높이게 된다.

비영리 조직의 기능과 관련하여 현대 사회 들어 폭발적으로 늘어나고 있는 비영리 조직의 숫자나 비영리 섹터의 확대에 대해서는 상반된 의견이 존재한다. 긍정적인 측면에서 보는 사람들은 사회적인 다원화를 확대시켜 공공 이익을 추구하는 쪽으로 경쟁을 촉발하게 되리라는 것이고, 부정적인 측면에서 생각하는 사람은 지나친 경쟁 위주의 재편이 비영리 조직 본래의 의미를 퇴색시킬 것이라고 보는 경우이다. 사실상 우리나라의 경우에도 비영리 조직의 숫자가 늘어나고 사회 자본이 확대된 것에 대해서 긍정적인 시각으로 바라보는 것이 우세하지만, 지나친 중복 기능과 효율성 추구, 집단 이기주의 경향 등은 새로운 문제점으로 등장하고 있다.

하지만 비영리 조직의 기능은 대체적으로 긍정적인 평가를 받고 있다고 보아야 한다. 수요 측면의 기능은 공공의 요구에 능동적으로 부응한다는 측면이 있고, 공급 측면의 기능은 추구하는 가치와 사회기업가 정신을 통해서 비영리 조직에 추진력을 불어넣고 있다고 볼 수 있기 때문이다. 또한 기능적인 측면의 기능은 비영리 조직의 미션 및 목표 달성을 위해서 필요하고, 표현적인 측면의 기능은 내부 구성원의 만족감과 이를 통한 초월적인 의미의 발견을 위해 무엇보다도 중요하다. 비영리 조직의 활동에서 내부 구성원이나 참여자들이 스스로 만족감을 느끼고, 이것이 향후 장기적인 비영리 조직의 활동과 연결되는 것은 무엇보다도 중요하다. 하지만 때로는 수요 측면의 기능과 공급 측면의 기능이 상충하는 경우도 있으며, 기능적인 측면과 자기 표현적인 측면의 기능이 서로 충돌하기도 한다. 이는 앞서 설명했던 문제점들이 기능 내부적인 상호작용을 통해서 긴장을 형성하고 견

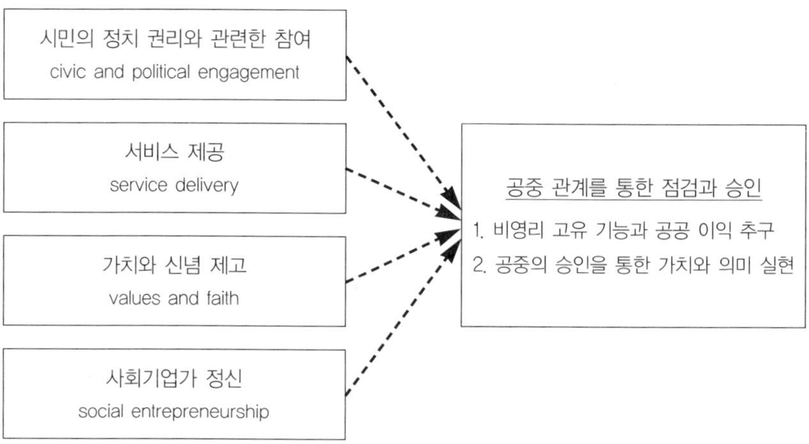

그림 1-4 비영리 조직 기능의 통합적 접근

제되기도 한다는 것을 의미한다.

또한 대부분의 조직은 이러한 네 가지 기능을 모두 가지고 있으며, 잘 운영되는 비영리 조직은 이 네 가지 기능이 서로의 긴장을 통해서 잘 조화되고 있는 조직이라고 할 수 있다. 한 기능으로 치중했을 때 비영리 조직의 기능은 문제점을 내포할 수밖에 없다. 따라서 기능의 균형은 무엇보다도 중요하다. 기능의 균형을 추구하는 것은 오직 비영리 조직의 균형잡힌 전략 마인드를 통해서만 가능하다. 예를 들어 사회 서비스 기능을 제공하는 비영리 조직도 자신들의 신념과 가치를 함께 제고할 수 있으며, 가치를 추구하는 비영리 조직도 사회 서비스를 제공하는 측면을 함께 제공할 수 있다. 이러한 건전한 긴장이 일반 공중의 사회적인 인정을 가져올 수 있다.

결국 비영리 조직 각자 기능의 문제점은 서로 밀접하게 연결되어 있으며, 이러한 문제점이 통합적인 시각에서 해결되었을 때 비영리 조직의 본래 기능이 십분 발휘될 수 있다. 공급자 기능과 자기 표현 기능은 내부 구성원의 사적 관심에 더 치우치고, 수요자 기능과 기능적인 측면은 공공 이익에 대한 관심에 더 집중하는 경향이 있다고는 하지만 중요한 것은 네 가지 기능 모두 비영리 조직 고유의 기능으로 유지되면서 공중의 인식에 의해서 항상 점검받고 평가받아야 한다는 점이다. 즉 수요자 기능, 공급자 기능, 기능주의와 표현적인 기능은 모두 비영리 조직에 필요한 기능이며, 이러한 기능이 조직의 공중 관계를 통해서 유연하게 재구성될 필요가 있다. 공중이 허용하고 대화를 통해서 인정할 수 있는 범위에서 네 가지 기능의 통합이 이루어져야 한다. 결국 공중과의 관계를 통해서 끊임없이 점검받으면서 기능적인 측면과 자기 표현적인 측면이 조화되고, 공공의 이익과 조직의 가치가 함께 실현되는 방향으로 비영리 조직의 기능이 구성되어야 한다(〈그림 1-4〉 참조).

제2장

기존 논의와 새로운 커뮤니케이션 접근

: 전략 경영과 사회 마케팅으로부터의 진화

비영리 조직 활동과 관련하여 가장 많이 인용되는 경영학 개념이 전략 경영strategic management과 사회 마케팅social marketing이다. 사실상 비영리 조직의 전략적인 행위나 캠페인 전략은 지금까지 이 두 가지 개념을 주로 원용해 왔다고 해도 과언이 아니다. 전략 경영과 사회 마케팅 노력이 비영리 조직의 영속적인 활동과 영향력 확대를 위해서 매우 중요한 개념인 것은 틀림없다. 하지만 앞으로 살펴보게 되겠지만 전략 경영의 지나친 조직 중심 사고와 사회 마케팅이 가지는 4P 프레임의 한계를 극복하고, 현대 사회 비영리 조직이 좀더 관련 공중과 우호적인 관계를 형성하고 지속 가능한 영향력을 확대 재생산하기 위해서는 커뮤니케이션 기능이 강조될 필요가 있다(김영욱, 2005b).

영리 조직 중심의 전략적인 사고는 분명 비영리 조직과 상충하는 경우가 많으며, 자원의 열세를 극복하고 이슈를 관리해야 하는 비영리 조직과 조화되지 않는 경우가 발견된다. 따라서 전략 경영과 사회 마케팅의 중요한 장점들을 수용하고 소화하여 그것을 발전적으로 살리되, 좀더 공중과의 커뮤니케이션 중심, 의미 공유 중심의 비영리 조직 커뮤니케이션 전략을 제시할 필요가 있다. 이 장에서는 기존에 논의되어 온 비영리 조직의 전략 경영과 사회 마케팅 노력에 대해서 알아보고, 이로부터 제2부에서 설명할 비영리 조직 커뮤니케이션 전략인 공중 관계 중심의 커뮤니케이션 캠페인 전략을 도출한다.

1. 비영리 조직 전략 경영과 커뮤니케이션

비영리 조직 전략 경영의 의미

이 책에서 다루고자 하는 커뮤니케이션 전략은 전략 경영 개념과 공통적인 부분이 많다. 커뮤니케이션 전략이라고 해서 조직의 커뮤니케이션과 관련한 전략적인 행위만을 계획하는 것이 아니라 전체적인 조직의 전략적인 행위로서 커뮤니케이션 전략에 접근하는 것이 타당하기 때문이다.

이러한 접근은 비영리 조직과 관련해서도 마찬가지이다. 변화하는 경제 사회 환경과 민주화로 인한 중앙집권적 위계 질서의 변화, 자발적인 시민 참여의 증가와 사회 문제 해결을 위한 조직화의 필요성 등 우리 사회는 새로운 사회 질서를 창출하기 위한 성장통을 앓고 있다. 이러한 상황에서 비영리 조직의 행위도 과거의 구태의연한 행태에서 벗어나 효율성을 전제로 전략적으로 구성될 필요가 있다. 왜냐하면 전략 경영은 조직의 효율성을 가장 극대화할 수 있는 방법들을 논의하고 있기 때문이다.

그렇다면 전략 경영이란 무엇일까? 전략 경영은 현대 조직에서 계획을 세우고 실천하는 가장 이상적인 행위를 상정한다. 따라서 전략 경영은 급변하는 사회 속에서 조직이 가장 건설적인 방향으로 반응하고, 주어진 여건

속에서 최상의 결과를 얻기 위한 필수적인 조직 행위를 의미한다(Koteen, 1989). 전략 경영은 모든 경영 시스템을 전략적인 계획이라는 테두리 안에서 통합하고, 외부의 변화를 감지하여 중요한 이슈를 선별하며, 그것에 대응하기 위한 조직의 역량을 극대화하는 것이다.

그렇다면 조직은 왜 전략 경영을 하게 되는 것일까? 보통 전략적인 방향성의 제공, 자원 사용의 우선 순위 제공, 최상의 활동 기준 제공, 환경적인 불확실성과 변화에 대한 대응, 통제와 평가에 대한 객관적인 기반의 제공 등을 목표로 든다(Koteen, 1989). 이러한 목적은 대부분의 전략 경영 행위가 한정된 자원과 불확실한 환경 속에서 가장 최적의 조직 행위를 찾기 위한 의도된 행위임을 보여 준다. 즉 이러한 의도된 행위는 조직을 둘러싼 환경에 대한 이해, 조직 역량의 강화, 지속적인 조직 행위의 개선 등을 통해서 목표 달성을 시도하게 된다. 전략 경영의 목표는 결국 목표 대비 경영 Management By Objectives: MBO과도 연결된다.

전략 경영은 크게 보면 1) 조직 미션을 달성하기 위한 전략을 형성하는 것과, 2) 그러한 전략을 실행하기 위한 조직 역량을 결집하는 것으로 이루어져 있다(Hay, 1990). 조직 미션을 달성하기 위한 전략 형성은 내·외부 환경평가를 통한 실행 전략 형성을 의미한다. 이를 위한 조직 역량의 결집은 생산 전략, 마케팅 전략, 인사 전략, 재정 전략 등의 세부 전략을 포함한다. 비영리 조직 전략 경영에는 자원봉사자 및 기부 모집 전략 등이 추가되기도 한다.

한편 이러한 비영리 조직의 전략은 대부분 커뮤니케이션 활동을 기본으로 하기 때문에 미션 달성과 조직 역량 강화 모두 커뮤니케이션 활동과 필연적으로 연결될 수밖에 없다. 예를 들어 인사, 재정 전략 등도 비영리 조직의 상대적으로 열악한 인사 재정 구조를 생각할 때 커뮤니케이션 캠페인의 한 요소로 포함되는 것이 당연하고, 비영리 조직의 마케팅 활동과 생산 전략은 직접적으로 커뮤니케이션 캠페인 전략의 요소들과 연결된다. 즉 비영리 조직의 활동이 일방적인 조직 중심의 전략 행위보다는 관련 공중과의 관계 형성을 통한 지속적인 영향력 확대를 도모하기 때문에 조직의 전략 경영은 커뮤니케이션 활동으로 모아질 수밖에 없다. 예를 들어 인사 정책을 보면, 영리 조직처럼 직원의 채용, 승진, 교육, 복지에 초점을 맞추는 정책보다 비영리 조직은 미션의 전파를 통해서 조직원의 사기를 진작하고, 비영리 조직이 추구하는 가치를 공유함으로써 회원과 자원봉사자를 안정적으로 확보하는 방법에 대해서 고민하게 된다. 이는 모두 관련 공중과의 관계 형성을 염두에 둔 커뮤니케이션 활동이다. 재정 전략도 마찬가지이다. 따라서 비영리 조직의 전략 경영 논의는 주로 커뮤니케이션 활동이나 캠페인 등에 집중되어 있고, 또한 이 책에서는 비영리 조직의 전략 경영을 그러한 측면에 초점을 맞추어서 논의한다.

전략 경영 활동의 요소

전략 경영 활동은 몇 가지 요소로 나누어 볼 수 있는데, 학자마다 구성 요소에 조금씩 차이가 있다.

Hay(1990)는 전략 경영 모델이 크게 세 가지로 구성되어 있다고 보았다. 첫 번째는 전체적인 조직 전략을 형성strategy formulation하는 것이다. 전체적인 조직 전략을 형성할 때에는 보통 세 가지 요소를 고려한다. 그것은 경영진의 철학, 내·외부 환경에 대한 분석, 전략의 최종적인 결정 과정을 지칭한다. 전략 형성 과정에서는 경영진의 철학과 조직의 미션이 조화를 이루는 것이 우선적으로 필요하고, 이러한 미션과 함께 내·외부 환경에 대한 분석을 바탕으로 목적, 목표, 목표 시장과 같은 전략적인 사항을 결정하게 된다. 두 번째는 전략을 조직의 세부 기능 차원에서도 통합적으로 가져가는 것strategy integration이다. 전체적인 목적, 목표, 목표 시장 전략은 생산, 마케팅, 재정, 인사 전략 등의 세부 기능 전략과도 통합적으로 운용되어야 한다. 그리고 마지막 세 번째 전략 경영의 요소는 이렇게 통합적으로 구성된 전략들을 실행하는 것strategy implementation이다. 물론 전략을 실행하는 것도 세부적인 실행 계획을 바탕으로 체계적으로 실행되어야 한다.

Steiss(2003)의 경우는 전략 경영을 크게 세 가지 활동, 즉 전략 계획strategic planning, 자원관리resource management, 관리와 평가control and evaluation로 나누었다. 전략 계획은 미션, 비전, 목적, 목표 등의 요소가 필수적이며, 이러한 계획 요소들을 설정하기 위해서는 SWOT 분석(강점Strength, 약점Weakness, 기회Opportunity, 위협Threat 요인 분석 기법)과 같은 조사가 필요하고, 이를 바탕으로 전체적인 계획이 수립되면, 계획을 실행하기 위한 전략과 정책, 세부 실행계획 등이 세워져야 한다. 자원관리는 조직이 가진 자원을 가장 효율적으로 관리하기 위한 생산성과 품질 향상 제고 방법, 프로세스 재구성, 비용 분석 및 예산 등이 들어간다. 마지막으로 전략 경영에는 이러한 제반 요소를 통합적으로 통제하고 평가하는 과정이 포함된다. Steiss의 전략 경영을 위한 전략 계획, 자원관리, 통제와 평가 등 세 가지 요소는 각각 어떤 목표를 달성할 것인가what, effectiveness, 어떻게 목표를 달성할 것인가how, efficiency, 어떻게 행위에 대한 책임을 질 것인가so what, accountability 등의 요소를 의미한다.

한편 David(1993)는 전략 경영의 요소를 전략 형성strategy formation, 전략 실행strategy implementation, 전략 평가strategy evaluation로 나누었다. 이러한 세 가지 요소 접근은 모두 유사하다.

또한 전략 경영은 대체적으로 다섯 가지 요소를 가지고 있다고도 할 수

표 2-1 전략 경영의 통합적인 요소

1. 외부 환경에 대한 감지
2. 내부 리더십 등 내부 역량의 조정
3. 통합적인 전략 행위의 실행과 평가

미니 케이스 분석 2-1

전략 형성을 위한 기본적인 인력, 조직의 필요성

– 한국 생명의 전화, "자살 예방 캠페인" –

우리나라는 현재 OECD 국가 중 헝가리에 이어 세계 2위의 자살률을 기록하고 있다. 한 해 12,174명, 하루 33명, 42분에 1명이 자살하고 있으며 이로 인해 많은 국민이 고통을 겪고 있다. 생명의 전화가 펼치는 주요 사업으로는 전화상담, 사이버상담, 위기 자살 전문상담, 면접상담이 주요 활동이고, 전국 공개 세미나, 자살 예방 전문상담원 양성 교육, 2009생명사랑 밤길걷기와 같은 자살 예방 캠페인, 지역사회 자살 예방 교육 및 청소년 생명 존중 프로그램 지도자 양성 등의 활동을 펼치고 있다. 하지만 한국 생명의 전화의 헌신적인 노력에도 불구하고 우리나라의 자살 예방 프로그램이 효과적으로 작동하고 있다고 보기는 힘들다.

한국 생명의 전화는 자살 상담이 주 목적이기는 하지만 자살을 예방하고 생명 존중 사상을 고양할 지속적인 캠페인과 캠페인을 유지할 기본적인 인력, 예산과 자원봉사자가 부족한 것으로 알려져 있다. 현재 홈페이지에서 확인하면 2009년에 생명사랑 밤길걷기 캠페인을 하루 행사로 펼치고 있는데, 규모면에서나 파급력 면에서 아쉬운 점이 많아 보인다. 이러한 단발성 행사보다는 지속적으로 자살을 사회적인 문제로 인식시킬 수 있는 프로그램과 자살과 관련한 영향력 공중, 대상 공중과 장기적인 관계를 형성 유지할 수 있는 커뮤니케이션 프로그램이 필요하다.

지금까지의 프로그램들도 단발성이었고 서로 간의 지속적인 연관성 또한 부족해 보인다. 한국 생명의 전화가 활발한 캠페인 활동을 펼치지 못하는 것은 인력의 부족과 예산 부족 등의 문제가 있는 것으로 보인다. 결국 비영리 조직도 기본적인 인력과 예산이 없이는 캠페인을 지속하기 힘들다. 따라서 비영리 조직은 기본적인 체력을 강화하는 인력 및 모금 프로그램을 캠페인에 항상 포함할 필요가 있다. 기본적인 인력과 재정을 확보하는 전략이 없이는 지속 가능하고 효과적인 커뮤니케이션을 펼치는 것이 불가능하다. 지금 논의하는 비영리 전략 경영은 그러한 기본 체력을 강화하는 방안을 잘 보여 주고 있다.(조직 관련 정보는 홈페이지 www.lifeline.or.kr에서 가져옴.)

있다(Thompson & Strickland, 1996). 일단 전략 경영은 1) 조직의 전략적인 비전, 즉 조직이 어떤 방향으로 나아가야 할 것인가를 설정한다. 이러한 비전의 설정은 전략 경영의 핵심을 이루는 요소이다. 그런 다음 2) 비전을 측정이 가능한 목표objectives로 전환하고 목표 공중을 설정하게 된다. 그 다음으로는 3) 원하는 전략을 달성하기 위한 전략을 개발하고 자체적으로 달성 가능성을 점검한 다음, 4) 선택한 전략을 효과적이고 효율적으로 실행하게 된다. 마지막으로 5) 그간의 활동을 평가하고, 수정 사항의 적용을 통해서 장기 계획을 수정하고 기회 요인을 포착한다.

지금까지의 논의를 살펴보면, 결국 전략 경영이라는 용어에는 통일된 시스템이 없으며, 조직의 미션과 목적을 달성하기 위한 조직 행위(마케팅, 회계, 생산, 조사 등등)의 통합적인 전략화와 효과적인 실행을 의미한다고 광범위하게 상정할 수 있다. 또한 전략 경영의 요소를 통합적으로 살펴보면 1) 외부 환경에 대한 감지, 2) 내부 리더십 등 내부 역량의 조정, 3) 통합적인 전략 행위의 실행과 평가 등으로 구성되어 있다.

비영리 전략 경영의 세부 활동: 포지셔닝, 비전 그리고 시스템

최근 비영리 전략 경영의 실행과 관련하여 비영리 전략 포지셔닝nonprofit strategic positioning이라는 개념이 많이 사용된다(McLaughlin, 2006). 전략 포지셔닝은 전략 경영 과정에서 비영리 조직 내부의 역량과 기능 통합, 경쟁적인 포지션의 확보 등을 강조하는 개념이다. 전략 포지셔닝 과정은 비영리 조직의 미션 재확인과 현실 상황에 기반한 미래 예측을 통해서 조직의 미래 상황을 예상하고, 이에 따른 조직의 내부적인 장점을 분석한 다음 조직의 5년이나 10년 후 미래 위치를 결정하는 것이다. 이러한 목표 설정이 끝나면 전략적인 포지션을 모든 내부 조직원이 쉽게 이해할 수 있도록 간단하게 표현하는 것succinct statements이 중요하고, 실질적으로 그러한 목표를

표 2-2 바람직한 조직 비전의 구성 요소

1. 설득력 있는 구성
2. 명확한 해결 과제 제시
3. 불확실한 환경에 대비한 조직의 지향점 제시
4. 향상된 미래 청사진의 제시
5. 조직원의 결속력 자극

달성할 수 있는 실행 계획을 수립하게 된다. 이러한 비영리 전략 포지셔닝은 전략 경영 개념이 단계적인 조사, 목표 설정, 실행의 의미로 축소되어 가고 있음을 보여 주며, 이는 일반적인 커뮤니케이션 전략의 조사, 계획, 실행, 평가 과정과 매우 유사하다는 것을 보여 준다. 전략 포지셔닝에서 중요한 것은 조직의 미래를 가장 합리적으로 설정하고, 조직 내부의 역량을 결집하는 것이며, 이러한 전략적인 행위가 자원의 열세에 시달리고 있는 비영리 조직을 효율적인 경영으로 이끌게 된다.

전략 포지셔닝을 통해서 조직의 전체적인 마스터 플랜을 만들고, 그것을 시행하기 위해서 무엇보다도 필수적인 조건은 조직 경영층의 비전 제시이다. 비전은 현재 상황, 기회 요인, 기대를 종합하여 더 나은 미래를 제시하는 지향점이라고 할 수 있다. 비전vision은 1) 설득력 있고, 2) 해결 과제를 명확하게 제시하며, 3) 불확실한 환경 속에서 조직의 지향점을 제시하고, 4) 과거와 현재를 아울러 더 나은 미래를 제시함으로써, 5) 조직원의 결속력을 자극할 수 있어야 한다(Koteen, 1989, 〈표 2-2〉 참조). 결국 비전은 조직의 전략적인 계획을 실행하는 데 방향타 역할을 하며, 조직 미션이 추구하는 최종 결과이다. 또한 비전을 큰 테두리로 하여 조직이 가진 전략 포지셔닝 계획을 내부 조직원과 공유할 수 있게 되고, 조직원 간 유대감과 사기를 진작시킬 수 있다. 사실상 비영리 조직은 자원이나 사회적인 영향력의 열세에 시달리는 경우가 많다. 비전의 제시는 그러한 악조건을 극복하고, 내부적인 결속력을 강화함으로써 조직의 역량을 통합하는 기능을 한다. 결국 비전을 가진 리더와 조직만이 비영리 조직의 전략 경영을 성공적으로 이끌 수 있다. 한편 비전을 내부 조직원들과 어떻게 공유하느냐 하는 것도 매우 중요한 문제이다. 이러한 비전의 공유를 위한 방법들도 내부 조직원과의 소통과 이해 형성이라는 측면에서 커뮤니케이션 전략과 연결된다.

전략 경영 시스템은 조직 구성과 인력을 조정하고, 책임과 평가 시스템을 구축하는 것을 포함한다(Koteen, 1989). 이제 조직의 비전이 제시되고, 조직 발전을 위한 전체적인 계획이 마련되면, 그것을 실행하기 위한 조직 시스템을 정비하는 것이 필요하다. 모든 학자들이 일치하는 것은 아니지만 보통 전략 경영은 내·외부 환경평가, 전략 형성, 전략 실행, 조정과 평가 단계로 이루어진다. 하지만 조직에 따라 이러한 단계를 실행하기 위한 전략 경영 시스템을 구축하는 것은 달라질 수밖에 없다. 조직에 따라 시스템 변화에 영향을 주는 요인으로는 조직의 크기와 구조, 조직환경적인 어려움, 예산, 경영진 스타일, 프로그램 비용과 사회적인 영향력 등을 들 수 있다(Koteen, 1989). 조직은 자신이 처한 상황에서 가장 최적의 선택을 통해 조직이 설정한 전략 포지셔닝을 달성할 수 있는 시스템을 구축해야 한다. 예를 들어 전국적인 조직을 갖춘 비영리 조직과 지역사회 현안을 해결하기 위한 비영리 조직의 전략 경영 시스템은 다를 수밖에 없다. 비영리 조직이 처한 상황에 따라 조직의 크기, 인원, 구조, 재정, 소유 구조, 리더십 체계, 조직문화 등을 최적의 시스템으로 구상하고 체계적으로 구축하는 것이 필요하다. 지역사회 조직은 지역사회의 특성을 충분히 고려해야 한다.

전략 경영과 커뮤니케이션 전략의 유사성

이러한 일반적인 전략 경영의 프레임워크framework는 나중에 설명하게 될 커뮤니케이션 전략의 프레임워크와 전체적인 과정에서 매우 유사하다고 할 수 있다. 커뮤니케이션 전략은 보통 조사, 계획, 실행, 평가 단계로 구성되어 있다. 두 접근의 전략적인 요소를 비교하면 따로 엄격히 구분하기가 어렵다. 따라서 두 분야를 엄격하게 구별하기보다는 두 분야가 유사한 활동을 지향하지만 커뮤니케이션 전략은 좀더 공중과의 커뮤니케이션 중심적인 전략 체계를 구성하고 있다고 보는 것이 타당하다.

또한 대체적으로 전략 경영 요소는 커뮤니케이션 전략 설정의 기본적인 배경을 이룬다고 할 수 있다. 조직의 커뮤니케이션 활동에 초점을 맞추는 전략도 일반적인 전략 경영의 요소는 배제하기 힘들고, 공중과의 커뮤니케이션에 초점을 맞추더라도 조직의 역량과 자원을 효율적으로 운용하기 위한 계획들은 항상 통합적으로 가져가는 것이 필요하다. 이 책도 공중과의 관계 유지를 포함하여 커뮤니케이션 중심의 전략을 논의하게 되겠지만, 전략 경영 요소와 많은 부분이 겹친다.

전략 경영과 전략적 이슈 관리는 커뮤니케이션 전략 측면에서 참조할 것이 많다. 전략 경영 시스템은 전략적 이슈 관리와 연결된다(Koteen, 1989). 조직이 전략 경영을 실행하는 이유는 조직에 가장 중요하고 긴박한 이슈를 선정하여 전략적으로 대응하는 것과 궤를 같이한다. 따라서 전략 경영과 전략적 이슈 관리는 서로 연관되어 있다. 전략 경영의 단계에서 조사를 통해 계획을 설정하는 단계는 조직이 직면한 이슈를 설정하고 전략적인 이슈를 뽑아내는 과정이라고 할 수 있다. 이러한 조직이 직면한 이슈를 해결하는 과정은 결국 조직을 둘러싼 내·외부 공중과의 커뮤니케이션이 중심 활동이 되기 때문에 커뮤니케이션 전략의 성격이 매우 강하다.

한편 전략 경영의 실행과 평가 과정은 목표 대비 경영MBO에 모아지고, 이러한 목표 대비 경영은 보통 원하는 결과를 상정하고, 그것을 효과적으로 달성할 수 있는 조직 역량 결집과 지속 가능한 방법들을 찾아내는 것이다. 이러한 실행 과정은 또한 목표 대비 평가를 통해서 끊임없는 수정 과정을 거치게 된다. 하지만 목표 대비 경영은 그 자체로 너무 프로그램을 정형화함으로써 유연한 조직 대처를 어렵게 하거나, 단발적인 목표 달성 지상주의

the start and stop syndrome에 빠지게 할 수 있다(Koteen, 1989). 이것은 조직 활동이 계속성을 살려야 함에도 불구하고, 단발적인 프로그램의 연결이라고 오해하는 것이다. 따라서 목표 대비 경영도 약점을 극복하고 가장 효율적으로 진행되기 위해서는 조직의 미션과 비전에 걸맞게 통합적인 프로그램을 구축하고 관련 공중과 지속적인 관계를 유지하는 프로그램을 만드는 것이 필요하다. 즉 장기적인 미션과 비전이 있다면, 그것이 단기 프로그램의 전체적인 방향성을 통합하는 방향으로 나아갈 수 있다. 이러한 면을 해결하기 위해서 공중 관계 위주의 커뮤니케이션 전략에 대한 필요성이 또한 제기된다.

전략 경영 중심 논의에 대한 비판과 커뮤니케이션 접근

기존 경영학에서 논의되는 비영리 조직과 관련한 전략 담론은 무리하게 영리 조직의 전략 개념을 비영리 조직 상황에 적용하려 했다는 비판을 피하기 어렵다. 예를 들어 가치 창조라는 개념의 경우, 들어간 비용 대비 편익의 창출로 해석하고 있는데, 비영리 조직의 활동은 비용이 더 많이 들어가는 경우에도 사회 정의의 실현을 위해서 사업을 추진해야 하는 경우가 있다. 사회 정의, 민주주의, 약자에 대한 기여 등은 그 자체로서 교환할 수 없는 가치irreconcilable values가 될 수밖에 없다. 또한 가치를 창출할 수 있는 세 가지 방법thrusts으로 서비스 향상, 시장 집중, 비용 절감 등을 들고 있는데, 이러한 요소들은 지나치게 효율성에 근거하고 있다는 비판을 받을 수 있다(Hay, 1990). 비영리 조직 활동은 효율성의 추구도 중요하지만 자원봉사를 통한 사회 구성원의 동기 부여, 사회적인 의미에 대한 구성원의 동원mobilization 등 효율성 논리와 차별되는 자체적인 가치 창출 방법 등을 상정해 보는 것이 더 중요하다.

또한 전략 경영이 비영리 조직에 적용되는 데에 발생할 수 있는 문제점으로는 지나친 조직 중심의 활동을 들 수 있다. 전략 경영은 조직의 역량 강화를 통한 조직 행동의 효율성을 강조하기 때문에 조직을 둘러싼 내 · 외부 공중과의 대화와 합의 창출에 소홀해질 가능성이 많다. 대부분의 내 · 외부 환경조사도 조직 중심의 문제 해결에 집중하고 있을 뿐, 공중과의 소통이나 문제 해결 방법의 공유, 협력 등을 소홀히 할 가능성이 많다. 이는 공중을 전략 목표 달성의 대상으로 생각할 뿐, 비영리 조직 활동의 진정한 파트너로서 인정하지 않기 때문에 발생하는 것이다. 비영리 조직 활동에서 전략 경영은 공중의 참여와 관여involvement가 무엇보다도 중요한데, 조직 중심의 활동은 이러한 공중과의 커뮤니케이션을 소홀하게 다룰 가능성이 농후하다. 따라서 비영리 조직의 전략적 행위는 전략 경영의 개념을 수용적으로 가져와서 적용하되, 좀더 공중과의 커뮤니케이션에 초점을 맞추는 커뮤니케이션 전략으로 가져가는 것이 바람직하다. 따라서 이 책의 커뮤니케이션 전략 혹은 커뮤니케이션 캠페인은 전략 경영의 요소를 포함하면서, 커뮤니케이션 중심으로 재편된 전략을 의미한다.

기존 경영학과에서 나온 전략적인 커뮤니케이션과 관련한 텍스트를 보면, 커뮤니케이션의 역할이 언론 퍼블리시티publicity를 생산하거나, 언론과의 협력을 통해서 커뮤니케이션 프로그램 효과를 극대화하는 방법, 그 외 광고와 공적 사안에 대한 언론 연계 캠페인Public Service Announcements: PSA 등을 이용한 커뮤니케이션 전략 등 프로모션 차원의 방법 제시에 머물고 있다(Bonk, Griggs, & Tynes, 1999). 하지만 이 책에서의 커뮤니케이션 전략은 이러한 전술적인 차원이나 언론 중심의 활동이 아니라, 전략 경영의 대안으로서 비영리 조직의 통합적 커뮤니케이션 활동과 장기적인 공중 관계 증진을 통한 지속적인 발전을 염두에 둔 커뮤니케이션 전략을 상정하고 있다.

또한 대부분의 비영리 조직 전략 경영 교과서들은 미션의 중요성을 설정하고 그것을 어떻게 프로그램 수행 측면과 조직 내부 역량 구성 측면에서 조화시켜 나갈 것인가를 고민하고 있다(Oster, 1995). 이 책은 이러한 시각을 받아들여 비영리 조직의 커뮤니케이션 중심 행위가 미션에 바탕을 둔 조직의 역량 강화와 프로그램의 효과성 제고에 기여하는 광범위한 전략이 될 수 있음을 기본적으로 전제한다.

2. 비영리 사회 마케팅과 커뮤니케이션

비영리 사회 마케팅의 정의

미국 마케팅협회American Marketing Association: AMA는 마케팅을 "개인과 조직을 만족시킬 수 있는 교환을 창출하기 위해서 아이디어, 재화, 서비스의 개념화, 가격, 촉진, 유통 등을 계획하고 실행하는 과정"(AMA, 1985: 1)이라고 정의한다. 여기서 아이디어 부분이 사회 마케팅과 직접적으로 관련되어 있다.

사회 마케팅은 눈에 보이는 상품이나 서비스보다는 아이디어를 대상으로 하는 마케팅 활동이다. Fine(1981)은 아이디어의 의미를 개인적인 차원과 사회적 차원에서 설명하면서, 아이디어도 상품으로서 마케팅의 범주에 들어갈 수 있다고 보았다. 이러한 Fine의 주장이 사회 마케팅의 개념화에 많은 영향을 끼쳤다. 보통 문제 인식이 사회 변화를 이끌어 가는 과정을 보면, 사회 문제에 대한 분석을 통해서 해결을 위한 아이디어와 신념을 형성하게 되고, 그러한 신념을 바탕으로 사회 구성원 간에 문제되는 쟁점에 대한 변화를 유도하게 된다. 사회 마케팅도 이러한 사회 변화를 위한 여러 가지 수단의 하나라고 볼 수 있다. 따라서 사회 마케팅이라는 것은 사회 이슈에 마케팅 개념을 부가하여 사회 변화를 도모하는 개인이나 조직의 활동을 의미한다(Fine, 1981). 따라서 마케팅의 기본인 4P 개념이 그대로 사회 이슈에 적용된다(McCarthy, 1975).

보통 마케팅의 4P는 상품product, 가격price, 촉진promotion, 유통place을 의미한다(Fine, 1981). 상품은 상품 디자인, 상품 정보, 브랜딩branding, 패키징packaging, 상품 유형 분류와 규격화, 상품 보증, 판매 후 서비스 수리 등의 개념과 과정을 모두 포함한다. 가격은 할인 정도와 신용 결제 정도 등 상품의 지불 비용과 조건과 관련된 것이고, 촉진은 광고, 인적 판매, 특별 이벤트, 홍보, 이미지 창출 등을 의미한다. 마지막으로 유통은 유통 경로, 보관 방법, 배달, 재고 정리, 판매점 관리 등의 요소를 관리하는 것이다. 보통 영리 조직의 마케팅 활동은 이렇게 크게 네 가지 부분을 융합적으로 관리하여 조직의 목표 달성을 위한 효율성을 극대화하려는 노력이다.

Fine(1981)의 경우, 사회 마케팅이 두 가지 의미가 있다고 보았는데, 첫째는 기업이 정부나 사회의 압력에 따라서 사회적으로 책임 있는 행위를 한다는 측면과, 둘째는 마케팅을 좀더 광범위하게 사회 이슈에 적극적으로 적용하여 사회 문제 해결과 사회 변화를 도모한다는 것이다. 비영리 사회 마케팅은 단순히 기업이 사회 책임성 요구에 부응한다는 의미보다는, 두 번째 의미의 사회 마케팅과 가깝다. 즉 비영리 사회 마케팅은 주로 비영리 조직이 사회 문제를 해결하기 위해서 마케팅의 개념을 원용하는 것이라고 정의해 볼 수 있다. 따라서 비영리 사회 마케팅은 사회 마케팅의 원리나 특징을 비영리 조직이나 비영리 활동을 하는 조직에 그대로 적용한 것이다.

사회 마케팅의 특징은 크게 세 가지로 분류해 볼 수 있다(Fine, 1981). 첫째, 사회 마케팅에서는 상품의 의미가 확대된다. 상품의 유형은 크게 두 가지 차원으로 나눌 수 있다. 첫 번째 차원은 행위가 이익을 추구하는가의 여부이다. 이는 크게 영리 지향과 비영리 지향으로 나누어 볼 수 있다. 두 번째 차원은 상품의 구체성tangibility 정도이다. 이는 상품, 서비스, 아이디어, 쟁점으로 분류할 수 있다. 상품에서 쟁점으로 갈수록 눈으로 직접 확인할 수 없고 구체성이 부족하다. 한편 아이디어는 개인 차원의 문제이고, 쟁점은 사회 차원의 문제로 확대된 것이다. 따라서 사회 마케팅은 상품의 범위가 아이디어와 쟁점으로 광범위하게 확대된 것을 의미한다. 여기서 비영리 사회 마케팅은 당연히 비영리를 지향한다. 한편 Espy(1993)는 비영리 조직의 사회 마케팅에서 사용하는 다양한 상품을 1) 서비스, 2) 경험, 3) 생산품, 4) 개념, 5) 조직으로 나누었다. 여기서 개념은 Fine의 사회 마케팅 상품 분류에서 쟁점과 통한다.

사회 마케팅의 두 번째 특징은 유통과 촉진 과정에서 퍼블리시티publicity 혹은 언론 관계(보통 PR, public relations는 현실에서 언론 관계의 의미로 한정되어 잘못 쓰이는 경우가 많다: 저자 주)가 강조된다. Fine(1981)의 경우에도 사회 마케팅의 경우 좀더 퍼블리시티 활동에 의존한다는 것을 인정했다. 이와 함께 여론, 선전, 로비, 옹호 활동, 기금 조성 등 영리 마케팅 활동에서 보기 힘든 활동도 중요한 역할을 하게 된다.

사회 마케팅의 세 번째 특징은 어떻게 표현할 것인가를 다루는 아이디어 생산자의 중요성이 한층 강조된다는 것이다. 사회 마케팅에서는 무에서 유를 창조하는 경우가 많으며, 특정 상품이나 생산 과정을 다루는 것이 아니라, 사회 변화의 주체로서 창의적인 아이디어를 생산해 내는 사람이 강조된다. 따라서 정보 소스의 신뢰도 활용, 프레이밍 전략, 메시지 채널 전략 등 광범위하고 다양한 커뮤니케이션 전략이 도입된다.

한편 Fine(1990a)은 4P에서 조금 발전한 7P 모델을 제시하기도 했다. 7P는 producer(생산자), purchaser(구매자), product(생산품), price(가격), promotion(촉진), place(유통), probing(평가) 등을 말한다. 7P 모델에 따르면 조직의 계획 수립 과정은 목적과 목표를 설정하고 그것을 달성하는 과정을 7P 요소로 구성하는 것을 말한다(Fine, 1990b). 7P 모델로 사회 마케팅의 과정을 설명하려면 특히 가격에 대한 보충 설명이 필요한데, Fine에 따르면 가격은 사람들이 사회 마케팅에서 제시하는 이슈를 수용하기 위해 어떤 사회적인 가격을 지불해야 하는가의 정도를 의미한다.

비영리 조직의 경우에는 사회 마케팅이라는 용어 대신 비영리 마케팅 nonprofit marketing이라는 용어가 많이 쓰인다. 이는 비영리 사회 마케팅을 줄여서 쓰는 개념이라고도 할 수 있다. 영리 마케팅은 이익의 극대화를 위해 존재하지만 비영리 마케팅은 잘 정의된 미션을 달성하고, 다양한 공중의 요구wants와 수요needs(예를 들어 요구가 먹을 음식을 말한다면, 수요는 영양 상태를 의미한다: 저자 주)를 충족시키기 위한 활동이다(Espy, 1993). 비영리 마케팅은 영리 마케팅과 비교해 볼 때 스스로 수요를 창출하고, 한정된 자원으로부터 재정적인 효율성을 높여야 하며, 공중으로부터 좋은 이미지를 획득해야 한다는 공통적인 측면을 가진다. 여기서 비영리 마케팅의 매우 중요한 차별성을 도출할 수 있는데, 이는 활동의 광범위함이다. 영리 마케팅은 효율성을 배가하기 위해 한 공중에 집중해서 활동을 펼치지만, 비영리 마케팅은 다양한 공중을 대상으로 하는 것이 중요하다. 이는 비영리 마케팅이 효과를 극대화하기 위해 소수의 공중에 집중하기보다는, 광범위한 공중을 대상으로 사회 정의의 실현을 위해 노력하는 경향이 있다는 것을 보여 준다.

이러한 효율성과 사회 정의는 영리 마케팅과 비영리 마케팅을 나누는 중요한 개념이다. 즉 영리 마케팅은 주주의 이익을 최대화하기 위한 활동이지만, 비영리 마케팅은 특정한 미션을 달성하기 위한 활동이다(Espy, 1993). 따라서 다양한 공중의 요구와 필요를 충족시켜야 하고, 없었던 수요를 창출하기 위해서도 노력해야 한다. 물론 재정적인 안정을 이루는 것도 중요하지만, 이와 함께 공중으로부터 긍정적인 이미지를 형성하는 것이 더 중요한 목적이 될 수 있다. Espy의 정의에 따르면, 비영리 마케팅은 영리 조직의 마케팅에 비해 좀더 복합적인 활동을 담당해야 한다는 것을 짐작할 수 있다.

그렇다면 굳이 비영리 조직에서 마케팅 접근을 사용하는 근거는 무엇일까? 공공 및 비영리 섹터에서 마케팅 접근을 사용하는 이유는 크게 두 가지로 요약할 수 있다(Lovelock, 1989). 첫째, 가장 중요한 이유는 비영리 섹터도 한정된 자원의 배분 측면에서 경쟁 상황에 있다는 것이다. 경쟁 상황에서는 자연스럽게 자원의 효율적인 배분을 위한 방법을 모색할 수밖에 없다. 이러한 경쟁 상황과 함께, 두 번째 이유는 비영리 조직의 책임성이 점점 더 강조되고 있는 상황이다. 비영리 조직도 예전처럼 소규모 활동에 의존하지 않고, 점점 더 몸집을 불려가고 있고, 기부자와 세금 납부자들은 자신의 돈이 효율적으로 쓰이고 있는가를 알고 싶어한다. 이러한 책임성을 입증하기 위해서는 마케팅의 목표 달성 과정이 적용될 수밖에 없다. 하지만 이러한 접근의 불가피한 측면은 인정하지만, 경쟁 상황 극복과 효율 책임성 요구 때문에 꼭 마케팅의 4P 프레임에 집착할 필요는 없다. 마케팅이 사람들의 요구와 수요를 효율적으로 만족시키는 데 가장 적절한 수단이라는 것은 인정하지만, 그것이 비영리 조직에 일률적으로 적용될 필요는 없다.

마케팅 개념의 적용과 비영리 사회 마케팅 과정

비영리 마케팅의 기반으로서 영리 마케팅의 내용이 적용되는 것은 크게 1) 자기 이익의 인정, 2) 고객 요구를 만족시키기 위한 마케팅 목적, 3) 4P에 기반한 마케팅 믹스, 4) 차별화 전략의 중요성 등 네 가지 측면에서 말해진다(Shapiro, 1990, 〈표 2-3〉 참조). 우선 자기 이익의 인정이라는 부분은 비영리 마케팅에서는 그 의미가 더욱 확장되고 있다. 이익의 의미가 재정적인 측면을 뛰어넘어 심정적인 만족, 이익의 공유를 통한 사회적인 이익의 확대 등 주관적인 인식 측면에서 고려된다. 따라서 영리 마케팅의 이익

표 2-3 영리 마케팅 개념의 비영리 조직 적용 시 고려할 점

1. 자기 이익의 주관적 요소 인정
2. 마케팅 목적의 이중 구조화 · 상품/서비스 제공과 수익 창출
3. 4P 프레임에 기반한 마케팅 믹스의 차별화된 적용
4. 차별화 전략과 자기 수정 기능의 공공성 확보

개념이 적용되기는 하지만 그 의미는 차이를 보인다.

다음으로 영리 조직의 마케팅 목적은 크게 1) 상품과 서비스의 제공resource allocation과 2) 수익 창출resource attraction로 나눌 수 있다. 영리 조직의 마케팅 활동은 이 두 가지 마케팅 목적이 일치하지만, 비영리 조직의 경우는 이 두 가지 활동이 따로따로 이루어져야 하는 것이 다르다. 비영리 조직은 수익 창출의 측면에서 단순히 조직 활동이나 기부로부터 수입을 얼마나 창출하느냐가 활동 성공의 척도가 될 수는 없다. 또한 비영리 조직에서는 얼마나 상품 혹은 서비스를 제공하는가도 중요하지만, 관련 공중과 광범위한 의미에서 좋은 관계를 형성했는가 또한 중요한 기준이 된다. 수익이 줄더라도 상품과 서비스를 제공해야 하기도 하고, 상품과 서비스의 제공이 수익 창출과 반드시 함께하지는 않는다. 따라서 비영리 조직에서는 이 두 가지 목적이 일치하지 않을 수도 있으며, 서로 갈등을 일으킬 수도 있다. 비영리 마케팅은 이 두 가지 목적을 조화시켜야 한다는 측면에서 영리 마케팅과 구별된다.

한편 수익 창출 측면에서 대부분의 영리 조직 마케팅 기법이 사용되지만 다양한 공중에 대한 광범위하고 전략적인 접근을 또한 필요로 한다. 이에는 기금 조성 노력뿐만 아니라, 자원봉사자, 기본 물품 확보 등도 포함한다. 상품 서비스 제공 측면은 어떤 상품과 서비스를 제공하고, 어떻게 유통, 촉진할 것인가와 연관된다는 측면에서 영리 조직의 상품 정책과 유사한 측면이 있다. 아무래도 단일 미션을 가진 조직이 통합력을 발휘하기 때문에 상품 서비스 제공 측면에서는 영리 마케팅의 통합적이고 일관된 전략을 도입할 필요가 있다.

이 두 가지 마케팅 목적 외에 비영리 조직 차원에서 한 가지 목적을 더 추가할 수 있다. 그것은 기부자를 포함해서 다양한 공중을 설득하는 기능이다. 비영리 조직은 공중을 조직이 원하는 방향으로 설득하려고 노력한다. 대부분의 비영리 조직 캠페인이 여기에 해당하는데, 보건 캠페인, 투표 참여 캠페인 등이 대표적이다. 수익 창출이나 서비스 제공과 상관없이 어떤 사안에 대한 공중의 태도를 바꾸는 것만도 비영리 조직에는 매우 중요하다. 비영리 조직은 이러한 설득 캠페인 참여를 통해서 사회적으로 영향력을 확대하는 것이 가능하다.

영리 조직에서 쓰이는 마케팅 믹스도 다르게 적용된다. 마케팅 전략을 위한 4P 정책은 비영리 조직에서 그대로 적용되기 어렵다. 영리 조직 마케팅 믹스에서는 모든 전략이 상품 서비스 제공과 수익 창출의 측면에서 운용되지만 비영리 조직에서는 그렇게 운용될 수 없다. 비영리 조직 커뮤니케이션 촉진의 경우 커뮤니케이션 활동의 대상을 기부자와 고객 두 유형으로 구성한다. 따라서 비영리 조직 활동은 기부자와 고객의 차원에서 차별적으로 운용된다. 또한 이에 추가하여 일반 공중에 대한 고려도 비영리 조직의 항시적인 커뮤니케이션 대상이 된다. 영리 조직의 경우, 대부분 매스컴을 통한 광고를 선호하지만, 비영리 조직은 인적 판매를 통한 기부금 조성과 인적 네트워크를 활용하거나 지역사회 등과의 관계를 중심으로 활동을 펼친다.

또한 유통 채널에서 비영리 조직은 보통 실제 장소 확보에 더 큰 의미를 둔다. 즉 사람들이 기부를 쉽게 할 수 있고, 지역사회에서 비영리 조직의 존재감을 확인시켜 준다는 의미가 비영리 조직에서는 강조된다. 예를 들어 아름다운 가게가 지역사회에 존재함으로써 사람들의 기부 의사를 확대하고 기부 접근을 높일 수 있다. 또한 비영리 조직의 장소 확보는 상품 서비스 제공 목적과 직접적으로 연결된다. 비영리 조직도 고객에게 서비스를 제공하기 위해 접근이 편한 장소를 확보하는 것이 무엇보다 중요하다. 고객이 비영리 조직에 접근할 수 없다면 상품 정책도 아무 의미가 없기 때문이다. 하지만 비영리 조직의 유통 장소는 효율성에 근거하기보다는 고객 접근성에 더 강조점을 둔다고 할 수 있다.

영리 조직에서는 상품 서비스 제공과 수익 창출을 연결하는 것이 가격이다. 적절한 가격을 통해서 제공하는 상품 서비스로부터 최상의 이익을 확보한다. 하지만 비영리 조직은 이와 다르다. 현재 비영리 조직 중에서 기부자에 의존하지 않고 고객 이용 요금fee에 의존하여 자발적인 경영을 하려는 조직이 있다. 이러한 비영리 조직은 주로 단일한 공중을 대상으로 효율적으로 가격 정책의 성과를 올리려고 한다. 하지만 이럴 경우, 비영리 조직의 본래 미션을 달성하기가 어렵고, 점점 더 영리 조직화되어 가는 문제점을 발생시킬 가능성이 높다. 비영리 조직은 기부자와 고객에 대해서 서로 다른 목적dual tasks을 달성하려고 노력하는 것이 필요하다. 또한 여기서 고객이란 다양한 공중을 의미한다. 하나의 고객 집단에 집중해서 효율성을 높이는 것이 좋지 않게 보이는 이유는 비영리 조직에 서비스에 대한 이윤을 확보하기 위한 가격 정책이 아니라 돈을 지불할 수 없는 공중을 대상으로 서비스를 제공할 필요성이 있기 때문이다. 만약 돈을 지불할 수 있는 공중만을 대상으로 서비스를 제공해야 한다면 이는 영리기관의 가격 정책과 다를 바가 없다.

또한 비영리 조직의 가격 정책은 금전적이 아닌 요소를 포함한다. 예를 들어 비영리 조직의 서비스 활동은 반대급부로 금전적인 상환을 요구하기보다는 금전적이지 않은 요소를 통해서 서비스의 대가를 받는다. 이는 자기만족일 수도 있고, 전체 사회의 균형 발전일 수도 있으며, 관련 공중과의 개인적인 약속일 수도 있다. 예를 들어 금연운동단체의 경우, 어떤 서비스를 제공하면서, 참가자가 금연 상태를 유지할 것을 서비스의 대가로 요구한다. 이는 어떤 금전적인 이익을 비영리단체에 제공하는 것이 아니다. 한편 비영리 조직의 경우, 공중에 따라 가격 정책을 차별화할 수도 있고, 제공하는 서비스가 공중에게 동일한 의미를 부여하는 것도 아니다. 사실상 이것은 차별화된 가격으로 제공되기 때문에 재화의 재분배라는 의미, 복지라는 의미에서 중요한 요소를 차지할 수 있다. 아무튼 가격 정책이라는 측면에서만 보더라도 영리 조직의 4P 개념을 비영리 조직에 적용하는 데는 문제가 많아 보인다.

한편 비영리 조직은 두 개의 상품 정책을 가져야 한다. 하나는 기부자를 위한 정책이고, 다른 하나는 광범위한 고객을 위한 정책이다. 비영리 조직의 상품은 영리 조직의 그것에 비해 좀더 복잡한 양상을 보인다. 왜냐하면, 눈에 보이는tangible 요소 외에 만족, 자긍심, 소속감, 따뜻한 처우와 같은 눈에 보이지 않는 요소를 상품 요소로서 가지고 있기 때문이다. 상품 정책은 크게 어떻게 상품 서비스를 분배할 것인가라는 측면과 함께 기부자로부터 어떻게 기부를 창출할 것인가로 구분된다. 즉 기부자에게 좋은 서비스를 제공하여 자원을 모으고, 그 자원을 고객에게 합리적으로 배분하는 것이다.

마지막으로 비영리 조직은 영리 조직의 차별화 전략distinctive competence을 적용하는 데도 차이점을 가진다. 영리 조직에서 경쟁 상황은 자연스럽다. 조직의 경쟁력에 따라 시장의 성패가 좌우되며, 조직은 시장의 결과에 따라 자신의 조직 행동을 수정해 나간다. 하지만 비영리 조직에서는 이러한 시장 경쟁 능력과 자기 수정 기능이 다르게 적용된다. 자기 수정 기능이 다르게 적용되는 이유는 우선 비영리 조직은 경쟁 상황에 의해서 시장 성패가 좌우되기보다는 일방적으로 사회적인 약자에 대한 서비스를 제공하거나 언제나 넘치는 사회적인 수요에 대응하는 경우가 많기 때문이다. 효율성이 떨어진다고 해서 사회적인 약자에 대한 서비스를 중단할 수는 없다. 또한 비영리 조직의 재정적인 안정은 상품/서비스 분배보다는 수익 혹은 기부 창출resource attraction에 달려 있는 경우가 많기 때문에 효율성에 의존하기보다는 관련 공중과의 우호적인 관계 형성 및 유지에 신경을 더 써야 한다. 따라서 비영리 조직은 성과에 따라 자기 행동을 수정하기보다는, 공중과의 관계를 유지하기 위해서 자기 행동을 수정한다.

한편 비영리 조직을 위한 마케팅 전략을 개발하는 방법에는 주로 세 가지 접근이 많이 이용된다. 그것은 시나리오 접근scenario approach, 중요 쟁점 접근critical issues approach, 그리고 목표 달성 중심 접근goals approach을 말한다(Rados, 1996).

시나리오 접근은 비영리 조직의 미래 청사진을 그려보고 그것에 입각하여 가장 이상적인 시나리오를 짜듯이 전략을 형성하는 것을 말한다. 아무래도 시나리오 접근은 미래 지향적이며 전체적인 밑그림을 짜는 과정과 상통한다.

중요 쟁점 접근은 비영리 조직이 현재 가지고 있는 중요 쟁점을 열거한 다음, 그러한 쟁점을 해결하기 위한 전략을 수립하는 방식이다. 이는 가장 중요한 쟁점별로 조직의 자원을 분배해 간다는 측면에서 순차적인 문제 해결 방식이라고 할 수 있다.

마지막으로 목표 달성 접근은 일반적인 마케팅 전략에서 가장 많이 쓰이는 방법으로 조직의 입장에서 합리적인 목적을 설정하고 이것을 달성하기 위한 계획으로서 전략을 설정하는 것이다. 일반 마케팅 전략에서도 논의되었지만, 비영리 조직을 위한 마케팅 전략은 이러한 세 가지 전략 형성 접근들이 통합적으로 작용한다고 보는 것이 바람직하다. 즉 조직의 미션이나 미래 전략은 비영리 조직에 무엇보다도 중요하지만, 이러한 기반 위에 합리적인 목표가 설정되어 구체적인 노력이 이루어지는 것이 비영리 조직의 기능을 극대화하는 데 유리하기 때문이다.

사회 마케팅에서는 일반적으로 전략 설정 시 다섯 가지 영향 요인이 거론된다. 그것은 시장의 유형, 조직을 둘러싼 환경 특성, 조직 구성원 구성 방법, 조직의 전문성 정도, 그리고 조직 내 마케팅의 역할 정도를 말한다(Rados, 1996). 비영리 조직이 마케팅 활동을 적용하는 과정에서도 비영리 시장이 어떻게 형성되어 있으며, 환경적 특성과 전문성 등을 고려하여 조직원의 성향을 파악한 다음, 마케팅이 조직 내에서 어떤 역할을 할 수 있느냐에 따라서 전략을 다르게 설정해야 한다. 마케팅은 조직의 자산을 확대할 수 있으며, 소비자를 설득하여 조직이 관심을 가지는 방향으로 행위를 바꿀 수도 있고, 고객을 만족시키는 데 집중할 수도 있다. 마케팅의 일반적인 목적이 이처럼 다양하게 설정될 수 있기 때문에, 비영리 조직도 사회 마케팅을 도입하는 데 영향 요인을 고려하고 마케팅의 일반적인 목적을 참조하여 최종 전략을 수립하는 것이 바람직하다.

한편 비영리 마케팅의 실행 과정을 살펴보면 전략 경영과 큰 차이를 보이지는 않는다. 비영리 마케팅 텍스트는 마케팅을 중심에 두고 1) 경쟁 상황과 시장 상황 분석을 통한 시장에서의 기회 포착, 2) 시장 세분화와 고객 성향 조사를 통한 고객의 이해, 3) 상품 정책 및 가격 정책, 4) 마케팅 커뮤니케이션을 통한 촉진 정책, 5) 프로그램의 구성 및 실행 등에 집중하고 있다(Lovelock & Weinberg, 1989). 비영리 마케팅의 과정도 크게 보면 조사 → 계획 → 실행 → 평가 과정을 거친다는 측면에서 전략 경영의 단계와 일맥 상통한다. 다만 전략 경영에 비해서는 마케팅 측면, 즉 상품과 서비스의 배분과 이를 통한 수익의 창출에 좀더 집중하고 있다는 면이 다를 뿐이다.

일반적인 사회 마케팅의 기획 과정은 미션 설정, 조직 목표 설정, 마케팅 오딧marketing audit, 장 · 단점 및 기회 위협 요인SWOT 분석, 마케팅 목표 설정, 중심 마케팅 전략 설정, 전술적인 마케팅 믹스 설정, 예산과 스케줄링, 그리고 모니터링과 통제 과정으로 이루어져 있다(Sargeant, 1999, 〈표 2-4〉 참조). 조직 목표는 보통 시장에서의 위치, 재정적인 상황, 내부 역량, 생산성, 사회적인 필요, 공적인 책임성 등 복합적인 요소를 고려해 결정되어야 한다(Drucker, 1990). 마케팅 오딧은 조직을 둘러싼 환경을 광범위하게 분석하는 PEESTPolitical, Economic, Environmental, Socio-cultural, Technical 분석, 시장 분석 등을 포함한다. 시장 분석은 또한 경쟁자 분석, 공중 분석, 조직 분석 등이 포함된다. 굳이 구별한다면 마케팅 오딧은 조직을 둘러싼 내외 환경을 광범위하게 조사 분석하는 과정이라고 할 수 있으며, SWOT 분석은 조직 내부의 강점과 약점, 조직 외부의 위협 요인과 기회 요인을 추출하는 것이다.

조사를 바탕으로 마케팅 목표를 수립할 때는 SMARTSpecific, Measurable, Achievable, Relevant, Time-scaled 원칙을 많이 사용한다. 마케팅 목표는 구체

표 2-4 일반적인 사회 마케팅의 기획 과정

1. 미션 및 조직 목표 설정
2. 마케팅 오딧 – PEEST 분석과 경쟁자, 공중, 조직 분석
3. 장 · 단점 및 기회 위협 요인SWOT 분석
4. 마케팅 목표 설정 – SMART 원칙
5. 마케팅 전략 설정 – 세분화 및 포지셔닝 전략
6. 전술적인 마케팅 믹스 설정 – 4P 프레임
7. 예산과 스케줄링
8. 모니터링과 통제 과정

적이고 측정 가능해야 하며, 적절하고, 특정한 시간적인 달성 간격이 주어져야 한다. 이러한 목표를 달성하기 위한 중심 마케팅 전략은 프로그램의 큰 방향을 우선 제시하는 것이 필요하고, 이와 함께 구체적으로 공중을 세분화하는 전략segmentation strategy, 조직의 적절한 포지셔닝 전략positioning strategy 등을 수립한다. 이와 함께 전술적인 마케팅 믹스는 4P 프레임 혹은 7P 프레임이 사용된다. 이러한 마케팅 기획을 하나의 통합된 과정으로 살펴보면 보통 조직의 미션을 설정하고 조사를 거쳐 마케팅 목표를 설정한 다음, 그것을 달성하기 위한 전략과 전술적인 마케팅 믹스를 형성하고, 예산과 시간을 설정하는 수순을 밟는다. 이러한 일반적인 사회 마케팅 기획 과정은 비영리 조직에 대부분 그대로 적용된다.

비영리 조직에서 마케팅 개념의 문제점

앞에서 마케팅 개념이 비영리 조직에 적용되기 위해서 고려할 점에 대해 설명하면서 마케팅 4P 개념이 비영리 조직에 그대로 적용되기 어렵다는 점이 어느 정도 파악되었다. 이러한 논의들을 포함하여 마케팅 개념이 비영리 조직에 적용되기 어려운 이유를 좀더 상세하게 알아본다.

Lovelock & Weinberg(1989)는 마케팅의 네 가지 가장 중요한 컨셉트로, 1) 교환의 개념, 2) 시장 세분화, 3) 마케팅 믹스, 4) 경쟁 상황을 들고 있다. 이를 공공 및 비영리 상황에 적용하는 것이 비영리 마케팅이다. 하지만 이러한 개념들은 비영리 상황에서 빈번하게 위배된다. 예를 들어, 공공 및 비영리 섹터에서는 교환을 전제로 한 행위만 일어나는 것이 아니며, 효율성을 높이기 위한 시장 세분화에 과도하게 의존하기 어렵다. 왜냐하면 소외된 계층, 힘이 없는 사람들이 무시할 수 없는 공중으로 자리잡고 있기 때문이다. 따라서 과도한 경쟁 상황을 상정하기보다는 사회 정의social justice 차원에서 생각해야 하기 때문에, 마케팅 개념에 근거를 둔 마케팅 믹스 전략은 그대로 적용되기 어렵다.

비영리 마케팅이 영리 마케팅에 비해서 어떤 점이 다른가를 생각해 보면(Lovelock & Weinberg, 1989), 우선 비영리 조직은 상품의 성격이 다르다. 비영리 조직은 보통 상품이 서비스나 사회 활동으로 구성된다. 따라서 영리 조직에 비해 실제적인 상품을 찾기는 힘들다. 또한 조직 활동에서 비재정적인 목적이 대부분을 이루지만, 자원을 유인해야 하는 필요성은 있기 때문에 이익의 증대와 상관없이 공중의 선의에 호소해야 한다. 이와 함께 다양한 공중을 대상으로 하기 때문에 조직의 미션 추구와 다양한 고객들의 만족 사이에서 갈등하는 경우가 생긴다. 이는 비영리 조직이 단순한 편익 추구를 하지 않을 뿐 아니라 공적인 감시나 비시장적 차원의 압력에서 자유롭지 않기 때문이다.

따라서 비영리 마케팅과 영리 마케팅의 차이를 요약하라고 한다면(Lovelock & Weinberg, 1989), 비영리 마케팅에서는 공중의 범위가 고객에서 벗어나 매우 다양해진다는 것을 들 수 있다. 이것은 기존 영리 마케팅 개념과 가장 차별되는 측면이다. 예를 들어 고객, 재정 지원자, 정보 제공자, 규제자, 자원봉사자, 노동 제공자, 지역사회, 물자 제공자 등 다양한 공중과의 관계 형성이 관건이 된다. 또한 비영리 조직에서는 비용에 대한 개념이 달라진다(Lovelock & Weinberg, 1989). 꼭 금전적인 비용뿐 아니라 시간, 심리 상태, 공중 반응 비용 등이 함께 고려되어야 한다. 즉 비영리 마케팅에서는 재정적인 측면의 이윤을 달성하는 것보다도 얼마나 신속하게 반응하며, 관련 공중의 만족과 긍정적인 태도를 형성할 수 있느냐가 중요한 요건이 된다. 이러한 것들이 결국, 이익 우선이 아니라 조직의 미션이 우선시되는 조직 행위로 연결되게 된다. 마케팅 학자들은 이러한 접근을 미션에 근거한 마케팅 활동mission-based marketing strategies이라고 부르기도 했다 (Brinckerhoff, 2004).

Sargeant(1999)에 따르면, 마케팅 지향적인 특성은 고객 중심 사고, 경쟁 중심 사고, 조직 기능 간의 조정을 통한 효율 극대화에 있다. 모든 마케팅 활동은 그 실행 과정에서 이 세 가지 원칙을 통합적으로 활용하고자 한다. 하지만 이러한 강조점들은 비영리 조직 본래의 미션보다는 효율성과 경제적 효용에 초점을 맞추는 우를 범할 수 있다.

비영리 조직의 마케팅 접근을 옹호하는 사람들은 마케팅이 판매selling에 비해 공중의 수요와 요구needs/wants를 더 충족시키는 모델이라는 것을 강조한다. 단순한 판매에 비해서 좀더 공중의 요구 사항을 고려한다는 것이다. 하지만 비영리 조직은 수요를 충족시키려는 측면도 있지만, 조직의 미션과 사회 정의 구현에 주안점을 두는 요소도 강하다. 그런 점에서 본다면 마케팅 모델이 비영리 조직의 활동에 어울리지 않는 경우가 생길 수밖에 없다.

현실적인 측면에서 비영리 조직에 마케팅 개념을 적용하기 어려운 점은 비영리 조직의 특성상 조사와 분석이 어려울 뿐만 아니라 목표 시장을 설정하는 것도 용이하지 않다는 것이다. 또한 리더십과 관련해서도 비영리 조직의 리더십은 영리 조직의 그것처럼 견고하지 않다. 비영리 조직의 리더는 구체적인 목표 관념보다는 이상주의적인 접근에 빠질 가능성이 많다. 이러한 상황은 물론 문제이기는 하지만 현실적으로 비영리 조직의 리더들이 재정적인 책임성을 큰 제약으로 생각하지 않고 행동한다는 것을 보여 준다.

한편 적절하고 구체적인 목표 설정이 어려운 상황에서 비영리 조직의 마케팅 활동에 대한 평가는 당연히 어려워질 수밖에 없다. 평가 기준을 이익 증대에 두지 않는 이상, 평가는 가변적일 수밖에 없기 때문이다.

마케팅 계획 과정을 적용하는 데도 어려움이 있다. 마케팅 계획 과정에는 미션과 조직의 목표 설정, 마케팅 오딧, SWOT 분석, 마케팅 목표의 설정, 핵심 전략 도출, 세부 전술을 위한 마케팅 믹스, 예산 및 스케줄, 평가 단계 등이 들어가게 되는데, 이는 모두 목표 달성과 효율성에 지나치게 의존하고 있어 너무 기능적인 접근이라는 비판을 피하기 어렵다. 조직의 기능을 확대하기 위한 전략적인 효율성이 지나치게 강조되다 보면 공중과의 관계 형성 및 가치의 전파를 목적으로 하는 비영리 조직의 존재 이유와 이율 배반적인 결과를 불러올 수도 있다. 이런 의미에서 마케팅 개념의 적용은 조심스럽다.

효율성에 근거한 마케팅 개념을 비영리 조직에 적용하는 것은 본질적으로 제한적이라는 주장도 있다. 마케팅은 고객의 만족을 높이고, 비영리 자산을 극대화하며, 비영리 조직의 경쟁력을 높일 수 있다고 주장되어 왔지만, 여러 가지 제한적인 측면이 함께 논의되어 왔다(Lovelock & Weinberg, 1990, 〈표 2-5〉 참조). 우선 비영리 마케팅은 서비스 마케팅에 집중되어 있다. 서비스 마케팅은 눈에 보이지 않으며, 일률적이지 않아서 매우 다양하게 구성되어야 한다. 또한 생산과 소비가 분리되지 않는 경우도 많고, 지속적으로 존재하는 것이 불가능하다. 따라서 비영리 마케팅은 상품의 대량 생산과 대량 유통 및 촉진에 기반한 여러 가지 효율성 제고 전략들이 잘 들어맞지 않는다.

다음으로 비영리 마케팅은 비재정적인 목표를 가진다(Drucker, 1990). 대부분의 비영리 마케팅은 재정적인 목표보다는 수행하는 활동에 의해서 평가받는다. 또한 비영리 마케팅은 다양한 공중 관계를 중심으로 구성되며, 공중의 감시와 비시장적인 압력을 받는다. 예를 들어 지역사회단체의 경우,

표 2-5 비영리 마케팅의 효율성 한계

1. 서비스 마케팅에 집중
2. 비재정적인 목표의 수행
3. 다양한 공중 관계 고려
4. 공중의 감시와 비시장적인 압력
5. 조직의 미션과 고객 만족 간의 긴장

지역 주민과의 관계 설정이 무엇보다도 중요하며, 효율성에 기반한 조직 활동보다는 사회적인 약자에 대한 배려가 더 중요해질 가능성이 많다. 이러한 비시장적인 압력은 마케팅 개념과는 배치된다.

마지막으로 비영리 마케팅에서는 조직의 미션과 고객 만족 간의 긴장이 존재한다. 때로는 고객의 만족을 충족시키는 것보다는 장기적인 관점에서 조직의 미션을 수행하는 것이 필요한 경우가 있다. 따라서 비영리 마케팅에서는 고객의 요구가 절대적인 기준은 아니다. 특히 단기적인 고객의 요구는 전체적인 비영리 조직의 미션에 반하는 경우가 있다.

한편 마케팅이 그 의미 변화를 통해서 비영리 조직에 적용되고 있음에도 불구하고, 여전히 남아 있는 마케팅의 일반적인 맹점 또한 비영리 마케팅의 한계로 지적될 수 있다. 이러한 마케팅의 맹점은 비영리 조직에 마케팅 개념을 적용하는 데 여전히 장애 요인으로 작용한다(Sargeant, 1999).

우선 사람들은 마케팅 자체가 필요하지 않다고 생각하는 경향이 있다. 비영리 조직의 활동은 어떤 일을 알리기 위해서 할 필요가 없으며, 좋은 일은 자연히 알려지게 된다는 생각을 가지고 있다. 굳이 물건을 파는 것처럼 마케팅을 해야 하는가라는 의문이 그것이다. 이는 마케팅을 기능주의적인 목적, 즉 효율성에 기반한 활동이라고 보는 데서 기인한다.

한편 마케팅은 개인의 프라이버시를 침해하기 때문에 비영리 조직의 목적과 맞지 않다고 보는 사람도 있다. 예를 들어서 마케팅 조사는 너무 공격적인데, 비영리 조직이 굳이 이렇게까지 해야 하는가에 대해 의문을 제기하는 사람들도 있다. 이는 마케팅이 인식된 품질을 낮추는 경향이 있다는 것과도 연결된다. 좋은 것은 자연히 알려지고, 마케팅 없이도 잘 될 수 있는데, 굳이 마케팅을 하는 것은 무엇인가 자신 없는 부분이 있다는 것을 인정하는 것이라고 간주한다. 즉 비영리 조직이 마케팅을 활발하게 하면 그러한 서비스의 질이 낮다는 것을 스스로 인정하는 것이라고 생각한다. 이러한 생각은 결국 마케팅이 비도덕적이라는 생각으로 이어져서, 마케팅은 필요 없는 수요를 창출하는 활동이기 때문에 비영리 조직의 활동과는 어울리지 않는다는 결론에 이르게 된다.

마지막으로 마케팅은 창의성과 혁신을 가로막을 것이라고 우려하는 사람도 있다. 즉, 전체 사회보다는 목표 공중의 요구에 부응하다 보면, 비영리 조직 고유의 목적을 달성하기 위한 창의성 동력을 상실하게 되어 조직이기주의로 흐를 가능성도 배제할 수 없다는 것이다. 하지만 이러한 인식의 맹점에도 불구하고 비영리 조직을 적극적으로 알리고 공중과 정보를 교류하는 활동은 분명 필요하다. 다만 이것이 꼭 마케팅이라는 타이틀을 가질 필요는 없다는 것도 사실이다.

종합해 보면, 사회 마케팅에서 시작하는 비영리 마케팅 논의는 대부분 McCarthy(1960)에서 시작된 기존 마케팅 믹스의 범위를 벗어나지 못한다. 즉 상품, 가격, 유통, 촉진의 범위를 벗어나지 못한다. 이러한 4P 프레임의 한계를 극복하기 위해서 7P 프레임이 주장되기도 했지만(Booms & Bitner, 1981), 결국 마케팅 지향성의 한계는 뚜렷해 보인다. 7P 프레임으로 논의를 확대하더라도 비영리 조직의 경우에는 공중에 대한 서비스를 기본으로 공중과의 커뮤니케이션과 관계 증진을 목적으로 하기 때문에, 궁극적으로 마케팅보다는 커뮤니케이션 요소를 더 강조한다. 따라서 비영리 조직의 캠페인 과정에서 마케팅 요소에 기계적으로 집착하기보다는 공중과의 커뮤니케이션을 중심으로 비영리 조직 활동을 재편하는 것이 더 바람직하다. 이 과정에서 마케팅 믹스 요소 중 필요한 부분을 선택적으로 가져와서 비영리 조직의 여건에 맞게 융합 발전시키는 것이 가장 이상적인 지향점이다.

마케팅과 비영리 공중 관계 커뮤니케이션의 비교 우위

지금까지 논의된 비영리 마케팅에 대한 필요와 비판을 종합해 보면 비영리 조직에도 어떤 전략적인 행위(투입에서 산출을 극대화하는 행위)가 필요하지만(여기에는 기업 섹터와의 연결, 효율성과 책임성 달성 요구에 대한 충족, 사회가 요구하는 재정적인 가치 기준 만족 등이 포함된다), 그것이 꼭 영리 상품과 서비스 위주로 개발된 마케팅 행위일 필요는 없다는 것이다. 한편 앞에서 비영리 조직은 기본적으로 공중과 관계를 맺는 것이 중요하며, 그러한 행위는 커뮤니케이션을 중심으로 이루어진다고 했다. 기본적으로 조직의 어떤 소통 행위를 커뮤니케이션이라고 본다면, 전략적 행위는 커뮤니케이션 전략을 의미한다고 할 수 있다. 이 책에서 전체적으로 주장하는 것은 마케팅 행위보다는 광범위한 전략적 커뮤니케이션 행위가 비영리 조직에 더 적절하다는 것이다.

그럼 구체적으로 왜 비영리 공중 관계 커뮤니케이션이 마케팅 활동보다 적절한 것일까? 많은 비영리 관련 서적들이 심각한 경쟁 상황을 지적하면서 마케팅 개념의 도입을 주장하고 있다. 마케팅 개념은 영리 조직의 경쟁 상황에 따른 자원의 효율적인 배분을 기반으로 비교 우위를 획득하기 위한 수단을 의미한다. 지금까지 비영리 조직의 전략적인 행위와 관련해서도 마케팅 관점이 우세했던 것이 사실이다. 하지만 마케팅 개념은 영리 조직의 경우 이익 창출을 목표로 가장 효율적인 전략을 제시할 수 있는 것이 사실이지만 비영리 조직의 경우에 그대로 적용하기에는 많은 한계를 가지고 있다. 일단 비영리 조직은 이익 창출을 위한 시장 상황에 놓여 있지 않다. 경쟁이 발생하지만 그것은 보통 재화나 서비스에 있기보다는 도덕성, 정당성,

미니 케이스 분석 2-2

마케팅을 통한 본격적인 수익사업과 효율성의 함정

– 아름다운 가게, "아름다운 커피" 직영점 운영 –

"아름다운 가게는 오는 3월 26일 국내 최초로 시민들의 매장 기부와 기부금으로 공정무역Fair Trade 아름다운 커피(www.beautifulcoffee.org) 직영점을 연다. 비싼 외화 로열티를 지불하며 문화를 표방해 온 다국적 커피 기업에 당당히 도전장을 내밀며 국내 최초로 매장 기부와 기부금만으로 열게 되는 아름다운 커피 수유점은 공정무역 취지에 적극 동참하는 양호윤, 홍명희 2명의 시민 기부자를 통해 서울시 강북구 수유플라자 1층에 문을 열게 되었다.

'공정무역'은 약 50년 전 유럽과 미국에서 시작된 원조가 아닌 정당한 거래를 통해 함께 잘사는 세상을 이루자는 착한 소비의 범세계적 운동이다. 한국의 공정무역 운동은 2002년 시민단체인 아름다운 가게가 시작했으며 2005년 국내 최초 네팔 유기농 커피인 '히말라야의 선물' 출시 이후 연간 300%의 놀라운 매출 성장을 기록하며 활발한 비영리 마케팅 활동을 해 왔다.

최근 급속히 확산되기 시작한 착한 소비운동과 함께 아름다운 커피는 2009년 이번 수유점을 시작으로 단국대 죽전 캠퍼스와 여의도 금융투자협회 내에 연이어 매장을 열게 되며 올해 10개 매장을 추가로 여는 것을 목표로 우리 사회에 착한 소비의 새로운 기부문화를 제시하며 참여를 요청하고 있다.

아름다운 커피는 커피 사업을 통한 수익금을 다시 생산지인 네팔과 페루 학생들에게 배움의 기회를 제공하고, 산간 오지 농부 차량 지원, 커피 묘목 보급사업, 학교 건축 및 도서관 만들기 프로젝트 등을 진행 중이며, 한국 소비자들에겐 합리적이고 착한 가격으로 건강한 상품들을 소개해 오고 있다.

아름다운 커피 이강백 처장은 "소비자에게 착한 소비라는 명분만으로 지속적인 구매를 일으키기엔 부족합니다. 이젠 제품의 품질로 시장에서 당당히 승부해야 합니다"라고 말하고 글로벌 커피 프랜차이즈 기업들과 어깨를 나란히 하기 위해 호주, 일본, 미국, 프랑스의 유기농 인증을 받았고 품질 향상에 꾸준한 노력을 기울인 결과 국내외 커피 전문가와 커피 애호가들에게 높은 평가를 받아왔다고 강조했다.

커피향 가득한 수유점 오픈 행사로 커피 음료 50% 할인과 문화 공연을 감상할 수 있으며 앞으로 매장에서 건강까지 생각하는 유기농 커피와 공정무역 홍보를 위한 커피 문화교실도 운영하게 된다. 아름다운 커피는 전국 100여 개의 개인 카페와 전국 96개 아름다운 가게 매장, 전국 주요 대학 및 생협 및 직영 인터넷 쇼핑몰(www.beautifulcoffee.org)과 국내 주요 인터넷 쇼핑몰에서 구입할 수 있다." (연합뉴스, 2009년 3월 25일자 기사에서 가져옴.)

기금 적립을 통한 생산자 지원 프로그램으로 시작한 이 운동은 생산자에게 정당한 대가를 지불하고 소비자에게는 윤리적인 제품을 제공한다는 의미에서 단순히 돕기 위주의 캠페인이 아니라 도움을 받는 사람들도 정당한 노동의 대가를 요구한다는 점에서 좀더 평등적이고 지속 가능한 캠페인을 추구하고 있다. 하지만 현재까지의 전개 상황에서 한 가지 우려되는 것은 지나친 마케팅 위주의 캠페인 전략이다. 마케팅 활동을 통해 아름다운 커피 캠페인 전략을 짜게 되면, 제품의 품질로 경쟁한다든지, 유통망을 확장한다든지, 가격을 조정하고, 마케팅 프로모션을 펼칠 가능성이 높아진다. 하지만 이러한 접근은 지나친 경쟁 구도를 도입함으로써 차츰 목표 달성과 효율성에 지나치게 의존하게 되고, 조직의 기능을 확대하기 위한 전략적인 효율성을 점차 강조하게 될 가능성이 높아진다. 마케팅 수단보다는 공중과의 커뮤니케이션에 좀더 집중할 필요가 있다.

그러한 효율성 추구가 나쁘다는 것은 아니지만 이러한 사회적인 기업의 마케팅 편중은 공중과의 관계 형성 및 가치의 전파를 목적으로 하는 비영리 조직의 존재 이유를 흐리게 할 가능성도 존재한다. 품질 경쟁보다는 인간적인 가치가 추가된 상품, 확대된 유통망보다는 장기적인 공중 관계를 통한 조직과 공중의 일체감 형성, 이미 극심해진 사회 경쟁을 심화시키는 것이 아니라 서서히 사람들의 인식을 변화시켜 나가는 것이 더 중요하다. 생산자와 소비자가 아니라 사람과 사람을 연결시켜 주고, 참여의 기회와 표현의 기회를 넓히는 것도 더 좋은 캠페인 프로그램이 될 수 있다. 비영리 조직의 캠페인은 소비자를 대상으로 하는 경쟁이나 효율성이 아니라 다양한 공중을 대상으로 지속적인 관계를 형성하고, 시민의 참여와 사회적인 논의를 활성화하는 것이다.

아름다운 커피가 마케팅 요소가 갖는 경쟁의 요소를 조금은 줄이고 본래의 가치에 좀더 집중한다면 더 오랜 세월 동안 사람들에게 차별화된 사랑을 받을 수 있을 것이다. 목적이 수단을 모두 정당화하지는 않기 때문이다. 비영리 조직의 고객은 제품의 품질은 조금 떨어지더라도 가치를 추구하기 위해 소비 행위를 할 수도 있다. 영리 조직의 유기농 제품처럼 자기 제품의 브랜드 자산만을 키우는 것은 그래서 위험하다. 내가 모든 것을 바꿀 수도 있다는 생각보다는 커뮤니케이션을 통해서 어떻게 나의 가치를 나눌 것인가를 좀더 고민해야 한다.

윤리성 등의 보이지 않는 자산invisible asset일 경우가 많다. 비영리 조직은 스스로 비전vision을 제시하고, 조직을 둘러싼 관련 공중과 장기적으로 우호적인 관계를 형성 유지함으로써 경쟁력을 제고할 수 있다. 따라서 공중과의 장기적인 관계 증진의 필요성을 생각한다면 비영리 조직의 경쟁력은 마케팅이 아니라 공중 관계 형성을 위한 커뮤니케이션에서 나온다.

현대 사회에서 비영리 조직의 역할은 커뮤니케이션을 통해서 공중과 우호적인 관계를 형성하고, 이를 통해서 비영리 조직이 추구하는 가치를 실현하기 위해서 노력하는 것이다. 이익 추구와 경쟁을 정점으로 하는 마케팅 관점에 의해서 풀 수 없는 많은 문제가 산적해 있는 실정이다. 이런 의미에서 비영리 조직의 공중 관계 커뮤니케이션 활동은 조직의 가치와 경쟁 구도를 적절히 조화하고 커뮤니케이션을 통한 조직과 공중 간의 관계 형성 · 유지 · 발전에 적합한 커뮤니케이션 활동을 의미한다.

비영리 조직의 커뮤니케이션 활동과 관련하여 적극적으로 도입할 수 있는 커뮤니케이션 체계가 공중 관계 커뮤니케이션이다. 공중 관계 커뮤니케이션은 영리 부문에서 이미 활발하게 활용되고 있지만, 비영리 부문에서 사회 가치를 효과적으로 추구하기 위한 공공 관계 활동에는 아직 그 적용이 미진한 상태이다. 공중 관계 커뮤니케이션은 조직과 외부 공중과의 커뮤니케이션을 통해서 관계를 형성하는 학문 체계를 말한다(김영욱, 2003;

Grunig & Hunt, 1984). 공중 관계 커뮤니케이션을 형성하는 세 분야인 조직, 공중, 커뮤니케이션을 비영리 조직에 적용해 보면, 공중 관계 커뮤니케이션은 비영리 조직이 관련 공중과의 관계를 형성하고 사회 가치를 추구해 나가기 위한 광범위한 커뮤니케이션 행위라고 정의할 수 있다. 이를 좀더 학문적으로 정의하면 비영리 공중 관계 커뮤니케이션은 사람, 조직, 사회 등 다양한 차원에서 비영리 조직과 관련 공중과의 관계 형성을 근간으로 이루어지는 다양한 커뮤니케이션 활동을 통칭한다(김영욱, 2003). 다음은 비영리 조직에서는 왜 공중 관계 커뮤니케이션이 마케팅 활동보다 유리할 수 있는가를 설명한다(아래 내용은 김영욱, 2005b에서 인용).

우선 비영리 조직이 비영리 마케팅이라는 말을 쓰는 것 자체가 잘못된 것이란 견해를 가질 수 있다. 마케팅은 영리 조직이 상품과 서비스를 통해서 지속적인 이익과 시장 경쟁력을 확보하기 위한 광범위한 수단을 의미한다. 하지만 이것이 비영리 조직에 적용될 경우, 조직이 내세우는 가치보다는 시장 상황을 더 중요시하게 됨으로써 시장 논리가 가치 논리를 잠식하는 결과를 가져오게 된다. 마케팅의 관점에서 보면, 인적 · 물적 자원의 부족에 따른 경쟁 구도의 강화와 비영리 조직의 경쟁력을 강화하기 위한 기업 경영 구조의 필요성을 주장하는 것은 당연해 보인다(김정린, 2005). 하지만 이러한 접근에서 비영리 조직의 존재 목적이 경쟁이 아니라 나눔sharing에 있다는 것을 강조하지 않는다는 것은 본질적인 문제를 잉태한다.

마케팅이 주장하는 '미션에 기반을 둔 마케팅mission-based marketing'도 마케팅의 요소인 4P(product, price, place, promotion), 즉 상품, 가격, 유통, 촉진 전략을 무리하게 비영리 부문에 적용함으로써 부자연스러운 연결을 시도하고 있다. Brinckerhoff(2003)의 비영리 조직을 위한 미션에 기반을 둔 마케팅 전략도 1) 시장 상황 정의, 2) 시장 탐문, 3) 서비스 디자인과 혁신, 4) 가격의 설정, 5) 촉진과 유통 전략, 6) 평가와 같은 여섯 단계의 비영리 마케팅 전략 사이클을 제시하고 있다.

하지만 이러한 전략 과정에서 볼 수 있듯이 비영리 마케팅은 영리 부문에서처럼 시장에서 고객을 상정하고 있으며, 고객을 끌어모으기 위한 상품, 가격, 유통, 촉진 전략을 추구한다. 하지만 비영리 부문에서 가격을 설정하고 유통을 촉진한다는 것은 무리한 억지라는 인상을 지울 수가 없다. 물론 비영리 마케팅의 특성을 영리 마케팅과 다른 의미로 정의하는 사람들도 있다. 그들은 비영리 조직 마케팅 전략이 단순히 물질의 교환이 아니라 가치의 교환이 되어야 함을 주장한다(Brinckerhoff, 2003). 즉 비영리 마케팅은 그 목적과 내용이 철저하게 가치 지향적이어야 한다는 것이다. 따라서 비영리 마케팅은 1) 다양한 공중을 상대하고, 2) 다양한 공중을 상대하기 때문에 마케팅 목표 역시 다중성을 띠어야 하며, 3) 상품 중심이 아니라 서비스 중심이어야 하고, 4) 조직의 투명성과 신뢰성에 바탕을 둔 활동을 펼쳐야 한다. 이러한 주장은 비영리 마케팅을 영리 마케팅과 다른 성격의 활동으로 규정지으려는 노력이라고 볼 수 있다.

하지만 영리 마케팅과는 완전히 다른 의미를 부여하면서 비영리 마케팅이라는 말을 고집할 필요가 있을지 의문이다. 또한 비영리 마케팅이 주장하는 많은 사항들이 이미 공중 관계 커뮤니케이션에서 고유하게 이론화되어 있는 부분이다. 사실상 영리 부문과 비영리 부문은 목적과 가치 추구에서 완전히 다른 길을 걷고 있다. 비영리 부문에서는 경쟁보다는 협력과 양보가 관련 공중과의 장기적인 관계 형성에 더 긍정적으로 작용할 수 있다. 하지만 무엇보다도 마케팅이 비영리 부문에 그대로 응용되기 힘든 것은 앞에서 내세웠던 비영리 부문의 새로운 방향성, 즉 커뮤니케이션을 통한 민주주의 가치 추구에 마케팅이 기여하기 힘들다는 것이다. 시민 참여와 사회 논의의 활성화, 외부 환경과의 끊임없는 커뮤니케이션을 통한 관계 형성, 공론의 장 확대 등을 마케팅이 이루어 낼 수 없음은 자명하다.

공중 관계 커뮤니케이션은 마케팅 수단을 통한 이윤 창출보다는 관련 공중과의 지속적인 커뮤니케이션을 통한 장기적인 관계 창출을 본질적인 목

표 2-6 공중 관계 커뮤니케이션과 마케팅의 차이

	공중 관계 커뮤니케이션	마케팅
목표 공중	조직을 둘러싼 다양한 공중(소비자, 언론, 정부, 시민단체, 지역사회, 내부 구성원 등)	소비자 및 잠재 소비자
공중의 성격	public(능동적)	mass(수동적, 익명성)
관계의 형태	포도넝쿨형 복합성	직선형 명료성
활동 과정	관계의 형성, 유지, 증진	서비스와 재화의 교환
궁극적 목표	장기적인 관계 형성	수요 창출, 이윤 획득
커뮤니케이션	전반적인 인간 커뮤니케이션	마케팅 커뮤니케이션
소통 모델	피드백 모델 중심	전달 모델 중심

주) 두 부문에서 최근에 진전된 논의 등은 생략하고 가장 강조하는 핵심적인 이론 위주로 정리함(김영욱, 2003에서 인용).

적으로 한다(김영욱, 2003; Grunig, Grunig, & Dozier, 2002). 따라서 관련 공중과의 관계, 사회 가치의 추구, 지속적이고 장기적인 공중 관계를 통한 기금 확보 등 비영리 조직의 발전과 생존을 위한 전략은 이미 공중 관계 커뮤니케이션과 밀접한 관련성을 가지고 있으며, 근본적으로 마케팅과는 다른 접근을 추구한다. 하지만 조사에 기반한 시장 상황과 경쟁에 대한 세심한 고려, 고객에 대한 철저한 분석과 고객 수요 위주의 서비스 정책, 경쟁 조직에 대한 철저한 대응, 마케팅 기법과 첨단 기술의 활용 등 마케팅에서 사용하는 수단들은 공중 관계 커뮤니케이션을 기본으로 하는 상황에서 비영리 조직에 적용될 수 있다. 중요한 것은 비영리 부문이 공중 관계 커뮤니케이션이라는 큰 틀에서 전략 기반을 마련해야 한다는 것이다. 즉 비영리 부문은 공중 관계 커뮤니케이션 위주의 활동을 중심으로 마케팅과의 통합, 요즘 흔히 거론되는 통합적 마케팅 커뮤니케이션Integrated Marketing Communication: IMC의 운용 등이 가능한 것으로 정리할 수 있다.

일단 비영리 조직은 소비자를 대상으로 하는 이윤 획득을 목적으로 하는 것이 아니라 관련 공중과의 우호적인 관계 형성을 통해 지속적으로 조직 존재 이유를 실현하는 데에 있기 때문에 당연히 공중 관계 커뮤니케이션에 강조점을 둘 수밖에 없다. 하지만 이러한 공중 관계 커뮤니케이션의 존재 이유가 꼭 마케팅 개념과 대척 상황에 있다고 보기는 어렵고 단지 강조점의 차이로 이해하는 것이 바람직하다. 당연히 기금을 조성하거나 이벤트를 구상하고 다른 조직과의 경쟁 상황을 이해하는 데는 마케팅 개념이 쓰일 수밖에 없다. 하지만 이러한 상황에도 불구하고 비영리 조직의 최종 목적은 공중과의 우호적이고 장기적인 관계 형성에 있으며, 이는 공중 관계 커뮤니케이션에 강조점을 두었을 때만 가능하다.

커뮤니케이션 전략과 공중 관계의 필요성

비영리 마케팅은 사회 마케팅의 의미 확장과 연관되어 있다. 비영리 마케팅은 마케팅이 영리 목적의 활동에서 벗어나 비영리 섹터에서 이용될 수 있으며, 소비자 중심에서 확대되어 사회의 요구에 부응하는 활동으로 변화해 왔다고 주장한다(Sargeant, 1999). 즉 마케팅의 사회적인 확장, 사회 마케팅을 지향한다. 하지만 대부분의 비영리 마케팅 교과서가 그러하듯이 마케팅 개념을 어떻게 비영리 상황에 적용할 것인가에 초점을 맞출 뿐, 근본적으로 비영리 상황에서 마케팅보다는 공중과의 지속적인 관계가 더 중요할 수 있다는 사실을 분명하게 설명하지 못한다.

예를 들어 많은 비영리 마케팅 교과서는 마케팅 목적을 설정하거나 마케팅 표적 시장을 설정하여 마케팅 계획을 실행하고 평가하는 과정을 설명하고 있다(Sargeant, 1999). 하지만 마케팅 철학을 가지고 시장 세분화를 통해서 공중을 세분화하고, 그것을 바탕으로 가장 효율적으로 목적을 달성할 수 있는 계획을 짜는 것은 현실적으로 비영리 조직의 존재 이유와 동떨어질 수 있다. 예를 들어 비영리 맥락에서는 효율성은 가장 떨어지지만 사회적으로 소외된 계층에 집중하는 프로그램이 필요하다. 따라서 이런 경우에는 마케팅 계획보다는 공중 관계를 설정하고 유지 증진시킬 수 있는 프로그램을 구상하는 것이 더 적절하다.

마케팅 학자인 Herron(1997) 같은 경우, 비영리 조직의 활동에서 조사에 기반한 마케팅 전략의 중요성을 강조하면서도, 부가하여 공중 관계public relations의 중요성에 대해서 강조하고 있다. 기존 마케팅 활동으로는 비영리 조직의 특성을 살리기 힘들고, 공중과의 관계가 좀더 중요시되는 마케팅 활동이 필요함을 강조한 것이다. 마케팅 전략은 조직의 미션이 모든 것을 가이드하고, 미션 아래에 마케팅 목적, 프로그램, 인적 자원, 예산 등을 조합하여 최상의 성과를 거두려는 노력이다. Herron은 이러한 마케팅 계획을 설명하면서 마케팅 접근이 비영리 조직에서는 만병통치약이 될 수 없음을 인정했다. 비영리 조직은 조사와 전략과 같은 기본적인 접근 외에 자원봉사의 동원, 여론의 조성, 한정된 자원의 배분, 커뮤니케이션 능력의 극대화, 조직에 대한 호의적인 이미지 조성, 사회적 약자에 대한 지원 등 마케팅 프레임에서 벗어난 여러 가지 다른 난제를 가지고 있다. 따라서 다른 접근 방법이 필요하다는 것인데, 이 책은 마케팅 프레임보다는 다양한 공중과의 관계를 증진시키는 커뮤니케이션 전략이 더 적절하다고 본다.

한 가지 예를 들어서, 대부분의 비영리 마케팅 전략은 일반적인 마케팅 전략보다 미션의 중요성에 대해서 강조하고 있는데, 미션은 사실상 마케팅 개념이라기보다는 커뮤니케이션 개념에 가깝다. 시장에서의 이익을 희생해서라도 달성해야 하는 것이 미션이라면, 미션은 마케팅 노력과 배치될 수도 있다. 따라서 미션을 강조하면서까지 굳이 마케팅 개념을 고집해야 하는가에 대한 의문은 커질 수밖에 없다.

지금까지의 논의를 바탕으로 마케팅 전략보다는 커뮤니케이션 전략으로 집중해야 하는 이유를 정리해 보면, 우선 가장 큰 이유는 마케팅의 4P 프레임이 비영리 조직의 활동에 잘 들어맞지 않는다는 것이다. 마케팅의 상품,

가격, 유통, 촉진 정책은 비영리 조직의 사회 정의 기능과 배치되는 부분이 많다. 이와 함께 비영리 마케팅이 미션을 강조하면 할수록 마케팅보다는 커뮤니케이션과 공중 관계의 의미가 더욱 강조될 수밖에 없다. 미션을 가장 효율적으로 달성하기 위해서 마케팅이 필요하다고 주장할 수도 있지만, 좀 더 지속 가능하고 호의적인 평판에 기반한 비영리 조직의 활동은 커뮤니케이션을 중심으로 한 공중 관계 형성 및 증진 노력에 달려 있다고 해도 과언이 아니다.

많은 비영리 조직의 마케팅 활동과 관련한 텍스트를 보면 이러한 고민을 공유하고 있다. 하지만 그러한 고민이 마케팅이라는 프레임을 깨지 못한다는 부분은 매우 안타깝다. 성공적인 비영리 조직의 특징과 커뮤니케이션 전략을 논의하면서도(Brinckerhoff, 2004), 마케팅 중심의 기능주의적이고 조직 통제적인 사고에서 벗어나지 못하는 경우가 많기 때문이다. 앞서도 설명했지만 비영리 조직은 마케팅 개념으로 적용할 수 없는 영리기관과 상당히 다른 속성을 가지고 있다. 또한 조직과 시스템의 통제, 환경의 통제를 통해서 비영리 조직의 성공을 담보할 수 있다는 것은 지나치게 영리 중심의 사고 체계에 사로잡혀 있는 것이다. 이는 통제와 효율성에 대한 지나친 기대를 반영한다. 하지만 이러한 기능주의functional approaches 중심적인 사고로는 비영리 조직이 안고 있는 문제를 해결할 수 없다. 미션에 중심을 둔 활동을 강조하면서도, 마케팅 체계를 그대로 고수하려고 할 것이 아니라, 공중과의 장기적인 관계 형성과 유지를 전면으로 내세우는 커뮤니케이션 전략을 중심 활동으로 표방하는 것이 유리하다.

커뮤니케이션 전략은 관계를 기본으로 공중과의 신뢰와 이해 형성을 통해서 조직의 미션을 달성하기 위한 광범위한 커뮤니케이션 활동을 의미한다. 커뮤니케이션 활동에서 가장 중요한 것은 공중publics과의 관계 증진을 목적으로 삼는 것이다. 마케팅의 세분화 전략과 포지셔닝 전략 등이 유용하게 이용될 수는 있지만, 결국 근본적인 차이점을 메울 수는 없기 때문에 커뮤니케이션 전략을 기본으로 마케팅 요소를 적절히 융합하는 것이 더 나은 접근 방법이라고 할 수 있다.

앞서 비영리 조직에서 마케팅과 공중 관계 커뮤니케이션의 차이에 대해 설명하면서 왜 마케팅이 비영리 조직의 전략적인 활동에 적합하지 않은가를 설명했다. 하지만 이러한 부적절성에도 불구하고 마케팅 분야, 특히 사회 마케팅 분야에서 발전되어 온 비영리 조직 마케팅 전략에 대한 논의들을 무시하고 넘어가기는 쉽지 않다. 기본적인 철학이나 배경의 부적절성에도 불구하고 마케팅 전략이 가지는 동원 능력이나 효율의 극대화는 인정하지 않을 수 없기 때문이다. 따라서 사회 마케팅에서 논의되어 온 전략들을 선별적으로 가져와서 활용하기는 하되, 기본적인 마케팅 철학의 부적합성에 대해 함께 고민하면서 적용 가능성을 점검하는 것이 필요하다.

기본적으로 마케팅 분야의 공중 관계 커뮤니케이션에 대한 이해도는 매우 낮고, 특히 적용 부분에서 언론 관계 위주의 퍼블리시티 활동에만 집중되어 있기 때문에 마케팅 활동과 공중 관계 커뮤니케이션 활동을 접목하기는 두 학문 간의 인식 차이만큼이나 어렵다. Rados(1996)의 비영리 조직을 위한 마케팅 활동에서 공중 관계를 설명한 부분을 보면, 공중 관계를 언론 관계 수준이나 조작을 위한 선전propaganda 수준에서 이해하고 있다. 이는 나쁜 정치인이 많으니 정치는 나쁘다거나, 사이비 언론인이 많으니 언론이 나쁘다고 하는 것과 다를 바 없는 지나친 일반화이다. 공중 관계 활동은 많은 조직에서 언론 관계 위주로 운용되기 때문에 전반적인 공중과의 광범위한 커뮤니케이션 활동과 무관하다고 생각하는 것이다. 대부분의 마케팅 문헌은 공중 관계 커뮤니케이션에 대한 기본적인 접근보다는 촉진promotion 전략의 하나로서 공중 관계를 보려고 하기 때문에 공중 관계 커뮤니케이션이 추구하는 광범위한 관계 관리 전략을 간과하는 경향을 보인다. 이 책에서 말하는 공중 관계 커뮤니케이션은 공중과의 관계를 형성 · 유지 · 발전시키기 위한 광범위한 커뮤니케이션 활동을 말한다. 따라서 공중 관계 커뮤니케이션과 일반적인 커뮤니케이션 활동은 비슷한 목적을 지향하고, 유사한 의미로 쓰인다고 할 수 있다.

모든 공중 관계 활동이 공중과의 관계와 평판에 의존하고 있다고 하면서도 그것이 오직 언론과의 관계를 통해서 언론에 어떻게 표현되는가에 좌우된다고 설명하는 것은 조직이 공중과 접촉할 수 있는 수단이 언론에 한정되어 있다고 보는 것이다. 이렇게 커뮤니케이션의 의미를 과도하게 축소한 사회 마케팅 접근은 비영리 조직의 활동에 많은 문제를 낳는다. 예를 들어 한 지역사회에서 담을 허물어 주차 공간을 확보하고, 조경사업을 통해서 아름다운 길 만들기 운동을 추진한다고 해보자. 사회 마케팅 접근의 공중 관계 전략에 따르면 이러한 운동을 추진하는 조직이 할 수 있는 활동은 오직 언론이 어떻게 이 활동을 묘사해 주고, 공중이 그러한 언론의 메시지를 받아들일 것인가에 달려 있다. 하지만 지역사회의 활동을 일일이 언론에 알리는 것이 어느 정도의 효과가 있을지도 불분명하지만, 그러한 운동에 참여하는 사람들의 자기 표현 기능self-expressive function을 얼마나 충족시킬지도 의문이다. 이와 함께 조직의 커뮤니케이션 대상 공중이 언론에만 한정되는 것도 터무니없는 일이다.

미디어라는 부분에서도 기존의 신문이나 방송과 같은 전통적인 매체만을 상정하고, 이를 통한 간접적인 커뮤니케이션을 언급하는 것도 너무 진부하다는 생각이다. 현대 사회 들어 직접 커뮤니케이션 수단이 급격히 늘어나고 있으며, 평소 공중과의 커뮤니케이션을 통한 조직 정당성 확보가 무엇보다도 중요한 화두가 되고 있다. 아직도 마케팅 하부 차원에서 공중 관계 활동을 보도 자료 작성, 기자 회견press conference, 신속한 위기 뉴스 대응 등에 초점을 맞추고 있는 것은 얼마나 진부한가? 이것은 아무래도 영리 조직 위주로 개발된 마케팅 전략을 무리하게 비영리 조직에 적용하다 보니 심화된 현상이라고 할 수 있다. 공중과의 관계, 사회적인 의미의 창조와 공유, 가치의 실현, 공공의 이익 실현과 같은 개념들이 분명하게 이해되지 않고서는 비영리 조직의 커뮤니케이션 활동을 이해하기 힘들다. 따라서 사회 마케팅에서 개발된 좋은 아이디어들은 적극적으로 받아들이되, 그것을 비판적으로 수용하는 것이 무엇보다도 필요하다.

마케팅 4P 프레임에서 공중 관계 커뮤니케이션 전략으로 전환

지금까지의 논의를 살펴보면 현재 광범위하게 쓰이고 있는 1) 비영리 마케팅 전략을 2) 커뮤니케이션 전략으로 수렴하고, 그러한 커뮤니케이션 전략을 3) 공중 관계 중심의 전략으로 재편하는 것이 비영리 조직의 활동과 존재 의미에 더 부합한다는 것을 알 수 있다. 즉 비영리 마케팅의 활동과 의미를 받아들이되, 규격화된 마케팅 프레임을 고집할 필요는 없고, 커뮤니케이션 전략을 위한 프레임으로 조정할 필요가 있다는 것을 의미한다. 이제 이러한 조정의 필요성을 바탕으로 어떻게 비영리 마케팅의 4P 프레임이 구체적으로 커뮤니케이션 전략과 연결될 수 있는지 좀더 자세하게 알아보기로 한다.

마케팅은 기본적으로 경쟁을 상정하고 조직이 처한 상황에서 이익을 극대화하는 것을 목적으로 한다. 간단하게 말해서 기본적으로 마케팅 전략은 경쟁 상황에서 소비자들을 분류하고segmentation, 적절한 표적 시장을 형성해서targeting, 자신의 상품이나 서비스를 소비자의 마음 속에서 가장 효과적인 위치에 자리잡게 만드는positioning 것이다. 마케팅 학자들은 이러한 마케팅의 법칙이 비영리 조직을 위한 활동에도 그대로 적용될 수 있다고 본다(Rados, 1996). 비영리 조직도 서로 유사한 활동을 하는 조직이나 그 외 사회 자본을 나누어 가지는 조직 간 경쟁이 존재하므로, 자신의 조직을 둘러싼 공중을 분류하여 가장 효과적으로 접촉할 공중을 선정한 다음, 자신의 조직이 보이기 원하는 방향으로 공중의 마음에 자리잡게 하는 것이 물론 중요하다.

그래서 일반적인 비영리 사회 마케팅 전략은 상황 분석 및 강 · 약점 조사, 전략 개발, 실행, 평가 등의 단계를 거치게 된다. 상황 분석에서 비영리 조직의 미션이 더욱 강조되는 것 등을 제외하고 일반적인 마케팅 전략과 거의 차이가 없다고 보아야 한다. 따라서 최종 마케팅 전략은 결국 크게 보면 표적 집단 시장을 형성하고, 이러한 표적 집단 시장을 통해 마케팅 목적을 달성하기 위해서 어떤 마케팅 세부 수단marketing mix을 사용할 것인가에 집중된다. 이미 논의했듯이 마케팅 세부 수단은 마케팅 4P 프레임에 기반한 상품 혹은 서비스 전략, 유통 전략, 가격 전략, 촉진 전략을 말한다(Herron, 1997; Lovelock & Weinberg, 1990; Rados, 1996; Sargeant, 1999 등에서 광범위하게 인용). 따라서 사회 마케팅의 4P 프레임을 중심으로 지금까지 논의된 적용 가능성을 종합적으로 정리해 본다.

상품 및 서비스 전략

상품 및 서비스 전략에서 비영리 조직의 경우는 보통 상품보다는 서비스에 치중하고 있다고 보는 것이 옳다. 영리 조직에 비해서 비영리 조직은 대부분의 경우 실제적으로 상품이 존재하지는 않는다. 또한 비영리 조직에서 가장 중요한 것은 상품이나 서비스 외에 조직이 추구하는 가치와 의미이다. 비영리 조직에서 추구하는 가치는 보통 조직의 미션으로 발현되며, 조직의 가장 중요한 존재 이유를 구성한다. 따라서 이러한 가치의 보존과 관련하여 일반 마케팅의 상품 정책을 적용할 때는 신중한 선택이 요구된다. 예를 들어 효율적인 조직의 재정 기반을 확보할 수 있는 상품이나 서비스라고 하더라도, 그것이 조직이 추구하는 가치와 맞지 않을 때는 과감하게 포기할 수 있어야 한다.

사회 마케팅에서는 조직의 가치와 맞지 않더라도 재정적인 이익을 가져오는 상품 서비스의 경우는 조직의 가치와 맞추기 위해서 노력하라고 주장하지만 실제적으로 조직의 가치와 맞지 않는 상품 서비스는 아무리 재정적인 이익을 가져다 주더라도 포기할 수 있어야 한다. 하지만 비영리 조직이라고 해서 상품 서비스의 질과 관련하여 신경을 쓰지 않아도 된다는 것은 아니다. 비영리 조직에도 엄연히 경쟁이 존재하고, 자신이 주장하는 가치를 효과적으로 공중과 공유하기 위해서는 영리 조직에 적용되는 상품 서비스의 질을 확보하기 위한 노력이 마찬가지로 적용되어야 한다. 영리 조직에서 사용되는 네이밍naming 전략, 패키지packaging 전략, 상품과 서비스를 확산extension하는 전략, 새로운 상품이나 서비스를 개발하는 전략, 시장 확산 전략 등을 비영리 조직의 맥락에 맞게 적용하는 것은 필요하다. 예를 들어 비영리 조직에서 새로운 서비스를 제공해야 하는 경우에는 그것이 조직의 미션과 일치하는가, 공중의 수요에 부응하는가, 기존의 활동 등과 연관성이 있는가 등이 엄밀하게 점검되어야 한다.

유통 전략

사회 마케팅의 유통 전략은 누구를 통해서 전파할 것인가의 문제와 연결된다. 이는 미디어일 수도 있고, 입소문일 수도 있으며, 사람을 통한 것일 수도 있다. 또한 사회 마케팅의 유통 전략은 접근성의 문제와도 연결된다. 비영리 조직에서 적용하는 상품 및 서비스를 일반 공중이 얼마나 쉽게 접근할 수 있느냐의 문제는 비영리 조직의 가치 확산과 관련하여 매우 중요한 문제이다. 또한 이는 조직의 구성이나 조직원의 구성과도 연결된다. 하지만 사회 마케팅의 유통 전략도 비영리 조직에 적용하기에는 찜찜한 구석이 많다. 비영리 조직에 유통 전략을 적용하기 위해서는 무엇인가를 파는 상황을 상정해야 하는데, 영리 조직의 상품처럼 비영리 조직이 확실한 유통 구조를 통해서 상품이나 서비스를 전파하지는 않기 때문이다.

이에 반해 비영리 조직의 유통 구조는 오히려 커뮤니케이션 전략의 메시지 확산 구조와 더 통하는 면이 있고, 이는 비영리 조직에서는 유통 전략과 촉진 전략이 구별 없이 사용될 수 있다는 것을 의미한다. 물론 마케팅에서 주장하는 고객 유인 요인들, 즉 편리성, 다양성, 정보 제공성, 저렴성 등의 원칙과 능동적인 전략push strategies과 유인 전략pull strategies 등의 개념은 비영리 조직의 상품과 서비스에도 그대로 적용될 수 있다(Rados, 1996). 예를 들어 마케팅에서 상정하는 것처럼 중재자 유통 조직을 상정하고, 중재자와 공중의 수요를 적극적으로 창출하여 상품과 서비스의 판매를 높이는 전략이나 중재자나 고객의 수요를 유인하는 전략을 사용하여 상품과 서비스의 판매를 높일 수 있다. 이러한 능동적인 전략은 보통 사람을 통한 네트워크를 통하는 경우가 많고, 유인 전략은 매스컴을 통한 광고 등으로 이루어지는 경우가 대부분이다. 하지만 이러한 유통 전략이 비영리 조직의 맥락에서는 커뮤니케이션 촉진 전략과 매우 유사해진다는 점을 강조할 필요가 있다.

가격 전략

사회 마케팅에서 가격 전략의 기본은 수요와 경쟁에 달려 있다. 물론 비영리 섹터에서는 수요와 상관없이 더 지불하겠다는 사람들도 많기 때문에, 그러한 초과 지불을 고려하기도 한다. 하지만 이러한 가격 전략이 과연 비영리 조직의 전략으로 유효한가에 대해서는 의문의 여지가 많다. 우선 비영리 조직의 기능은 수요에 대한 적절한 반응을 의미하기도 하지만 스스로 공급을 창출해 내거나 교환할 수 없는 가치를 위해 비영리 조직을 운영하는 사람들이 더 많다. 또한 비영리 섹터에서 가격은 비용 지불에 대한 일반 공중의 의사를 의미하기 때문에 가격이라는 개념이 잘 들어맞지 않는다고 할 수도 있다.

가격 개념을 적용하려면 가격은 존재하지 않지만 공중의 의도는 존재한다는 식으로 가격의 의미를 바꾸어야 한다든지, 가격이 존재하지 않는 시장의 의미를 설명해야 하는 등 마케팅의 가격 전략은 비영리 조직과 잘 들어맞지 않는 경우가 많다. 예를 들어 비영리 조직은 소외 계층을 위한 서비스 정책에서 수요 · 공급에 따라 일방적으로 가격을 설정할 수는 없다. 보호하고자 하는 가치와 관련된 문제는 특히 수요 · 공급곡선을 무시한다. 물론 계속적인 운영을 위한 최소한의 비용에 대한 보상이 있어야겠지만, 그것을 마케팅 개념으로 풀기는 어렵다. 조직의 가격 정책에는 비용에 대비한 가격, 수요에 대비한 가격, 사회 적정 가격이 있을 수 있는데, 굳이 가격 정책을 따진다면 사회 적정 가격이 비영리 조직의 가격 정책에 적용되어야 한다.

촉진 전략

촉진 전략은 사회 마케팅에서 커뮤니케이션 전략이라고도 한다. 일반 마케팅과 마찬가지로 사회 마케팅 촉진 전략은 광고, 인적 판매, 판매 촉진, 언론 퍼블리시티 등으로 나눌 수 있다. 사실상 사회 마케팅 학자들도 비영리 섹터에서 촉진 전략이라는 말을 쓰기가 좀 곤란하다고 느낀 것 같다. 왜냐하면 일방적인 판매 촉진 전략이 비영리 섹터에서 그대로 적용될 수는 없기 때문이다.

하지만 촉진 전략을 커뮤니케이션 전략으로 용어 변경하면서 오히려 더 큰 문제가 발생했다고 여겨진다. 우선 커뮤니케이션 모델을 적용하면서 메시지 송신자에서 수신자로 일방적으로 이어지는 일방향one-way 설득 모델을 채택함으로써 비영리 섹터에서 실제적으로 이루어지는 많은 상호 커뮤니케이션 현상을 수용하지 못하고 있다. 비영리 섹터에서는 커뮤니케이션이 조직에서 공중으로 전달되기보다는 조직과 공중 간의 의미 공유meaning sharing, 공중에서 조직으로의 메시지 전달, 조직과 공중의 구분이 모호한 커뮤니케이션 현상 등 다양한 커뮤니케이션 형태가 발생하는데, 사회 마케팅의 커뮤니케이션 전략은 지나치게 조직 중심의 커뮤니케이션에 머물고 있다는 한계를 드러낸다. 그런 상황에서 이루어지는 커뮤니케이션 전략은 일방적이고 단기적이며, 조직 기능 중심의 편견을 드러내기 쉽다.

공중 관계 커뮤니케이션 전략으로의 통합

사회 마케팅 전략의 문제점은 지나치게 영리 조직 중심의 전략을 비영리 조직에 그대로 적용하려고 노력했다는 것이다. 몇 가지 개념이나 상황을 바꾸어서 해결될 수 없는 영리 조직과 비영리 조직의 근본적인 차이점을 간과한 것이 가장 큰 실수로 보인다. 차라리 사회 마케팅이라는 개념보다는 비영리 커뮤니케이션 등으로 전략화하면서, 기존 마케팅 요소를 과감하게 취사선택하고 관련 공중과의 커뮤니케이션 전략으로 바꾸는 것이 더 합리적으로 보인다. 앞선 상품과 유통, 가격 등의 논의에서도 드러났지만, 존재하지도 않는 상품과 유통 구조, 가격 등의 논의를 무리하게 비영리 조직에 꿰어 맞추는 것이 과연 합리적인가에 대한 심각한 의문이 제기된다.

또한 비영리 조직의 상품 전략은 메시지의 가공 혹은 프레임 전략과 매우 유사하고, 유통 전략은 메시지의 확산 전략과 연결된다. 가격 전략은 메시지의 접근성과도 연결되며, 촉진 전략은 말 그대로 광범위한 커뮤니케이션 전략을 의미한다. 따라서 지금까지 살펴본 사회 마케팅 전략은 대부분 커뮤니케이션 요소와 관련된 커뮤니케이션 전략으로 수렴되는 것을 알 수 있다. 비영리 조직의 마케팅 전략이 아니라 비영리 조직의 커뮤니케이션 전략이 더 적절한 이유가 여기에 있다.

따라서 이 책에서는 비영리 사회 마케팅 전략에서 유용한 것은 선택적으로 가져오기로 하지만, 비영리 조직의 전략으로서 커뮤니케이션 전략에 집중하여 가장 합리적인 공중 관계 커뮤니케이션을 설정하는 데 그 목적을 두기로 한다. 커뮤니케이션 전략은 비영리 조직의 캠페인 단계로 구성되는 과정에서 공중 관계 커뮤니케이션을 위한 프로그램 혹은 캠페인 요소들로 다시 정리된다(〈그림 2-1〉 참조). 커뮤니케이션 전략의 요소는 커뮤니케이션 캠페인을 실행하기 위한 세부 과정으로 짜임새 있게 적용될 필요가 있기 때문이다. 여기서 커뮤니케이션 캠페인 과정을 공중 관계 커뮤니케이션이

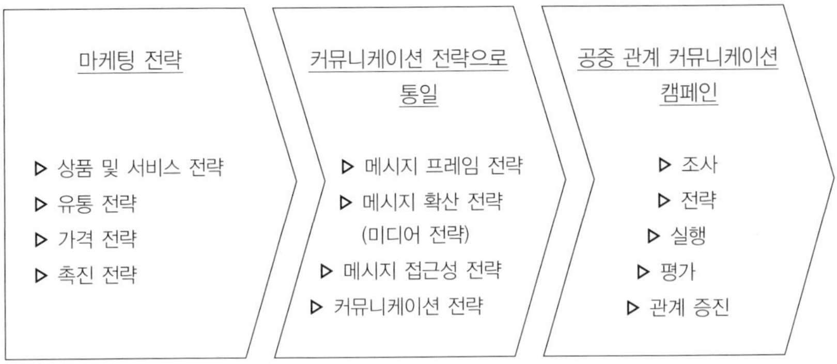

그림 2-1 이 책의 비영리 공중 관계 커뮤니케이션 캠페인 형성 과정

라고 부른 것은 앞에서도 논의했지만 커뮤니케이션의 목적은 공중과의 관계 증진과 유지에 있으며, 특히 비영리 조직의 목적은 재정적인 목적의 달성이 아니라 조직을 둘러싼 공중과의 우호적인 관계를 통해서 조직의 미션을 달성하는 것이기 때문이다. 공중 관계 커뮤니케이션 캠페인을 줄여서 커뮤니케이션 캠페인이라고도 한다.

커뮤니케이션 전략은 공중 관계 커뮤니케이션 캠페인 요소들로 응용되어 광범위하게 적용된다. 또한 비영리 사회 마케팅 전략에서 상품 및 서비스, 유통, 가격, 촉진 전략으로 거론되는 방법 중에서 비영리 조직에 유용하게 적용될 수 있는 것은 커뮤니케이션 전략으로 가공되어, 공중 관계 커뮤니케이션 캠페인의 조사, 전략, 실행, 평가, 관계 증진 과정에 적절하게 적용하여 합리적으로 사용할 수 있게 된다. 이 책에서 공중 관계 커뮤니케이션 캠페인은 프로그램이나 캠페인을 통해서 목적을 달성하고자 하는 일관성 있는 과정을 의미하지만 사실상 광범위한 커뮤니케이션 활동을 의미하며, 이러한 과정은 부분적으로 모든 커뮤니케이션 활동에 응용될 수 있다.

3. 비영리 커뮤니케이션 접근: 통합

우리 사회에서는 미디어의 폭발적인 증가로 인한 캠페인 프로그램의 과도한 미디어 의존과 영리 시장의 지배에 의한 마케팅 개념의 보편화가 진정한 사회적 차원의 커뮤니케이션을 막고 있는 것이 사실이다(Radtke, 1998). 특히 가장 진정한 커뮤니케이션이 이루어져야 할 비영리 조직 활동에서 미디어 퍼블리시티 위주의 활동과 마케팅 활동에 의존하는 현상이 일어나는 것은 비영리 조직 활동의 순수성을 저해하기도 한다. 하지만 더욱 큰 문제는 마케팅과 미디어 의존 현상이 기존 사회가 가진 힘의 불균형과 모순을 심화시키면서, 사회 정의를 달성하기 위한 본래 비영리 조직의 의미와는 무관하게 비영리 활동을 유도하고 있다는 것이다. 이는 비영리 섹터의 위기로도 연결될 수 있다. 따라서 공중과의 관계를 목적으로 이루어지는 진정한 커뮤니케이션 전략의 탐색은 힘이 약한 비영리 조직에도 힘을 부여하면서empowerment 사회적인 힘의 균형을 회복하고, 진정한 사회 정의를 이루어 내는 방향으로 비영리 섹터와 전체 사회가 나아갈 수 있도록 도와준다.

지금까지 비영리 조직의 전략적인 활동과 관련하여 가장 많이 쓰여 왔던 개념인 전략 경영과 사회 마케팅에 대해서 설명했다. 전략 경영의 여러 개념은 사회 마케팅의 개념들과 연결되고, 이러한 비영리 사회 마케팅의 요소들이 비영리 조직을 위한 공중 관계 커뮤니케이션 전략과 연결되는 이유에 대해서 알아보았다. 이제 이러한 논의를 바탕으로 공중 관계 커뮤니케이션 전략의 성격에 대해서 알아본다.

전략과 커뮤니케이션의 통합

앞서 설명한 대로 전략적인 커뮤니케이션에 연관된 접근은 크게 두 가지로 나누어 볼 수 있다. 하나는 비영리 조직의 전반적인 전략 경영이고, 다른 하나는 사회적인 의미cause와 마케팅 개념을 접목한 사회 마케팅이다.

비영리 조직의 전략 경영과 관련한 논의들(Hay, 1990; Koteen, 1989; McLaughlin, 2006)을 보면, 조직의 미션에 바탕을 둔 장 · 단기 목적을 달성하기 위한 전반적인 조직 행위를 집대성하고 있다. 한편 사회 마케팅은 기본적으로 영리 조직의 4P 개념을 적용하여 가장 효율적으로 비영리 조직 활동을 영위하기 위한 방법을 서술한다. 이러한 논의들은 전략과 커뮤니케이션을 이어 주는 논의와 밀접하게 연관되어 있다.

이 책에서 비영리 조직의 활동은 전략 경영이든 사회 마케팅이든 커뮤니케이션을 중심으로 이루어진다는 것을 전제로 한다. 전략 경영의 기본적인 조직 전략과 프로그램 전략도 비영리 조직의 효율적인 커뮤니케이션을 전제로 하며, 사회 마케팅의 모든 요소도 커뮤니케이션 요소들로 집약될 수 있다(앞의 〈그림 2-1〉 마케팅 믹스에서 커뮤니케이션 믹스로 도출한 내용을 참조할 것). 따라서 오히려 전략 경영이나 사회 마케팅이라는 개념보다는 공중과의 관계 증진과 유지를 위한 커뮤니케이션 활동을 좀더 강조하는 것이 비영리 조직의 영속적인 발전을 위해 유리하다는 것이 이 책의 전반적인 철학이다. 이와 함께 전략 경영과 사회 마케팅의 관련 개념들을 긍정적으로 받아들이되, 커뮤니케이션 활동으로 집약하는 것 또한 이 책의 의도이다. 이 책의 전략적인 커뮤니케이션 활동은 비영리 조직 전반의 조직 커뮤니케이션 활동을 의미하지만, 협의의 의미에서는 세부적인 커뮤니케이션 캠페인의 성공적인 실행 과정으로 이해될 수도 있다.

Radtke(1998)는 커뮤니케이션 활동은 서로 간의 이해를 쌓는 과정이라고 보았다. 이 책도 궁극적으로 이러한 이해의 형성이 관계의 발전으로 자연스럽게 연결된다고 생각한다. 우리는 커뮤니케이션의 철학적인 의미와 기능에 대해서는 대체적인 합의를 이루고 있다. 하지만 그것을 어떻게 달성할 것인가에 대한 구체적인 계획은 아직 없었다. 따라서 여기서 논의하는 전략적인 커뮤니케이션에 대한 시도는 이러한 노력을 담고 있다고 하겠다. 좀더 구체적으로 이야기하면 전략적인 커뮤니케이션은 우선 조직의 미션에 기초하며, 이러한 바탕 위에 공중을 분석하고 메시지와 미디어 전략을 수립하여 지속적인 공중 관계를 형성해 나가는 것이다.

기존 비영리 조직 교과서들이 커뮤니케이션을 다루는 부분은 매우 한정적이다. 주로 커뮤니케이션을 메시지의 효과적인 전달이나 관련 공중에 대한 조직의 정보 전달 의무 차원에서 접근한다. 하지만 커뮤니케이션의 궁극적인 목적은 공중과의 관계 형성에 있다. Bernstein(1997)의 경우를 보면, 미션을 중심으로 어떻게 조직의 역량을 강화하고, 관련 이슈를 둘러싼 비영리 조직 프로그램의 효과를 극대화할 것인가를 논의한다. 하지만 그러한 논의가 공중과의 관계 강화를 통한 지속 가능한 비영리 조직의 발전 방향으로 이어지지는 않는다. 또한 많은 전략 경영 프로그램이나 사회 마케팅 프로그램을 보면 커뮤니케이션 관련 논의들이 과도하게 미디어 관계에 집중되는 경향이 있다(Wirth, 2001). 이것은 비영리 조직이 사용할 수 있는 커뮤니케이션 역할을 과도하게 축소한 것이다.

때로는 관계 마케팅이 강조되고, 비영리 조직의 특수성에 따른 커뮤니케이션의 중요성이 강조되기도 하지만, 기본적으로 사회 마케팅은 언론 관계 위주의 영리 조직 기법들을 그대로 적용하는 수준에 머문다(Johnson & Venkatesan, 2001). 비영리 조직의 전체 성격을 고려해 볼 때 협소하게 4P 프레임에만 머물 수 없는데도 불구하고, 좀더 장기적인 공중 관계 형성을 위한 커뮤니케이션의 중요성을 내세우는 노력은 부족했다고 할 수 있다.

Phills(2005)는 비영리 조직의 발전을 위한 두 가지 축으로 미션과 전략을 들었다. 미션은 조직 구성원의 심리적이고 감정적인 논리를 의미하고, 전략은 조직의 경제적인 논리를 의미한다. 조직이 미션을 통해서 심리적인 결합을 이루고, 전략을 통해서 조직 발전을 위한 실행 계획을 구성하고 추진할 때 비영리 조직의 장기적인 발전이 가능해진다. 이 책은 미션과 전략의 중요성이 언제나 함께 강조되어야 한다는 데 동의한다. 전체적인 비전을 결여한 전략은 성공할 수 없으며, 실행 전략을 결여한 미션은 공허하기 때문이다. 하지만 이 책은 비영리 조직의 발전을 위해서는 외부적으로 보여지는 미션과 전략도 중요하지만 내부 조직원의 자기 표현적인 속성expressive functions을 무시할 수는 없다고 주장한다. 비영리 조직은 조직의 기능적인 목적과 함께 참여하는 내부 구성원의 만족과 의미 부여도 중요하기 때문이다. 따라서 기능적인 목적과 의미 공유적인 목적을 통합하여 비영리 조직의 커뮤니케이션 활동을 '공중 관계 중심의 커뮤니케이션 전략'으로 요약할 수 있다. 왜냐하면 미션, 전략, 표현 기능 모두 내·외부 공중을 대상으로 장기적인 관계를 형성하기 위한 커뮤니케이션 전략을 의미하기 때문이다.

비영리 조직은 미션과 전략을 축으로, 조사를 통해서 가장 적절한 실행 계획을 설정하고, 미션을 달성하는 전략적인 움직임을 통합하는 것이 중요하다(Phills, 2005). Phills는 비영리 조직의 전략이 미션 설정, 전략 설정, 산업 분석, 실행 계획, 세부 실행 전략으로 구성된다고 보았다. 실행은 미션과 전략을 실제 행위로 옮기는 것으로, 조직의 입장에서는 일종의 자원 분배 정책을 실행하는 것이다. 세부 실행 전략은 수립된 실행 계획을 실천하는 방법과 다른 조직과의 연합과 협력 행위 등을 통해서 실제적으로 운영하는 방법을 기술하는 것이다. 물론 그는 이러한 정형화된 전략 과정을 기술하면서도, 이런 과정을 통틀어서 비영리 조직이 미션과 전략을 통해 사회를 이끄는 리더 역할을 하는 것과 외부 환경의 변화에 민감하게 반응하는 것이 중요하다는 것을 잊지 않았다. 즉 실제 전략 실행 과정에서 지나친 교조주의에서 벗어나 실질적으로 사회와 공중에게 도움이 되는 방법을 찾는 것이 중요하다는 의미이다.

하지만 이러한 전략적인 행위들은 주로 조직 안에서 형성되어 조직 밖으로 향하는 일방적인 행위만 기술하고 있다는 단점을 지닌다. 비영리 조직의 전략적인 행위들이 그 효과를 극대화하기 위해서는 조직과 공중 상호간의

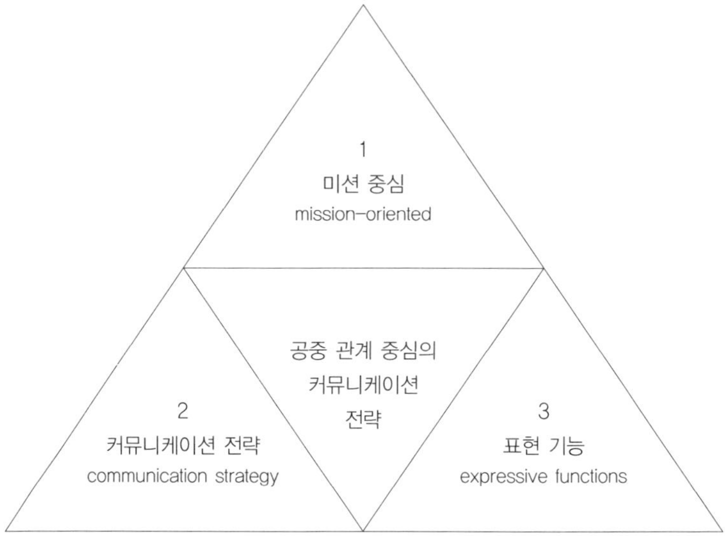

그림 2-2 비영리 조직을 위한 공중 관계 커뮤니케이션 전략의 중심 요소

주) 세 가지 요소인 미션, 전략, 표현은 각각 비영리 조직 발전을 위한 심리적이고 감정적인 논리, 경제적인 논리, 내부 구성원 논리를 부여한다.

커뮤니케이션 균형을 맞추는 쌍방향 커뮤니케이션이 이루어져야 하고, 이를 위해서는 내부 조직원과의 관계 또한 매우 중요하다. 비영리 조직은 조직의 기능이 내부 조직원의 만족과 사기에 달려 있기 때문에 외부로 향하는 커뮤니케이션과 함께 내부 조직원과의 관계 형성 또한 무엇보다도 중요하다고 할 수 있다. 내 · 외부 공중과 활발히 커뮤니케이션하지 않는 전략은 의미가 없다.

Brinckerhoff(2004)의 경우 비영리 조직에 대한 세 가지 숨겨진 진실을 이야기하면서 왜 효율적인 커뮤니케이션 전략이 필요할 수밖에 없는가에 대해서 설명하고 있다(〈표 2-7〉 참조). 이러한 필요성은 또한 커뮤니케이션 전략의 목적과도 연결된다.

첫째, 어떤 고귀한 미션을 가지고 있다고 해서 효율적인 활동을 무시할 수는 없다. 왜냐하면 사회 이슈들도 어차피 사회 내에서 경쟁하는 상황에서 효율적인 커뮤니케이션 전략만이 미션을 달성하는 데 도움을 줄 수 있기 때문이다. 많은 사람들이 고귀한 미션은 커뮤니케이션 전략이 없더라도 스스로 빛을 발해서 그 존재 가치를 알려 줄 수 있다고 생각하지만, 그러한 고귀한 미션도 상대적인 가치에 불과하며, 커뮤니케이션을 통해서 공중과 공유되지 못했을 때 아무런 의미도 가지지 못한다.

둘째, 재정적인 안정은 비영리 활동에 필수적이다. 재정적인 안정은 공중의 지지와 사회적인 영향력의 확대를 의미하는 것이기 때문에 단순한 금전적인 의미를 가진다고 보기 어렵다. 또한 비영리 조직이 재정적인 안정을 이루지 못해 정부나 외부 조직의 도움에 의존하기 시작하면, 본래의 미션을 추구하는 것도 어려워진다. 비영리 조직의 재정적인 안정은 안정된 기금 모집이나 회원의 확보를 통해서 이루어진다. 이러한 활동은 특히 커뮤니케이션 전략을 통한 기부자와 내부 회원과의 관계 형성에 많이 의존한다. 즉 재정적인 안정을 위해서 공중과의 커뮤니케이션은 필수적이다.

마지막으로, 비영리 조직도 이윤을 추구할 필요가 있다. 물론 여기서 이윤은 경제적인 이윤만을 추구하는 것은 아니다. 두 번째 필요성과 통하는 것인데, 재정의 안정과 함께 좀더 적극적으로 관련 공중의 편익을 극대화함으로써 영리 조직의 이윤 극대화와 같은 효과를 구하는 것이 필요하다. 비영리 조직은 효율성과 이윤 극대화와는 무관하게 경영된다고 생각하기보다는 공중 관계를 위한 편익을 최대화하는 방향으로 커뮤니케이션 효율성을 극대화할 필요가 있다. 물론 이러한 이윤은 다른 차원의 이윤이지만, 비영

표 2-7 비영리 조직의 효율적인 커뮤니케이션 전략 필요성

1. 효율적인 이슈 관리를 통한 비영리 조직 미션의 달성
2. 재정적인 안정을 위한 공중과의 관계 유지
3. 비영리 조직 목표 달성을 위한 최대 편익 창조의 추구

리 조직의 목표를 극대화한다는 측면에서 이윤은 이윤인 셈이다..

비영리 조직에서 커뮤니케이션 활동의 역할과 중요성

자본주의 체제의 위기를 맞아 시민사회의 정책 참여가 당연시되는 시대를 맞고 있다. 이러한 제3섹터 시민사회 형성을 위한 비영리 조직의 증가는 사회 엘리트주의에 대한 반발에 기반한다. 이러한 반발은 자율적으로 문제를 처리하려는 의지와 참여를 통해서 능동적인 주체가 되려는 의지로 나타나기 때문에 필연적으로 기존 체제와 대립될 수밖에 없다. 한편 시민사회 비영리 조직은 자율성을 기반으로 하는 공동체 형성을 지향하기 때문에 내부 구성원 간 대화를 통한 의미 공유가 필수적인 요소가 된다. 사안에 대한 합의가 전제되지 않고서는 비영리 조직의 활동이 추진력을 받기는 힘들다.

결국 비영리 조직의 존재는 사회 주체 간 갈등을 불러오거나 구성원 간 의미 공유의 필요성을 높일 수밖에 없고, 이러한 상황을 해결하기 위해서 커뮤니케이션의 중요성은 커질 수밖에 없다. 또한 시민사회 참여를 통한 공론의 장 확대는 필연적으로 커뮤니케이션 행위를 수반한다. 따라서 커뮤니케이션을 통한 공론의 장 확대, 사회 주체 간 갈등 해소라는 측면에서 비영리 조직의 증가와 커뮤니케이션의 필요성은 궤를 함께하고 있다고 말할 수 있다.

우리나라도 이러한 상황에서 예외는 아니다. 우리나라의 시민사회 조직의 분출기라고 할 수 있는 1987년 6월 시민항쟁 이후, 우리나라에도 약 2만 개가 넘는 시민사회단체가 형성되었다(김정린, 2005). 이러한 증가 경향은 사회민주화와 국가 권력의 감소, 문제 해결을 위한 개인 자율성의 강화, 지방자치제의 정착 등과 함께 계속 이어질 전망이다. 우리나라 비영리 조직의 경우도 수의 증가 추세와 함께 사회적인 역할과 커뮤니케이션 활동이 강화되고 있다.

미니 케이스 분석 2-3

분명한 결과물과 커뮤니케이션 능력
- 한국해비타트, "사랑의 집짓기 캠페인" -

한국해비타트는 열악한 주거 환경과 과도한 주거 비용 때문에 좌절하고 신음하는 가정에, 소박하지만 편안한 보금자리를 마련해 주어 자립의 희망을 심어 주고 그 가정이 속한 사회의 건전한 일원이 되게 하려는 미션을 실천하는 집 지어 주기 비영리 조직이다. 지난 14년 동안 새 집 600채를 짓고, 400채를 고치는 데 참여한 해비타트 자원봉사자는 총 16만여 명. 1,000번째 집을 짓는 데만 5,300여 명이 땀을 흘렸다고 한다. (홈페이지www.habitat.or.kr와 관련 언론 보도에서 가져옴.)

한국해비타트의 장점은 분명한 성과물을 보여 줌으로써 참여자의 만족도를 극대화할 수 있다는 것이다. 이러한 장점은 자원봉사자와 후원자를 모집하는 데도 매우 유리하게 작용하여, 기업 스스로 후원을 요청하는 경우가 많아 성공적으로 건축 비용과 자원봉사자를 큰 어려움 없이 확보하고 있다. 비영리 조직의 캠페인은 해비타트의 경우처럼 참여자들이 쉽게 이해할 수 있는 분명한 결과물을 보여 주는 것이 중요하다. 내가 기부한 돈이 어디서 어떻게 쓰이는지 분명하게 알 수 있도록 해야 한다. 또한 대학과 기업의 봉사 조직과 연대함으로써 자원봉사자를 모집하는 하부 협력 조직도 탄탄하게 갖추고 있다.

또 한 가지 칭찬할 일은 프로그램의 다양성이다. 자칫 지루한 집짓기 과정을 다양한 프로그램을 통해서 상쇄하고 있다. 홈페이지에 올라 있는 프로그램은 한국번개건축, 사랑의 집 고치기, 자전거로 짓는 사랑의 집, 여성의 집짓기, 믿음으로 짓는 집, 해비타트동아리, 지구촌 프로그램, 지미카터특별건축사업, 목조건축학교, 이서진과 함께 하는 해비타트 집짓기 등 다양한 구성을 보여 준다. 창의성 있는 프로그램을 통해서 조직의 미션을 지루하지 않게 이끌어가고, 적절하게 기업과 유명인의 홍보 효과를 통합하면서, 가지지 못한 자에 집중하는 뉴스 효과를 극대화함으로써 해비타트는 성공적인 캠페인을 만들어 내고 있다. 집을 지어 주는 것이 아닌 단순한 성금을 전달하는 것이라면 이런 성공적인 캠페인이 되었을까? 아무래도 집이 가지는 힘이 크다고 생각된다. 한국해비타트는 미션과 분명한 결과물을 통한 성취, 대학과 기업을 통한 조직과 재정의 탄탄한 기반 조성, 카터 미국 전 대통령 등 유명 인사를 통한 커뮤니케이션 활동 등 전략과 커뮤니케이션이 조화된 성공적인 비영리 커뮤니케이션 캠페인을 보여 주고 있다.

실례로 우리나라 대표적인 시민사회단체의 하나인 참여연대는 2001년 거대한 기업을 상대로 이동전화 요금 인하운동을 펼쳤다. 이러한 비영리 조직의 캠페인을 보면 다양한 커뮤니케이션 활동을 통해서 문제를 해결하고 목적을 달성하는 것을 목격할 수 있다.

> 참여연대는 주로 인터넷을 이용하여 이동전화 요금 인하를 위한 100만 명 서명운동을 시작했다. 2001년 3월에 시작하여 그 해 12월에 100만 명 서명 목표를 달성했다. 참여연대는 서명운동 외에 정보통신부 앞 일인 시위, 집단시위, 캠페인, 서한 발송, 국회 정보통신위원회 회의 방청 등 여러 가지 방법을 동원하여 2001년 12월에 이동전화 요금이 8.3% 인하되는 데 결정적인 역할을 했다(박상필, 2005: 22-23).

이러한 비영리 조직의 캠페인을 보면 서명운동, 시위, 공공 캠페인, 서한 발송, 회의 방청 등은 모두 조직의 커뮤니케이션 행위를 의미한다. 만약 효과적인 커뮤니케이션 행위가 없다면 조직이 목적으로 하는 것을 이루기 힘들다. 또한 이러한 커뮤니케이션 행위는 공중과의 우호적인 관계 형성이라는 목적에 충실해야 한다. 여론이 등을 돌린다면 어떠한 커뮤니케이션 행위도 효과를 발휘할 수 없다. 결국 비영리 조직의 목적을 달성하기 위해서는 커뮤니케이션의 중요성이 앞으로도 계속 커질 수밖에 없다. 이러한 효과적이고 효율적인 커뮤니케이션 행위들이 관련 공중과 장기적으로 우호적인 관계를 형성하고, 조직의 지속 가능한 발전을 가능하게 하기 때문이다. 공중과 지속적으로 커뮤니케이션할 수 없는 비영리 조직은 이미 그 존재 의미를 상실한 것이다.

비영리 조직의 역할은 국가 정책과 충돌하기도 하고, 주체적으로 사회 변혁을 이끌어 가기도 한다. 비영리 조직의 역할이 정착된 선진국의 경우는 비영리 조직이 사회의 거대 담론을 주도하기도 하지만 일반 시민의 생활 속으로 파고 들어가 시민 스스로 자신의 권리를 찾고 지역사회의 발전을 주도해 가는 자생적인 시민협의체 역할을 수행하는 경우가 많다. 이는 현대 사회가 결핍하기 쉬운 시민들 간의 의사 소통을 증대시키고 주체적인 문제 해결 능력을 키워 줌으로써 진정한 민주주의의 발전을 가져오는 데 기여하게 된다. 박상필(2005)은 국내 사회 비영리 조직의 역할로서 민주주의의 발전, 자본주의의 모순 완화, 사회 자본의 축적 세 가지를 들고 있다. 비영리 조직은 보통 권력에 대한 견제 기능과 국민의 복리를 증진시키는 기능을 가지게 되는데, 이러한 과정에서 사회적인 약자가 자신들의 목소리를 정책 입안 과정에 반영하고 자신들의 이익을 대변하게 된다.

결국 비영리 조직의 이러한 모든 기능은 기본적으로 커뮤니케이션 기능과 연결되어 있다. 어떻게 관련 공중과의 의사 소통을 통해서 어떤 사물이나 대상에 대한 의미 공유를 이루어 내고, 정당성 획득을 통해서 장기적으로 우호적인 관계를 설정하느냐 하는 것은 적절한 커뮤니케이션을 통해서만 가능한 일이다. 이제 사회 전반적으로 갈등을 풀기 위한 의사 소통의 시대가 도래했다. 계급 중심의 편향된 갈등 구조에서 벗어나 인간과 인간, 조직과 인간, 조직과 조직이 어떻게 다양화된 갈등을 조정하고 해결할 것인가는 현대 사회의 가장 중요한 화두로 등장하고 있다. 이 책은 비영리 조직의 여러 기능과 역할 중에서 조직의 대내對內 혹은 대외 의사 소통 혹은 커뮤니케이션 효율성을 증대시키는 데 초점을 맞추고 있다. 하지만 이러한 초점에도 불구하고 커뮤니케이션 활동은 조직 전반의 활동과 밀접하게 연관될 수밖에 없다.

지금까지 논의를 중심으로 비영리 조직이 추구하는 새로운 방향성을 요약적으로 "커뮤니케이션을 통한 가치 추구"라고 설정할 수 있으며, 비영리 조직 활동에서 커뮤니케이션의 중요성을 나름대로 다음 세 가지로 요약할 수 있다(김영욱, 2003, 2005a, 2005b; 박상필, 2005; 조희연, 2000).

첫째, 커뮤니케이션 행위를 통해 광범위한 시민의 참여를 유도함으로써 민주주의 공론의 장을 열어갈 수 있다. 이제 권위주의 정부 시대처럼 일방적으로 잘못된 정권과 그것에 맞서 싸우는 소수의 정의로운 시민 조직이라는 등식은 더 이상 존재하지 않게 되었으며, 대부분의 쟁점은 서로 보는 시각을 달리하는 갈등 인식에 기초하고 있다. 이제는 더 많은 시민의 참여를 이끌어 냄으로써 자유로운 논의를 주도하고 문제점을 해결하는 비영리 부문의 역할이 절실히 요구된다. 또한 현재 비영리 부문이 안고 있는 가장 큰 문제는 시민 없는 시민운동을 어떻게 극복할 것인가 하는 문제이다. 시민운동을 대중 참여적 운동으로 발전시키기 위해서는 비영리 조직의 커뮤니케이션 기능을 강화하는 수밖에 없다. 이러한 커뮤니케이션 행위, 시민의 참여, 공론의 장 등의 개념은 비영리 부문의 대내 · 대외 커뮤니케이션 기능이 활성화될 때만 달성될 수 있는 지향점들이다.

둘째, 비영리 부문 내에서 발생하는 경쟁 체제이다. 이제 비영리 조직도 자신이 추구하는 사회적인 가치를 통해서 다른 비영리 조직과 경쟁해야 하며, 절대적인 선이란 존재하지 않고 공론의 장을 통해서 시민의 판단과 지원에 의존해야 한다. 이러한 가치 경쟁을 이끌어 가는 것은 커뮤니케이션이다. 비영리 조직은 외부 환경과의 커뮤니케이션을 통해서 우호적인 관계를 형성해 나가야 하며, 자신들이 추구하는 사회 가치의 정당성을 끊임없이 주지시킬 필요가 있다. 신조직제도주의neo-institutionalism의 주장에 의하면 공중으로부터 정당성을 획득하지 못하는 조직은 생존할 수 없다. 내부의 아집에서 벗어나 외부 공중과 효과적으로 커뮤니케이션하는 것, 그것이 현

표 2-8 비영리 조직 커뮤니케이션의 중요성

1. 시민 참여를 통한 공론의 장 확대에 기여
2. 가치의 경쟁을 위한 공중 관계의 형성 유지
3. 다양한 여론 형성을 위한 기반 조성

재 비영리 조직에 주어진 화두라고 할 수 있다.

셋째, 언론을 통한 여론 형성 기능이 심각하게 왜곡되는 상황에서 비영리 부문의 활동을 통해 여론 형성의 불균형을 해소하는 것이 가능해진다. 언론의 현실 왜곡화는 언론이 권력이나 금력을 쥔 쪽의 시각을 일방적으로 대변하거나, 노엄 촘스키Noam Chomsky가 지적한 대로 언론 스스로 권력기관화하려는 속성에서 찾을 수 있다(Herman & Chomsky, 2002). 따라서 비영리 부문의 활성화로 인해 시민 스스로 언로言路를 개척하거나 사회적인 안건의 논의를 확대하고, 소외받는 계층을 위한 대변자 역할을 자임하고 나섬으로써 편향되고 사유화私有化된 언론을 통한 왜곡된 여론 형성을 시정하는 효과를 가져올 수 있다(조희연, 2000). 또한 이러한 다양한 의견을 반영하는 여론 형성 절차는 공론의 장을 활성화시켜 민주주의 발전에 기여하게 될 것이다.

비영리 공중 관계 커뮤니케이션 배경 이론

비영리 공중 관계 커뮤니케이션 혹은 비영리 커뮤니케이션은 미션에 대한 장기적인 비전을 갖춘 비영리 조직이 공중 관계를 형성 유지하기 위해 펼치는 커뮤니케이션 활동을 의미한다. 따라서 비영리 공중 관계 커뮤니케이션은 영리 마케팅에서 추구하는 것처럼 소비자를 통해서 이익을 극대화하려고 시도하는 것이 아니라, 관련 공중과의 장기적인 관계 구축을 통해서 조직의 비전이 효율적으로 실현되도록 노력하는 데 주안점을 둔다.

미니 케이스 분석 2-4

가치 경쟁 구도와 인류 보편성을 통한 참여 의식 제고

- 월드비전, "기아 체험 24시간 캠페인" -

비영리 조직의 가치 경쟁이 치열해지고 있다. 우리나라에 굶는 아이들이 있고, 아프리카에 기아로 허덕이는 아이들이 있다. 아프리카 기아를 돕는 것도 중요하지만 우리나라 학교 폭력을 없애는 것도 중요하다. 어떤 일이 더 중요한 일일까? 비영리 섹터에도 경쟁의 논리가 도입되고 있다. 이러한 상황에서 월드비전은 2008년 기아 체험 24 단독 캠페인에서 무려 11억 5천만 원을 모금했다.

기아 체험 24시간은 1975년 월드비전 호주에서 처음 실시되었고, 우리나라는 1993년부터 실시하여 청소년을 포함한 전국민 나눔 봉사 대축제로 자리잡았다. 16년간 100만여 명이 참여했고, 400여억 원을 모금하여, 약 8만여 명의 빈국 아동 결연을 성사시켜 직접적인 도움을 제공하고 있다. 특히 2007년부터는 365일 언제 어디서든 기아 체험을 할 수 있는 기아 체험 24시간 리더 양성 과정을 통해서 시간과 장소의 제약을 없앴다. 월드비전은 기아 체험 24시간 캠페인을 통해서 지구촌이 당면한 전쟁과 가난 그리고 질병의 문제를 고민하며, 어려운 이들과 고통을 함께 나누는 구호사업을 미션으로 내세우고 있다. 오지 탐험가 한비야 씨가 국제구호팀장으로 일하면서 언론의 주목을 이끌어 냈으며, 아동 후원, 긴급 구호, 사랑의 빵 캠페인을 통한 기금 모집, 세계 난민의 날과 세계 아동 노동 반대의 날 캠페인 등 다양한 캠페인을 전개하고 있다.(관련 홈페이지www.worldvision.or.kr과 www.femine24.net에서 가져옴.)

캠페인의 성공 여부는 전 세계 기아 문제에 대한 사람들의 관심이 얼마나 높은가에 의해서 판가름나는 것이 아니라 결국 일반 시민의 관심을 끌고 함께 동참할 수 있는 창의성 있는 커뮤니케이션 캠페인을 기획할 수 있느냐에 달려 있다. 그만큼 비영리 조직의 경쟁이 치열해졌기 때문이다. 하지만 중요한 것은 그러한 창의성이 조직 미션에 대한 충성도, 사람들이 가지는 참여와 표현 욕구의 충족, 그리고 장기적인 관계를 유지할 수 있는 능력에 달려 있다는 것이다. 단기적이고 표피적인 아이디어가 아니라 진정성과 이를 담아낼 보편성을 갖춘 캠페인을 기획하는 것이 이 극심한 경쟁 사회에서 역설적으로 중요해진다. 월드비전의 기아 체험 24 캠프는 그런 인류애에 대한 보편성과 사람들의 참여 의식, 대중 미디어의 조명 등이 적절하게 맞아떨어져 효과를 극대화할 수 있었다. 결국 경쟁 구도 속에서도 인류 보편적인 가치가 더 힘을 발휘한다.

비영리 조직은 커뮤니케이션을 통해서 자신이 추구하는 가치를 가장 효율적으로 실현하도록 노력해야 한다고 설명했다. 비영리 조직의 활동에서 커뮤니케이션은 필수불가결한 요소라고 할 수 있다. 앞서 설명한 것에서 보충하여 비영리 조직의 커뮤니케이션 중요성을 공중 관계 차원에서 요약하면(김영욱, 2005b), 우선 커뮤니케이션을 통해서 시민의 참여를 이끌어냄으로써 추구하는 가치를 위한 공론의 장을 확대할 수 있다. 이제 점차 사회는 투쟁을 통해서 목적한 바를 획득하기보다는 커뮤니케이션을 통해서 상대방을 이해시키고, 관계를 형성함으로써, 자신이 추구하는 가치를 지지해 줄 것을 호소하게 되었다. 따라서 시민의 참여, 시민과의 우호적인 관계 형성 없이 비영리 조직의 성공적인 활동을 바랄 수는 없게 되었다. 다음으로, 이제 비영리 조직은 가치의 비교 우위 속에서 경쟁하는 체제가 되어 가고 있다. 이러한 경쟁에서 다른 가치보다 자신이 추구하는 가치가 더 비교 우위에 있다는 것을 보여 주기 위해서는 커뮤니케이션을 통해서 자신의 정당성을 외부 공중에게 끊임없이 알려야 하고, 자신의 활동을 설득하고 이해를 구해야 한다.

마지막으로 비영리 조직의 공격적인 커뮤니케이션은 사회적인 힘의 불균형에서 야기된 공론의 장의 왜곡을 시정함으로써 비영리 조직의 가치가 올바르게 공중에게 전달될 수 있도록 작용한다. 따라서 비영리 조직이 추구하는 본질적인 활동은 커뮤니케이션 활동이며, 공중과의 커뮤니케이션과 의미 공유를 통해서만 자신들이 추구하는 가치를 실현할 수 있다. 비영리 조직이 추구하는 커뮤니케이션은 단순한 설득이나 정보 전달이 아니라 공중의 이해를 구하고, 공중과 가치를 공유할 수 있는 커뮤니케이션, 즉 공중 관계 커뮤니케이션을 지향한다.

공중 관계 커뮤니케이션의 많은 이론과 기법이 비영리 조직의 커뮤니케이션 활동을 효율적으로 만들고 사회적인 영향력을 확대하는 데 도움을 줄 수 있지만, 거꾸로 비영리 공중 관계 커뮤니케이션의 발전이 일반 공중 관계 커뮤니케이션 이론의 발전에 큰 자극제가 될 수도 있다. 지금까지 공중 관계 커뮤니케이션은 가진 자의 커뮤니케이션 도구로 묘사되거나, 힘의 불균형을 조장하는 커뮤니케이션 활동으로 알려져 왔다(김영욱, 2006b). 하지만 비영리 공중 관계 커뮤니케이션의 발전은 공중 관계를 구축하는 활동이 사회적인 힘의 불균형을 시정하기 위해서 사용될 수도 있음을 보여 준다. 이는 공중 관계 커뮤니케이션이 그 동안 비판적으로 탐색해 왔던 사회적인 의미와도 연결된다. 이후 다시 설명하겠지만, 사회적으로 힘이 약한 조직은 공중 관계 커뮤니케이션을 통해서 자신이 가진 자원을 가장 효율적으로 사용하는 방법을 배우게 되고, 효율적인 미디어 접근과 미디어 사용을 통해서 사회적인 영향력을 확대할 수 있게 된다. 힘의 균형에 바탕을 둔 이러한 다양한 사회 조직의 영향력 경쟁은 결국 사회 공론의 장을 확대하고 사회 문제를 해결하는 데 기여할 것으로 기대된다. 이런 의미에서 공중 관계 커뮤니케이션이 가지는 의미는 힘의 불균형 해소라는 측면에서 매우 중요하다.

> 이러한 [공중 관계 커뮤니케이션] 비판론자들의 의견도 맹점을 가지고 있다. [기능주의적인] 균형 이론을 비판하는 학자들의 입장에서는 힘을 가진 조직이 상황을 좌지우지하게 될 것이라고 전망했지만, 현실 세계에서 힘이 약한 공중

> 도 미디어 옹호 전략, 법적 소송, 입법 로비 활동, 정부 규제 촉구 등의 방법을 통해서 자신들의 목적을 달성할 수 있다(Grunig, 2001). 공중의 입장에서도 얼마든지 힘이 센 조직을 대상으로 자신의 뜻을 전달할 수 있는 통로가 있다. 우리나라의 경우를 생각해 보면 이것이 더욱 분명해진다. 우리나라 시민단체의 경우 기업이나 정부의 입장에서 생각해 볼 때 결코 힘이 약한 공중으로 생각할 수 없으며 나름대로 대응력을 보유하고 있다. 따라서 단순한 힘의 불균형이 [공중 관계 커뮤니케이션] 균형 모형에 대한 비판이 될 수는 없다(김영욱, 2003: 153-154).

김영욱(2005b)은 비영리 조직과 공중 관계 커뮤니케이션을 연결하면서 얻게 될 사회적인 편익으로 첫째, 공중 관계 커뮤니케이션의 사회 차원 확장과 학문의 균형 발전, 둘째, 공중 관계 커뮤니케이션의 공론 영역 확장 기여, 셋째, 대화를 위한 이상적인 언론 상황의 구현, 넷째, 미디어 중심주의 탈피를 통한 다양한 미디어 접근을 들고 있다. 이렇게 비영리 활동을 통해서 공중 관계 커뮤니케이션의 사회적인 의미는 자연스럽게 확장된다.

하지만 비영리 조직의 경우도 커뮤니케이션 활동이 공중 관계를 형성 · 유지 · 발전시키는 활동에 기반하고 있어야 하기 때문에 현재 논의되고 있는 일반적인 공중 관계 커뮤니케이션 이론을 이해하는 것이 이론적인 기반을 탄탄하게 하기 위해서 중요하다. 현재 공중 관계 커뮤니케이션 이론은 대부분 조직 중심으로 기술되어 있으며, 따라서 매우 기능주의적인 접근에 머물고 있다. 기능주의적인 접근이라는 말은 어떻게 조직이 효율적으로 목표를 달성할 것인가를 중심으로 이론화되어 있다는 의미이다. 그런데 비영리 조직의 커뮤니케이션 활동은 일반적인 공중 관계 커뮤니케이션 이론의 주류를 이루는 기능주의적인 접근과는 다를 수밖에 없다. 우선 비영리 공중 관계 커뮤니케이션은 단순한 조직을 위한 이익 창출이나 편익 극대화와는 거리가 멀기 때문이다.

마케팅과의 차이점에서도 설명했지만 비영리 공중 관계 활동은 조직의 커뮤니케이션 활동을 통해서 공중과 조직의 가치를 공유하고, 미디어 중심주의를 탈피하여 사회 공론의 장을 확대해 나가며, 사회운동의 효율성을 증대시켜 사회적인 약자에게 힘을 부여하는 역할을 한다. 이러한 비영리 공중 관계 활동의 역할은 사회적인 약자를 고려한다는 측면에서 공중 관계 커뮤니케이션의 사회 비판학 접근과도 직접적으로 연결된다. 또한 조직에 속한 개인과 공중과의 교감을 강조하고 참여하는 개인들의 합의와 의미 공유를 통한 공동체의 형성을 지향한다는 의미에서 현대적인 의미의 수사학적인 접근과도 맞닿아 있다.

물론 이러한 비영리 조직의 활동이 기능주의적인 면을 무시한다고는 할 수 없다. 많은 비영리 조직이 자신들이 추구하는 가치를 효과적으로 달성하기 위해서 노력하고 있는 한 조직 차원의 기능주의적인 측면은 간과할 수 없다. 비영리 조직에서도 목적 달성은 무엇보다도 중요하다. 다만 그것이

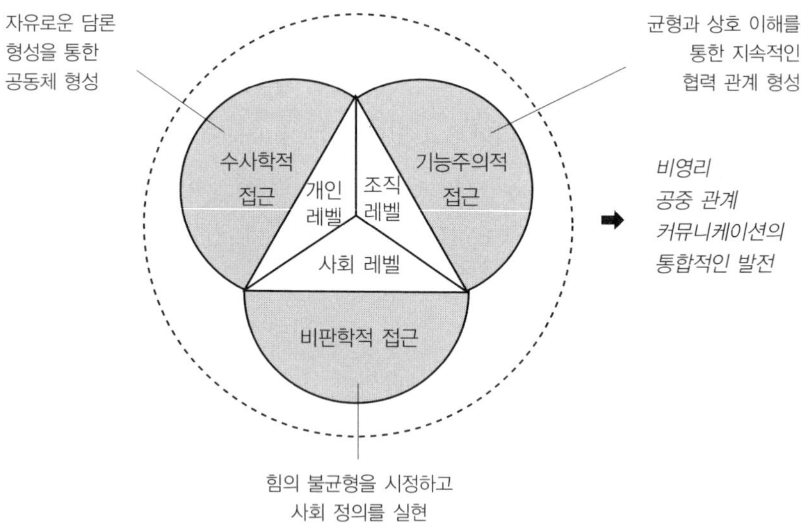

그림 2-3 비영리 조직 공중 관계 커뮤니케이션의 배경 이론: 통합적인 접근

영리 조직에 비해 좀더 사회적 가치와 조직의 미션에 의해서 상대적으로 더 제약을 받는다는 점이 다를 뿐이다. 따라서 비영리 조직의 공중 관계 커뮤니케이션은 앞서 말했던 기능, 비판, 수사학적인 이론들이 총체적으로 작용하는 것을 이론화하는 것이 바람직하며, 이러한 세 가지 접근이 함께 조화를 이루는 협력 모델collaborative model을 창출하는 것이 필요하다. 이러한 조화 협력 모델과 관련하여 이론적인 접근의 다양성을 기반으로 통합적인 모델이 민주주의의 발전에 기여할 수 있을 것이라고 주장했던 김영욱(2003)의 공중 관계 커뮤니케이션 통합 논의를 참조할 수 있다(〈그림 2-3〉 참조).

> 수사학적, 비판적, [기능주의] 체계적 PR 커뮤니케이션 이론은 상호작용할 기회가 없었을 뿐이며, 서로 융합하거나 상호 비판적인 태도를 유지하면서 발전해 가는 것이 바람직하다. 즉, 세 가지 관점은 서로 경쟁하는 개념이 아니며, 서로 발전적인 공존을 꾀할 필요가 있는 것이다(Toth, 1993). 일단 각 분야별로 다른 이론적인 관점에서 제기할 수 있는 비판에 대비해서 이론적인 토대를 견고히 하고, 다른 관점을 가진 연구자와의 교류를 통해서 발전적인 통합을 이루어 내야 한다.(중략) 이제 PR 커뮤니케이션은 어떤 조직이나 집단을 위하는 커뮤니케이션 활동이 아니라 다양한 의견 집단이 서로의 의견을 조율하고 갈등을 해소하며 장기적인 관계를 형성해 나가는 광범위한 커뮤니케이션 활동을 의미한다고 할 수 있다. 따라서 학문으로서 PR 커뮤니케이션은 그러한 관계 형성을 위한 커뮤니케이션 현상을 기능적으로, 수사학적으로, 때로는 비판적으로 분석하는 전방위 관계 커뮤니케이션 학문이 되어야 한다(김영욱, 2003: 195-196).

이러한 이론적인 논의의 통합이 의미하는 것은 지금까지 공중 관계 커뮤니케이션 논의가 너무 조직 중심적인 논의, 즉 기능주의적인 논의에 머물렀던 것에 비해서, 다양한 접근들 즉 기능, 비판, 수사학적인 접근들이 균형 있게 논의되었을 때 공중 관계 커뮤니케이션 이론이 민주주의에 기여할 수 있는 통합적인 학문 영역을 구축할 수 있게 된다는 것이다. 예를 들어 비영리 조직의 공중 관계 커뮤니케이션 활동을 기업이나 정부의 활동처럼 이윤 창출이나 조직 목표 달성에만 초점을 맞춘다면 사회적인 약자에 대한 배려나 사회적인 의미cause를 실현하려는 노력은 동력을 상실할 수 있다. 그러한 조직 중심적인 비영리 조직은 사회적인 영향력을 획득하기도 힘들 뿐 아니라 지속 가능한 성장을 이루어 내기도 힘들다. 결국 비영리 조직은 관련 공중과 조직의 비전에 대한 의미 공유를 이루어 내야 하고, 사회적인 약자에 대한 배려에 소홀히 하지 말아야 한다. 이는 수사학적인 접근과 비판학적인 접근이 통합적으로 고려되어야 한다는 것이다. 여기서 수사학적인 접근은 사회적인 의미의 공유와 맞닿아 있고, 비판적인 접근은 사회적인 약자에 대한 배려를 의미한다. 따라서 비영리 조직의 공중 관계 커뮤니케이션은 이러한 통합적인 시각을 통해서 오히려 일반적인 공중 관계 커뮤니케이션의 영역을 확장하는 결과를 가져오게 될 것이다.

제3장

비영리 커뮤니케이션 활동과 사회 공론의 장 확대

: 사회적 약자와 공공 이익을 위한 비영리 커뮤니케이션

앞 장에서 비영리 조직이 공공의 이익을 달성하고 사회적인 약자를 보호하기 위해서는 비영리 마케팅이나 비영리 전략 경영을 뛰어넘어 공중과의 관계를 중심으로 한 커뮤니케이션 전략이 필요하다는 것을 설명했다. 따라서 비영리 조직의 커뮤니케이션 활동은 자연스럽게 공중과의 관계 증진 활동과 연결되며, 이러한 활동을 기반으로 비영리 조직의 장기적이고 지속 가능한 발전 방향을 모색할 수 있게 된다. 따라서 이 장에서는 비영리 조직의 공중 관계 커뮤니케이션 활동이 사회적으로 어떤 의미를 가지는지 살펴본다. 공중 관계는 커뮤니케이션의 목적을 의미하는 것이기 때문에 커뮤니케이션과 의미가 중복된다. 또한 커뮤니케이션 활동이 몇 가지 단계를 거치는 과정process을 설정하고 있다는 의미에서 캠페인이라는 말이 더 명확할 수도 있지만 커뮤니케이션 프로그램 혹은 커뮤니케이션 전략이라는 말과도 구별 없이 쓰일 수 있다. 이 책에서는 이후 비영리 조직의 공중 관계 커뮤니케이션을 줄여서 비영리 커뮤니케이션이라고 부른다. 여기서 커뮤니케이션이라는 말은 캠페인, 프로그램 등 목표 달성을 위한 조직 활동의 특정한 과정을 의미할 수도 있고, 일반적인 비영리 조직의 광범위한 커뮤니케이션 활동을 의미할 수도 있다. 특정한 목적을 지향하고 있다면 비영리 커뮤니케이션 캠페인이 더 명확할 수 있다. 종합하면 비영리 커뮤니케이션은 이러한 비영리 조직의 광범위한 커뮤니케이션 활동을 모두 포괄한다.

1. 비영리 커뮤니케이션의 사회적 의미

비영리 커뮤니케이션이 가지는 사회적인 의미는 간단하게 말해 사회적 약자에 대한 힘의 부여empowerment와 공론의 장 형성을 통한 민주주의 기여에 있다(김영욱, 2005b). 사회적인 자원이 부족한 비영리 조직은 공중 관계 커뮤니케이션을 통해서 커뮤니케이션 통로를 확보하고, 가장 효율적으로 자신들이 주장하는 가치를 전달하는 방법을 가지게 된다. 공중 관계 커뮤니케이션을 통해서 고양된 광범위한 미디어 접근으로 비영리 조직은 공중과 소통하는 기회를 확대하게 되고, 궁극적으로 공론의 장 확대를 통해서 민주주의 발전에 긍정적인 영향을 미치게 된다(Cottle, 2000, 2003; Davis, 2000).

이는 미디어 접근권media access과 관련한 논의와도 직접적으로 연결된다. Habermas(1987)는 현대 사회 매스미디어의 공론의 장 기능 부재를 안타까워했지만, 미디어의 영향력은 여론 형성 과정에서 여전히 지배적이다. 매스 미디어에 접근할 수 있는 정도는 여론 형성 과정에서 조직의 영향력을 좌우하는 척도가 되기도 한다. 현대 사회 미디어 접근을 보는 시각에는 여러 가지 관점이 있다. 크게 보면 미디어 접근권에 여전히 힘의 논리가 지배한다는 시각과 힘의 논리보다는 자유로운 접근이 가능하다는 시각이 있다. 이 책은 비영리 커뮤니케이션을 통해서 조직이 운용하는 커뮤니케이션 능력에 따라 자유로운 미디어 접근이 가능하다는 생각과, 여기에서 한 발짝 더 나아가 커뮤니케이션 능력에 따른 미디어 접근을 통해서 사회가 가지고 있는 힘의 불균형도 시정할 수 있다는 시각을 가지고 있다.

즉 이 책은 미디어 접근권과 관련하여, 비영리 조직에 적절한 커뮤니케이션 능력이 주어지면 자원의 열세를 극복하고 여론 시장에서 동등한 이슈 경쟁을 할 수 있다는 의미의 '낙관적인 다원주의optimistic pluralism' 시각과 연결되어 있다(Davis, 2000). 이러한 시각에 따르면, 비영리 조직이 효과적인 공중 관계 커뮤니케이션을 통해서 사회적인 힘의 불균형을 극복함으로써 공론 영역의 시민 참여를 오히려 촉진할 수 있다. 이러한 주장에는 공중 관계 커뮤니케이션이 권력과 금력으로 대변되는 기존의 자원 불균형과 상관없이 정당성과 가치에 기반하는 효율적인 커뮤니케이션으로 사회적인 영향력을 얼마든지 확대할 수 있다는 의미가 담겨 있다. 이는 전통적인 의미의 경제적이고 권력 지향적인 자산보다는 문화적인 자산, 즉 정당성, 평판, 신뢰 등이 여론의 시장에서 더 큰 힘을 발휘할 수 있다는 것 또한 의미한다(Davis, 2000; Gamson & Wolfsfeld, 1993). 물론 여기에는 비영리 조직의 커뮤니케이션 능력이 전제 조건이 된다. 비영리 조직이 효과적인 커뮤니케이션 활동만 펼칠 수 있다면, 공론의 장에서는 정당성 확대 중심의 건전한 경쟁이 벌어지게 되고, 이는 궁극적으로 숙의민주주의deliberative democracy의 실현으로 이어질 수 있다.

최근 우리나라에서도 커뮤니케이션 활동을 통해서 사회적인 약자가 사회적인 영향력을 확산하는 경우가 많이 목격된다. 특히 이러한 경향은 인터넷 시대를 맞아 직접적인 커뮤니케이션이 일반화되면서 더욱 강화되고 있다. 예를 들어 아줌마닷컴(www.azoomma.com) 같은 단체는 하나의 미디어가 조직화되는 사례라고 할 수 있다. 현대 사회에서는 특히 미디어와 정보 소스 조직 간의 구분이 점점 엷어지고 있으며, 조직의 커뮤니케이션 자체가 조직의 전체 활동을 대변한다고 해도 과언이 아닌 시대가 도래했다. 앞서 논

미니 케이스 분석 3-1

온라인on-line만을 통해서 이루어진 캠페인

"내 이름을 새긴 피스PEACE 라디오 캠페인"

"내 이름을 새긴 피스PEACE 라디오 캠페인은 버마 국내의 열악한 상황을 피해 국경 지대로 나와 있는 많은 버마 시민들이 민주화의 메시지가 담긴 라디오 채널을 들을 수 있도록 라디오를 보내는 캠페인이다(공식 블로그 peaceradio.kr). 이 캠페인의 특징은 모든 캠페인이 온라인으로 이루어졌다는 것이다. 캠페인 소개뿐만 아니라 실제 모금 역시 블로그를 통해 진행되었으며, 영상 메시지, 일일 브리핑 등 다양한 콘텐츠를 통해 수시로 캠페인 진행 상황을 공유했다. 자발적으로 참여한 블로거들은 자신의 블로그를 통해 지인들을 중심으로 2차 모금을 진행하여 기부금을 전달해 주기도 했다. 한 사람이 5,000원을 기부하면 민주화 과정에서 진통을 겪고 있는 버마에 라디오를 보낼 수 있다는 간단명료한 컨셉트가 모금 캠페인의 장점이었으며, 모금 종료 후 약 2개월간 캠페인 팀은 모금 진행 과정과 현지 방문 결과 등을 블로그를 통해 입체적으로 보고했다. 현재는 모금 종료 후 발견한 다양한 시민들의 참여 의식과 현지의 요구 등을 종합하여 2차 캠페인을 모색하고 있다."(나눔뉴스, 2008년 10월 22일자에서 가져옴.)

이 캠페인은 순수하게 온라인으로 기획되고 진행되었을 뿐만 아니라 사후 보고도 온라인을 통해서 이루어짐으로써 온라인 캠페인의 새로운 장을 열었다고 할 수 있다. 온라인 캠페인의 장점은 빠른 동원 능력과 단기적인 캠페인 효과의 제고이다. 반면 온라인 캠페인의 문제는 장기적이고 근본적인 문제 해결을 어떻게 온라인의 기능과 연결할 수 있느냐 하는 부분이다. 이는 온라인의 특성과 오프라인의 특성을 연결하는 문제와도 관련된 부분이라고 할 수 있다. 피스 라디오 캠페인도 군부 독재 아래에서 민주화의 열망을 품고 있는 버마 국민들을 어떻게 실질적이고 장기적으로 지원할 것인가에 대한 좀더 구체적인 방안이 연결될 수 있도록 해야 한다. 실질적인 방안을 장기적인 방안으로 연결하는 것, 그곳에 문제 해결의 열쇠가 있다. 비영리 조직의 다양한 미디어 접근은 계속 확대되겠지만 결국은 근본적인 문제 해결을 위한 미션이 기술적인 발전 속에서 어떻게 잘 소화될 것인가를 고민하는 것이 중요하다.

의했던 미디어 접근의 문제는 이제 기존 언론에 대한 접근뿐만 아니라 자신이 어떻게 직접적으로 미디어를 활용하느냐의 문제와 결합되고 있다. 따라서 비영리 공중 관계 커뮤니케이션 활동은 광범위한 미디어 접근권을 확대하여 여론 시장을 다양화하며, 시민의 참여에 기반하는 사회운동을 활성화한다는 측면에서 사회적인 의미를 획득한다. 다음은 이러한 의미를 좀더 자세하게 다시 정리한 것이다(김영욱, 2005b).

공론의 장 확대: 숙의민주주의에 대한 기여

비영리 커뮤니케이션 활동은 소스-미디어 관계의 불균형을 시정함으로써 언론을 통한 왜곡된 여론 형성을 바로잡는 결과를 유도할 수 있다. 이는 낙관적인 다원주의에 대한 기대와도 통한다. 비영리 커뮤니케이션이 활성화됨에 따라 사람들은 자신이 생각하는 가치를 포기하지 않고 자유롭게 말할 수 있는 기회를 가지게 되고, 또한 시민은 자신들이 가진 차이점을 숙의할 수 있는 기회를 가지게 된다. 이러한 다원주의pluralism에 대한 희망이 민주주의를 효과 측면에서 또한 윤리적인 측면에서 발전시킬 수 있다(Gutmann & Thompson, 2004).

또한 비영리 커뮤니케이션은 인터넷의 발달, 조직 활동의 지역화 등과 맞물려 스스로 언론 매체에 의존하지 않고 직접적인 커뮤니케이션 통로를 개척하려는 시도와 결합하고 있다. 이는 효과적인 비영리 커뮤니케이션을 통한 미디어 접근의 확장 및 다양화와 함께, 직접적인 의사 소통과 시민 참여를 유도함으로써 결과적으로 공론의 장을 확장하고 바람직한 여론 형성에 기여할 수 있는 계기를 마련하게 되었다. 최근 미국과의 쇠고기 협상을 둘러싼 촛불 집회의 여파를 살펴보아도 비영리 조직의 커뮤니케이션 활동이 인터넷 등 직접 커뮤니케이션 매체를 활용함으로써 기존 매체에 대한 접근성도 함께 확산되어 간다는 것을 목격할 수 있다. 물론 비영리 커뮤니케이션을 통한 직접 커뮤니케이션이 얼마나 전체 국민의 대표성을 확보할 수 있을 것인가 하는 문제와 인터넷 등을 통해서 도출된 의견들이 과연 사회적인 정의justice를 대변한다고 할 수 있는가라는 의문은 여전히 존재한다(Gutmann & Thompson, 2004). 하지만 비영리 커뮤니케이션을 통해서 사회적인 의견이 다양화되고, 독단보다는 합의를 통한 문제 해결을 우선시할 수 있게 되었다는 것은 부정할 수 없다.

공론의 장 확대는 결국 사회적인 약자를 포함하여 다양한 사회 구성원의 사회 참여를 가능하게 한다. 최근 들어 사회적인 약자socially marginal에 대한 논의가 활발히 이루어지고 있는데, 비영리 커뮤니케이션은 그러한 논의에 대한 실질적인 대안을 제시하고 있는 셈이다. 특히 비영리 커뮤니케이션에 대한 학계의 논문들을 보면(*Journal of Public Relations Research*와 *Public Relations Review*) 사회적인 약자를 중심으로 비영리 커뮤니케이션을 이론화하는 논의를 특집 형태로 다루고 있다(Moffitt, 2005). 이러한 논의는 비영리 조직의 활동을 통해 사회적인 수준에서 공중 관계 커뮤니케이션을 생각하게 됨으로써 가지게 된 사고의 확장이라고 할 수 있다.

결국 커뮤니케이션 활동은 비판주의자들이 주장하는 것처럼 사회적으로 힘을 가진 사람들의 기득권을 유지하기 위해서 쓰일 수도 있지만, 힘이 없는 사람들이 권력의 균형 관계를 회복하고 자신의 목소리를 공론의 장에 효과적으로 내어놓기 위해서도 쓰일 수 있다. 이는 물론 커뮤니케이션의 사회적인 역할에 대한 능동적인 해석을 의미한다. 하지만 우리나라의 경우처럼, 국회의원들이 당리당략에 사로잡혀 국민의 의사를 대변하는 대의민주주의를 사실상 포기하거나, 국민의 목소리가 정치권의 의사 결정에 반영되지 않는 상황에서는 효과적인 비영리 커뮤니케이션을 통해서 스스로 자기 목소리를 확보하는 것만이 공론의 장 확대에 실질적으로 기여할 수 있다. 따라서 힘의 논리와 현실 정치의 구도를 뛰어넘는 비영리 커뮤니케이션 활동이 사회적인 논의 과정을 통한 숙의민주주의 발전과 사회 정의 실현에 기여할 수 있다(Gutmann & Thompson, 1996).

갈등 해소를 통한 지속 가능한 합의 창출 및 공중의 지지 획득

사실상 사회적인 권력의 부재가 사회적으로 힘이 약한 집단의 정치적인 입지를 모두 반영하는 것은 아니다. 어떻게 보면 사회적으로 힘이 약한 집단이 숙의민주주의를 이끌 수 있는 능력deliberative competency을 가지지 못했기 때문에 사회적인 영향력이 축소되어 왔다고 주장할 수도 있다(Gutmann & Thompson, 2004). 이는 숙의할 수 있는 능력, 즉 커뮤니케이션 능력의 부재를 의미한다. 물론 숙의민주주의를 위한 사회적인 토양이 우선 갖추어져 있다면 사회적으로 힘이 약한 집단이 공론의 장에 자유롭게 참여할 수 있는 배경이 되겠지만, 이러한 수동적인 접근보다는 상황의 변화를 도모하는 좀더 능동적인 접근, 즉 현실 구도를 뛰어넘을 수 있는 노력이 필요하다. 비영리 공중 관계 커뮤니케이션 활동은 그러한 비영리 조직의 적극적인 커뮤니케이션 노력을 의미한다.

물론 이 책에서 비영리 커뮤니케이션의 능력을 과신한 나머지 모든 비영리 조직의 노력이 합리적이고 숙의민주주의를 지향해야 한다고 주장하지는 않는다. 분명 이 사회에는 비이성적인 반응이 오히려 상대방의 대화 의지를 이끌어 내는 측면이 충분히 있다(Davis, 2000). 많은 노조활동가는 파업을 했을 때 비로소 사용주가 진지한 대화에 응해 준다고 주장한다. 하지만 이 책은 비영리 조직도 충분히 커뮤니케이션 능력을 갖춤으로써 사회적인 힘의 균형을 회복할 수 있고, 비영리 조직 특유의 도덕성과 사회 정의를 바탕으로 좀더 강력한 공론의 장 설정 기능을 구축할 수 있다는 것을 주장의 배경으로 한다.

비영리 조직이 커뮤니케이션 능력을 갖추지 못한다면 사회적인 양극화 혹은 행동의 극단화polarization는 점점 더 심해질 수밖에 없다. 닭이 먼저냐 달걀이 먼저냐 하는 논의로 이어질 우려도 있으나 사회적인 약자 집단이 극단적인 행위에 나서게 되는 것은 사회적인 힘의 불균형에서도 기인하지만, 어떻게 공중을 대상으로 커뮤니케이션할 것인가를 모르기 때문에 발생하는 측면도 있다. 점점 더 사회가 다원화되어 가고, 비폭력적인 대화를 통한 갈등 해결을 선호하는 상황에서 극단적인 행위는 오히려 사회적인 약자 집단의 입지를 더욱 축소시킬 수도 있다. 비영리 커뮤니케이션은 영리 조직에서 쓰이고 있는 효과적이고 전략적인 활동을 받아들이고, 비영리 조직 특유의 도덕성을 접목하여, 극단적인 방법을 통하지 않고도, 공중의 지지를 이끌어내고 여론을 유리하게 이끌 수 있는 방법을 제시한다.

물론 이러한 논의는 꼭 사회적인 갈등 상황에서만 적용되는 것은 아니다. 비영리 조직은 공중의 지지를 획득하고 공중 관계 증진을 통해서 지속적인 발전을 보장받는 것이 무엇보다도 필요하다. 하지만 깜짝 쇼나 사회 분위기에 편승한 일회성 노력은 비영리 조직의 공중 관계에 도움을 주지 못하며, 지속적인 발전으로 이어질 수도 없다. 이 책의 비영리 커뮤니케이션 활동에 대한 논의는 광범위한 차원에서 공중의 지지를 획득하고, 지속 가능한 비영리 조직의 공중 관계를 형성하는 방법에 대해서 다루고 있다.

사회운동의 활성화 및 힘의 균형 회복

비영리 커뮤니케이션의 사회적인 기능에 대한 앞의 두 논의는 결국 사회적으로 힘이 약한 집단이 비영리 커뮤니케이션 활동을 통해서 미디어 접근권을 확대하고 자신의 목소리를 알릴 수 있는 기회를 얻게 될 뿐만 아니라 자신의 목소리를 스스로 창출할 수 있게 된다는 것이다(Davis, 2000, 2002; Manning, 2001). 즉 비영리 조직을 통한 공론의 장 형성과 민주주의 발전은 커뮤니케이션을 통해 사회적인 약자에게 힘을 부여하는 과정에서 형성된다. 비영리 커뮤니케이션은 극단적인 대립에 의존하지 않고도 비영리 조직에 힘을 부여하기 위한 이성적이고 윤리적인 논의를 가능하게 한다.

비영리 커뮤니케이션은 경제적인 자산뿐 아니라 미디어를 포함한 문화 자산을 독점하고 있는 사회적인 기존 권력에 대항하여 창의적인 아이디어와 도덕적인 우위를 통해서 힘의 균형을 회복할 수 있다. 또한 비영리 커뮤니케이션은 공중과의 관계 형성을 통해서 지지 세력을 동원할 수 있는 이점을 가지고 있다. 왜냐하면 비영리 커뮤니케이션은 일상화된 사람을 대상으로 하기 때문에 기존 권력 구도에서 벗어난 공중과의 관계 형성을 통해서 사회적인 힘의 균형을 회복하는 것이 가능하다(Davis, 2002).

사회의 많은 이해 관계 조직은 공중 관계 커뮤니케이션을 통해서 미디어 접근을 확대해 나가고, 힘이 약한 집단들도 전문가적인 공중 관계 커뮤니케이션 활동을 통해서 사회적으로 대등한 정당성을 획득하는 것이 가능해진다. 이러한 비영리 커뮤니케이션을 통한 의미의 확장은 공중 관계 커뮤니케이션이 힘이 있고 체계화된 조직의 이익만을 대변하는 것이 아니라 사회의 공동선을 위한 활동에 기여할 수 있다는 것을 보여 준다(Davis, 2000; Shoemaker, 1989). 비영리 커뮤니케이션을 통한 커뮤니케이션 통로의 다양화, 사회 의제에 대한 시민 참여의 일상화, 미디어 접근권의 확대, 직접 커뮤니케이션 통로의 창출, 미디어 중심주의의 탈피 등은 공중 관계 커뮤니케이션의 새로운 역할을 보여 준다(Cottle, 2003; Davis, 2000; Manning, 2001).

Davis(2000)에 따르면, 비영리 커뮤니케이션이 사회적으로 유리한 이유로 조직 정당성과 자원봉사 활동과 함께 장기적인 평판에 의해 좌우되는 활동 특성을 들 수 있다. 비영리 커뮤니케이션은 공중 관계 커뮤니케이션의 윤리적인 발전과 시민 참여, 미디어 접근권 확대를 통한 시민민주주의의 확산이라는 사회 발전적인 의미를 반영한다. 비영리 조직의 커뮤니케이션 활동이 민주 시민사회를 앞당길 것이라는 예상과 궤를 같이하여, Shoemaker(1989)가 언급했던 것처럼 공중 관계 커뮤니케이션이 사회 전체의 공동선을 위해 기여하는 경우를 빈번하게 찾아볼 수 있다. 비영리 커뮤니케이션은 어떤 개인이나 조직이 담당하기 힘든 사회적인 이슈를 비영리 조직이 주도할 수 있도록 계기를 제공하기도 하며, 많은 사회 캠페인, 건강 관련 캠페인, 노인 복지, 청소년 이슈 캠페인 등을 주도하기도 한다. 따라서 비영리 커뮤니케이션은 민주주의 사회의 공동선을 이룩할 수 있는 커뮤니케이션 활동으로 자리매김할 수 있다.

사회운동과 미디어와의 상호작용과 관련하여 미디어 의존적인 구조주의 시각에서 벗어나 사회적인 의미를 둘러싸고 벌어지는 사회 세력들의 상호작용과 커뮤니케이션 경쟁에 더 강조점을 둔다면 비영리 커뮤니케이션을 통해 사회운동의 가능성을 넓혀 나갈 수 있다(Gamson & Wolfsfeld, 1993). 사회운동movements은 동원mobilization, 확인validation, 그리고 범위의 확대scope enlargement라는 측면에서 미디어의 힘을 필요로 하는데, 이는 현대 사회에서 미디어가 여론 형성을 위한 공론의 장 역할을 일정 부분 담당하고 있기 때문이다(Gamson & Wolfsfeld, 1993). 비영리 조직은 미디어를 통해서 지지자를 동원하고, 사안의 중요성과 정당성을 확인받으며, 운동의 범위를 확대해 나갈 수 있다.

또한 비영리 커뮤니케이션은 미디어 접근 기회의 확대를 통해서 사회운동을 지원한다. 이와 함께 인터넷 등의 직접적인 커뮤니케이션 활동이 활성화됨에 따라 커뮤니케이션 활동의 중요성은 점점 더 확대되어 갈 것으로 기대할 수 있는데, 비영리 커뮤니케이션 활동은 이러한 직접 커뮤니케이션 체계를 효율적으로 정비하는 기회도 제공한다. 대부분의 경우, 공식적인 기관이나 기존의 전통적인 정보원에 비해서 사회운동의 주체는 미디어의 주목을 받기가 힘들다(Hall, Critcher, Jefferson, Clarke, & Roberts, 1978). 이러한 지속된 불평등을 해소하기 위해서는 사회운동가의 창의적인 노력이 필요한데, 비영리 커뮤니케이션 담당자의 창의적인 커뮤니케이션 노력이 구조적인 모순을 설명하는 언론결정론을 타개하고 비영리 조직이 원하는 미디어 프레임을 만들어 내는 데 기여하게 된다. 이 과정에서 인터넷 등 새로운 미디어는 분명한 기회 요인이 된다.

하지만 대부분의 미디어는 사회운동의 생경함에 주목하지 않으려는 성향을 가지고 있다. 따라서 비영리 커뮤니케이션 담당자는 사회운동을 공론의 경쟁 영역으로 옮겨놓는 역할을 담당해야 하는데, 이러한 역할을 수행하기 위해서는 커뮤니케이션 이벤트를 만들어 내거나 의도적으로 갈등 상황을 창출해야 하는 어려움을 안고 있다(Wolfsfeld, 1991). 이러한 부정적인 측면이나 갈등 상황에 대한 의존은 비영리 커뮤니케이션의 부담으로 작용한다. 미디어의 영향력이 커짐에 따라 사회운동의 방향도 언론에서 엔터테인먼트 가치를 가질 수 있는 사람을 리더로 선정하거나, 행동 전략을 구성하고, 메시지의 프레임에서 드라마적인 요소와 갈등 대립의 요소를 강조하는 경향이 늘어나고 있다(Gamson & Wolfsfeld, 1993). 이러한 캠페인 메시지 요소들은 물론 공중 관계 커뮤니케이션 이론을 이용해서 완성도를 높일 수 있다. 하지만 이상적인 비영리 커뮤니케이션은 언론을 통한 영향력 확대도 중요하지만, 무엇보다도 조직 미션의 원칙을 지키면서 얼마나 창의적인 커뮤니케이션을 통해 기존의 권력 구도에서 벗어날 수 있는 아이디어를 만들어 내느냐에 달려 있다. 화제성을 불러일으키는 것도 중요하지만, 그것이 얼마나 지속될 수 있는가도 매우 중요하기 때문이다.

이러한 비영리 커뮤니케이션의 사회운동과 결부된 역할은 여론 조작이나 부정적인 로비, 조작적인 커뮤니케이션 캠페인의 이미지를 바꾸고, 배경 이론이 되는 공중 관계 커뮤니케이션의 의미를 확장하는 계기가 되고 있다(Davis, 2000; Shoemaker, 1989). 비영리 조직의 커뮤니케이션 활동은 사회적인 약자 집단에 공정한 대우를 받을 수 있는 기회를 제공하고, 미디어에 경쟁력 있게 접근할 수 있는 방법을 제공하는 가장 현실적인 방안이다(Davis, 2000). 물론 비영리 커뮤니케이션의 역할을 미디어 접근에만 한정할 수는 없지만 미디어 접근의 의미를 광범위하게 본다면 그러한 특징을 포괄적으로 볼 수 있다. Davis(2000)의 경우도 별도의 비용을 필요로 하지 않는 것, 기본 자산인 자원봉사자의 역할에 의존하는 것, 수단의 편재성과 실현 가능성 등을 비영리 커뮤니케이션이 성공할 수 있는 요소로 꼽고 있다. 수단의 편재성은 비영리 조직이 펼칠 수 있는 커뮤니케이션 수단을 생활 속에서 많이 발견할 수 있다는 것이고, 이러한 커뮤니케이션 수단은 참여하는 사람들의 노력을 통해서 언제든지 실현될 수 있다는 장점을 지닌다. 열정과 진정성은 언제나 자원의 부족을 뛰어넘는 힘이 된다.

이와 함께 비영리 커뮤니케이션은 조직의 기존 영향력에 신경쓸 필요없이 이슈에 집중할 수 있고, 이러한 이슈 중심의 활동은 조직이 이기적이지 않다는 인상을 주게 되어 영리 조직에 비해 설득력을 가질 수 있다. 이러한 성격은 미디어의 선호를 가져오게 되고, 제3자 승인 효과를 극대화시키는 결과를 가져온다. 비영리 조직은 보통 공중의 이익을 대변하기 때문에 더욱 미디어의 흥미를 자극하게 된다. 따라서 미디어의 객관성, 공중 이익 대변 등의 특성과도 맞아떨어지기 때문에 비영리 조직은 미디어의 자연스러운 주목을 받게 된다.

요약하면, 커뮤니케이션의 영향력과 관련한 일반적인 논의는 중요 정의자 primary definer로서 힘을 가진 공적 소스를 위한 공중 관계 커뮤니케이션의 역할에 초점을 맞추었지만, 이제는 정치적으로 열세 집단이 미디어 접근권의 강화, 다양한 자기 매체 확보, 미디어에 대한 압력의 창출, 제3자 승인의 확대, 시민의 참여 등을 통해서 공중 관계 커뮤니케이션을 사회적인 불평등을 시정하기 위해서 사용할 수 있다는 주장이 설득력을 얻고 있다(Cottle, 2003; Manning, 2001). 앞으로 비영리 커뮤니케이션은 물질적인 기반의 차이가 아니라 상징적인 힘을 어떻게 이용하느냐에 그 성공 여부가 달려 있다.

미니 케이스 분석 3-2

정부 주도의 식상한 국민 계도운동

- 서울문화재단, "독서 캠페인, 책 읽는 서울" -

서울문화재단은 정부지원금 500억 원으로 설립된 서울시 주도 문화재단인데, 책 읽는 서울 캠페인은 2004년 설립 초기부터 진행되어 온 독서 문화 캠페인이다. 독서 캠페인은 뻔하고 재미없다는 인식을 깨뜨리고 새롭고 다양한 독서 캠페인의 새 장을 열어 왔다고 하는데, 프로그램의 내용을 살펴보면 그렇게 신선한 아이디어들이 들어 있지는 않다. 2009년 독서 캠페인의 두 축은 "한 도서관 한 책 읽기" 프로그램과 "YES BOOK 책을 읽자, 희망을 읽자" 프로그램이다. 한 도서관 한 책 읽기 프로그램은 도서관을 중심으로 펼쳐지는 독서 캠페인이며, 책을 읽자, 희망을 읽자 캠페인은 독서 활성화를 통한 서울 시민의 창의적 경쟁력 제고를 목적으로 북클럽 활동, 독자 서평 공모, 저자와의 만남 등 다양한 행사를 진행한다.

하지만 프로그램의 목적에서부터 '관(官)' 냄새가 물씬 난다. 독서를 통해서 시민의 경쟁력을 제고한다는 발생 자체가 21세기 현 시점에서 너무 구태의연하다. 또한 캠페인에서 목표 공중을 독서량 많음, 중간, 적음 세 집단으로 나누어 다르게 접근하는 것도 이상하고, 독서량이 적다고 해서 왜 정부로부터 다른 취급을 받아야 하는지도 쉽게 이해가 가지 않는다. 이러한 캠페인이 잘 되기 위해서는 국민을 계도하겠다는 의도를 버리는 것이 필요하다. 무엇인가 정부가 베풀고 알려 주기보다는 참여한 시민들이 자연스럽게 즐길 수 있도록 내버려두는 것, 그 이상 그 이하도 필요하지 않다. 하지만 우리나라 정부 주도의 캠페인은 태생적으로 이러한 자연스러움과 거리가 멀다. 이런 국민 계도형 캠페인에 비하면 시민 스스로 참여하고 만들어 가는 비영리 커뮤니케이션 캠페인이 훨씬 효과적일 수 있지 않을까?

정치적으로 열세에 있는 조직도 상징적인 힘이 반드시 열세라고 볼 수는 없기 때문에 비영리 커뮤니케이션의 중요성이 그만큼 부각되는 것이다.

소스 경쟁을 통한 미디어 중심주의 탈피와 사회 다원화

소스-미디어 관계와 관련한 이론적인 논의를 자세히 짚어보면, 우선 소스-미디어의 관계를 보는 관점은 크게 급진주의 접근, 급진적인 다원주의 접근, 낙관적인 다원주의 접근 등 세 가지 접근 방법으로 나눌 수 있다(Davis, 2000). 급진주의 접근은 정부나 조직화된 소스가 다른 어떤 소스보다도 더 많은 미디어 접근을 한다는 것이다. Herman과 Chomsky(2002), Habermas(1989) 등에 따르면 정부와 기업은 미디어를 독점하여 여론을 유리한 방향으로 이끌려고 한다. 이러한 상태에서 공중 관계 커뮤니케이션은 여론을 호도하는 수단으로 전락하고 만다. 정부와 대기업 등의 조직은 막강한 자원을 동원하여 다른 소스의 미디어 접근을 제한하는 힘을 가지게 되고 언론 보도에서 중요한 독점적인 개념 정의자primary definer의 역할을 담당하게 된다.

이에 비해 급진적인 다원주의 접근은 소스-미디어 관계가 경제적인 결정 요인에 의해 결정된다는 것은 현실을 너무 단순하게 보는 것이라고 지적하고, 현대 사회에서 발생하는 많은 소스의 영향력 위계 변화(예를 들어, 현재 우리나라에서 일어나고 있는 전통적인 미디어와 온라인 미디어의 영향력 역전 현상 등)와 미디어 접근 양식의 변화를 무시하고 있다고 비판한다. 급진적인 다원주의 접근은 비공식적이고 상대적으로 자원이 열악한 조직의 소스 역할이 두각을 나타내는 데 주목한다. 실제로도 그린피스 등 환경단체나 시민운동단체들이 상대적으로 자원의 열세에도 불구하고 공중 관계 커뮤니케이션을 잘 활용함으로써 힘 있는 조직의 정책을 바꾸는 결과를 가져오기도 했다. 즉 엘리트 소스의 힘이 축소되고 환경단체 등 이익집단의 활약이 두드러지며, 공식적인 소스와 비공식적인 소스의 영향력을 서로 엇비슷하게 비교할 수 있는 상황에 도달하게 되었다. 마침내 비영리 커뮤니케이션을 통해서 소스의 역할에 대한 대안적인 관점이 나오게 된 것이다.

마지막으로 낙관적인 다원주의는 비영리 커뮤니케이션과 좀더 직접적으로 연관된 관점이라고 할 수 있다. 이 관점은 비영리 커뮤니케이션이 비공식적인 소스의 활발한 미디어 접근을 통해서 훨씬 더 많은 사회적인 기여를 할 수 있다고 보는 시각이다. 급진적인 다원주의가 다원주의 자체에 강조를 두었다면, 낙관적인 다원주의는 다원주의를 넘어서 힘이 약한 조직이 불균형을 깨고 사회적으로 낙관적인 결과를 가져올 수 있다는 데 더 주목한다. 정부나 기업 등의 공식적인 소스에 비해 비공식적인 소스들이 더 공중 관계 커뮤니케이션을 많이 활용하게 되는 이유는 공중 관계 커뮤니케이션 활동이 자본에 덜 종속되어 있고, 조직 정당성에서 유리한 위치를 점유하기 때문이다(Blumler, 1990; Shoemaker, 1989). 낙관적인 다원주의는 비공식적인 조직이 활발한 미디어 접근을 통해서 여론 다양성을 높이고 궁극적으로 사회 정의를 실현할 수 있다고 보는 시각이다.

아무튼 이러한 소스-미디어 관계와 관련한 논의를 통해서 비영리 커뮤니케이션 활동이 소스-미디어 관계에서 권력의 집중을 완화하고 좀더 다양화된 소스-미디어 관계를 성립할 수 있다는 것을 알 수 있다. 물론 이러한 분석이 비영리 커뮤니케이션을 지나치게 언론 관계 중심으로 해석한다는 비판을 받을 수도 있지만, 비영리 커뮤니케이션이 소스-미디어 관계를 재정의하는 역할을 담당하게 된다는 것은 전체 사회로 보면 긍정적인 측면이라고 할 수 있다.

이러한 시각의 변화는 소스의 능동적인 역할에 힘을 실어 주면서, 단순히 미디어의 역할에 의한 다원주의가 아니라 비공식 조직 혹은 비영리 조직의 커뮤니케이션 활동에 주목한다는 데 의미가 있다. 즉 이러한 시각은 소스-미디어가 다양화되고 다양한 소스의 경쟁을 통해서 전체 사회가 힘의 균형을 이루어 갈 것이라고 보는 대안적 관점을 의미한다(Cottle, 2003; Davis, 2000, 2002; Deacon, 1996). 즉 미디어의 역할보다는 소스의 역동성과 경쟁적인 역할에 더 주목하게 되며, 비영리 커뮤니케이션을 통해서 소스들은

표 3-1 비영리 공중 관계 커뮤니케이션 캠페인의 사회적인 의미

1. 공론의 장 확대: 숙의민주주의에 대한 기여
2. 갈등 해소를 통한 지속 가능한 합의 창출 및 공중의 지지 획득
3. 사회운동의 활성화 및 힘의 균형 회복
4. 소스 경쟁을 통한 미디어 중심주의 탈피와 사회 다원화

다양한 의견을 확보하고 공론의 장을 형성하는 데 기여하게 된다. 이는 공중 관계 커뮤니케이션이 비영리 커뮤니케이션을 통해서 힘을 가진 측의 기존 권력을 유지하는 역할이 아니라 사회적으로 힘이 약한 집단을 위한 커뮤니케이션 활동을 도모하고, 공론의 장 형성을 통해서 사회적인 힘의 균형을 맞추는 역할을 하게 된다는 것을 의미한다.

2. 비영리 커뮤니케이션과 사회운동

비영리 커뮤니케이션과 공론의 장 확대: 전문가 공론의 장, 왜곡된 미디어 공론의 장에 대한 대응

비영리 조직의 커뮤니케이션 활동을 통해서 사회 공론의 장public sphere을 확대할 수 있다는 측면이 사회적인 의미와 관련하여 가장 중요한 논지로 등장했다. 공중과의 의미 공유, 미디어 중심주의의 탈피, 사회운동social activism의 효율성 증대는 모두 비영리 조직이 어떻게 사회 공론의 장을 강화함으로써 자신이 추구하는 가치를 공유할 것인가 하는 문제와 연결된다. 따라서 비영리 조직이 커뮤니케이션 활동을 통해서 의사 소통 합리성을 회복하고, 어떻게 공론의 장을 형성할 것인가에 대한 논의는 좀더 강조될 필요가 있다.

공론의 장은 독일의 사회학자인 하버마스에 의해서 시작된 개념이다

(Habermas, 1973). 하버마스는 현대 사회의 문제를 도구적 의식 상태가 인간의 내면 세계를 지배하게 됨으로써 지나치게 인간이 기능적인 사고를 하게 된 상황에서 찾았다. 말이 어렵지만 결국 인간이 경제적인 효용성이나 실용주의적인 문제 해결에 지나치게 매달리다 보면, 사회적인 문제를 더욱 심화시키게 된다는 뜻이다. 우리 사회를 둘러보면 경제적인 실용성이나 기능주의적인 사고가 건설적인 대화를 막고 갈등을 심화시키는 경우를 흔하게 찾아볼 수 있다.

하버마스는 이러한 문제를 해결하기 위해서 모든 사물을 도구적인 가치로만 따지는 좁은 이성에서 벗어나 대화와 토론을 통해 문제의 근원을 함께 해결해 나갈 것을 주장하는 광범위한 이성을 주장한다. 이러한 주장은 대화와 토론을 통한 상호 이해의 노력이 인간 이성이 가진 한계를 극복할 수 있게 해 주고, 현대 사회의 병폐를 치유해 줄 수 있는 길을 제시해 준다는 의미로 받아들일 수 있다. 이러한 대화와 토론을 통한 광범위한 이성이 소위 말하는 의사 소통적 이성communicative rationality이다(Habermas, 1981; 하버마스, 1989).

따라서 의사 소통적 이성을 이해하는 것이 무엇보다도 중요하다. 보통 의사 소통적 이성은 담론의 형태로 발현되며, 담론은 논증arguments으로 정당성을 탐구하는 상호 소통 방식을 의미한다(이진우, 1996). 즉 현대 사회의 문제를 해결하기 위해서는 서로 간의 대화가 중요하며, 이러한 대화는 논리적인 자기 주장이 바탕이 되어야 한다는 것이다. 하버마스는 모든 담론은 서로 이해 가능하며, 진실하고, 정당성과 성실성이 갖추어졌을 때 합의에 도달할 수 있다고 보았다. 이러한 의사 소통적 이성에 바탕을 둔 담론 행위가 지향하는 것은 궁극적으로 사회 문제를 해결하기 위한 공론의 장 형성과 대화를 통한 합의의 도출이다. 결국 이러한 대화의 장은 이상적인 커뮤니케이션 상황ideal speech situation을 전제로 하는데, 그러한 상황은 담론 참여자들 간에 대화와 의견에 대한 반박을 위한 균등한 기회를 보장받는 것이다

(Reese-Schäfer, 1991/1998).

이러한 의사 소통적 이성의 발현은 이후 숙의민주주의의 조건과도 그대로 연결된다. 숙의민주주의를 위한 조건과 관련해서도 여러 가지 논의가 있었지만, 공론의 장을 통해서 숙의민주주의가 실현되기 위한 조건을 설정하는 것이 중심 논의이다. 숙의민주주의 학자들은 하버마스의 이상적인 커뮤니케이션 상황이 너무 절차적인 민주주의에 매달리고 있기 때문에 좀더 숙의민주주의의 실체적인substantive 원칙을 지키는 것이 필요하다고 보았다. Gutmann & Thompson(1996) 같은 경우, 숙의민주주의를 실현하기 위해서는 어떤 원칙이 필요한데, 이는 내용과 조건으로 구성되어 있다고 보았다. 내용은 기본적인 자유, 침해받지 않는 기회, 공정한 기회가 보장되는 것이다. 이를 기본으로 상호작용성reciprocity, 공공성 인식publicity, 책임성 인식accountability 같은 조건이 충족되었을 때 숙의민주주의가 완성될 수 있다고 보았다.

숙의민주주의 학자들의 이러한 주장은 좀더 근본적인 원칙, 즉 자유와 기회 보장과 같은 민주주의 원칙에 강조점을 둔 것이 다르다고 할 수 있지만, 하버마스의 논지에서 크게 벗어났다고 하기는 어렵다. 논의를 요약하면, 현대 사회의 문제를 해결하기 위해서는 과도한 도구적인 이성에서 벗어나야 하며, 이를 위해서는 광범위한 커뮤니케이션 이성이 필요하고, 커뮤니케이션 이성에 기반을 둔 담론 행위를 통해서 공론의 장을 형성하고, 이를 통해서 숙의민주주의의 구현이 가능하다는 것이다. 즉 이것은 커뮤니케이션의 실체적 적용에 관한 문제와 연결된다.

한편 하버마스의 의사 소통 행위 개념은 체계system/생활 세계lifeworld라는 이분법적 사회 체계 개념과도 연결된다(Habermas, 1989). 간단하게 말하면 체계는 화폐와 권력이라는 매개를 통해 도구적인 이성의 지배하에 물질적인 재생산에 주력하는 영역이라면, 생활 세계는 커뮤니케이션을 매개로 담론이 이루어지는 대화의 영역이다. 하지만 현대 사회에서 문제가 되는

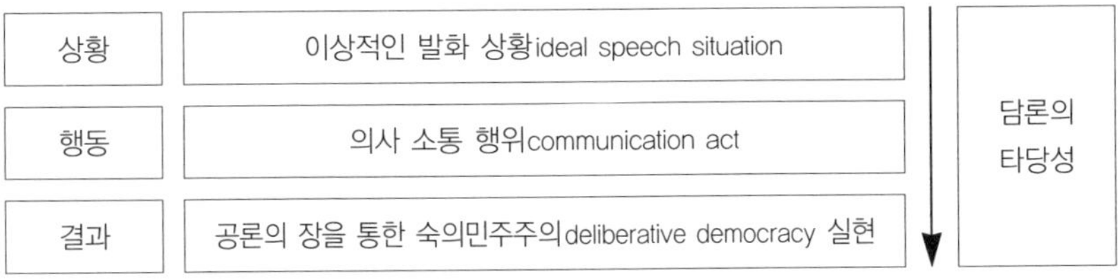

그림 3-1 하버마스 이론의 대략적인 정리(김영욱 · 박정윤, 2006b)

것은 이러한 영역이 구분되어 있지 못하고, 대화를 통한 삶의 영역이 도구적인 이성이 지배하는 체계에 의해서 잠식당하는 상황이 발생하기 때문이다. 현대 사회에서 모든 것을 돈으로 저울질하고, 물질적인 측면만이 강조되는 것은 이러한 병폐를 보여 준다. 이 책에서 비영리 조직의 활성화를 통한 공론의 장 개념이 강조되는 것은 이러한 사회 병리적 현상과 관련되어 있다.

현대 사회의 문제를 해결하기 위해서는 잠식당한 대화와 의사 소통의 영역, 즉 생활 세계를 복원하는 것이 무엇보다도 중요한데, 이를 극복하기 위해서는 사회 공론의 장이 강화되어야 한다. 하버마스의 공론의 장 개념은 이러한 대화를 통한 사회적인 합의가 가능한 생활 세계의 영역을 의미한다. 사회 문제는 공론의 장을 통한 공적 토론을 통해서 자유로운 의견 표명과 토론, 합의 형성 등이 가능해지고, 그러한 합의는 사회의 지속 가능한 발전을 이끌게 된다. 여기서 무엇보다도 더 큰 문제는 공론의 장의 왜곡이다. 우리나라 사회를 보더라도 언론 매체에 의한 공론의 장의 왜곡, 전문가 집단에 의한 공론의 장의 사유화, 정치권에 의한 공론의 장의 당파성이 오히려 문제를 더 확대하고 있다. 이렇게 왜곡된 공론의 장은 오히려 이데올로기의 양극화를 부추기게 되고, 다른 가치에 대한 서로 간의 이해 폭을 좁힘으로써 사회적인 갈등을 오히려 심화시키게 된다. 우리 사회에서 발생하는 대부분의 갈등 사안은 이러한 왜곡된 공론의 장을 통해서 증폭되거나 심화된다.

비영리 조직의 활발한 활동은 이러한 문제점에 정면으로 맞서면서 사회 문제 해결에 일정 부분 기여할 수 있다. 사회 문제와 관련하여 권력과 돈의 위력이 여전하고, 이들을 통한 공론의 장의 왜곡이 심각한 현실에서, 시민 스스로 공론의 장을 형성하고 사회적인 문제를 대화와 담론을 통한 상호 이해와 책임성 인식을 통해서 해결해 나가는 것은 문제를 해결할 수 있는 열쇠를 제공한다. 비영리 조직의 활동은 영리적인 목적을 위해 활동하는 것이 아니라 시민 스스로 사회적인 문제를 해결하기 위한 노력이기 때문에, 도구적인 목적에 함몰된 사회 체계의 잠식과 권력과 금력에 맞서 힘의 불균형을 시정할 수 있는 '시민 주도형' 대항마對抗馬의 역할을 담당할 수 있다.

자유로운 공적 담론의 장을 만들지 않고는 현대 사회의 문제를 해결하기 어려울 뿐만 아니라, 비영리 조직의 활성화가 이루어지지 않는다면 시민의 긴밀한 대화 영역이 형성되기도 어렵다. 시민이 대화할 수 없다면 사회는 점점 더 권력과 금력의 지배 하에 들어가게 될 것이다. 비영리 조직의 활성화는 결국 도구적 이성에 함몰된 체계의 잠식에 맞서 사회 전반적인 생활세계를 복원하기 위한 시민의 자발적인 공론의 장 형성 노력으로 정의해 볼 수 있다. 이러한 노력은 결국 숙의민주주의 학자들이 이야기했던 민주주의 원칙과 결합될 때 숙의민주주의를 위한 최대의 동력으로 작용할 수 있다.

지금까지 비영리 조직의 사회적인 역할을 조명하기 위해서 의사 소통 이성, 담론, 공론의 장, 숙의민주주의와 같은 개념을 이용했다. 하지만 이러한 개념을 나열하여 상황을 설명하는 것은 추상적인 논의 수준을 벗어나지 못한다. 비영리 조직의 활성화가 공론의 장을 형성하고, 사회 문제를 담론의 장에서 해결하는 숙의민주주의로 연결될 수 있다는 것은 이해가 되지만, 진정한 문제는 '어떻게'의 문제이다. 이러한 원칙을 이해하는 것은 어렵지 않지만, 실행 방법이 구체화되지 않는다면 이러한 논의는 실질적인 논의가 되지 못한다. 따라서 비영리 조직의 실질적인 커뮤니케이션 캠페인 과정과 공론의 장 논의를 통합하는 것이 필요하다.

비영리 조직이 공론의 장을 확대하기 위해서는 커뮤니케이션 능력이 활성화되는 것이 무엇보다도 필요하다. 앞에서도 말했듯이 미디어 공론의 장, 전문가 공론의 장, 정치 공론의 장 등 현대 사회 지배적인 공론의 장이 왜곡되는 상황에서 비영리 조직은 자신들이 가진 장점을 십분 발휘하여 커뮤니케이션 능력을 최대화함으로써, 이를 통해서 기존 사회에 존재하는 힘의 불균형을 바로잡고 공론의 장의 왜곡을 바로잡을 필요가 있다. 비영리 조직은 권력과 금력을 가진 사회 체계들에 맞서 대화와 담론을 통한 생활 세계를 복원함으로써 지나친 도구적 이성에 의한 사회 문제의 심화에 정면으로 대응할 수 있다. 예를 들어 정부가 의료보험의 민영화를 통해서 경제적인 효율성을 추구하려고 할 때, 시민은 비영리 조직을 통해서 대화의 장을 형성하고, 담론을 통해서 반대 논리를 형성할 수 있을 뿐만 아니라, 의사를 개진하기 위한 방법에 대한 합의를 이루어 내고 이를 실천에 옮기는 것이 가능하다. 즉 상황 진단과 목표 설정, 조직 행동의 이행, 개선점을 위한 평가 등 모든 커뮤니케이션 과정이 의사 소통 이성에 기반한 담론을 통해서 형성된다. 이러한 과정은 담론으로 문제를 해결하는 생활 세계를 복원할 뿐만 아니라 지속 가능한 사회 합의를 가능하게 한다.

〈그림 3-2〉는 이러한 아이디어를 보여 준다. 비영리 조직이 공론의 장 형성과 지속 가능한 합의를 창출하기 위해서는 그림에서 보는 것처럼 커뮤니케이션의 모든 과정이 지금까지 논의한 과정상의 원칙과 실질적인 원칙들을 준수하는 것이 중요하다. 원칙들은 하버마스의 담론 상황, 이상적인 커뮤니케이션 상황, 숙의민주주의 원칙 등이 원용될 수 있다. 이러한 원칙이 준수되었을 때, 공론의 장이 확대되고 사회 문제 해결을 위한 동력을 확보하는 것이 가능하다. 즉 비영리 커뮤니케이션 활동이 조사 · 계획 · 집행 · 평가의 실질적인 과정들을 적용하되, 공론의 장 형성이라는 원칙이 모든 과

정에 적용되는 것이다. 이러한 과정은 비영리 조직이 가지는 미션의 중요성과 목적 달성을 위한 전략, 실행 방법이 만나 실질적으로 공론의 장을 확대할 수 있는 방안을 제시한다. 예를 들어 미국산 쇠고기 수입 저지를 위한 시민운동을 한다고 했을 때 조사의 방향을 설정하는 처음부터 시작해서, 계획을 세워 실행하고 평가하는 모든 과정에서 시민을 참여시키고 대화와 토론을 거쳐 합의점을 찾아낸다면 왜곡된 공론의 장에 맞설 수 있는 굳건한 사회 세력을 형성할 수 있다.

일반적인 커뮤니케이션 캠페인 모델은 조사research → 계획action → 집행communication → 평가evaluation의 네 단계를 통해서 사실 탐색과 정보 수집, 계획 수립, 커뮤니케이션 실행, 평가 단계가 선형적 · 순차적으로 이루어진다고 보고 있는데, 이러한 접근이 좀더 비판학적인 접근을 수용하여 재구성될 필요가 있다는 주장은 이미 제기되어 왔다(Woodward, 2003). 조

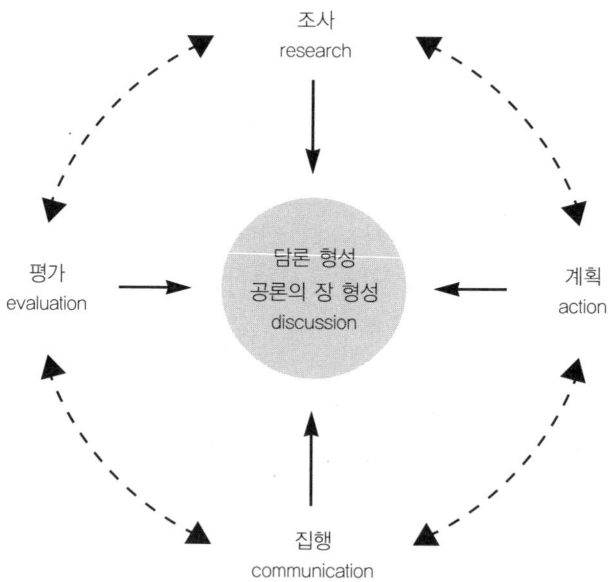

그림 3-2 비영리 조직의 커뮤니케이션 활동과 공론의 장 형성과의 통합

사 → 계획 → 집행 → 평가 4단계 과정에서 도구적instrumental 접근과 재구성적reconstructive 접근이 통합될 필요가 있다는 주장이 그것이다(Woodward, 2003). 도구적 관점은 조직의 편익을 최대화하기 위한 목표 달성 위주의 접근을 말하지만, 재구성적 접근은 좀더 사회 공론의 장을 확장하고, 사회적인 약자를 배려함으로써 지속 가능한 성장을 추구하는 접근 방법을 말한다. 즉 조직이 자신의 편익만을 추구하기보다는 관련 공중과의 의사소통을 위해서 좀더 전체 사회적으로 발전적인 방향을 모색하는 커뮤니케이션 프로그램을 추구해야 한다는 것이다.

좀더 구체적으로 이러한 통합적인 접근을 설명하면(김영욱 · 박정윤, 2006b), 첫 번째 조사 단계에서는 사실 탐색과 정보 수집을 위해서 현상에 대한 철저한 이해가 필요하다. 즉 조직과 조직을 둘러싼 환경, 공중, 조직의 내부적 · 외부적 상황을 하나하나 해체하여 분석하고, 보이는 현상에만 주목하기보다 그 이면의 의미를 파악하고 숨겨지거나 은폐된 부분을 발굴, 명명백백하게 표면화하는 작업이 필요하다. 양파 껍질을 벗기듯 배후의 의미와 구조적 조건을 파헤침으로써 조직이 당면한 상황을 심도 있게 살필 수 있기 때문이다. 이 과정에서 탐색하고 수집할 대상은 단순히 '사실'의 형태로 드러난 것이 아니다. 조직 분석, 공중 분석, 시장 분석, 상황 분석을 할 때 객관적인 사실로서 관찰되는 것은 물론 해석적인 작업이 필요한 부분도 검토 대상이 된다. 가령 조직 분석 시 객관적인 지표인 조직의 규모나 위치, 자본 등만 제시하는 것이 아니라 공유되는 조직문화, 리더의 특성, 조직 이데올로기 등과 함께 그러한 구조가 성립하게 되는 심층적인 기제까지 조사 대상에 포함되어야 한다. 조직 구성원 사이에 공유되는 신념, 가치, 이데올로기, 신화, 드라마적 요소, 환상 등을 찾는 부분에서는 질적인qualitative 방법론이 이용될 수 있다.

계획 단계에서는 어떻게 비영리 커뮤니케이션 활동을 실행할 것인가에 관한 계획을 수립하는데 사실상 조사와 계획 단계는 자연스럽게 연결된다.

프로그램 집행과 관련된 여러 상황을 충분히 검토했을 때 전략적인 계획 수립이 가능해지기 때문이다. 계획 단계에서 중요한 것은 비영리 커뮤니케이션 프로그램 실행이 공론의 장에서 얻은 합의를 반영해야 한다는 점이다. 단기적으로 볼 때 수립된 계획이 조직의 이익을 극대화할 수 있는 방안이라 해도 조직 구성원이나 각 공중의 합의와 대립된다면 이를 고집하기보다 의사 소통을 통해 수정함으로써 장기적인 시각에서 좀더 정당한 합의와 양립하도록 조정해야 한다. 즉 담론을 통한 의사 소통을 거쳐 상황과 직·간접적으로 관련되는 공중의 이해 관계를 수렴하고 상호 이해를 지향하려는 태도가 바람직하다. 이때 주의해야 할 점은 반영될 합의가 여론을 가장하고 있으나 비합리적 의사 소통을 통해 얻은 결과가 아닌지, 외부적인 압력이 개입된 위험은 없는지 이상적인 발화 상황, 즉 자유로운 말하기의 조건을 충족하는지 검토해 보아야 한다는 것이다. 균등한 참여 기회를 확보함으로써 질 높은 합의가 도출되고, 이러한 합의가 공론의 장 영역에서 이루어질 때 이는 그 자체로 여론이며 민주주의적인 가치가 된다.

집행 단계에서는 커뮤니케이션을 실제로 집행하는 데 끊임없이 공중의 의견에 귀를 기울여야 한다는 것이 중요하다. 합리적으로 조사해서 공론을 반영해 계획이 수립되었다고 해도 커뮤니케이션 프로그램 집행의 성공이 보장되는 것은 아니다. 환경은 가변적이며 돌출되는 이슈 또한 달라질 수 있다. 따라서 적극적으로 공중의 반응을 살펴보고 공중 사이에 어떠한 생각과 의미가 공유되고 있는지 피드백을 받아 집행 과정 역시 지속적으로 수정되어야 한다.

마지막 평가 단계는 비영리 커뮤니케이션 프로그램의 성공, 실패 여부를 판단하고 어떠한 성과나 효과를 얻었는지를 살펴보는데, 이 과정에서 효과는 단순히 산술적인 수치의 변화로서 평가되는 것에서 벗어나 얼마나 조직과 공중 간 상호 이해가 증진되었는가, 단순한 동의가 아닌 구성원 간 대화를 통한 합의가 이루어졌는가라는 측면에서 개선된 부분을 포함하여 전체적인 프로그램을 고려해야 한다. 또한 수행된 비영리 커뮤니케이션 프로그램이 조직의 입장 위주로만 진행된 것은 아닌지, 조직과 공중 간 관계에서 힘의 불균형이 나타났거나 외부적인 억압이나 강제가 작용한 것은 아닌지 검토해 보는 과정 또한 필요하다. 자기 비판과 반성을 통해 비영리 커뮤니케이션이 사회적인 가치와 병행할 수 있도록 노력하는 것이 중요하기 때문이다.

한편 각각의 단계를 명확하게 구분짓고 커뮤니케이션 프로그램 진행을 선형적 · 순차적으로 이해하기보다는 각 단계를 대화와 토론, 즉 담론을 통해 유기적으로 통합되는 구조로 접근하는 것이 바람직하다. Woodward (2003) 역시 4단계의 공중 관계 커뮤니케이션 과정이 순차적이기보다 평행적이며, 이러한 과정이 상호작용적인 연속선상에서 이루어지는 것이 바람직하다고 주장했다. 공중 관계 커뮤니케이션 프로그램의 조사 → 계획 → 집행 → 평가 과정은 담론에서 도출된 합의에 따라 계속적인 피드백을 받고, 각각의 단계 역시 프로그램 실행과 관련된 담론을 형성해서 각 단계별 의사 결정이 좀더 합리적인 상호 합의에 따라 수행되도록 노력해야 한다. 각각의 단계는 담론으로 연결되기 때문에 서로 긴밀히 영향을 주고받으며 프로그램에 대한 공통의 담론을 형성할 수 있고, 끊임없는 상호작용을 통해서 더 나은 결과로 발전해 갈 수 있다.

하지만 우리가 이러한 통합적인 커뮤니케이션 프로그램 접근에서 유념할 것은 커뮤니케이션 프로그램이 조직의 편익을 달성하기 위한 기능주의적인 목적에만 함몰되어서는 곤란하다는 것이다. 궁극적으로 조직의 목적 달성만을 위해 담론의 장이 응용된다면 기존의 조직 중심의 기능주의 이론과 다를 것이 없어진다. 따라서 이러한 담론의 의미를 포함하는 커뮤니케이션 프로그램의 궁극적인 목적은 장기적인 사회적 합의의 도출에 있지 단기적인 조직 목적의 달성에만 있다고 볼 수 없다. 비영리 커뮤니케이션의 목적도 큰 틀에서 이러한 의미를 수용하고 있다.

비영리 조직 사회운동, 미디어 그리고 커뮤니케이션

모든 비영리 조직의 활동이 사회운동으로 연결되는 것은 아니다. 비영리 조직의 활동이 회원의 복리 증진을 위해서 운영될 수도 있고, 사회 차원의 운동과는 연결하기 힘들 수도 있다. 하지만 대부분의 비영리 조직 활동은 공공성이라는 측면에서 사회운동의 성격을 가지고 있다. 따라서 여기서는 비영리 조직의 사회운동적인 성격을 좀더 강조하여 논의를 이끌어 간다.

앞에서도 논의되었지만 비영리 조직이 힘을 강화할 수 있는 부분은 커뮤니케이션이다. 결국 비영리 조직은 효율적인 사회운동을 위해 커뮤니케이션을 최대한 활용해야 한다. 그러한 과정에서 미디어 접근도 매우 중요한 개념이 되겠지만, 미디어를 중심으로 하는 논의를 뛰어넘어 광범위한 의미에서 조직 자체의 커뮤니케이션 능력의 향상에 주안점을 둘 필요가 있다. 비영리 조직의 커뮤니케이션 능력을 향상시키기 위해서는 비영리 조직이 다른 사회적인 조직 체계가 가지지 못하는 특징을 이해하고, 비영리 조직의 커뮤니케이션 영향력을 높이기 위한 방법에 대해서 충분히 이해할 필요가 있다.

지금도 많은 비영리 조직, 특히 사회운동을 하는 시민단체들이 사용하고 있는 대표적인 전략이 갈등 전략이다. 하지만 비영리 조직은 갈등과 직접적으로 연결된 시민단체NGO를 포함해서 다양한 조직 유형을 포함하며, 또한 갈등 전략으로 모든 문제를 풀 수도 없다. 이제 사회의 전반적인 민주화로 인해 오히려 갈등 주체 간 대화의 중요성이 강조되고 있고, 공론의 장 형성을 위한 요구가 어느 때보다 높아져 있다. 상황에 따라 갈등을 이용하고 충격을 극대화하는 방법이 여전히 유효할 수 있지만, 이러한 논의도 광범위한 커뮤니케이션 활동 차원에서 논의되는 것이 바람직하다. 이제 시대는 궁극적으로 갈등보다 대화를 통한 합의를 요구하고 있기 때문이다.

비영리 조직과 가치의 문제: 투쟁과 타협의 문제

지금까지 우리 사회는 비영리 조직이 어떤 가치를 둘러싸고 타협할 수 없는 자세constitutional absoluteness를 보이는 것에 대해서 관대한 입장을 보여왔다. 많은 가치가 사회에서 교환을 통해 타협점을 찾게 되지만, 이러한 가치는 교환보다는 보호에 더 가치를 둔다. 그래서 이러한 가치를 보호받는 가치protected values라고도 말한다(Baron & Spranca, 1997). 우리나라의 이러한 전통은 많은 시민단체가 독재에 항거하면서 양보할 수 없는 가치를 위해 싸워왔고, 이러한 투쟁의 전통이 시민단체의 가치 보호에 관대해진 이유가 되어 왔다. 하지만 사회가 다변화되고 민주화되면서 이러한 보호가치의 맹목적인 속성에 대해서 다른 시각으로 해석하려는 사람들이 점점 많아지고 있다.

우선 보호 가치는 그 가치를 신봉하는 사람들에게는 절대적이기 때문에 결과론적으로 사회에 이익에 되는 일이거나 실용성이 입증되더라도 타협의 여지를 주지 않는다. 이는 도덕적인 의무감과 결합되어 건설적인 대화를 방해한다(Turiel, 1983). 예를 들어 천성산 터널 공사와 관련하여 지율 스님의 도롱뇽 소송은 많은 세간의 화제를 불러왔다.

> 조계종 중앙신도회, 인드라망생명공동체, 불교환경연대 등 19개 불교계 단체는 12일 지율 스님이 고속철도 천성산 관통 터널 저지를 위해 40일째 단식하고 있는 것과 관련해 기자 회견을 열어 "지율 스님이 생명살림의 정신을 되살려 단식을 중지할 것을 간절히 기원한다"며 "더 많은 불자들이 10만 도롱뇽 소송인단으로 참여해 지율 스님이 단식을 중단할 수 있도록 도와달라"고 호소했다. 30여 개 시민사회단체들도 이날 오전 '양심이 있다면 청와대가 나서라, 지율 스님은 살아야 한다'는 제목의 긴급 공동 성명을 냈다.("불교단체, 지율 스님에 단식 중단 요구," 한겨레신문, 2003년 11월 12일자 인터넷판)

지율 스님에게 천성산 공사는 도덕적으로 근본적인 하자가 있으며, 조그만 양보도 자신의 존재 이유를 부정하는 것이 된다. 이런 보호 가치 주창자의 특징은 자신이 신봉하는 가치에 위협을 느꼈을 때 매우 분노하게 되고, 가치의 교환을 야기할 가능성이 있는 어떠한 이성적인 대화도 더 이상 이성적으로 수용하지 않게 된다(Tetlock, Lerner, & Peterson, 1996). 여기서는 지율 스님의 주장이 옳은가, 아니면 공사를 진행하고자 했던 정부 측 주장이 옳은가를 새삼 따지고자 할 의도는 없다(오히려 지율 스님의 환경 보호에 대한 의지는 너무나 숭고했다!). 다만 만약 지율 스님의 가치 보호 행위가 어떠한 대안도 부정하고 오직 자신의 가치를 보호하는 데만 초점을 맞춘다면 그것은 비이성적으로 보일 수도 있고, 결국은 공중의 외면을 받게 될 수도 있다. 대화와 타협을 부정하는 주장은 자칫하면 보호 가치 주창자의 일방적인 고집 혹은 정체성 싸움으로 일반 공중에게 비춰질 수도 있게 된다(Williams, 1981).

일반 공중에게 비이성적으로 보이는 시점이 비영리 조직으로서는 커뮤니케이션이 단절되는 위기 상황이라고 할 수 있다. 아무리 좋은 가치라도 공중과 소통되지 못하고, 공중의 이해 속에서 함께 보호받지 못한다면, 그것은 개인이나 집단 이기주의의 산물로 치부될 수밖에 없다. 그런 점에서 보호 가치가 커뮤니케이션을 통해서 자생적인 생명력을 가지지 못한다면 단지 비이성적인 고집으로 치부될 수도 있는 것이다. 결국 비영리 조직의 가치는 커뮤니케이션을 통한 공중과의 관계 형성에 좌우된다. 즉 현대 사회에서는 가치가 커뮤니케이션이고, 커뮤니케이션이 가치가 된다. 어떤 것도 절대적인 가치가 될 수 없으며, 나의 가치가 귀중한 만큼 상대방의 가치도 귀중하다. 공중과의 관계 속에서 인정받지 못하는 가치는 독단이요 생떼로 보일 수밖에 없다.

가치는 절대적인deontological 가치와 실용적인utilitarian 가치가 있을 수 있다(Bazerman & Moore, 2008). 절대적인 가치는 행위 자체에 초점을 맞추는 것이지만 실용적인 가치는 결과에 초점을 맞추는 것이다. 지금까지 비영리 조직, 특히 시민단체의 가치는 타협할 수 없는 절대적인 가치에 초점을 맞추는 경향이 강했다. 하지만 이제 우리 사회는 커뮤니케이션 가치, 즉 가치에 대한 인식 자체도 커뮤니케이션을 통해서 서로 간에 조정해 나가는 자세가 필요하다. 절대적으로 선한 것은 있을 수 없으며, 서로 간에 인정할 수 있는 선에서 지킬 것은 지키면서 상대방을 이해시켜 나가는 것이 필요한 시점이다.

따라서 가치를 중심으로 형성되는 비영리 조직의 활동도 무조건 보호받아야 하는 가치라고 주장하기보다는 공중과의 관계 속에서 가치를 인정받으려는 노력을 소홀히 해서는 안 된다. 현대 사회에서 절대적으로 위험한 것이 없듯이 절대적으로 보호받아야 하는 가치는 있을 수 없다. 하물며 일반 공중의 인식을 무시하고 주장하는 가치는 금방 생명력을 잃게 되고, 사회적인 부담으로 작용할 가능성이 많다. 이러한 논리는 갈등과 관련되어 있는 시민단체에만 해당되는 것은 아니다. 대부분의 비영리 조직은 사회적으로 약자의 위치에 있다. 권력과 경제력이 부족할 때는 극단적인 방법이 대안으로 떠오를 가능성이 많다. 하지만 현대 사회는 커뮤니케이션을 통한 문제 해결, 지속 가능한 공중 관계의 형성 없이는 비영리 조직의 생존을 보장하기 힘들게 되었다. 이제 화두는 갈등이 아니라 커뮤니케이션이며, 이를 통한 우호적인 공중 관계의 형성만이 비영리 조직의 지속 가능한 발전을 보장해 줄 수 있다. 특히 시민이 모든 사회 발전의 지속적인 원동력이 되어야 한다면 이는 선택이 아니라 의무이다.

현대 사회 비영리 커뮤니케이션의 수용성 증대

공중 관계 커뮤니케이션이 민주주의에 기여할 수 있는 가능성을 비영리 공중 관계 커뮤니케이션의 발전을 통한 공론의 장 확대에서 찾았던 Davis(2000)는 현대 사회에서 비영리 커뮤니케이션이 발전하게 되고 필요해지는 이유를 탐색했다(〈표 3-2〉 참조). 그 첫 번째 이유는 조직 이윤을 창출하기 위한 영리 조직의 이미지 형성 노력에 대한 의구심으로부터 비영리 조직은 상대적으로 자유로울 수 있다는 것이다. Grunig(1993)에 따르면 공중 관계 커뮤니케이션에서 이미지는 부정적인 의미로 해석되는 경우가 많으며 그것은 상징적인 이미지에 의해서 실체가 가려지는 경우가 많기 때문이라고 해석했다. 그래서 이미지는 흔히 상징적인 이미지symbolic image와 관계적인 이미지relational image로 구분되기도 하는데, 공중 관계 커뮤니케이션이 진정으로 추구해야 하는 것은 텍스트에 의해서 조작되는 상징적인 이미지가 아니라, 실체를 표현하고 공중과의 실질적인 관계에서 형성되는 관계적인 이미지이다.

우리가 평판 혹은 명성reputation이라고 부르는 개념도 이러한 관계적인 이미지를 표현한 것이다. 예를 들어 직접적인 접촉이 없는 어떤 사람에 대해 다른 사람이나 매체의 평가를 통해서 자신의 태도를 결정하는 것은 상징적인 이미지를 형성하는 것이다. 하지만 그 사람과 직접적으로 접촉하면서 관계를 형성하고 상호작용을 통해서 자신의 태도를 결정하는 것은 그 사람에 대한 관계적인 이미지 혹은 평판을 형성하는 것이다. 비영리 조직의 경우 이러한 상징적인 이미지 형성과 그로부터 얻게 되는 단기적인 이익 창출의 요구에서 상대적으로 자유롭기 때문에 공중 관계 커뮤니케이션 본래의 목적에 좀더 충실할 수가 있다.

두 번째 이유는 조직 정당성에 있다. 새로운 조직의 개념에 대한 이론neo-institutionalism에 따르면 현대 사회 조직의 생존 이유는 공중이 느끼는

표 3-2 현대 사회가 비영리 커뮤니케이션에 우호적인 이유

1. 조직 이윤과 무관한 자유로운 커뮤니케이션
2. 비영리 조직에 대한 공중의 정당성 인정
3. 자원봉사를 기본으로 하는 구성원의 자발적인 참여

조직의 존재에 대한 정당성 인정 여부에 달려 있다. 영리 조직과 달리 비영리 조직은 조직이 추구하는 가치의 실현을 위해서 존재하기 때문에 조직 정당성 활용에 유리한 점이 많다. 대부분의 비영리 조직은 상품/서비스 분배와 수익 창출을 연결시킬 필요가 없다. 이는 조직의 미션이 공공성을 가질 수 있다는 것을 의미하고, 이는 조직의 정당한 존재 이유를 뒷받침하게 된다. 물론 회원의 이익을 위해서만 존재하는 비영리 조직이 많지만, 이 책에서는 더 많은 사회적인 활동, 즉 공공성에 기반한 활동을 하는 비영리 조직에 초점을 맞추었다. 비영리 조직이 조직 정당성을 추구하고 공중과의 관계에 집중하는 한, 현대 사회의 비영리 커뮤니케이션은 공중에게 자연스럽게 수용될 수밖에 없다.

마지막으로 비영리 조직에서 커뮤니케이션 활동이 발전할 수 있는 세 번째 이유는 자원봉사의 활용에 있다. 비영리 조직은 구성원의 자원봉사 활동을 통해서 운영되기 때문에 영리 추구와 상관없는 구성원의 적극적인 참여로 이루어진다. 비영리 조직에서 자원봉사자는 가장 중요한 공중의 하나이다. 이러한 활동에서는 효율성에만 근거한 마케팅적인 사고가 적용되기 힘들고, 가치에 바탕을 두고 공중과 우호적인 관계 형성을 목적으로 이루어지는 커뮤니케이션 활동이 중요해질 수밖에 없다. 현대 사회에서는 비영리 조직의 활동이 활발해질 수밖에 없고, 비영리 조직의 발달은 공중과의 관계를 근간으로 이루어지는 커뮤니케이션의 발전을 필연적으로 가져온다. 또한 앞서 설명한 대로 비영리 커뮤니케이션의 발전은 공중 관계 커뮤니케이션이 강자의 논리를 강화시켜 주는 데에만 이용되는 것이 아니라, 약자에게 힘을 부여하고 관련 공중을 충분히 배려하는 윤리적인 발전을 가능하게 한다. 비영리 조직은 공중 관계를 위해 커뮤니케이션을 해야 하고, 커뮤니케이션을 하는 것은 공중 관계를 쌓는 일이다. 비영리 커뮤니케이션의 발전은 사회적으로 여론 형성 능력과 관련한 사회적인 힘의 불평등을 시정하는 효과와 함께 진정한 시민민주주의를 가능하게 하는 기반으로 작용하게 된다.

비영리 커뮤니케이션과 소스 능동주의 그리고 공동선의 추구

비영리 커뮤니케이션 연구는 소스source 혹은 정보원情報源 연구에서 미디어 중심적인 사고를 탈피하는 데 도움을 준다. 지금까지 소스 연구는 미디어를 중심으로 단순히 정보를 제공하는 대상으로 이해되는 경향이 강했다. 하지만 미디어의 형태가 다양해지고 소스와 미디어의 관계가 단순한 정보 전달 관계를 탈피해 감에 따라 소스의 능동적인 역할과 적극적인 공론의 장 형성 기능에 주목하게 되었다. 예를 들어 미국과의 쇠고기 협상과 관련하여 일어났던 광우병 관련 촛불 집회를 보더라도 이제 공론의 장 형성과 시민 동원mobilization이 기존 미디어에만 의존하지 않고 있다는 것이 드러난다. 물론 미디어의 역할을 무시할 수는 없지만 인터넷과 새로운 미디어 기술을 이용한 시민 스스로의 능동적인 역할은 '소스 능동주의'라고 불러도 무방할 정도로 새로운 조류를 보여 주고 있다.

비영리 조직의 커뮤니케이션 활동이 민주 시민사회를 앞당길 것이라는 예상(Davis, 2000, 2002)과 궤를 같이하여, Shoemaker(1989)가 언급했던 것처럼 조직의 커뮤니케이션 활동이 사회 전체의 공동선을 위해서 일정한 역할을 담당하는 경우를 비영리 섹터에서는 쉽게 찾아볼 수 있다. 조직의 이기적인 목적을 위해서 혹은 조직의 의견을 사회 전체의 의견으로 조작하기 위한 설득 커뮤니케이션의 목적으로 공중 관계 커뮤니케이션이 사용되는 것이 아니라, 어떤 개인이 담당하기 힘든 사회적인 이슈를 커뮤니케이션 활동을 통해서 환기시키고 여론을 주도할 수 있는 힘을 창출해 내는 데 조직 커뮤니케이션이 사용된다. 많은 사회 캠페인, 건강 관련 캠페인, 노인 복지, 청소년 이슈 등이 이에 해당한다. 공중 관계 커뮤니케이션을 단순하게 보이지 않는 검은 손으로 인식하기보다는 민주주의 사회의 공동선을 이룰 수 있는 적극적인 커뮤니케이션 활동으로 인식하는 시각이 필요한 시점이다. 이러한 인식 전환에는 물론 비영리 조직의 활성화가 큰 작용을 한다.

커뮤니케이션이 조직의 이기적인 목적이 아니라 사회의 공동선을 달성하

미니 케이스 분석 3-3

민간단체의 힘, 순수성에서 비롯되는 정당성

- 반크VANK, 독도 알리기 "사이버 독도사관학교" -

사이버 외교사절단 반크VANK: Voluntary Agency Network of Korea는 정부가 할 수 없는 많은 일들을 "전 세계 8억 네티즌을 향한 풀뿌리 한국 홍보"라는 기치 하에 성공적으로 이루어 내었다. 반크의 미션은 첫째, 전 세계 60억 외국인들에게 한국의 이미지를 변화시키고, 둘째, 세계 곳곳에 흩어져 있는 650만 우리 민족을 하나로 모으고, 셋째, 7천만 대한민국 국민들의 꿈을 격려하고 함께하는 것이다. 반크가 이루어 낸 수많은 업적을 살펴보면 교육과 연관된 내용들이 많다. 우리나라에 대해서 잘못 알고 있는 부분을 바로잡는다는 부분도 교육적인 목적을 가지고 있지만, 반크가 펼친 많은 프로그램이 교육적인 기능을 훌륭하게 활용하고 있다.

가장 중심 되는 사업인 사이버 외교관 되기 14단계 훈련 프로그램을 비롯해서 전국 초 · 중 · 고교 1만 반크 동아리 구축사업, 동북아 중심국가 건설을 위한 세계 시민 교육 웹사이트 구축, 그리고 가장 최근의 사이버 독도사관학교 설립 등은 모두 온라인 시민운동을 교육이라는 테마와 연결한 것이다. 최근 시작한 "사이버 독도사관학교"는 이미 설립 두 달 만에 만 명이 넘는 사관생도를 양성했다고 밝히고 있다. 사이버 사관학교를 졸업한 많은 초 · 중 · 고교 학생들이 "한국의 홍보 전사"가 되겠다고 다짐하고 있으며, 한국사 등 각종 강의 자료를 통해서 우리나라의 역사와 문화에 대한 체계적인 교육이 진행되고 있다.

사이버 독도사관학교는 분명 온라인 시민운동의 새로운 이정표를 제시한다. 시민운동과 자연스럽게 어우러지는 교육 프로그램이 도입됨에 따라 사이버 시민운동이 일회성의 감상적인 참여에서 벗어나서 지속적으로 우리나라를 홍보할 수 있는 능력 있는 사이버 외교사절을 길러내고, 네트워크 구축을 통해 반복해서 지식과 경험이 이어지도록 시스템을 구축한 것은 어느 정부 홍보 프로그램보다도 훌륭하다고 할 수 있다. 반크의 성공 사례는 시민운동에서 교육 프로그램의 중요성을 다시 한 번 일깨워 준다.

"반크는 독도가 한국의 영토라는 올바른 인식을 세계에 알리기 위해 독도사관학교를 만들었습니다. 하지만 그전에 한국이 어떤 나라인지 모르는 외국인에게 한국을 먼저 알리는 노력이 우선입니다. 2007년 기준으로 한국의 국내총생산 대비 국가 브랜드 가치는 29%로 일본 224%에 비해 현저히 떨어집니다. 이 때문에 국제 사회에서 독도 홍보전에도 어려움을 겪고 있습니다. 실제로 한국은 세계 13위의 경제 규모에 맞지 않게 국가 브랜드 가치가 최하위권입니다.

우리가 알려야 하는 독도는 우리의 문화 콘텐츠이자 대한민국입니다. 독도는 섬 이상의 의미를 지닌 하나의 거대한 상징입니다. 독도는 우리에게 대한민국입니다. 따라서 사이버 외교사절단 반크는 독도를 통해 하나로 모아지는 한국인들을 교육시켜 세계 속에 한국을 대표하는 국가 브랜드 홍보대사로 변화시키는 사업을 추진합니다.

사관학교에서는 우선적으로 펜팔과 채팅으로 전 세계 외국인들과 꿈과 우정을 나누며 한국을 홍보하는 한국 홍보대사와, 내 고장의 매력을 세계인들에게 바로 전할 내 고장 홍보대사를 양성합니다. 또한 전국 2만 초 · 중 · 고교에 한국 바로 알리기 동아리 설립을 주도할 민족의 리더를 양성하여 전국적 네트워크를 구축합니다. 이렇게 양성되는 민족의 리더들과 함께 한국의 역사, 영토, 문화를 세계인에게 매력 있게 전달할 창의적인 아이디어를 교류하며, 다양한 도서와 지식 네트워크를 구축해 나갑니다. 또한 각계각층의 전문가들이 21세기 대한민국의 주인공이 될 청년 리더들에게 올바른 민족관과 세계관을 심어 주는 교육 자료를 제공할 것입니다."
(홈페이지 www.prkorea.com에서 가져옴.)

반크의 성공은 역설적으로 그것이 정부기관이 아니고 힘이 없는 비영리 민간단체였기 때문에 가능한 것이었다. 개인적으로 외국의 친구를 만들었기 때문에 한국을 홍보하는 것이 자연스러웠고, 다른 나라의 도서관이나 정부기관에 신속하게 오류를 시정하도록 요구할 수 있었던 것도 민간단체였기 때문에 가능한 일이었다. 만약 정부가 그런 일을 한다면 절차도 복잡할 뿐만 아니라 순수성을 의심받을 수도 있다. 반크의 성공은 어쩌면 가장 선진적인 압력 수단을 선진국들에게 사용했기 때문에 가능한 것이었다.

따라서 반크가 필요 이상으로 정부와 가까워지거나 비영리 조직으로서의 독립성을 훼손한다면 비영리 조직이 가질 수 있는 정당성legitimacy의 파괴력을 상실할 수도 있다. 정부와의 협력은 중요하지만 독립성과 순수성이 침범받지 않아야 한다. 사이버 독도사관학교를 둘러싼 반크의 최근 주장을 보면 지나친 민족주의나 국가주의의 언어들이 꽤 등장한다. "올바른 민족관과 세계관을 심어 주는," "이 땅의 다음 세대들이 민족을 가슴에 품고 세계를 품을 수 있는," "세계인에게 대한민국을 심어 나갈 민족의 지도자를 양성하는" 등의 언급은 조금은 국수주의적이고 세계시민의 보편적인 양식과는 동떨어진 말들이다. 반크는 반크로서 세계 속에 우리나라를 바로 알리기 위한 본래의 미션에 충실하는 것이 필요하다. 미션을 분명하게 하기 위해 내부 구성원 합의 하에 미션 정비 작업을 한번 하는 것도 필요하다. 일본의 역사 왜곡과 중국의 동북공정을 비판하기 위해서는 반크가 일본, 중국이 따라올 수 없는 세계 보편적인 시민 의식을 엄격하게 견지하는 것이 무엇보다 중요하다.

기 위해 이용되는 것은 어떻게 설명해야 할까? 이는 공중 관계 커뮤니케이션을 오직 조직의 이익을 위한 편향된 커뮤니케이션 활동으로 규정하는 비판 커뮤니케이션과 저널리즘 학자들에게도 새로운 시각을 요구한다. 오직 미디어 중심주의media-centrism를 통한 이론의 단순화를 위해서 커뮤니케이션의 역할을 조직의 이기적인 목적으로만 제한하는 것은 비영리 조직의 공공성 추구가 가지는 역할을 철저하게 무시한 것이다(김영욱, 2005a, 2006a). 어떻게 조직의 공중 관계 커뮤니케이션이 부정적인 역할에만 머물 수 있겠는가?

대부분의 정보 지원information subsidies과 관련한 연구도 소스를 언론에 정보를 지원하는 역할로만 한정하고, 소스 스스로 미디어 역할을 수행해 내거나 커뮤니케이션 공론의 장을 형성하는 기능을 가지고 있다는 것을 무시하는 경향이 있다. 공중 관계 커뮤니케이션을 조직의 이기적인 정보 제공 정도로만 한정했을 때는 현대 사회에서 막강한 역할을 가지는 조직 혹은 소스에 대한 포괄적인 이해를 획득하는 것이 어려워진다. 따라서 소스 능동주의는 조직 커뮤니케이션 활동의 의미를 확대하고 사회 전체의 공동선, 공론의 장 형성을 위한 비영리 조직의 역할 등을 설명하기 위한 개념으로 대두될 수 있다. 언제까지 미디어 중심주의나 미디어 엘리트주의에 빠져서 더 거대한 사회 변화의 물결을 무시할 수 있을 것인가? 미디어에만 정보를 주고, 미디어에 의해서만 커뮤니케이션의 범위가 결정되는 것은 너무 안이한 전략이다. 언론의 객관성, 공정성이라는 무기는 힘을 가지지 못한 조직이 정당성을 부여하기 위해 스스로 창출해 낼 수도 있다는 것을 많은 연구가 보여 주고 있다(김영욱, 2003; Davis, 2000). 따라서 전체 사회적인 맥락에서 미디어와 소스의 변화하는 역할과 관련한 연구를 하는 것이 필요한 시점이다.

지금까지 우리나라의 공중 관계 커뮤니케이션은 정부 혹은 기업의 입장을 대변하고, 힘을 가진 집단의 주장을 옹호하면서 힘이 약한 집단의 미디어 접근을 봉쇄하기 위해 노력한 면이 많았다. 또한 Herman & Chomsky(2002)가 주장한 것처럼 현대 언론은 그 자체가 보유한 기업 성향이 가장 큰 문제점으로 떠오르고 있으며, 언론 자체의 개혁을 통해서 객관성과 본래의 기능을 회복하는 것은 어려워 보인다. 언론의 소유 집중과 산업 다변화, 저널리즘 원칙에 기반한 객관성 유지의 어려움, 외부 소스에 대한 지나친 의존 등은 언론 문제가 사회 전체의 변화에 의해서만 해결할 수 있음을 시사한다. 따라서 공중 관계 커뮤니케이션은 지나친 정부, 기업 등의 주류 권력 중심의 활동에서 벗어나 새로운 패러다임의 언론 관계를 형성할 때 언론의 객관성 확보와 바람직한 여론 형성에 기여할 수 있다. 언론의 지나친 상업주의, 권력 중심의 보도 행태, 여론의 왜곡과 선악의 지나친 구분에서 벗어나기 위해서는 공중 관계 커뮤니케이션이 또한 권력 중심의 활동에서 벗어나 시민단체, 비영리단체 등 정부나 기업 외에 다른 목소리를 내는 집단을 도와 주는 역할을 담당하는 것이 필요하다. 이러한 발전 방향은 시민단체의 힘이 급속도로 늘어나고 있는 우리나라의 상황과 관련해서 우리나라 고유의 공중 관계 커뮤니케이션 이론을 창출하는 데도 도움을 줄 것이다(김영욱, 2005a: 324-325).

사회운동과 미디어의 상호작용

기존 미디어의 힘을 빌리든, 스스로 미디어를 창출하든 간에 비영리 조직이 사회운동을 담당하는 과정에서는 미디어와 끊임없는 상호작용이 요구되는 것이 엄연한 현실이다. 특히 비영리 조직과 기존 미디어의 관계는 사회운동의 진행 동력을 둘러싸고 복잡하게 얽혀 있다. 복잡한 두 사회 주체 세력으로 떠오르고 있는 비영리 조직과 기존 미디어의 관계는 크게 두 가지 시각으로 나뉘어 왔다(Gamson & Wolfsfeld, 1993). 첫째는 구조 기능적인 시각structural dimension이고, 둘째는 문화적인 시각cultural dimension이다.

구조적인 시각은 힘의 역학이라든지 관계의 상호 의존 작용에 중점을 두고, 사회운동에 비해 거대한 힘을 가진 미디어의 역할과 사회운동의 미디어 의존에 주목한다(Wolfsfeld, 1991). 하지만 문화적인 시각은 구조적인 힘의 역학보다는 사회적인 의미를 둘러싸고 벌어지는 사회 세력들의 상호작용과 커뮤니케이션 경쟁에 더 관심을 둔다. 지금까지 힘의 역학이 고정된 구조적인 시각에서 사회운동과 미디어의 상호작용을 많이 다루어 왔지만, 상징적인 상호작용을 포함하여 문화적인 시각에서 사회운동과 미디어의 상호작용을 보려는 노력이 필요하다. 문화적인 시각은 스스로 미디어를 창출하려는 비영리 조직의 능동적인 활동과도 연결되며, 현재의 역학 관계가 언제나 변할 수 있다는 것을 상정한다.

하지만 어떠한 시각을 배경으로 하더라도 현대 사회 미디어의 역할을 무시할 수는 없다. 하버마스는 미디어를 통한 공론의 장의 봉건화를 우려했지만, 다시 생각해 보면 이것은 미디어가 가지는 힘을 인정한 것이다. 지금의 미디어 세계가 발전하는 양상은 하버마스가 생각했던 신문 방송과 같은 미디어의 여론 독점과는 다른 양상을 보이고 있으며, 인터넷의 발달은 그 자체로 미디어와 소스의 경계를 허물고 있다. 따라서 지금까지 설명했던 소스의 능동성과 미디어의 다원화에 주목하면서, 사회운동을 미디어와 결합시킬 수 있는 아이디어를 찾는 것이 막연하게 기존 미디어의 힘에만 의존하려는 생각보다는 진취적이라는 결론을 도출할 수 있다. 앞에서 이야기했던 아줌마닷컴의 성공 사례, 피스 라디오PEACE radio의 성공 사례 등도 새로운 미디어와 사회운동의 통합 형태를 보여 준다.

사회운동movements은 다음 세 가지 이유에서 미디어의 힘을 필요로 한다(Gamson & Wolfsfeld, 1993): 1) 동원mobilization, 2) 확인validation, 그리고 3) 범위의 확대scope enlargement. 사회운동을 벌이는 주체는 공중과 접촉해서 자신들이 주장하는 이슈를 알리고 이해시켜야 하는데 이 과정에서 현대 사회 미디어의 힘은 절대적이다. 현대 사회에서 여론 형성을 위한 공론의 장 역할을 담당하는 것은 미디어이기 때문이다. 하버마스가 말했던 개인적인 교류의 장, 살롱salon 등의 장소는 현대 사회에서 대부분 미디어화되는 추세에 있다. 예를 들어 인터넷 토론방이나 개인 블로그 활동을 보면 더욱 그렇다. 또한 현실적으로 매스 미디어의 힘은 여전히 강력하다. 즉 사회운동의 주체는 공론의 장을 필요로 하고, 그러한 필요는 기존 미디어에 대한 의존을 가중시키게 된다. 따라서 이러한 미디어의 공중 동원 기능은 사회운동의 측면에서도 필수적인 요소이다. 한편 동원과 관련하여 사회운동 자체의 직접적인 커뮤니케이션 활동, 즉 인터넷의 발달을 통한 직접 커뮤니케이션 활동이 앞으로 사회운동의 매스 미디어 의존에 어떤 영향을 미칠지는 계속 주목할 필요가 있다.

사회운동에서 미디어를 통한 공적인 확인 과정도 매우 중요하다. 사회운동은 미디어를 통해서 자신이 주장하는 이슈가 중요한 일이라는 것을 공적으로 확인받을 필요가 있다. 또한 사회운동은 미디어를 통해서 운동의 범위를 확대해 나갈 필요가 있다. 여기서 운동의 범위 확대는 이슈에 대한 관심이나 사회적인 주목을 광범위하게 넓혀 나가는 것을 의미한다. 처음 이러한 미디어의 기능을 주장했던 학자들은 신문과 방송 등 매스미디어의 역할에 중점을 두었지만(Wolfsfeld, 1991), 지금은 인터넷 등을 포함한 새로운 미디어도 이러한 역할을 충분히 담당하는 것으로 보인다. 그래도 기존 매스미디어의 역할이 중요한 이유는 아직까지 기성 미디어들이 가지는 사회적인 평판과 관련이 있다고 할 수 있다. 한편 이러한 범위의 증폭은 대부분의 경우 제3자third-party의 승인에 달려 있는 경우가 많다(Gamson & Wolfsfeld, 1993). 이해 관계와는 상관 없는 제3자가 사회운동을 지지해 줌으로써 사회적인 주목의 범위를 확장해 나갈 수 있다. 이런 의미에서 개인 미디어에 비해 매스 미디어의 범위 증폭 역할은 여전히 크다.

미디어와 사회운동의 관계에서 사회운동이 미디어의 주목을 이끌어 내는 과정과 관련하여 권력의존이론power dependency theory을 이용하기도 한다(Gamson & Wolfsfeld, 1993). 이 이론에 따르면 미디어의 주목을 받는 데는 고정화된 가치value 정도가 결부되어 있다. 사회운동에서 발생하는 가치가 조직의 필요보다 높은 경우 상대방의 주목을 받을 수 있다. 하지만 많은 경우 공식적인 기관이나 기존 매스미디어 소스에 비해서 사회운동의 주체는 이러한 가치의 비율을 높이기가 힘들다. 미디어의 보도 과정에서 기존 가치가 정형화되어 있거나 서열화되어 있는 경우가 많기 때문이다. 예를 들어 대통령의 기자 회견은 비영리 조직의 기자 회견보다 사회적인 가치가 더 있는 것으로 여겨진다. 이러한 풍토 속에서 비영리 조직은 미디어 접근에서 불평등한 대우를 받을 수밖에 없다. 따라서 이러한 축적된 불평등cumulative inequality을 탈피하기 위해서는 사회운동가의 창의적인 노력이 더욱 필요하다.

미디어 공론이 일어나는 형태는 크게 경쟁이 없는 영역uncontested area과 경쟁 영역contested area으로 나누어 볼 수 있다(Gamson & Wolfsfeld, 1993). 경쟁이 없는 영역은 주로 공적인 정보 소스를 통해 미디어 공론이 형성되는 것이고, 경쟁 영역은 이해집단 간의 이슈 경쟁이 활발하게 일어나는 공론 영역이다. 사회운동 주체의 역할은 경쟁이 없는 영역을 경쟁 영역으로 옮겨놓는 것이다. 왜냐하면 언론은 경쟁이 없는 영역, 즉 공적 소스와의 관계에 안주하려는 성향을 보이기 때문에, 비공식적인 주장이나 사회운동의 생경함에 주목하지 않으려는 성향이 있다. 이러한 상황 속에서 비영리 조직은 효과적인 커뮤니케이션 활동을 통해 이슈의 중요성을 인식시키기 위한 갈등 상황의 창출, 독특한 의미의 도출, 일상의 전복 등을 통해 경쟁 영역으로 미디어 공론을 옮겨놓는 것이 필요하다. 어떤 특별한 의미가 없다면 언론은 결코 움직이지 않을 것이다. 언제나 언론의 예상을 뛰어넘는 창의적인 아이디어가 필요하다.

비영리 조직의 사회운동이 잘 되기 위해서는 흔히 조직화, 전문화, 전략적인 계획, 업무 분업의 조화 등이 이루어져야 한다고 주장한다(Gamson & Wolfsfeld, 1993). 이러한 비영리 조직의 내부적인 노력을 통해 외부적으로 사람들의 이해심sympathy을 획득하고, 사회운동의 의미가 사회적으로 중요하게 인지되며, 언론이 선호하는 프레임을 지속적으로 생산해 낼 수 있을 때 비로소 주목받을 수 있고, 효과적으로 미디어의 힘을 빌릴 수도 있게 된다.

한편 비영리 조직이 미디어를 세부 전술적으로 잘 이용하는 방법과 관련해서도 많은 논의가 있어 왔다. 예를 들어 집중적인 미디어 노출을 통한 사회운동의 중요성 확인, 탐사 보도investigative report 형태를 통한 사회 문제의 전반적인 인식 강화, 우호적인 언론집단과의 지속적인 관계 형성, 이용 미디어가 가질 수 있는 편견에 대한 적절한 대응, 대안 매체 이용을 통한 메시지 전달의 다양화 같은 전술적인 측면이 논의되기도 한다(Shaw, 2001). 하지만 이러한 세부 전술은 그 자체로 의미를 가질 수 있지만, 지나친 미디어 의존과 언론결정론적인 접근이 문제가 되기도 한다. 현대 사회운동은 미디어를 통한 메시지 전달보다는 미디어를 능동적으로 이용하려고 노력하고 있다고 보는 것이 정확하다. 따라서 세부 전술적인 논의들도 일방적으로 매스 미디어를 통한 메시지 전달에 의존하기보다는, 비영리 조직 자체가 미디어의 형태를 띠게 되는 경우 등을 상정하고 전술을 짜는 것이 바람직하다고 하겠다.

전술적인 측면에서 지나친 미디어 의존에 대한 비판이 있지만, 현실적으로 미디어에 등장하는 것media coverage은 사회운동의 생명력에 많은 영향을 미친다. 특히 미디어 이용자의 수가 많은 경우, 동영상이 함께 보여지는 경우, 그리고 사람들에게 즐거움을 줄 수 있는 경우에 그 영향력은 커질 수밖에 없다(Wolfsfeld, 1991). 이러한 미디어 영향력은 사회운동의 전개 방향 자체에도 영향을 미치게 되는데, 사회운동은 미디어 영향력을 극대화하기 위해서 미디어가 좋아할 엔터테인먼트 요소를 가진 사람, 실제적인 행위를 보여 줄 수 있는 기회, 드라마적인 요소나 갈등 대립 요소, 혹은 희귀한 장면을 이용하는 프레임 전략을 사용하는 빈도가 점점 높아지게 된다.

포괄적으로 볼 때 비영리 조직의 사회운동을 위한 메시지 요소들은 크게 메시지 프레임 일관성과 메시지 완성도로 정리할 수 있다(Wolfslfeld, 1991). 메시지 프레임 일관성은 메시지가 일관성을 갖출 때 언론의 주목을 받기가 더 쉽다는 의미이다. 왜냐하면 언론은 기존에 검증된 기사들을 생산하려는 경향이 강하기 때문이다. 또한 메시지 완성도는 많은 수정을 가하지 않고도 사용할 수 있는 메시지를 미디어들은 원한다. 이는 사회운동 주제의 완성도, 메시지의 구성 요소 등이 갖추어졌을 때 가능해진다. 사회운동의 실체가 모호하거나 기본적인 의미 전달 요소들이 구비되지 않았을 때에는 미디어의 주목을 받기 어려울 뿐만 아니라 사람들의 외면을 받을 가능성이 크다.

한편 정치적으로 열세에 있거나 사회적으로 힘이 약한 집단의 미디어 관련 활동은 대부분 인상적인 호소 방법을 갖추었을 때만 관심을 모을 수 있다(Manning, 2001). 이와 함께 언론이 쉽게 접근할 수 있도록 커뮤니케이션 채널을 다양화하고, 미디어 종류에 따른 특성을 명확하게 이해하여 미디어 특성에 맞게 메시지를 구성하는 것이 필요하다. 예를 들어 많은 설명이 필요한 사안은 인쇄 매체가 방송 매체보다는 유리할 것이다. 또한 미디어, 메시지의 상관 관계와 함께 목표 공중과의 상관 관계도 이해하는 것이 필요하다. 젊은 층이 대부분인 사안에 대해서 커뮤니케이션한다면 전통 매체에 관성적으로 의존하기보다는 인터넷 등의 뉴 미디어를 최대한 활용하는 것이 필요하다.

한편 사회 전체적으로 조직에 대해서 적대적인 환경이 조성되었을 때의 미디어 전략은 좀더 적극적으로 미디어를 활용하는 것이 관건이다(Manning, 2001). 언론기관이 가지고 있는 기존 인식의 변화를 유도하는 것이 중요한데, 미디어에 대해 압력을 창출하거나 때로는 미디어와 협조함으로써 조직의 이야기를 들어 줄 수 있는 자기 매체를 확보하고 다양화하는 것이 필요하다. 가장 중요한 일은 일반적이고 광범위한 비판에 대해서 사안에 따른 특수성과 지역적인 관심에 기반을 둔 조직 나름대로의 논리를 개발하고, 이러한 대응 논리가 이슈 경쟁을 통해서 공중에게 충분히 전파될 수 있도록 노력하는 것이다. 물론 여기서 미디어는 전통적인 미디어를 포함하여 1인 미디어 등 조직이 동원할 수 있는 새로운 형태의 모든 미디어를 포괄한다.

지금까지의 논의를 정리하면 비영리 조직의 사회운동은 기존 미디어가 형성한 언론결정론적인 구도를 깨고 새로운 미디어의 가능성을 받아들여 사회운동의 효율성을 스스로 높이는 것이 필요하다(Gamson & Wolfsfeld, 1993). 기존 미디어의 언론결정론적인 시각은 권력과 금력을 갖춘 소스들이 언론 보도 프레임과 의제를 독점할 가능성을 높인다. 또한 우리나라의 경우는 기존 언론이 아예 사회 의제를 선정해서 스스로 문제를 해결하려는 경향을 보이기도 한다(미니 케이스 We Start! 캠페인 참조). 이러한 현상에 대응하여 비영리 조직은 커뮤니케이션 능력을 극대화함으로써 자칫 발생할 수 있는 미디어 독점을 통한 사회적인 힘의 불균형을 해소하려는 노

미니 케이스 분석 3-4

언론의 힘, 그리고 아쉬운 사회운동

- WE START 운동본부, "We Start! 캠페인" -

언론이 사회 문제에 대해 중계자적인 태도에서 벗어나 직접 사회 문제를 해결해 보려고 시도하는 것은 최근의 일이다. 공공 저널리즘public journalism, civic journalism이라고 부르기도 하는 이러한 활동은 많은 찬반 논란에 휩싸여 있다. 하지만 적어도 우리나라에서 대중 언론이 사회 문제 해결의 전면에 나섰을 때 그 영향력은 대단하다고 할 수 있다. 하지만 언론이 자신이 가진 기존의 힘을 이용하여 운동의 동력을 이끌어 가는 사회 캠페인이 시민의 호응을 이끌어 내어 장기적으로 사회 문제를 치유할 수 있느냐 하는 것은 별개의 문제가 된다. 우리나라의 대중 언론이 스스로의 매체 권력과 네트워크를 이용하여 지원을 이끌어 내고, 보도를 통해서 사회운동을 뒷받침하더라도 시민과 결합되지 못한다면 그러한 사회운동은 성공할 수 없다. 결국 기존의 네트워크와 지원이 소진되고 나면 정부의 힘을 빌거나 대기업에 의존하는 관치官治 중심의 사회운동이 되고 만다.

We Start 운동은 중앙일보의 2004년 탐사 기획 '가난에 갇힌 아이들' 보도를 계기로 시작되어 빈곤층 아이들의 가난 대물림을 끊어 주자는 취지에서 시작된 운동이다. 지금도 중앙일보에 We Start 운동과 관련 업무 부서가 있으며, 홍보 및 후원 유치에 적극적으로 참여하고 있다. We Start 운동 관련한 대부분의 보도는 중앙일보를 통해 나온 것이다. We Start 운동의 구성 요소는 크게 We Start 마을 만들기, 교육 출발선 만들기, 건강 증진사업, 후견인 맺어 주기, 희망의 집 꾸미기, 사랑의 책 나누기 등의 프로그램이 있다. 관련 기사에 따르면 지금까지 5년 동안 소액 후원자가 2,000명이고 약 70개의 기업이 참여했다고 되어 있는데, 아무래도 대부분의 지원은 기업과 참여하는 지역자치단체에서 온다고 보아야 한다.

많은 성과에도 불구하고 건강 증진사업, 후견인 맺어 주기, 희망의 집 꾸미기 등의 프로그램이 목적과 계획만 그럴듯하고 지속적으로 시행이 되어 오지 않았다는 것은 이 프로그램이 중앙일보가 보도하는 것처럼 종합적이고 지속적인 빈곤아동

복지 교육을 위한 지역사회운동이 되어 왔느냐에 대해서 의문을 제시한다. 캠페인의 효과도 We Start 마을 만들기에 집중되어 있는데, 이 프로그램 또한 지방자치단체의 주도 하에 지나치게 시혜성의 보여 주기 프로그램이 되지는 않았는지 돌아볼 필요가 있다. 관련 보도에 따르면 앞으로 국가가 책임지는 전국적인 모델로 발전할 수도 있다고 하는데, 이렇게 되면 시민 스스로의 힘으로 살기 좋은 지역 사회를 만들겠다는 본래의 미션이 많이 희석된다고 할 수 있다. 마지막으로 빈곤 아동 후견인에 대한 사후 관리라든지, 수혜자와 참여자에 대한 관계 유지 전략 등이 부족한 측면이 있다. 캠페인에 대한 유대감과 충성도가 높아지고 그것이 생활 속에서 응용되지 않는다면 장기적으로 사회운동은 성공하기 힘들다.

언론의 사회 문제 해결을 위해서 전면에 나서는 것은 분명 좋은 일이다. 하지만 그러한 시도도 기존의 권력 네트워크를 이용한 손쉬운 방법 모색을 통해서는 곤란하다. 그러한 사회운동이라면 차라리 기사를 통해서 정부와 지역자치단체, 기업을 비판하고 설득하여 그러한 운동을 다른 주체들이 하게 만드는 것이 낫다. 언론이 지역 사회를 기반으로 사회운동에 참여할 때는 시민과 어떻게 연대할 것인가, 어떻게 기존의 권력 구조에서 벗어나 시민 스스로 사회 문제를 해결할 수 있도록 도울 것인가를 고민하는 데서 시작해야 한다.

력을 기울여야 한다. 우리나라의 경우 몇몇 사안에서 이러한 비영리 조직의 커뮤니케이션 노력이 더욱더 힘을 얻어가고 있다는 징후가 발견된다(감현주 · 김영욱, 2007; 김영욱, 2007). 이러한 현상은 미디어를 통한 여론 독점을 견제하고, 능동적인 커뮤니케이션 활동을 통해 사회적인 공론의 장을 확대할 수 있다는 의미에서 매우 고무적이다. 비영리 조직은 권력과 금력을 갖춘 조직에 비해 여러 가지 자원에서 열세에 있기 때문에 같은 미디어 전술을 적용하더라도 불리한 상황에 놓이게 될 개연성이 크다. 하지만 비영리 조직의 강점들, 이윤과 무관한 순수성, 공중의 정당성 인정, 구성원의 열정, 활동의 공공성 등을 잘 살린다면 훨씬 더 높은 미디어 효과를 불러올 수도 있다.

커뮤니케이션, 비영리 조직 그리고 민주주의

힘이 약한 집단이 커뮤니케이션 활동을 통해서 미디어에 접근하는 권리를 획득하게 되고 자신의 목소리를 알릴 수 있는 기회를 얻게 된다는 것은 민주주의의 발전과 연결된다. 결국 관건은 사회운동을 주도하는 비영리 조직이 기존의 권력을 갖춘 조직과 이슈에 대한 경쟁을 통해서 자신의 목소리를 획득할 수 있는 기회를 얻게 되는 것이다. 미디어 접근과 관련한 전통적인 의견은 정부와 기업 등 힘을 소유한 집단들이 미디어를 통해서 점점 더 자신의 기존 권력을 강화하게 된다는 것이다(Cottle, 2001). 언론이 정부 등 힘있는 소스의 이슈 표명에 주목한다는 중요 정의자이론primary definer theory도 이러한 주장을 반영한 것이다(Hall et al., 1973). 하지만 대안적인 시각도 있다. 상대적으로 자원이 빈약한 시민 조직도 효과적인 커뮤니케이션 활동을 통해서 힘의 균형을 회복하고, 사회적인 영향력을 획득하는 것이 가능하다는 주장이다.

이러한 논의는 앞에서 말했듯이 공중 관계 커뮤니케이션의 사회적 역할을 어떻게 볼 것인가 하는 시각과도 연결된다. 공중 관계 커뮤니케이션의 사회적인 역할도 전통적인 입장, 다원주의적인 입장, 다원주의적 낙관론pluralistic optimism의 입장으로 바라볼 수 있다(Davis, 2000). 전통적인 입장은 기업, 조직 등 힘있는 조직의 공중 관계 커뮤니케이션 활동이 기존의 힘을 강화할 것이라는 것이고, 다원주의 입장은 다양한 소스 조직이 사회적인 정당성을 둘러싼 자유로운 경쟁을 통해서 나름대로 이슈 관련 균형점을 찾아갈 것이라고 본다. 여기서 한 발 더 나아가 다원주의적 낙관론의 입장은 자유로운 경쟁을 통한 힘의 균형뿐 아니라 전반적으로 민주주의를 발전시키게 될 것이라고 좀더 낙관적으로 보는 시각이다. 이러한 시각에서 중심되는 논의는 비영리 조직이다. 비영리 조직의 전문적인 커뮤니케이션 담당자는 힘의 부족을 뛰어넘어 자원봉사 조직을 동원하고 시민 내부의 커뮤니케이션 역량을 강화함으로써, 힘의 불균형을 극복하고 사회적인 공론의 장을 넓혀 가게 된다(Cottle, 2001).

결국 비영리 조직의 커뮤니케이션 활동은 조직의 정당성을 기반으로 사회적인 영향력을 확대해 나가는 노력이라고 할 수 있는데, 이것은 전통적으로 사회적인 자산이라고 치부해 왔던 경제 자본economic capital보다는 문화 자본cultural capital에 주목하고 있다고 말할 수 있다. 비영리 조직의 상대적으로 공식화되지 못한 소스가 전문가적인 공중 관계 커뮤니케이션 활동을 통해서 그러한 문화적인 자산을 축적해 갈 수 있으며, 공식적인 소스에 대항하거나 논의를 자극하여 공론의 장을 풍부하게 하는 역할을 담당할 수 있게 된다.

실제로 그린피스Greenpeace 등 환경단체의 활약은 상대적으로 자원이 부족한 조직이 커뮤니케이션 전략을 잘 활용함으로써 힘있는 조직의 정책을 바꾸는 결과를 가져왔다. 앞으로도 엘리트 소스의 힘이 축소되고, 환경단체 등 커뮤니케이션 능력을 활용할 줄 아는 이해집단이 많이 등장하고, 공식 소스와 비공식 소스의 의견을 점점 더 관심 있게 비교하는 사회 분위기가 조성되면, 비영리 조직의 커뮤니케이션 활동은 역동적인 공론의 장 여론 형성 경쟁을 유도하는 역할을 담당하게 될 것이다(Blumler, 1990; Cottle, 2001; Davis, 2002; Shoemaker, 1989).

또한 비영리 조직의 커뮤니케이션 활동은 자본에 덜 종속되고, 기존 조직의 정당성에 구애받지 않고 활동을 펼칠 수 있기 때문에(Shoemaker, 1989), 오히려 소스의 범위를 넓히고, 일상적인 취재와 구역beat에 사로잡힌 정보의 한계를 뛰어넘어 미디어를 창의적으로 만들어 주는 역할을 하게 될 것이다(Shoemaker, 1989). 이러한 현상들이 종합적으로 작용하여 비영리 조직의 커뮤니케이션 활동을 통한 이슈 경쟁issue competition이 활성화될 수 있고, 이러한 소스 이슈 경쟁의 활성화가 민주주의의 발전에 실질적으로 기여하게 될 것이다. 아래 정부와 시민단체의 이슈 경쟁을 살펴본

연구 결과도 그러한 필요성을 보여 준다.

> 많은 소스들은 여론의 장에서 유리한 고지를 차지하기 위해 미디어를 통해서 자신의 아이디어를 전파하고자 노력한다. 이런 과정에서 미디어의 다양성과 균형 감각이 무엇보다도 요구된다. 즉 다양한 소스들이 균형잡힌 시각과 함께 미디어에 반영되도록 하는 것이 언론인의 의무가 되어가고 있다(McQuail, 1992). 하지만 이것은 이상적인 규범에 그칠 뿐, 현실은 힘을 가진 소스들의 의견이 뉴스에 편향되게 반영된다. 공중 관계 커뮤니케이션을 여론을 둘러싸고 조직이 공중과 관계를 형성하기 위한 커뮤니케이션 활동이라고 설정한다면, 힘을 가진 조직은 강력한 공중 관계 커뮤니케이션 능력을 자랑한다. 하지만 이러한 경향은 조금씩 변하고 있다. 정부와 기업뿐 아니라 시민사회의 성숙과 함께 각종 시민단체, 비영리 조직이 공적 소스로서 역할을 어느 정도 수행하고 있으며, 공중 관계 커뮤니케이션 능력에 따른 언론 접근에서도 외견상의 균형이 어느 정도 이루어져 가고 있다(Cottle, 2003; Davis, 2000). 이는 공중 관계 커뮤니케이션이 가진 자의 힘을 강화하기 위한 수단이 아니라 상대적으로 힘이 약한 조직이 공론의 장에서 힘의 균형을 회복할 수 있는 도구로 이용되고 있는 것이다. 또한 이러한 논의는 최근 공중 관계 커뮤니케이션 학자들이 이야기하는 다원주의적 낙관론을 통한 공론의 장 확대와 공중 관계 커뮤니케이션의 민주주의 기여 주장과 맞닿아 있다(Davis, 2000, 2002). 다원주의적 낙관론은 힘이 없는 조직의 활발한 공중 관계 커뮤니케이션 활동을 통해서 소스 경쟁의 균형을 가져올 수 있다는 시각이다. 하지만 아직도 공중 관계 커뮤니케이션은 힘을 가진 조직의 전유물처럼 여겨지는 경우가 많으며 힘의 불균형이 언론 노출의 불균형으로 굳어져 가는 것도 엄연한 현실이다. 이러한 현실적 어려움이 이번 연구에서도 그대로 드러났다고 할 수 있다. 따라서 시민단체, 비영리단체 등 상대적으로 힘의 열세에 있다고 생각되는 조직이 공중 관계 커뮤니케이션 능력을 강화하여 사회적인 힘의 불균형을 시정하는 방향으로 나

아가야 한다는 사회적 당위성을 이번 연구에서도 확인할 수 있었다(김영욱, 2007: 171-172).

비영리 조직과 효과적인 커뮤니케이션 활동

그렇다면 비영리 조직의 커뮤니케이션 활동은 어떻게 자원의 열세를 뛰어넘을 수 있을까? 비영리 조직의 효과적인 커뮤니케이션 활동이 가능한 이유는 여러 가지가 있다(Davis, 2000). 우선 미디어 접근의 정도는 비용과 비례하지는 않는다. 또한 커뮤니케이션 활동의 기본적인 자원은 사람이다. 이와 함께 특별한 자격이나 장기 교육이 없어도 커뮤니케이션 활동은 실행될 수 있다. 이것은 커뮤니케이션 활동의 대중성, 즉 실행 가능성을 의미한다. 이와 함께 커뮤니케이션 수단의 편재성도 중요한 요인이다. 비영리 조직은 몇몇 커뮤니케이션 전문가와 자원봉사 조직을 결합하여 얼마든지 세련된 커뮤니케이션 전략을 실현해 나가는 것이 가능하다. 문제는 정당성legitimacy을 효율적으로 확보하는 것이고, 창의적인 커뮤니케이션 프로그램을 고안하는 전문가적인 안목을 가지는 것이다. 물론 성공적인 커뮤니케이션 프로그램을 고안하기 위해서는 제2부에 나오는 비영리 커뮤니케이션 캠페인의 내용과 방법들을 잘 숙지하는 것도 중요하다.

비영리 커뮤니케이션이 효과적으로 되기 위해서는 이슈 중심의 활동이 되어야 한다(Cottle, 2000; Davis, 2000, 2002). 앞서 설명했듯이 영리 조직처럼 조직의 이윤이나 시장 경쟁력에 신경쓸 필요없이 비영리 조직이 내세우는 이슈에 집중해야 커뮤니케이션 효과를 극대화할 수 있다. 즉 조직이 내세우는 이슈에 집중함으로써 이기적이지 않다는 인상을 주게 되고, 영리 조직처럼 이기적인 면을 고려해야 하는 부담에서 벗어날 수 있다. 이러한 이슈 집중은 미디어의 선호를 받게 된다. 즉 비영리 조직은 일단 공중의 이익을 대변하기 때문에 더욱 미디어의 흥미를 자극하게 된다. 또한 미디어의 객관성, 공중 이익 대변 등의 특성과도 맞아떨어지기 때문에 미디어의 자연스러운 주목을 받게 되고, 공중에게도 자연스럽게 받아들여진다.

한편 이러한 이슈는 구체적이고 분명한 요구demands를 담고 있어야 한다(Shaw, 2001). 쉽게 집중할 수 없는 이슈는 조직원의 힘을 분산시키고, 지속 가능한 사회운동을 어렵게 한다. 구체적인 요구는 계속 변할 수도 있다. 예를 들어 미국산 쇠고기 광우병 파동과 관련하여 촛불 집회가 후반으로 갈수록 힘을 잃게 된 요인에는 광우병 쇠고기라는 이슈가 이명박 정권 퇴진이나 각종 정책에 대한 이슈와 맞물리게 되면서 구체적이고 분명한 요구를 상실한 것도 원인으로 지적할 수 있다. 한꺼번에 모든 문제를 해결할 수는 없다. 그럴 때는 가장 실현 가능성이 높고, 충격 효과가 큰 요구 사항에 집중하는 것이 바람직하다.

또한 외부 공중이 오해할 요소가 있다면 과감히 개방하여 오해를 불식시키는 것이 좋다. 예를 들어 어떤 사회운동이 한 조직의 이해 관계와 연결되어 있다는 말이 나오면, 그러한 주장과 관련된 사실을 과감하게 공개하고 주장하는 메시지는 수정해야 한다. 예를 들어 한미 쇠고기 협상과 관련하여 촛불 집회 참가자들이 반미주의자들이라는 반대 측 주장이 나오면, 반미와 촛불 집회 참가자는 관련이 없다는 것을 적극적으로 알리고, 그것을 효과적으로 알릴 수 있는 메시지를 고안하는 것이 필요하다. 무엇보다도 오해를 불식하고 최대한 공중과 의미 공유를 이루는 것이 필요하다. 예를 들어 '미국 NO, 광우병 NO'라는 구호보다는 '미국 YES, 광우병 미국소 NO'라는 구호가 더 공중과 의미 공유를 이룰 수 있다. 쓸데없는 오해로 공격의 빌미를 제공하는 것은 효과적인 커뮤니케이션이라고 할 수 없다.

또한 공중의 이익을 대변함과 동시에 미디어의 흥미 요소를 함께 갖추는 것이 필요하다. 아무리 딱딱한 주제라고 하더라도 공중의 감성을 자극하여 감정이입emphathy 효과를 가져올 수 없다면 의미 공유에 실패하게 된다. 영리 조직은 아무리 잘 만든 광고라 하더라도 일정 이상 수준의 감정이입은 힘들지만, 비영리 조직 커뮤니케이션은 공중과 일체감을 느낄 수 있는 공공성, 개방성, 진정성 등의 요소를 가지고 있다. 만약 비영리 조직이 영리 조직이 하는 사회책임성 관련 기업 광고 수준의 커뮤니케이션을 할 수 있다면 그 효과는 엄청날 것이다. 결국 비영리 조직의 커뮤니케이션 효과는 조직의 특성을 솔직하게 그러나 효과적으로 활용하는 것이다.

한편 비영리 커뮤니케이션 활동의 효과를 극대화하기 위해서는 제3자 효과를 극대화하는 것이 필요하다. 제3자 효과는 우군 확보라는 개념과도 통한다. 비영리 조직의 활동은 공중의 지지를 획득하고 사안에 동의해서 참여할 수 있는 사람의 수를 늘리지 못한다면 성공할 수 없다. 결국 이 모든 영향력 배가 노력은 정당성 확보에 달려 있는데, 정당성은 자신이 말하는 것보다는 이해 관계에서 벗어난 제3자가 말했을 때 가장 효과적이라고 할 수 있다. 비영리 조직은 자체로 공중 이익을 대변하기 때문에 사회적으로 충분한 정당성과 영향력을 갖춘 제3자 대변인을 많이 확보할 수 있다. 공적인 인물과의 유대를 통한 커뮤니케이션 활동은 효과를 극대화시킨다. 단 제3자의 선택은 역풍을 몰고 올 수 있기 때문에 신중해야 한다.

기본적으로 공중 관계 커뮤니케이션을 잘한다는 것은 경제적인 자산, 조직의 정당성 등을 비롯한 문화적인 자산, 인적 자산, 전략적인 행위 등과 광범위하게 관련된다. 비영리 조직은 경제적인 자산이 부족하지만 조직의 문화적인 자산에서 영리 조직을 앞설 수 있고, 인적 자산은 자원봉사자 및 자발적인 참여자의 확보를 통해서 보충할 수 있다. 앞으로의 관건은 이러한 장·단점들을 잘 소화해서 어떻게 전략적으로 적용할 것인가 하는 문제이다. 지금까지 비영리 조직은 진정성에 호소하려는 경향이 강했기 때문에 전략적인 접근에서 영리 조직에 비해 취약한 측면이 많았다. 하지만 앞으로 비영리 조직은 미디어의 일상성을 뛰어넘고, 공중의 근심 사항과 의미 공유를 이루어 내며, 우호적인 지지 세력을 확보하는 등의 노력을 전략적으로 펼침으로써 공중과 장기적인 커뮤니케이션이 가능한 활동을 펼치는 것이

표 3-3 비영리 조직의 효과적인 커뮤니케이션 원칙

1. 이슈 중심의 공공성 확보
2. 오해의 불식을 통한 의미 공유
3. 감정이입을 통한 일체감 형성
4. 우군 확보를 통한 정당성 배가

필요하다. 이러한 노력은 거시적인 차원에서 비영리 조직의 커뮤니케이션 활동을 통한 민주주의의 발전으로 이어질 수 있다(Davis, 2000).

특히 문화적인 자산, 즉 상징적인 자원을 이용하는 것은 비영리 조직 커뮤니케이션의 큰 장점이 될 수 있다(Manning, 2001). 현대의 조직은 미디어 전략을 포함하여 어떻게 커뮤니케이션 전략을 가져가느냐에 따라서 상징적인 힘을 충분히 획득할 가능성이 열려 있다(Gamson & Modigliani, 1989). 이러한 상징적인 힘symbolic packages은 결국 정치적으로 열세에 있는 조직도 힘의 균형을 회복하는 데 충분히 이용할 수 있다. 물론 이러한 진단은 사회적인 힘에 대한 고려가 배제됨으로써 상징 자원을 지나치게 강조하는 감이 있다. 하지만 상징 자원이 물질적인 자원의 결핍을 보충할 수 있도록 유도할 수 있다면, 이러한 노력이 비영리 조직의 경쟁력이 된다.

사회적인 약자의 커뮤니케이션: 갈등 전략과 제3의 길

지금까지 사회운동을 이끌어 가는 비영리 조직의 커뮤니케이션 활동이 민주주의에 미치는 영향, 이와 관련한 활동 원칙과 실행 방법에 대해서 일반적으로 논의했다. 하지만 대부분 사회운동을 이끌어 가는 조직은 사회의 약자들이다. 사회적인 정당성과 영향력 면에서 거의 기존 권력과 맞먹는 힘을 갖추게 된 비영리 조직도 많지만 대부분의 비영리 시민 조직은 권력의 열세에서 벗어나지 못한다. 따라서 비영리 조직의 사회운동과 관련한 논의들을 사회적인 약자라는 입장에서 좁혀 보는 것도 의미가 있다. 그들이 어떻게 커뮤니케이션 활동을 펼침으로써 사회적인 힘을 획득할 수 있을까?

많은 관련 논의들이 주로 사회적인 약자가 이용할 수 있는 수단은 폭력과 미디어 집중밖에 없다고 보고, 사회적인 갈등을 조장한다든지, 사회적인 쟁점화를 통해서 미디어 접근을 높이는 방법을 택해야 한다고 주장했다(Alinsky, 1971; Wolfsfeld, 1984). 이 밖에도 우군을 획득하는 방법, 법률적인 수단을 이용하는 방법, 지역사회 감성에 호소하는 방법 등이 논의되었다. 하지만 주로 갈등 조장을 통한 미디어 접근 제고의 차원에서 많이 논의되어 왔다.

일반적으로 비영리 조직이 미디어를 이용하는 이유로서는 광범위한 공적 토론이 가능하고, 사안을 중요하게 자리매김할 수 있으며, 많은 지지 세력을 확보할 수 있는 가능성을 높인다는 측면 등이 거론된다. 하지만 이러한 논의에서 다루어지는 미디어 접근은 주로 매스 미디어 위주의 수동적인 노출 정도에 머물렀으며, 비영리 조직의 직접적인 미디어 활동에 대한 논의는 부족했다. 사회적인 약자로서 비영리 조직의 미디어 활동을 다룰 때는 전통적인 매스 미디어에 대한 접근과 함께 능동적인 미디어 활동과 메시지 생산 증강에도 함께 초점을 맞출 필요가 있다. 또한 매스 미디어 위주의 접근법은 수동적인 노출에 초점을 맞추다 보니 커뮤니케이션 활동을 갈등 조장을 통한 사회적인 이슈화로 몰아갈 가능성을 높인다.

특히 정책을 다루는 분야와 관련된 조직은 갈등적인 시각에서 정책적인 안건을 바라보는 경향이 강하다(Rochefort & Cobb, 1994). 이러한 흐름은 정책 안건을 의제 설정 차원의 문제 정의problem definition로 보는 시각에서 그대로 드러나는데, 문제 정의 시각에 따르면 말 그대로 같은 정책 안건을 상이한 세계관에 따라 차원이 다른 문제로 정의하는 경우가 대부분이다. 그렇기 때문에 이러한 상충되는 사회 현실 인식social construction of reality이 사회 내에서는 서로 경쟁할 수밖에 없다고 본다. 따라서 사회정치적인 갈등은 필연적이고, 어떤 정책에 대해서 반대편의 시각을 가진 사람들은 이슈에 대한 정의와 재정의 과정을 통해서 갈등을 만들어 내고 이를 통해서 유리한 여론을 형성하려고 노력하게 된다. 자유, 정의, 민주주의, 평등 등 광범위한 지지를 이끌어 낼 수 있도록 많은 사람에게 환영받는 수사를 이용하여 정책을 정의하는 것도 모두 이러한 노력의 일환이다. 따라서 이러한 시각에 따르면 정책 결정 과정에서 갈등은 필연적으로 수반될 수밖에 없으며 이러한 경쟁은 자연스러운 것이다.

대부분 이러한 정책적인 경쟁은 문제를 어떻게 정의하느냐에 달려 있기 때문에 언어적인 요소와 상징적인 요소들에 의해 많이 좌우된다. 문제 정의에서 많이 쓰이는 언어적인 요소는 1) 이야기stories, 2) 제유synecdoche, 3) 은유metaphor, 4) 모호성ambiguity 등이다(Stone, 1988). 대부분의 정책적인 언변을 살펴보면 감동적이고 설득적인 이야기를 만들어 내거나, 부분으로 전체를 대변한다든지(제유), 사안의 유사성을 강조한다든지(은유), 모호한 의미들을 다각적으로 가져다 붙이는 경우가 대부분이다. 정책적인 정의를 둘러싸고 이러한 언어적인 표현을 효과적으로 이용하는 것이 대립적인 세계관을 누르고 유리한 여론을 조성하는 데 필요하다. 예를 들어 김대중 정부 당시 북한에 대한 유화책을 '햇볕 정책'이라고 정의했지만, 야당에서는 '일방적인 퍼주기'로 재정의하고 있다. 같은 정책적인 사안을 둘러싸고 서로 다른 세계관이 충돌하게 되고, 이러한 다른 정의를 둘러싸고 유리한 여론을 선점하기 위한 경쟁이 벌어지게 된다. 햇볕 정책이라고 하는 정책적인 은유가 '일방적인 퍼주기'라는 일면을 전체로 치환하는 제유와 대립하고 있는 형국이다. 이명박 정부가 김대중 정부와 노무현 정부의 10년을 '잃어버린 10년'이라고 정의하면서 출범했지만 사실상 그러한 정의의 정확한 의미가 무엇인지에 대해서 사람들은 알지 못한다. 하지만 이러한 제유적이고 모호하지만 반면 철저히 감각적인 문제 정의는 언제나 사람들을 설득하는 데 엄청난 힘을 발휘한다. 최근에 강을 둘러싼 국토 개발 논쟁과 함께 벌어지고 있는 '4대 강 살리기'와 '4대 강 죽이기'라는 모호한 말의 경쟁은 정책적인 정의가 얼마나 첨예할 수 있는가를 잘 보여 준다.

Rochefort & Cobb(1994)은 문제 정의를 둘러싸고 갖추어야 하는 수사학적인 요소들을 정리했는데, 그것은 인과성causality, 심각성severity, 확실한 계기incidence, 참신함novelty, 근접성proximity, 위기감crisis, 문제 공유 공중problem populations, 기능적인 측면과 표현적인 측면의 조화instrumental vs. expressive orientations, 문제 해결solutions 등이다(〈표 3-4〉 참조). 문제 정의가 우호적인 여론을 형성하기 위해서는 문제에 대한 원인 분석이 정확해야 하며, 사회적으로 심각한 문제를 적절하게 제기하면서 특정한 상황에 대한 공감대를 바탕으로 사안에 대한 참신한 시각에 기반하고 있어야 한다. 아무리 중요한 문제도 제기 방식이 진부하면 사람들의 관심을 끌기 힘들다. 또한 자신과 지역의 문제로 바라보면서 위기감을 느끼고 동의하는 공중이 많아야 하고, 기능적인 측면뿐만 아니라 참여 공중이 함께 동의하는 어떤 가치를 표현할 수 있어야 한다. 마지막으로 문제 해결에 대한 단서를 함께 제공할 수 있어야 한다.

이러한 요소를 갖춘 문제 정의가 공중의 지지를 받게 되는 경우가 많다. 하지만 지금까지 설명한 문제 정의를 둘러싼 경쟁은 정책 갈등 차원에서 단기적이고 언어를 이용한 상징적인 대립에 초점을 맞추는 경향이 강하다. 또한 이러한 대립도 일정한 힘을 가진 주체 사이의 대립에 초점을 맞추었기 때문에 비영리 조직의 입장에서는 그대로 적용될 수 없는 경우가 많다. 다만 문제 정의를 둘러싼 수사학적인 전략들은 정책을 둘러싼 대립과 갈등을 강조하면서도 그것이 사회적인 현실 구성을 둘러싼 커뮤니케이션 차원의 대립임을 강조하고 있다. 이러한 시각은 결국 사회적인 갈등은 커뮤니케이션 문제로 수렴될 수 있으며, 얼마나 커뮤니케이션 전략을 잘 짜느냐에 따라서 힘의 불균형도 어느 정도 해소할 수 있다는 것을 보여 준다. 또한 이러한 문제 정의를 둘러싼 수사학적인 전략은 비영리 조직 커뮤니케이션 활동에서 메시지를 창출하는 전술적인 측면에서도 유용하게 고려될 수 있다.

표 3-4 문제 정의를 둘러싼 수사학적인 요소

1. 인과성causality
2. 심각성severity
3. 확실한 계기incidence
4. 참신함novelty
5. 근접성proximity
6. 위기감crisis
7. 문제 공유 공중problem populations
8. 기능적인 측면과 표현적인 측면의 조화instrumental vs. expressive orientations
9. 문제 해결solutions

한편 기존의 연구에서는 공중 관계 커뮤니케이션 캠페인을 사회적으로 힘을 가진 집단이 사회 이슈를 자신들의 구미에 맞는 사회적인 의미로 개념화하기 위한 수단 정도로 이해하는 경향이 강했다. 하지만 앞서 설명한 대로 공중 관계 커뮤니케이션을 사회적인 힘의 균형을 맞추어 가는 수단으로 이해한다면, 사회적인 약자의 힘 부여empowerment 전략으로 이해될 수 있다. 이러한 예는 영국 우체국 노조의 우체국 민영화에 맞선 투쟁 등에서 찾아볼 수 있다(Davis, 2000). 절대적인 사회적 약자의 위치에 있었던 노조는 정부의 민영화 조치에 맞서 대對국민 커뮤니케이션 캠페인을 펼쳤고, 이러한 노력을 통해서 민영화가 공공의 이익에 부합되지 않는다는 논리를 공중에게 이해시키고, 그들을 노조를 지지하는 세력으로 끌어들임으로써 정부 조치를 뒤엎을 수 있었다. 우리나라에서도 커뮤니케이션 활동의 성공이 조직 활동의 성공으로 이어진 예를 많이 찾아볼 수 있다. 결국 효과적인 커뮤니케이션 활동이 사회적 약자 집단의 성공 여부를 좌우한다고 해도 과언이 아니다.

그렇다면 사회적인 약자 집단의 커뮤니케이션 캠페인이 성공하기 위해서는 어떻게 해야 할까? 우선 자원의 열세를 극복하기 위해서 내부 결속을 강화해야 하고, 자원봉사를 통해서 인적 자원을 확보해야 할 뿐만 아니라, 전문가 등 제3자의 도움을 극대화하는 것이 필요하다. 이러한 내부적인 결속력을 바탕으로 우호 세력의 확보, 그리고 사회적 약자 집단 간 연대를 통해서 공적인 소스의 미디어 독점에 대응하는 것이 필요하다(Manning, 2001).

기존 매스미디어로의 접근에서도 제3자 집단이나 전문가 집단의 도움을 통해서 소스의 지위를 공식화하는 것이 필요하고, 직접적인 미디어 활동도 활성화하여 공중과의 접촉을 넓힐 뿐만 아니라 소스로서의 지위도 다원화하는 것이 필요하다. 결국 관건은 연대, 승인 등을 통해서 인식될 수 있는 덩치를 키우고, 사회 내 공식적인 지위를 확보하는 것이다. 마지막으로 사회적인 약자 집단은 확보된 지위를 바탕으로 효과적인 메시지 전략을 펼쳐 나가야 한다. 사회적인 약자의 메시지 논조는 투쟁의 상투성을 벗어날 필요가 있다. 또한 이기적으로 보이지 않도록 노력할 필요가 있으며, 언제나 공공성의 가치를 전면에 내세워야 한다. 이러한 노력으로 공중의 관심을 끌게 되고 의미의 공유를 이루게 될 때 사회적인 약자라는 한계에서 벗어날 수 있다.

이러한 광범위한 커뮤니케이션 노력의 필요성에도 불구하고, 지금까지의 사회적인 약자의 노력은 많은 경우 갈등이나 항거protests의 수준을 벗어나지 못했다. 이는 매스 미디어에 접근하기 힘든 사회적인 약자의 지위 때문에 갈등 전략이 필요했기 때문이다. 갈등 전략이 뉴스 가치를 점하는 이유는 여러 가지이다(Wolfsfeld, 1984). 우선 갈등이나 항거는 정치적인 해석을 낳을 수 있고, 폭력적인 수단으로 이어지게 되면 미디어로서는 완벽한 사회 드라마를 만들어 낼 수 있다. 또한 갈등이 있는 곳에서 사람들의 관심과 흥미를 끌게 된다. 하지만 지나치게 미디어 접근을 의식해서 갈등을 조장하는 전략은 장기적인 공중 관계 관점에서 문제를 드러낼 수 있다. 왜냐하면 실체나 주장보다는 갈등이 강조됨으로써 시간의 경과에 따라 지속 가능한 사회적인 동력을 상실하거나 문제 해결을 위한 근본적인 논의 과정을 놓칠 수 있기 때문이다.

Jackson(1982)은 사회운동을 하는 시민단체의 경우 다섯 가지 대표적인 커뮤니케이션 전략이 이용될 수 있다고 보았다(〈표 3-5〉 참조). 그것은 1) 정보 제공 차원 활동information activities, 2) 상징적인 활동symbolic activities, 3) 조직화 활동organizing activities, 4) 법률적인 활동legal activities, 5) 시민 불복종 활동civil disobedience activities을 말한다. 정보 제공 차원 활동은 인터뷰라든지 언론 관계를 통해서 적극적으로 언론에 정보를 제공하는 것이고, 상징적인 활동은 보이콧 등을 통해서 사회운동의 의미를 상징적으로 보여 주려는 활동을 말한다. 예를 들어 모피 반대단체에서 나체 시위를 벌이는 것 등은 가장 극적으로 모피 반대의 의미를 상징화한 것이다. 조직화 활동은 전단지를 나눠 주거나 회합을 통해서 시민들 간의 네트워크를 형성하려는 활동을 말하고, 법적 활동은 소송 제기, 청문회 증언, 규제기관에 압력 넣기 등의 활동을 말한다. 가장 극단적인 형태로 나타나는 것이 시민 불복종 활동이다. 부당한 권력에 대항하여 시민의 기본 권리를 지키기 위해 펼치는 활동을 의미하며, 연좌 농성, 위법적인 활동 등을 포함한다.

하지만 이러한 활동들은 기존 사회운동 조직의 커뮤니케이션 활동을 잘 정리하고 있지만, 충분히 커뮤니케이션 능력을 극대화하고 있다고 보기는 힘들다. 예를 들어 언론을 이용하여 정보를 제공하거나 전단지를 나눠 주는 등의 소극적인 활동을 통해서 공중과의 관계를 조직화하는 활동은 체계적이지 못하고 장기적인 영향력을 도모하기도 힘들다. 또한 시민 불복종 활동을 통해서 극단적인 갈등 전략을 도모하는 것은 좁은 의미의 커뮤니케이션

표 3-5 기존 사회운동단체의 커뮤니케이션 전략

1. 정보 제공 차원 활동information activities
2. 상징적인 활동symbolic activities
3. 조직화 활동organizing activities
4. 법률적인 활동legal activities
5. 시민 불복종 활동civil disobedience activities

수단만을 활용하고 있다고 비판받을 가능성이 농후하다. 사회운동단체를 포함한 비영리 조직의 커뮤니케이션 활동은 갈등 전략을 포함해서 좀더 광범위하고 지속 가능하며 장기적인 목표 달성이 가능한 프로그램에 따라 기획되고 실행되는 것이 중요하다.

물론 우리나라의 현재 상황에서 비영리 조직이 공중의 관심을 끌고 여론을 형성하기 위해서는 충격적인 방법을 사용하는 것은 불가피한 측면이 있다(이것은 우리나라 언론의 무책임한 보도 태도에 더 큰 문제가 있다!). 하지만 이 책에서 주장하는 것은 이러한 충격적인 방법이 효과적이지 않다는 것이 아니라 이러한 방법들이 장기적인 커뮤니케이션으로 수용되고, 공중과의 관계 증진에 도움을 주는 방향으로 연결되어야 한다는 것이다. 예를 들어 어떤 사안에 대해 촛불 집회를 고안해서 공중의 관심을 끄는 데는 성공했지만, 주장하는 실체가 부족하고 공중과 사안에 대한 의미 공유를 이루어 내는 데 실패한다면 이는 하나의 깜짝 쇼에 불과하게 된다. 아래 신문 사설에서 인용한 글은 미국 쇠고기 수입을 둘러싸고 일어났던 시민의 촛불 시위가 왜 추진 동력을 상실했는지 설명한다. 모든 비영리 조직의 활동이 장기적인 커뮤니케이션 계획을 수립하고 절차적이고 실체적인 원칙을 스스로 정하고 지켜야 하는 이유가 여기에 있다. 제2부의 커뮤니케이션 캠페인 수립 단계와 방법은 이러한 장기적인 커뮤니케이션 계획 수립에 도움을 주기 위해 꾸며졌다고 할 수 있다.

> [촛불 시위는] 자유롭고 유쾌한 한바탕 난장이었다. 집회 기간 내내 가장 많이 불린 노래는 '대한민국의 모든 권력은 국민으로부터 나온다'는 '헌법 제1조'였다. 촛불 집회에 나온 대중들은 시민사회단체 연합체인 광우병국민대책회의의 주도적 역할마저 인정하려 하지 않았다. 그러나 이것은 동시에 촛불의 한계이기도 했다. 석 달 넘게 타오른 촛불은 대안과 구심점 부재를 드러냈다. 1987년과는 달리 촛불에는 그 에너지를 결집할 정치적 중심 세력이 없었다는

게 결정적 문제였다. 항구적 대중운동으로 진화하는 데 실패한 촛불은 시민들의 피로 누적과 이명박 정권의 폭력적 탄압 앞에서 동력을 잃어갔다. 6월항쟁은 민주화라는 성과를 가져왔지만 촛불은 이렇다 할 결실을 못 얻은 것처럼 보인다("엄혹한 시대에 맞이하는 촛불 1주년," 경향신문, 2009년 5월 3일자 사설).

사회운동과 비영리 조직의 커뮤니케이션 활동을 둘러싼 사회적인 조건이 많이 변했다. 이제 미디어를 이용하는 것을 포함해서 직접 미디어 콘텐츠를 생산하는 것을 포괄하는 광범위한 전략이 필요하고, 장기적인 커뮤니케이션을 통해서 관련 공중과 지속적인 공중 관계를 형성, 유지, 발전시켜야 하는 상황에 직면해 있다. 비영리 조직의 평판에 대한 의문도 많아지고 있으며, 당연하게 생각되어 오던 조직 정당성legitimacy도 공중 관계 형성을 통해서 새롭게 인정받아야 하는 상황이 되고 있다. 최근 들어 일어나고 있는 비영리 조직의 부정과 관련한 논란이나 비민주적인 조직 운영 방식에 대한 시민의 곱지 않은 시선도 공중 관계를 중심으로 한 새로운 접근이 필요한 이유가 되고 있다. 내 · 외부 공중과의 우호적인 관계 형성은 결국 커뮤니케이션 의존도를 높일 수밖에 없다.

자원봉사 등 인적 자원의 동원, 지속적이고 자발적인 기부금의 형성, 사회적인 영향력의 확대 등 이제 모든 비영리 조직의 사안은 커뮤니케이션 활동에 의존하게 되었다. 결국 사회적인 약자의 지위는 공중과의 커뮤니케이션을 통해서만 벗어날 수 있다. 하지만 비영리 조직은 이러한 커뮤니케이션 노력이나 역량면에서 문제가 있었던 것이 사실이다. 따라서 제2부에서 이어질 비영리 조직의 커뮤니케이션 캠페인은 일반적인 커뮤니케이션 활동의 틀을 광범위하게 제시하는 데 초점을 맞추고 있다. 이러한 일반적인 틀이 비영리 조직의 활동에 기본적으로 적용된다면 사회적인 약자의 지위를 보완하는 데 많은 도움을 줄 수 있을 것으로 생각한다.

표 3-6 비영리 조직의 커뮤니케이션 활동과 관련한 새로운 맥락

1. 갈등 전략에서 벗어난 지속적인 사회 변화 동력의 창출
2. 직접적인 미디어 콘텐츠의 생산과 유포
3. 웹2.0 시대에 따른 다양한 메시지와 미디어 형태의 고려
4. 조직 정당성에 대한 평판 관리와 경쟁 논리의 도입
5. 공중과의 장기적인 관계 형성을 통한 우호적인 세력의 지속화 필요성

협상, 갈등 해소 그리고 사회운동

협상과 갈등 해소 분야에서도 사회적인 약자 집단의 현상 타개 방법에 대한 논의가 많이 있어 왔다. 힘이 약한 비영리 조직의 입장에서는 기존 권력과 협상을 통해서 갈등 해소를 위한 합의점을 찾아야 하는 경우가 많다. 따라서 커뮤니케이션 전략의 수립 과정에서 이러한 협상 관련 논의점을 참조하는 것이 조직에 유리한 결과를 가져올 수 있다. 사회적인 약자를 한 축으로 하는 협상은 갈등이 극대화되는 경우가 많다. 이런 갈등 모델을 치킨 게임chicken game이라고 한다. 치킨 게임은 서로 반대편에서 시작해서 차를 충돌 직전까지 몰아가는 담력 게임을 말하는데, 충돌 직전에 먼저 피하는 사람을 치킨, 즉 겁쟁이라고 부르는 데서 유래했다.

치킨 게임은 서로 간에 극단적인 경쟁을 통해서 협상을 파국적인 상황으로까지 몰아가는 형국을 표현한다(Morrow, 1994). 이런 상황에서도 힘의 불균형은 엄연히 존재한다. 많은 비영리 시민 조직이 치킨 게임을 불사하는 이유는 근본적으로 힘의 불균형에서 유래하는 경우가 많다. 우리나라의 경우 노조의 극단적인 행위가 비판을 받고 있지만, 그 내면을 들여다보면 힘의 불균형을 극복하고 발언권을 확보하기 위한 전략적인 행위로서 극단적인 선택을 하는 경우가 많다. 예를 들어 평택 대우차 공장의 처리를 둘러싼 파업 사태를 보면 노동자의 입장에서는 파업이 대화를 유도하고 자신들의 의견을 관철시킬 수 있는 마지막 선택이 될 수밖에 없었다. 하지만 극단적

인 투쟁 노선은 공중의 외면을 받는 경우가 많고, 이는 곧 조직 활동에 대한 동력의 약화로 이어진다. 따라서 사회적인 약자의 경우 좀더 지혜로운, 공중과 유리되지 않으면서 지속 가능한 동력을 창출하는 것이 무엇보다도 중요하다. 이러한 상황을 이해하고, 전략적인 접근 방법을 제안하기 위해서 우선 치킨 게임의 전개 상황부터 이해하는 것이 필요하다.

보통의 치킨 게임은 일회성으로 끝나지 않는다. 양자간의 대립은 연속적인 일련의 행위들에 의해서 반복되는데the iterated game, 이러한 반복성을 통해서 한쪽이 굴복하는 경우도 있지만, 대립이 격화되기도 한다(Oye, 1985). 치킨 게임의 딜레마는 상대방에게 자신의 결심과 위협을 가장 적절하게 보여 줄 때 상대방을 굴복시킬 수 있다는 것이지만, 이러한 위협이 지속적인 효력을 발휘하기는 어렵다는 것이다. 한번 굴복당한 상대방은 더욱 극단적인 선택을 하게 될 것이고, 서로의 위협 수위는 높아질 수밖에 없다. 감정이 격화된 상황에서는 합리적인 선택보다 상대방에 대한 타격에만 신경을 쓰는 비이성적인 결정이 내려지기 싶다.

이러한 반복성은 좀더 장기적인 차원에서 갈등 상황을 고려할 필요성을 제기한다. 비영리 조직의 경우, 극단적인 갈등 전략을 통해 현재의 투쟁에서 승리할 수는 있지만 그것을 계속적인 승리로 가져갈 수 있다는 보장이 없다. 예를 들어, 노조가 극단적인 행위를 통해서 협상을 유리하게 이끌 수는 있지만, 그것이 반복되어야 하는 경우에는 사용자 측에서 마냥 양보할

표 3-7 치킨 게임의 편익 구조

	B 양보	B 대립
A 양보	(5, 5)	(0, 10)
A 대립	(10, 0)	(−5, −5)

주) 숫자는 A와 B 각자의 편익을 나타낸다. 예를 들어 A가 양보하고 B가 대립을 택하는 경우, A는 아무것도 얻는 것이 없지만, B는 10을 얻는다. 따라서 양자는 모두 대립을 택할 가능성이 많고, 이럴 경우 공멸(−5, −5)할 가능성이 많다.

수는 없는 노릇이다. 지역사회의 이익과 관련한 갈등 등은 일회성이라고 주장할 수도 있겠지만, 이러한 작은 단위의 갈등도 결국은 이와 유사한 다른 갈등이나 이후의 갈등에 영향을 미치게 된다. 따라서 치킨 게임 상황에서 위협을 통해서 갈등을 해결하려는 방법은 장기적이며, 지속 가능한sustainable 수단이라고 하기 어렵다. 따라서 사회적인 약자lambs가 어떻게 강자lions와 힘의 균형을 맞출 것인가에 대해서 좀더 창의적인 수단을 생각해 볼 필요가 있다. 이러한 창의적인 커뮤니케이션 수단이 양자가 공멸로 가는 것을 막는다.

협상이나 갈등 해소 과정에서 힘의 불균형 상태는 극단적인 선택을 불러오는 경우가 많다(Waelchli & Shah, 1994). 특히 상대방은 협상 외에도 다른 선택을 가지고 있지만 자신은 상대방의 양보 외에는 별다른 선택 수단이 없는 경우에 극단적인 선택을 하게 된다. 힘의 불균형은 사실상 인식의 문제이다(Salacuse, 1999). 상대방이 자신의 힘이 더 우월하다고 주장하더라도 그것을 받아들이지 않는다면 힘의 불균형은 존재하지 않는다. 따라서 힘의 불균형 문제도 그것을 어떻게 인식하고 받아들이느냐의 문제로 환원해서 해결의 실마리를 찾는 것이 가능해진다. 대부분의 테러리스트에 의한 인질 사태의 경우, 정부 공식 입장에서는 테러리스트와의 직접적인 대화를 거부한다. 이는 현존하는 힘의 불균형을 받아들이지 않겠다는 것이고, 문제를 대등한 입장에서 풀어 보겠다는 의지의 표명이라고 할 수 있다. 하지만 대부분의 경우, 아무리 불균형 상황을 인식하지 않으려고 해도 상황을 지배하면서 힘을 발휘하는 쪽이 있고, 힘이 약한 측에서는 그러한 불균형 상황을 현실적으로 바로잡으려는 실질적인 노력을 기울여야 한다(Faure, 2003).

일단 힘이 약한 쪽에서는 이미 현실적으로 굳어진 상황을 흔들 수 있는 방법을 찾아야만 한다(Zartman, 2003). 이미 굳어진 상황 인식을 바꾸기 위해서는 힘을 가진 쪽이 생각하는 선택의 폭을 최소한으로 좁혀 놓거나,

힘을 가진 쪽이 생각하는 대안적인 선택들이 그렇게 좋은 선택이 아니라는 것을 보여 줄 필요가 있다(Crystal, 2003). 예를 들어, 환경 개발 사안을 두고 정부와 환경운동단체와의 협상 과정에서 협상이 결렬되면 법적인 절차를 밟으면 된다는 안이한 생각을 정부가 가지고 있다면, 환경운동단체의 입장에서는 법적인 절차를 밟는다는 것이 얼마나 사회적인 파장을 불러일으키고, 더 큰 갈등을 불러일으킬 수 있는가를 설득하는 것이 중요하다. 즉 대안적인 선택이 줄 수 있는 안도감을 없애는 것이 필요하다.

사실상 협상 과정에서 힘의 우위를 결정하는 것은 눈에 보이는 보유 자산의 크기보다는 얼마나 협상 과정에서 이슈에 집중할 수 있느냐, 자신이 가진 자산을 협상 과정에서 적절하게 활용할 수 있느냐에 달려 있다(Salacuse, 1999). 따라서 상대적으로 힘이 약한 측에서는 자신이 가진 자산을 최대한 활용하고 창의적인 아이디어를 짜냄으로써 힘의 열세를 만회하는 것이 가능해진다(Lockhart, 1979). 결국 현재 가진 자산을 최대화하는 전략과 창의적인 캠페인을 실행하는 전략은 두 전략 모두 공중 관계에 기반한 커뮤니케이션 활동과 일맥 상통한다. 현재 가진 자산을 최대화하기 위해서는 자신을 도와 줄 수 있는 힘있는 중개자를 찾거나, 이웃이나 친구들과 동맹 관계를 강화하는 것이 지름길이다(Rubin & Salacuse, 1990). 또한 사람들의 관심을 끌고 자신이 내세우는 이슈에 공감하고 동조할 수 있도록 창의적인 아이디어를 만들어 내는 것이 무엇보다도 중요하다. 이는 모두 관련 공중과의 우호적인 관계를 형성하고자 하는 커뮤니케이션 활동을 의미한다.

Salacuse(1999)는 사회적으로 힘이 약한 사람들이 가져갈 수 있는 네 가지 전략에 대해서 언급했다. 이러한 네 가지 전략은 의탁 전략, 자율 전략, 주장 전략, 공동체 전략을 말한다. 의탁 전략은 힘있는 다른 사람에게 의지하는 것이고, 자율 전략은 주변 상황과 상관 없이 독자적인 길을 걷겠다고 선언하는 것이다. 이에 반해 주장 전략은 위협적인 주장을 통해서 힘의 열세를 극복하려는 것이고, 공동체 전략은 동맹이나 연합을 통해서 공동 대응하는 접근이다. 하지만 이러한 다양한 방법들도 효과적인 전략이 되기 위해서는 공중 관계에 기반을 둔 커뮤니케이션 전략에 의지할 수밖에 없다. 효과적으로 주장을 전달하고, 다른 주체들과 공동 대응 방안을 마련하는 것 등은 효과적인 커뮤니케이션 활동의 힘을 빌리지 않고는 불가능하다.

한편 지금까지 중요하게 다루어지지는 않았지만 제3자를 통해서 갈등을 해소하는 방법이 갈등 해소 분야에서 떠오르고 있다. 예를 들어 대안적인 갈등 해소 방법을 협상negotiation, 조정mediation, 중재arbitration 등으로 나눈다면 조정과 중재는 모두 제3자를 통한 협상을 의미한다(김영욱, 2008). 조정은 제3자를 이용하지만 당사자의 결정권에 의존하는 것이고, 중재는 제3자의 결정을 당사자들이 받아들이는 것이다. 현재 국제 분쟁과 관련해서는 중재의 기법이 이미 많이 사용되고 있다. 특히 상사 분쟁에서는 재판 관할권의 문제나 문제 해결을 위한 시급성, 중립적인 신속한 판단의 필요성 등이 맞물려 중재를 통해서 문제가 해결하는 경우가 대부분이다.

조정의 경우는 중재처럼 제3자의 판단에 의존하지 않고 당사자가 결정권을 그대로 보유하기 때문에 지속 가능한 합의를 원하는 경우에는 가장 유용한 갈등 해소 방법으로 추천할 만하다. 비영리 조직의 경우에도 사회적인 힘의 불균형을 극복하기 어렵고, 가지고 있는 자산을 언제나 효과적으로 운용한다는 것이 어렵기 때문에 갈등 해소를 위해 조정 기법을 도입할 필요성이 제기된다. 한국 사회의 경우, 사회적으로 명망이 있는 사람이나 일정한 권위를 가진 사람을 지정하여 갈등 해소를 위한 제3자 조정을 맡기고 충분한 토론과 의사 소통을 위한 기회를 가지게 되면 힘의 불균형을 어느 정도 수정하는 효과를 가져올 수 있다.

물론 조정이 힘을 가진 쪽의 절차적인 정당성을 담보하기 위해서 사용되거나, 실질적인 커뮤니케이션 활동이 원활하게 이루어지지 못한다면 더 큰 문제를 야기할 가능성도 상존한다. 하지만 대안적인 갈등 해소 절차로서 논의되는 조정과 중재는 비영리 조직의 갈등 해소를 위한 제도적인 방안으로서, 또한 힘의 열세를 뛰어넘는 사회적인 지원 방안으로서 충분히 고려될 필요가 있다. 특히 조정은 모두 커뮤니케이션 활동이라고 해도 과언이 아닐 정도로 대화나 의사 소통의 중요성, 이를 통한 공론의 장 확대 등 커뮤니케이션 활동의 목적과 맞닿아 있다.

> 위험 문제와 관련하여 조직의 위기관리 노력이 사회 차원에서 갈등을 일으키게 될 때, 조정은 그러한 공공 문제의 갈등을 푸는 데 가장 유용한 갈등 해소 수단으로 이용될 수 있다. 예를 들어 미국 쇠고기의 수입을 둘러싸고 일어났던, 광우병 등을 둘러싼 사회적인 위험 담론은 서로 반대되는 주장을 가진 조직들의 담론이 사회 갈등을 일으키는 방향으로 점차 발전했었다. 하지만 앞서 위험 관련 논의에서도 다루었지만, 위험 여부를 명확하고 단호하게 결정할 수 있는 전문가는 현대 사회에서 존재하지 않는다. 결국 위험은 공론의 장에서 커뮤니케이션을 통해 합의되고, 서로 간의 의견을 조정하여 갈등을 해소하는 수밖에 없다. 협상은 사회적인 갈등이 첨예화되었을 경우에는 창의적인 문제 해결이나 당사자 간 합의를 이끌어 내는 데 실패할 가능성이 많다. 이러한 상황에서 중립적인 제3자가 회의를 주선하고, 당사자 간의 자기 결정권이 최대한 보장된 상황에서 서로 간의 상호 이해를 유도한다면, 갈등 해소의 실마리를 마련할 수 있다. 하지만 우리나라는 아직 이러한 조정 제도가 본래의 의미 그대로 충분히 활용되지 못하고 있는 것이 사실이다(김영욱, 2008: 383).

사회운동 방법론에 대한 결론적인 논의

앞의 논의에서도 다루었지만 지금까지 사회운동과 관련한 비영리 조직의 접근은 힘의 열세를 극복하기 위한 갈등 전략에 집중되는 경향이 있었다. 사회운동 조직가들의 고전으로 읽히는 솔 앨린스키Saul Alinsky의 『급진주의자를 위한 규범*Rule for Radicals: A Pragmatic Primer for Realistic Radicals*』(1971)을 보더라도 법률의 테두리 안에서 기존 권력과 어떻게 갈등을 만들어 냄으로써 사회운동의 영향력을 높일 것인가를 논의하고 있다. Shaw(2001)의 사회운동가를 위한 교본에도 기존 권력에 대항하기 위한 적극적인 캠페인 전략positive campaign strategies을 구사함으로써 수동적인 반응 위주의 활동에서 벗어나 능동적으로 갈등을 만들어 내고 그것을 최대한 이용하는 방법에 대해서 논의하고 있다. 많은 캠페인 방법들, 예를 들어 선거운동을 통한 전략, 연합coalition activism 전략, 주민 소환 운동, 미디어 전략, 법률적인 수단, 직접적인 물리력 행사 등 대부분의 방법은 기존 권력과의 갈등 창출을 전제하고 있다고 해도 과언이 아니다.

사실상 사회운동에서 갈등은 불가피해 보인다. 간디Mohandās K. Gandhi의 비폭력주의 독립운동도 현실적인 여건에서 택할 수 있는 가장 효과적인 갈등 전략이라고 할 수 있다(Alinsky, 1971). 간디의 경우에도 현실적으로 폭력을 통한 갈등 창출이 훨씬 더 효과적이었다면 아마 그러한 폭력을 통한 사회운동을 이용했을지도 모르는 일이다. 물론 상대방이 모든 권력과 폭력을 동원할 수 있는 능력을 독점하고 있는 상황에서 폭력적인 수단을 통한 사회운동은 오히려 지속적인 갈등을 자아내는 데 효과적이지 않을 수도 있다. 이렇듯 사회운동과 관련한 갈등 전략의 선택은 불가피한 측면이 있으며, 상대주의적인 윤리관에 기초한다.

기존 권력에 대한 도전은 인간의 역사를 지배해 왔으며, 지배 세력에 대한 사람들의 도전은 계속되어 왔다. 법과 질서를 모토로 개혁 세력에 대한 탄압을 자행해 온 기존 세력에 대해서 갈등 전략을 채택하는 것은 자연스러운 선택이다. 왜냐하면 갈등은 기존의 질서에 대한 변화를 의미하기 때문이다. 사실상 혁명은 공산주의와 동일한 단어로 인식되어 왔기 때문에 위험한 단어로 분류되지만, 가지지 못한 자들have-nots이 기존의 가진 자들에 대해 펼치는 일상적인 절규로 인식될 수 있다(Alinsky, 1971). 혁명이 반드시 폭

미니 케이스 분석 3-5

갈등을 넘어 조정, 조정을 넘어 지속적인 갈등 해소로

- 울산 북구와 주민대표, 음식물자원화시설 갈등 조정 -

울산 북구청은 정부가 2001년 2월부터 '광우병 파동' 이후 광우병 예방 차원에서 음식물 쓰레기를 소 사료로 공급하는 것을 금지하자 음식물 쓰레기 자원화시설을 설치하기로 했다. 북구청은 중산동의 국유지 3천 170㎡에 국비 8억여 원, 시비 14억여 원, 구비 4억여 원 등 총 27억 7천여만 원의 예산을 들여 건립을 추진했다. 오폐수 처리가 쉽고 음식물 쓰레기를 처리한 뒤 나오는 퇴비를 인근 농가에 손쉽게 공급할 수 있으며 국유지라 지대가 저렴한 점이 강점으로 꼽혔다.

그러나 인근 주민의 반발이 거셌다. 북구청의 건립 강행 방침에 항의하며 시위를 벌이다 주민대표 2명이 경찰에 구속되기도 하는 등 '혐오시설'이라며 극렬하게 반대하는 주민과, 늘어만 가는 음식물 쓰레기를 적절히 처리하기 위한 '친환경 시설'이라는 북구청 간 갈등의 골이 깊어갔다. 주민들은 공사를 강행하려는 구청에 맞서 1년 간 현장 점거 농성과 단식 농성, 국도 점거 농성 등을 벌였고 급기야 초등학교에 다니는 자녀들의 등교를 거부하는 사태로까지 이어졌다. 사태가 이 지경에 이르자 구청은 "배심원을 구성해 이들의 결정에 따르자"고 제안했고 주민들이 이를 전격 수용했다. 시민단체, 종교계 대표 등 43명으로 구성된 배심원들은 현장 조사와 공개 토론을 거듭한 끝에 사업을 추진하기로 결정했고, 2005년 8월 말 시설이 준공됐다. 당시 이러한 갈등 해결은 갈수록 다양화 · 첨예화하고 있는 지방자치단체와 주민 간 갈등을 '배심원제'라는 사회적 합의를 통해 해결한 대표적인 우수 사례로 꼽혔다.

그러나 주민들이 가장 우려한 '악취 고통'은 현실로 다가왔다. 가동 1년간 71건의 악취 민원이 제기됐고, 북구청은 고육지책으로 시설 가동 2년 만에 가동 초기의 하루 처리량 30t에서 10t으로 처리량을 줄이기도 했다. 그러나 음식물 쓰레기 처리량을 대폭 줄였음에도 악취 민원이 계속되자 북구청은 시설을 운영하던 업체와 계약이 끝나는 올해 12월까지 대책을 마련하기로 했다. 이 와중에 악취 분석 용역 결과 부실한 시공·운영으로 악취의 주 원인인 아세트알데히드 성분이 배출 허용치보다 8배나 검출돼, 조승수·이상범 전 구청장들이 소속돼 있던 민주노동당은 사과 성명을 내기에 이르렀다. 민노당 울산시당은 "주민과 구청 간 배심원제 추진에 따른 시설 준공 합의, 감시단 활동 등 민주적 운영을 위해 노력했지만 결과적으로 주민에게 상처만 남겼다"며 "대책 마련을 위해 책임 있는 정당으로서 초당적 노력을 기울이겠다"고 말했다. 당시 구청장들이 소속된 정당이 '행정 실패'를 자인하고 주민에게 고개를 숙인 것이다.

친환경 방식으로 음식물 쓰레기를 처리하겠다는 의도와 '배심원제'를 통한 민주적 주민 합의를 도출했다는 점은 높이 평가할 만했으나, 건립 전 구청이 확언한 "악취는 없을 것"이라는 약속은 결국 '지키지 못하는 약속'이 되고 말았다. 이 같은 실패는 시설이 주거지와 멀지 않은 곳에 입지한 데다가 무리하게 사업을 추진하는 과정에서 적은 예산에 맞추느라 기술적으로 제대로 검증되지 않은 설비들을 들여 놓았기 때문으로 분석된다. 북구청은 내년부터 타 지자체 등으로 음식물 쓰레기를 위탁 처리(연 9억 원 소요)하고, 가동 중단되는 음식물자원화시설이 다른 시설로 재이용될 수 있는 방안을 검토하는 한편, 장기적으로는 새로운 시설 부지를 확보해 좀더 우수한 성능의 음식물 쓰레기 처리 시설을 마련할 계획이다. (연합뉴스, 2007년 12월 31일자에서 가져옴.)

울산 북구 음식물자원화시설을 둘러싼 극심한 갈등과 그 해결 과정은 분명 우리 사회에 많은 시사점을 준다. 갈등과 대립으로부터 갈 길을 찾지 못하는 우리 사회에 대화를 통해서 문제를 해결했다는 점에서 이 갈등 해소 과정이 우리 사회에 시사하는 바는 크다. 다만 이러한 성공적인 갈등 해소 사례가 고질적인 행정 병폐와 준비의 미비로 결국은 실패로 돌아갔다는 것은 안타까운 일이다. 하지만 이러한 실패에도 불구하고 대안적인 분쟁 해결alternative dispute resolution 방법을 통해서 우리 사회 갈등 해소 방안을 모색하는 것은 의미 있는 일이다.

시민단체, 종교계 대표 등 43명으로 구성된 배심원들은 현장 조사와 공개 토론을 거듭한 끝에 사업을 추진하기로 결정했고, 이러한 합의를 통한 갈등 해소는 그 자체로서 의미 있는 일이다. 사실상 시민배심제와 같은 대안적인 갈등 해소 방법이 이루어지지 않고 계속된 대립과 밀어붙이기식 공사 강행이 이루어졌다면 더 많은 사회적인 비용을 치러야 했을지도 모른다. 또한 만약 장기적인 계획 하에 철저한 조사 과정과 갈등 영향평가, 사업타당성 조사가 이루어졌다면 시민배심원들의 판단이 달라졌을지도 모른다. 문제는 제도 자체가 아니라 제도를 운용해 본 경험이 없었던 참여자들의 경험 부족과 조급증이다. 그런 의미에서 울산 북구 음식물자원화시설을 둘러싼 논란은 갈등을 해결하는 과정에서 생길 수 있는 성공과 실패의 요소들을 모두 보여 주는 좋은 사례이다.

한편 비영리 조직도 시민배심원제와 같은 대안적인 분쟁 해결과 관련한 논의에 좀더 관심을 가질 필요가 있고, 협상 · 조정 · 중재를 혼합하는 다양한 갈등 해소 방법들에 대해서 숙지할 필요가 있다. 현대 사회 위험 사안과 갈등 사안은 거의 커뮤니케이션 문제라고 보아도 무방하다. [위험 사안에 대한 대안적 갈등 해소 방법과 관련하여, 김영욱(2008)을 참조할 것]

력, 증오, 전쟁 등의 수단을 의미하는 것은 아니다. 따라서 갈등 전략은 사회적으로 가지지 못한 자들이 펼치는 기존 세력에 대한 혁명적인 변화 욕망의 표현이라고 정의해 볼 수 있다. 이는 갈등 전략이 어떤 혁명적인 이데올로기를 대변한다고 할 수 없음을 보여 준다. 또한 정의와 평등과 같은 민주주의 가치가 내재되어 있다는 측면에서 민주주의의 법 질서 속에서도 추구될 수 있다.

이러한 갈등 전략을 추구하는 사회운동 조직가들은 사회의 병폐에 대해서 인정하면서도 그것에 대해서 아무런 행동을 취하지 않는 사람이 가장 비윤리적이라고 판단한다. 한편 갈등 전략에 대한 윤리적인 판단은 매우 상대적이다. 예를 들어 일제 시대 독립운동가들의 갈등 전략에 대해서 어떻게 평가할 것인가? 물론 우리나라에도 일제 시대에 일본이 철도와 병원을 지어 주는 등 우리나라를 근대화시켰다고 주장하는 일부 이해할 수 없는 학자들이 있지만, 대부분의 일반 국민은 독립운동이 일제의 압제에 대한 정당한 항거라는 것을 잘 알고 있다. 따라서 갈등 전략은 때에 따라서 정당 방위적인 측면으로 이해될 수 있다(Alinsky, 1971). 시점, 정당성, 긴박성, 자기 이익 개입 등의 요소에 따라서 갈등 전략이 다르게 해석될 수 있는 것이다. 정당하고 긴박한 시점에서 자기 이익과 상관없이 일어나는 갈등 전략은 나름대로 의미를 지닌다.

〈표 3-8〉에서 보는 것처럼 수단과 목적에 대한 윤리적인 판단은 매우 상대적이며, 공중의 인식에 달려 있다(Alinsky, 1971). 사회운동가들이 사용하는 갈등 전략에 대해서도 일방적으로 윤리적인 판단을 내리기는 어렵다. 단지 그 상황에 맞는 개별적인 판단이 가능할 뿐이다. 지금까지의 논의를 중심으로 갈등 전략에 대한 윤리적인 기준을 정리하면, 크게 두 가지로 나눌 수 있다. 첫째는 상대적인 윤리 기준에 근거한 개인적인 윤리의 문제이다. 무엇이든 확실하게 정해진 것은 없으며, 갈등 전략의 사용에 대한 판단은 개인의 상황 판단에 달려 있다는 것이다. 하지만 이것보다 더 중요한 두 번째 기준은 그러한 판단의 저변에는 공중의 지지와 이해라는 측면이 충족되는 것이다. 갈등 전략의 사용은 공중에 의해서 이해되고, 장기적이고 지속적인 공중 관계를 저해하지 않는다면 충분히 정당성을 획득할 수 있다. 〈표 3-8〉에 나타나는 수단과 목적에 대한 윤리적인 판단 기준은 갈등 전략

표 3-8 수단과 목적에 대한 상대 윤리적인 판단

1. 수단과 목적과 관련한 윤리 기준은 개인적인 이익의 개입과 밀접하게 연관된다.
2. 수단에 대한 윤리적인 판단은 자신이 처한 정치적인 상황과 위치에 의해서 결정된다.
3. 전쟁과 첨예한 분쟁 상황에서는 목적이 대부분의 수단을 정당화한다.
4. 수단과 목적에 대한 윤리적인 판단은 행위가 일어난 시점과 맥락을 고려해야 한다.
5. 윤리적인 측면에 대한 관심은 사용 가능한 수단이 다수 있을 때 더 높아진다.
6. 추구하는 목적이 별로 중요하지 않을 때, 수단에 대한 윤리적인 평가에 더 천착한다.
7. 일반적으로 성공과 실패와 관련한 결과가 수단과 목적에 대한 윤리적인 판단을 좌우한다.
8. 수단의 도덕성 여부는 그러한 수단이 위해가 임박한 상황에서 이루어졌는가에 달려 있다.
9. 모든 효과적인 수단은 반대편에 의해서는 비윤리적인 행위로 자동적으로 규정된다.
10. 수단과 목적은 가능한 사용 범위 내에서 활용하되, 공중의 도덕적인 지지가 중요하다.

의 사용 과정에서 어떤 경우에 공중의 지지를 얻을 수 있는가를 대략적으로 보여 준다.

하지만 갈등이 사회운동 전부를 구성할 수는 없다. 분명 갈등을 통해서 사회적인 논란을 창출하고, 이를 통해서 미디어 접근을 높임으로써 공중과 접촉할 수 있는 가능성을 높인다는 것은 인정할 부분이다. 하지만 사회운동은 미션을 바탕으로 능동적인 활동을 통해서 장기적으로 미션을 달성해 나가야 하고, 사회운동에 참여하는 많은 사람들이 스스로를 표현하면서 재미를 느낄 수 있어야 한다(Shaw, 2001). 이러한 두 가지 기능을 동시에 만족시키기 위해서는 갈등 전략만으로는 미진한 점이 있다. 따라서 갈등 전략은 조직의 능동적인 활동 전략의 테두리 안에서 형성되어야 하고, 이러한 능동적인 활동 전략은 또한 조직 미션에 의해서 조절되어야 하며, 참여하는 모든 사람들이 이러한 활동에서 의미를 찾을 수 있어야 한다. 이러한 활동은 결국 공중 관계라는 개념과 직접적으로 연결된다. 조직의 미션을 달성하는 활동은 결국 조직을 둘러싼 외부 공중과의 관계 속에서 형성되며, 참여하는 사람의 표현 기능을 존중하는 것은 내부 공중과의 관계를 의미하기 때문이다.

즉 공중 관계를 형성하지 못하면 사회적인 지지와 지속 가능한 합의를 이끌어 내는 데 실패하기 때문에 그러한 사회운동은 성공할 수 없다. 기존의 『급진주의자를 위한 규범』 등이 내세우는 접근 방법들도 결국 광범위한 차원에서 공중 관계의 증진과 연결되지 못하면 지속적인 성공을 이루어 내기 힘들다. 어떻게 보면 사회운동과 사회 변화를 위한 방법들은 공중 관계를 위한 활동으로 통합되지 않는다면, 현대 사회에서 영향력을 발휘하기가 어려울지도 모른다. 결국 기존의 사회운동 방법론을 다루는 책들에서 놓치고 있는 부분은 공중의 지지를 어떻게 이끌어 내서 장기적인 관계를 형성해 나갈 것인가 하는 부분이다. 현대 사회에서 사회운동의 성공은 미션에 바탕을 둔 전략과 내부 공중의 자기 만족 행위가 조화를 이룰 수 있는 공중 관계 형성 여부에 달려 있다고 보는 것이 적절한 현실 진단이다.

지금까지의 사회운동과 관련한 담론에서 갈등 전략이 우세한 위치를 차지하고, 유효한 전략으로 다루어졌던 것은 그 동안 이루어져 온 사회운동의 성격과도 많은 관련이 있다. 1960, 70년대 미국에서 이루어진 사회운동은 선악의 대비가 뚜렷하고(예를 들어 흑백 차별 금지, 베트남전쟁 반대운동, 빈민운동 등), 스스로 동력을 창출할 수 있는 분명한 사회적인 의미가 부각되었다. 하지만 지금의 사회운동은 가치value 관련 갈등이나 공중 간 갈등, 지역사회 갈등 등 일방적인 갈등보다는 상대방과 비교하여 유리한 여론을 형성하거나, 커뮤니케이션을 통해서 스스로의 정당성을 확보해야 하는 경우가 훨씬 더 많다. 이런 상황에서도 여전히 갈등이 유효한 것은 사실이지만, 결국 갈등 이후를 어떻게 전략적으로 이끌어 갈 것인가 하는 문제가 현대 사회운동이 개척해 나가야 할 부분이다. 앞선 공중 관계와 관련한 논의도 이러한 문제 의식에 기반한 것이다.

예를 들어 미국산 쇠고기 수입과 관련한 촛불 집회가 오랫동안 계속되면서 촛불 집회의 방향성에 대한 논란이 깊어진 바 있다. 촛불 집회의 운동 방향과 관련하여 비폭력성이 요구되는 것은 폭력적인 집회가 되었을 때 유리될 수 있는 공중 관계 때문이다. 촛불 집회는 시민의 조직화를 의미하지만 또한 이를 둘러싼 일반 공중의 우호적인 관계와 지지를 이끌어 내지 않으면 성공할 수 없다. 이제 사회운동이 비폭력성에 기반했을 때만 성공할 가능성이 높은 것은 사회의 민주화와 함께 비폭력적일 때만 일반 공중의 지속 가능한 지지를 얻을 수 있기 때문이다. 만약 권위주의 시대나 독재 시대처럼 폭력적이어야만 효과적일 수 있다면 시위는 언제든지 폭력적으로 변할 것이다. 하지만 권위주의 시대가 지나고 나면 폭력적인 시위는 공중의 지지를 받기 어렵다. 비폭력이 그 자체로 선하다기보다는 폭력이 이제 공중에게 받아들여지지 않기 때문에 선택할 수밖에 없는 유일한 수단이 된 것이다(Alinsky, 1971).

하지만 이러한 비폭력 시위의 문제는 정부나 기존 권력에 의해서 무시되었을 때 스스로 동력을 만들어 내기가 어렵다는 문제점을 지닌다. 미국산 쇠고기 수입 반대 촛불 집회에서 보는 것처럼 시위가 장기화되자 시민의 조직화가 흔들리고 방향성을 상실하고 말았다. 촛불 집회로 대변되는 새로운 시민조직화와 비폭력 시위 방향은 바람직한 것이지만 정부에 압력을 가할 수 있는 창의적인 수단과 캠페인 능력면에서 시민조직이 안고 있는 한계를 목격할 수 있었다. 비폭력 시위의 효과에 실망한 시민이 다시 폭력화를 시도하는 것은 결국 시위 전체의 정체성을 무너뜨리면서 기존 권력의 역공에 빌미를 줄 가능성을 노출한다.

따라서 이 책에서 설명하는 것처럼 비영리 조직 혹은 시민 조직은 스스로 창의적인 커뮤니케이션 전략을 통해서 사회운동의 동력을 꾸준히 창출하고, 기존 권력에 대한 합법적이고 비폭력적인, 그렇지만 매우 효과적인 압력 수단을 만들어 가야 한다. 물론 이러한 커뮤니케이션 전략에서 조직의 미션에 기반한 전체적인 방향성과 참여하는 시민이 자신들의 존재를 표현하고 스스로 즐길 수 있는 방법들이 조화를 이루어야 한다. 이는 크게 말해서 내·외부 공중과의 관계 형성을 통해 사회적인 영향력을 확대해 가는 것을 의미한다. 다시 촛불 집회로 돌아가서, 그렇다면 촛불 집회는 앞으로 어떻게 해야 할 것인가? 우선 자신들이 달성하고자 하는 미션을 확실하게 정리하여 정체성을 명확하게 하고, 이러한 미션을 효과적으로 달성할 수 있고, 참여하는 시민들이 기쁜 마음으로 자발적으로 주도할 수 있는 프로그램을 많이 만들어 내는 것이 필요하다. 또한 이러한 프로그램이 합법적이면서도 실질적인 사회 영향력을 발휘해서 기존 권력을 흔들 수 있어야 한다. 보수 언론에 대한 광고 중단운동이 효과적인 것처럼 창의적인 캠페인이 사회운동의 영향력을 높일 수 있다. 이러한 캠페인의 원칙은 시민이 쉽게 참여할 수 있고, 지속적으로 관계를 형성할 수 있는 커뮤니케이션 활동 등을 포함한다. 물론 이러한 창의성은 기존 법률의 테두리를 형식적으로라도 되도록이면 벗어나지 않는 것이 유리하다.

한편 이러한 비영리 조직 사회운동의 성공 여부는 이를 이끌어 갈 조직가의 양성과 밀접하게 연관되어 있다. 조직가는 비영리 조직의 문제를 진단하고 문제점을 개선하며, 사회운동과 관련한 권력 지도를 분석하고 상황을 파악하는 능력, 계획을 입안하고 커뮤니케이션하는 능력, 이슈를 개발하고 갈등 전략을 적절히 이용하는 능력, 참여자들을 교육할 수 있는 능력 등이 요구된다. 이러한 원칙적인 능력과 함께 세부적인 전술을 잘 운용하는 능력도 조직가에게는 중요하다.

사회운동가들이 활용할 수 있는 기존의 일반적인 전술은 크게 몇 가지로 요약될 수 있다(Alinsky, 1971). 우선 사회운동가는 기존 권력으로부터 두려운 정도의 힘을 가지고 있다고 인식되는 것이 중요하다. 물론 그 과정에서 내부적인 단결과 상대방이 예상할 수 없는 창의적인 접근을 시도하는 것이 필요하다. 이와 함께 지배 권력을 효과적으로 조롱ridicule함으로써 기선을 제압하고, 내부적인 결속력을 강화하는 것이 필요하다. 마지막으로 기존 권력에 대한 계속적인 압력을 행사할 수 있는 이슈를 개발하고, 압력을 행사할 대상을 좁히고, 그 대상을 개인화하는 것이 무엇보다도 중요하다.

예를 들어 어떤 재벌의 문제를 지적한다면, 재벌 자체를 지적하는 것보다는 재벌 회장을 개인적인 압력 대상으로 삼는 것이 더 효과적인 전술이다. 비영리 조직의 장점은 자금을 비롯한 경제적 자원이 부족한 대신, 많은 인적 자원을 확보할 수 있다는 것이다. 인적 자원을 결집하여 비난 대상이 가장 취약한 부분을 개인화하여 공격하는 것이 필요하다. 하지만 이러한 사회운동 조직가를 대상으로 한 전술 논의도 앞서 말한 갈등 전략의 한계를 크게 벗어나지 않는다. 이러한 갈등 전략도 지속 가능한 동력을 얻기 위해서는 공중 관계 증진이라는 측면을 충분히 고려해야 한다. 개인을 공격하고 권력을 조롱하는 것이 사람들에게 외면받는다면 아무런 긍정적인 효과도 기대할 수 없다. 예를 들어 노동운동을 이끄는 노조 지도자가 사주를 개인화하여 공격하는 등의 전술을 통해서 임금 인상에 성공할 수는 있다. 하지만 지나친 갈등 전술로 인해서 지역 주민과 일반 공중의 지지를 받지 못하고, 내부 공중의 만족도를 높이지 못한다면 이러한 전술은 다시 부메랑이 되어 노조 지도자를 공격할 수 있다. 사회운동의 전술적인 측면에서도 광범위한 공중의 지지가 필요한 이유가 여기에 있다.

3. 비영리 조직의 영향력 증대와 다른 섹터와의 협력

비영리 조직의 경쟁력은 본원적인 측면이 있다(Letts, Ryan, & Grossman, 1999). 비영리 조직은 우선 시민의 자기 표현 기능이 표출되는 곳이고, 사회의 공공 이익에 대한 옹호 기능이 구현되는 곳이다. 사회적인 약점을 밝혀내고 개선하는 활동을 하기 때문에 비영리 조직은 경쟁력을 가질 수밖에 없다. 마지막으로 비영리 조직이 가장 경쟁력을 가지는 측면은 사회적인 목적을 실현하기 위한 시민의 모임의 장이 될 수 있다는 것이다. 시민의 자발적인 모임이기 때문에 활동의 효율성과 상관없이 시민의 지지와 도움을 받을 수가 있다. 이런 이유로 해서 비영리 조직의 활동은 효율성 척도와 상관없이 경쟁력을 가진다. 하지만 최근 들어 비영리 조직에도 극심한 경쟁과 한정된 자원 배분을 둘러싸고 조직 역량을 강화할 것이 요구된다. 결국 비영리 조직의 경쟁력은 위에서 열거한 본래 가지고 있는 경쟁력 외에도 조직의 역량 강화를 통해서 경쟁을 극복할 수 있는 능력을 얼마나 키우느냐에 달려 있다. 이러한 조직의 역량 강화는 또한 커뮤니케이션 활동을 통한 공중과의 관계 형성 및 증진과도 밀접하게 관련되어 있다.

비영리 조직이 사회적인 영향력을 확장하기 위한 전략은 크게 네 가지로 나눌 수 있다(Letts, Ryan & Grossman, 1999). 그것은 확장 전략, 침투 전략, 정책 변화, 그리고 조직의 역량 강화를 말한다. 확장 전략은 더 많은 프

미니 케이스 분석 3-6

교육을 통한 시민운동 조직가 역량 강화

– 지리산생명연대, "지리산 희망씨앗찾기 캠페인" –

"지리산 권역 시민사회단체 활동가와 소속 회원들이 2006년에 지리산 권역의 사례 중심으로 주제별로 학습하고 공유하는 공동 학습 프로그램을 만들었다. 이제 막 태동하기 시작한 지리산 권역의 주민 자치를 이끌 실무 역량을 키우고 실현 가능한 대안을 모색하고자 "지리산 희망씨앗찾기"가 시작되었다. 이 프로그램의 가장 큰 특징이라면 내용을 구성하는 단계에서부터 학습 대상자들이 참여해 스스로 만들어 가는 프로그램이라는 것이다.

2007년부터는 교육 수료생들이 중심이 되어 개별 지역(또는 마을)을 대상으로 주민들이 직접 지역의 다양한 문제를 찾아내고 그 대안을 모색해 보는 실질적인 주민 참가형 프로그램이 진행되고 있다. 이를 통해 시민사회단체 활동가들이 사전에 세운 계획을 주민들에게 설득하는 방식이 아니라 주민들 스스로가 지역(또는 마을)의 다양한 문제를 민주적인 방식에 의해 발굴하고 실천하고 평가해 봄으로써 지역 공동체를 살려내고 실질적인 주민 자치의 토대를 마련하고자 힘쓰고 있다." (2007년 제5회 풀뿌리 시민운동 사례 공모 보고서에서 가져옴. 풀씨상 수상)

지리산 희망씨앗찾기 캠페인의 가장 큰 특징은 교육을 통한 조직원의 역량 강화를 우선적으로 시도했다는 것이다. 대부분의 비영리 캠페인은 조직원의 역량을 강화하기 위한 교육 프로그램을 우선적으로 채택하지 않는다. 하지만 캠페인을 이끌어 갈 내부 조직원의 역량을 강화하지 않고 시민들의 참여와 프로그램의 성공을 이끌어 내기는 어렵다. 지리산생명연대의 공동 학습 프로그램과 같은 시도는 섣부른 캠페인보다 내실을 먼저 강화하고자 했다는 면에서 신선하다.

로그램의 운영 등 조직의 덩치를 키우는 것이고, 침투 전략은 비영리 조직의 아이디어를 좀더 일반 공중에게 확산하는 전략이다. 정책적인 변화는 조직이 추구하는 쟁점 등에 변화를 꾀함으로써 효과적인 조직 활동을 펼치는 것이다. 하지만 이러한 전략보다 가장 중요한 것은 결국 조직의 역량을 키우는 일이다. 조직의 덩치를 키우거나 가치를 확산시키는 등의 일도 조직의 역량이 뒷받침되지 않는다면 달성하기 어렵다. 조직의 역량을 키우는 일은 관련 공중과의 우호적인 관계를 바탕으로 한 지속적인 지지가 없다면 달성하기 어렵다. 모든 일이 공중의 지지를 바탕으로 했을 때만 사회적인 영향력도 확대될 수 있다. 비영리 조직의 영향력을 확장하기 위한 전략은 따라서 조직의 역량 강화로 모아지고, 조직의 역량 강화는 공중의 지지를 확보하기 위한 조직 자산의 재정비를 의미한다.

Letts, Ryan, & Grossman(1999)의 비영리 조직 활동을 최적화하기 위한 논의에서도 1) 조직의 역량organizational capacity, 2) 조직 활동performance, 3) 사회적 영향력social impact이 조화를 이루는 것이 중요하다고 밝히고 있다. 비영리 조직의 활동과 사회적인 영향력은 조직의 능력을 함양하게 하는 데 달려 있으며, 조직의 역량을 높이는 것은 미션에 기반한 성공적인 프로그램 활동과 관련 공중의 지속적인 지지 기반을 확보하는 것이다. 결국 조직의 역량을 높이는 작업도 기능적인 능력instrumental function과 표현적인 기능expressive function의 조화, 미션에 기반한 활동이 내 · 외부 모든 관련 공중의 관계 형성과 얼마나 연결되느냐에 달려 있다. 기능적인 능력은 목표 달성을 위한 조직의 자산 활용과 효과적인 활동에 중점을 두는 것이며, 표현적인 기능은 비영리 조직 내부 참가자들이 최대한 잠재력을 발휘하고 만족감을 느낄 수 있는 조건을 구비하는 것이다.

구체적으로 조직의 역량은 크게 세 가지로 구성된다(Letts, Ryan, & Grossman, 1999, 〈표 3-9〉). 그것은 프로그램 전달 능력, 프로그램 확장 능력, 그리고 적응 능력을 말한다. 프로그램 전달 능력은 비영리 조직이 얼

표 3-9 조직 역량의 구성 요소

1. 프로그램 전달 능력 2. 프로그램 확장 능력 3. 적응 능력 a) 학습 능력 b) 반응 능력 c) 혁신 능력 d) 동기 부여 능력

마나 공중에게 자신이 가진 이슈를 잘 전달할 수 있는가 하는 것이고, 프로그램 확장 능력은 비영리 조직이 공중에게 가진 영향력을 극대화할 수 있는 능력을 말한다. 마지막으로 적응 능력은 비영리 조직이 사회 환경의 변화에 맞추어 얼마나 공중과 의미를 공유할 수 있고, 공중의 요구 사항에 잘 응답할 수 있느냐의 정도를 의미한다. 적응 능력은 학습 능력, 반응 능력, 혁신 능력, 동기 부여 능력을 포함한다. 적응 능력은 비영리 조직이 시대의 요구에 얼마나 발맞추어 공중의 요구에 반응하느냐에 달려 있다.

비영리 조직은 사회적인 이슈와 그 처리 과정에서 학습하고, 공중의 요구에 반응하며, 조직의 개혁적인 성향을 이끌어 내고, 내부 구성원과 외부 공중에게 동기를 부여하는 능력이 요구된다. 하지만 여기서 우리가 주목해야 하는 것은 이러한 조직 역량의 세 가지 구성 요소가 결국은 공중과의 관계에 기반하고 있다는 것이다. 조직의 역량은 결국 참여하는 사람이나 스태프의 동기 부여, 공중의 요구에 대한 즉각적인 반응 등에서 기인하는데, 이러한 것들은 모두 내 · 외부 공중과의 관계에 기반한다. 예를 들어, 비영리 조직이 어떤 프로그램을 통해서 효과적인 활동을 하고 싶어도 프로그램을 이끌 참여자가 없고, 공중이 외면한다면 그것은 실현 불가능해진다.

Hudson(2003)의 경우, 영향력 증대capacity building라는 새 개념을 사용하여, 비영리 조직의 사회적인 영향력을 확대하기 위한 방안을 논의했다. 그는 비영리 조직의 영향력 증대를 위해서는 명확한 목적, 이를 달성하기 위한 유연한 전략과 자원resources, 그리고 이러한 구성 요소를 이끌어 갈 지도자가 있어야 한다고 보았다. 이러한 요소는 서로 간에 잘 결합되어야 하며, 내 · 외부 공중 관계와도 잘 조화를 이루어야 한다. 이러한 요소가 내 · 외부 공중과의 관계 증진과 무관하게 적용되어서는 장기적이고 지속 가능한 발전을 이루기는 힘들다. 결국 비영리 조직의 영향력 증대도 공중 관계 증대와 밀접하게 관련되어 있다.

비영리 조직의 경쟁력은 공중과의 관계 형성이다(Light, 2004). 비영리 조직이 경쟁 환경 속에서 향상된 활동을 할 것을 요구받고 있는 것은 틀림없다. 극심한 인력과 자금 부족을 겪고 있는 비영리 조직이 경쟁을 통한 생존 전략을 모색하는 것은 자연스러운 현상이다. 또한 사회적인 영향력 확대를 위해서 조직 활동을 개선하는 것이 무엇보다 필요하고, 이는 비영리 조직의 역량 강화와 자연스럽게 연결된다. 하지만 비영리 조직의 역량 강화는 상대적으로 열악한 환경을 인정하고 그 속에서 가장 효율적인 방안을 모색하는 것이다. 본질적으로 비영리 조직이 영리 조직이 될 수는 없다. 따라서 이러한 맥락에서 지속 가능한 공중 관계의 중요성이 대두된다. 공중 관계를 통해서 공중 신뢰public confidence를 확보했을 때 열악한 환경이 주는 약점을 극복하는 것이 가능하기 때문이다(Light, 2004).

Light(2004)는 조직 역량은 조직 활동의 효과를 높이고, 이러한 효과적인 활동이 공중 신뢰를 가져올 수 있다고 보았다. 그러나 그는 조직 역량, 조직 효과, 공중 신뢰를 선형적이고 단계적인 관계로 보았지만, 이러한 세 가지 요소는 서로 함께 복합적으로 작용한다고 보는 것이 옳다. 아무튼 이러한 관련성은 조직 역량을 공중의 신뢰를 형성하는 과정, 즉 공중 관계를 증진시키는 과정으로 이해해야 한다는 것을 보여 준다. 결국 공중 신뢰를 받는 조직이 더 많은 자원봉사와 기부금을 이끌어 냄으로써 제고된 조직 역량을 갖출 수 있다.

현대 사회 비영리 조직의 영향력 증대는 또한 사회적인 환경 변화 요인들과 맞물려 있다(Vernis, Iglesias, Sanz, & Saz-Carranza, 2006). 현대 사회 복지국가의 개념은 정부, 시장, 가족의 역할 외에 비영리 조직의 활동으로 확대되어 가고 있으며, 사회적인 안전망으로서 비영리 조직의 영향력이 계속 증대되고 있다. 이와 함께 자원봉사의 활성화를 통해서 시민의 참여가 계속 늘어나고 있으며, 새로운 미디어와 기술의 발전은 자발적인 참여와 동원을 훨씬 더 용이하게 만들고 있다.

또한 국내적으로는 불평등, 부당함, 지속 가능하지 않은 발전에 대한 사람들의 자각이 늘어나서 사회적인 압력을 형성하게 되었으며, 국제적으로는 전 세계적인 부富의 불평등 심화 현상에 대한 전 지구적인 고민도 깊어가고 있다. 이와 함께 점점 더 다원적이고 다문화적으로 변화해 가는 사회 양상 속에서 사람들의 욕구는 점점 더 다양해지고 있으며, 이러한 욕구가 현대 사회의 병폐와 문제점과 대면하게 됨으로써 비영리 조직의 역할에 대한 기대감을 높이고 있다. 이제 현대 사회는 그 문제점을 사회 구성원이 직접적으로 해결할 것을 요구하고 있으며, 이러한 사회 · 경제 · 정치적 분위기는 비영리 조직의 영향력을 더욱 키울 것으로 전망된다.

비영리 조직의 영향력 증대는 앞서 말한 환경 변화와 사회 문제 해결을 둘러싸고 비영리 조직의 역할론이 제기되고 있는 가운데, 가장 많이 거론되는 이슈이다. 보통 영향력 증대는 사람, 조직, 섹터의 순으로 발전한다. 즉 비영리 조직의 발전을 통합하여 비영리 섹터 전체의 사회적인 영향력이 증대될 수 있도록 유도해야 한다. 따라서 비영리 조직의 영향력을 증대시키기 위해서는 비영리 조직에 참여하는 사람들의 의식과 공중의 비영리 조직에 대한 인식을 우선 바꾸어야 한다. 이를 바탕으로 비영리 조직에 대한 참여가 활발해질 때 효과적인 운영으로 이어질 수 있고, 이러한 활동이 모여서 전체 비영리 섹터의 발전으로 이어진다. 또한 비영리 섹터의 필요성에 대한 사람들의 확고한 신념이 모였을 때 개별적인 비영리 조직의 활동도 탄력을 받을 수 있다. 개인의 노력을 기반으로 커뮤니케이션 전략을 통해서 개별 비영리 조직의 역량이 강화되면 현대 사회 문제 해결을 위한 전체 비영리 섹터의 발전도 가져올 것으로 기대된다. 결국 인력과 커뮤니케이션 능력, 그리고 조직의 발전이 전체 비영리 섹터의 발전을 좌우한다.

영향력 증대의 기본 단위는 조직이다. 물론 발전의 동인은 개인의 능력에서 시작하지만, 여기서 개인의 능력은 어디까지나 조직 내에서 이루어지는 개인의 능력이다. 이러한 조직 내에서 이루어지는 개인의 능력이 커뮤니케이션 활동을 통해서 극대화되었을 때 비영리 조직은 발전할 수 있다. 무엇보다 비영리 조직의 발전은 커뮤니케이션 역량을 기반으로 가치의 증대, 효과성과 효율성의 도입, 영향력의 증대를 통해서 이루어진다(Vernis et al., 2006). 가치의 증대와 효과성과 효율성의 도입은 개별 조직에 순수하게 달려 있지만, 영향력의 증대는 전체 비영리 섹터의 발전과도 상당 부분 연관되어 있다. 즉 효과와 효율을 뛰어넘어 조직의 영향력을 증대시키고, 그러한 영향력이 결집되어 비영리 전체 섹터의 발전으로 나아갈 수 있다.

영향력 증대는 협력, 신뢰 회복, 혁신을 통해서 달성될 수 있다(Vernis et al., 2006). 비영리 조직의 발전은 내 · 외부 공중과의 우호적인 관계 형성과 유지 능력에 달려 있으며, 이것이 커뮤니케이션 활동의 목적이 된다. 협력은 비영리 조직을 둘러싼 공중과의 우호적인 관계를 의미한다. 비영리 조직은 비영리 조직 간뿐만 아니라 정부와 기업 섹터와의 협력을 통해서 영향력을 증대시킬 수 있다. 이와 함께 공중 신뢰의 회복과 변화하는 사회의 요구에 부응하는 조직 행동의 혁신이 조직 활동의 기본이 되어야 한다. 비영리 조직의 영향력 증대와 관련하여 정부, 기업 등 다른 섹터와의 협력은 좀더 깊이 있는 논의가 필요하다. 아래는 비영리 조직-기업, 비영리 조직-정부, 비영리 조직 간의 협력에 대해서 설명한다.

비영리 조직-기업 협력은 기업의 사회 책임성 노력과 궤를 같이하여 활발하게 이루어지고 있다(Vernis et al., 2006). 비영리 조직-기업의 협력은 기업의 재단 형식, 기업의 사회적인 의미를 부여하는 마케팅cause-related marketing, 스폰서십과 기부, 직원들의 자원봉사 참가, 상품/서비스 제공 등의 형태로 나타난다. 하지만 비영리 조직-기업 협력은 역사적인 대립 관계, 조직문화의 차이, 협력할 수 있는 공통점의 부족, 자원을 둘러싼 경쟁 등에서 한계를 지닌다. 하지만 이러한 한계보다도 더 큰 문제를 야기하는 것은 서로 간의 불신의 골이 깊고, 힘의 불균형이 존재한다는 것이다. 하지만 서로의 이익 때문이든, 사회적인 요구 때문이든 간에 두 섹터 간의 협력은 거부할 수 없는 대세가 되고 있다. 비영리 조직의 입장에서는 무조건 거부하기보다는 선별적으로 취사선택하는 능력이 필요한 시점이다. 하지만 무엇보다도 중요한 것은 비영리 조직의 미션에 배치되거나 양보가 필요한 경우에는 기업과의 협력에 미련을 두어서는 안 된다는 것이다.

비영리 조직과 정부와의 협력과 관련한 논의는 더욱 풍부하다. 비영리 조직과 정부의 관계에 대해서는 몇 가지 이론이 있다(Salamon & Anheier, 1998). 그것은 복지국가이론, 정부실패이론, 계약실패이론, 제3섹터 지배이론, 비영리 섹터 실패이론 등을 말한다. 복지국가이론은 강력한 복지국가의 환상을 기반으로 국가가 모든 복지 기능을 제공할 수 있다고 보고 비영리 조직의 역할을 무시하는 이론이다. 하지만 현재 이 이론은 받아들여지지 않고 있다. 정부실패이론은 정부의 복지국가 역할이 실패함으로써 비영리 조직이 출현했다고 보는 이론이다. 다음으로 계약실패이론은 정부와 비영리 조직의 계약에 의해서 서비스 제공이 이루어진다고 보는 시각이다. 하지만 이 경우 정부가 꼭 비영리 조직을 이용해야 할 절박한 이유가 없기 때문에 계약은 실패로 끝날 가능성이 많다. 계약실패이론은 정부와 비영리 조직의 단단하지 못한 관계를 상정한다.

제3섹터 지배구조이론은 지배구조 측면에서 비영리 조직이 현대 사회에서 일정한 역할을 한다고 믿는 이론이다. 이런 의미에서 정부는 비영리 조직이 사회에서 차지하는 일정한 지분을 인정해 준다. 비영리 섹터 실패이론은 비영리 조직의 사회복지 역할 수행과 관련한 불충분함, 특수한 영역에 한정된 역할, 비전문성 때문에 실패할 확률이 높기 때문에 정부가 나서서 도와 주어야 한다고 보는 시각이다. 하지만 지금까지 설명한 이론은 현대 사회 정부와 비영리 조직의 다양한 관계를 실질적으로 설명해 준다고 볼 수 없다. 이러한 관계 외에 요즘 주목받고 있는 복지다원주의welfare pluralism는 좀더 다양한 측면에서 정부와 비영리 조직 간의 관계를 정의한다. 즉 복지다원주의는 사회복지에 대한 정부와 비영리 조직의 다원화된 협력 관계를 설명한다(Hatch & Mocroft, 1983). 어느 한쪽이 복지의 모든 것을 책임질 수 없을 뿐만 아니라, 그 관계에서도 한 가지로 규정된 관계로는 정의하기 어려울 정도로 다양한 협력 관계를 형성할 필요가 있다는 것이다. 즉 복지는 어느 한쪽이 전적으로 맡을 수 없다는 다원주의적인 입장이다.

이제 현대 사회는 정부가 혼자 복지를 책임지겠다는 생각을 할 수 없을 정도로 복잡다단해졌으며, 오히려 정부의 영향력이 점점 축소되는 상황이다. 이것은 정부가 모든 것을 책임질 수 없으며, 비영리 조직과 복지를 함께 다원적으로 책임지는 시대가 왔음을 의미한다. 복지다원주의이론에 따라 정부와 비영리 조직이 협력하고, 함께 사회 문제를 해결해 나가는 것은 자연스러운 일이다. 하지만 정부의 유연성 부족, 예를 들어 일정한 조건을 부여하여 비영리 조직과의 협력을 제한하는 것, 과도한 정부 의존에서 발생할 수 있는 비영리 조직의 독립성 훼손 문제, 상호간 책임성과 프로그램의 질 유지 문제 등은 정부와 비영리 조직의 협력과 관련하여 해결해야 할 문제로 지적된다. 이런 문제점을 극복하고, 이와 연관되어 있는 법적인 문제, 사회문화적인 제한을 넘어설 수 있다면 정부와의 협력은 비영리 조직에 하나의 기회로 작용하게 될 것이다(Vernis et al., 2006). 물론 여기에는 참여 민주주의를 보장하는 정부의 유연성이 전제 조건이 된다.

비영리 조직은 민주주의 사회의 필수적인 요건이 되고 있다. 하지만 정부와의 관계는 확연히 정립되지 않는 면이 있는데, 그것은 어떤 경우 목적을 함께 공유하기도 하고, 영향력을 서로 주고받기 때문에 발생하는 것이다.

비영리 조직은 분명 자발적이고 주체적으로 운영되며 이익을 분배하지 않고, 공공이나 구성원의 이익을 위해서 존재하지만, 정부와의 관계는 사실상 협력과 경쟁의 관계를 오간다고 보아야 한다(Boris, 2006). 따라서 비영리 조직을 정부와의 협력과 경쟁 관계로 양쪽 면으로 동시에 규정할 때, 좀더 현실적인 발전 방안을 모색할 수 있다. 정부와의 관계를 지나치게 친정부적인 유착 관계로 볼 필요도 없지만, 정부와의 협력에 지나치게 몰두한 나머지 당파적인 이익에 연루되어서는 곤란하다. 비영리 조직의 활동 효과를 극대화하기 위해서 정부와 어떤 식으로 관계를 형성할 것인가의 문제는 커뮤니케이션 캠페인의 성공 여부에 매우 중요한 부분을 차지한다.

한편 정부와 비영리 조직의 관계를 복지국가의 역할과 관련된 측면이 아니라 서로 간의 상호 관계 측면에서 살펴본 논의도 있다. Young(2006)에 따르면, 정부와 비영리 조직의 관계는 보충supplementary, 보완complementary, 적대adversarial로 구분할 수 있다. 보충 관계는 정부가 못하는 일을 비영리 조직이 수행하는 관계를 말하고, 보완은 정부와 비영리 조직이 파트너 관계를 형성하는 것을 말한다. 보완 관계는 협력 관계에 가깝다. 마지막으로 적대 관계는 정부와 비영리 조직이 적대적인 관계에 놓인 경우를 말한다. 정부는 규제 등의 측면으로 비영리 조직을 제약하려고 하고, 비영리 조직의 경우는 정책 반대를 통해서 정부와 적대적인 관계를 형성한다.

미국의 경우를 보면 정부의 축소와 권한 이양, 공공 서비스 부문의 민영화, 기업 섹터의 구조 조정, 비영리 조직의 상업화, 비영리 조직의 활동에 대한 공적인 책임성 요구의 강화, 종교단체에 대한 정부의 지원 등 정부와 비영리 조직, 기업과 비영리 조직의 관계를 둘러싼 많은 환경 변화 요인이 발생하고 있다. 이러한 환경 변화는 새로운 정부-비영리 조직 관계를 요구한다. 현재의 흐름을 보면 정부는 더 이상 사회적인 복지와 관련해서 광범위한 책임성을 지려고 하지 않을 뿐만 아니라 책임을 질 수 있는 역량도 갖추지 못한 것으로 평가된다. 또한 비영리 조직에 점점 더 의존하는 경향이 있으며, 적대 관계보다는 보충과 보완 관계를 형성하는 경우가 훨씬 더 많아지고 있다.

우리나라의 비영리 조직과 정부의 관계는 아직 보충, 보완, 적대적인 관계에서 대표적인 관계를 발견하기는 어렵다. 이 책의 주제를 관통하는 논점에서 본다면 보완, 보충, 적대 관계를 적절히 오가는 것이 필요하다고 본다. 즉 다원주의적인 관계를 통해서 정부와 비영리 조직이 서로 보충, 보완, 대립하며 사안에 따라 커뮤니케이션을 통해서 사회적인 합의를 이루어 가는 것이 적절하다는 것이다. 이러한 다원주의적인 관점을 받아들인다면 다양한 역할을 수행하는 비영리 조직이 결국은 이슈 경쟁을 통해서 사회에 기여할 수 있는 길을 자연스럽게 찾아낼 수 있다고 본다. 우리나라의 경우 미국에 비해 좀더 다원적인 관계가 필요한 이유는 우리나라는 오랜 독재 타도를 위한 민주운동 경력을 통해서 정부와 비영리 조직의 적대적인 관계에 더 익숙해져 있고, 따라서 새로운 관계 정립 모델은 어느 한쪽에 치우친 활동 보다는 보충, 보완, 적대의 모든 관계를 열린 마음으로 받아들임으로써 좀더 성숙한 정부-비영리 조직 관계를 모색할 수 있기 때문이다.

비영리 조직 간의 협력도 개별 비영리 조직의 부족한 자원을 생각할 때 좋은 전략의 하나로 평가할 수 있다. 비영리 조직 간의 협력은 효율성 제고, 영향력 증대, 서로 간의 학습 효과, 협상력의 증대, 기업과 정부와의 협력 유도 가능성 등의 측면에서 매우 유용하다(Vernis et al., 2006). 비영리 조직 간의 협력 모델은 서로 네트워크를 형성하든지, 어떤 큰 조직을 형성해서 그 안에 소속되는 방법, 다른 조직과 관계를 형성하는 모델 등이 있다. 다른 조직과 관계를 형성하는 방법에는 함께 캠페인이나 프로그램을 실행한다든지, 행정 기능을 공유하는 선에서 협력하는 방법 등이 있다.

비영리 조직의 사회적 영향력과 관련하여 한 가지 분명한 것은 비영리 조직의 활동이 사회 자본social capital을 강화한다는 것이다. 이는 정부와 기업이 하지 못하는 비영리 조직 특유의 활동을 의미한다. 비영리 조직은 신뢰와 호혜성에 기반한 네트워크를 구축하고, 민주사회가 효과적으로 작동하기 위한 사회 자본을 형성한다(Boris, 2006). 또한 정부와 기업을 감시하고 가치를 옹호하며 공공의 이익을 수호하기 위한 공공의 자원을 결집하고 집행한다. 이러한 모든 활동은 공론의 장에서 자유롭게 의견을 교환할 수 있는 기회와 연결된다. 하지만 이러한 비영리 조직의 영향력은 일정 부분 정부와의 관계에서 규정된다고 할 수 있다. 예를 들어, 권위적인 정부에서 비영리 조직의 활발한 활동을 기대하기는 어렵다. 따라서 각종 규제, 감독, 자원 배분 등은 비영리 조직과 정부의 관계를 규정하게 된다. 비영리 조직의 진정한 성공은 이러한 제한을 극복하고 사회 자본을 강화할 수 있는 창의적인 역할을 고안해 내는 것이다. 이 책에서 말하는 효과적인 커뮤니케이션 전략이 그러한 가능성과 연결되어 있다.

국제적인 시각에서 새로운 정부와 비영리 조직의 관계를 살펴본 논의도 있다(Salamon, 2006). 국제적인 시각에서 한 나라의 비영리 조직 정책 상황은 두 가지 차원으로 나누어 볼 수 있다. 첫 번째는 국민총소득과 대비해서 정부의 복지 예산 수준이 어느 정도(고/저) 되는가를 보는 것이다. 두 번째는 전체 국가 노동력에서 비영리 조직 노동력이 어느 정도(고/저) 되는가를 살피는 것이다. 이러한 두 가지 차원에 의해서 네 가지 유형의 비영리 조직 정책 상황을 분류할 수 있다(Salamon, 2006, 〈표 3-10〉 참조). 네 가지 유형의 비영리 조직 정책은 권위주의(복지 예산이 낮고, 비영리 노동력도

표 3-10 정부의 비영리 조직 정책 상황과 정부: 비영리 조직 관계

비영리 정책	보충	대립	협력
제3섹터 지배 자유주의	높음	낮음	낮음
정부 지배 사회민주주의	높음	높음	낮음
파트너십 조합주의	중간	높음	높음
권위주의	중간	낮음	낮음

낮은 경우), 제3섹터 지배 자유주의(복지 예산은 낮지만, 비영리 노동력은 높은 경우), 정부 지배 사회민주주의(복지 예산은 높지만, 비영리 노동력은 낮은 경우), 파트너십 조합주의(복지 예산도 높고, 비영리 노동력도 높은 경우)가 있다.

이러한 유형 분류에 따르면, 선진국에 비해서 우리나라는 아직 권위주의에 해당한다. 따라서 앞으로 어떤 형식으로 발전할 것인가를 고민할 필요가 있다. 물론 궁극적으로 파트너십 조합주의로 가야겠지만 어떤 과정을 거쳐 발전해 갈 것인가를 지금부터 고민할 필요가 있다. 이 책에서는 비영리 조직이 커뮤니케이션 활동을 강화하여 좀더 다원적인 자유주의가 실현된 다음, 정부와의 파트너십을 형성하는 단계로 가는 것이 바람직하다고 생각한다. 왜냐하면 비영리 조직의 독립성과 이슈 주도 능력이 갖추어지지 않은 상태에서 정부와의 협조 관계를 형성하는 것은 종속적인 관계를 형성할 수도 있다.

하지만 우리나라의 경우 Salamon의 모델이 그대로 들어맞는다고 보기는 어렵다. 우리나라의 경우는 국민총소득 대비 사회복지 예산이나 비영리 조직 고용의 정도가 모두 낮기 때문에 권위주의라고 볼 수 있지만, 대립의 정도가 낮다고 보기는 어렵다. 이는 우리나라의 오래된 민주화 투쟁 경력 등을 고려하지 않았기 때문에 발생하는 것이다. 따라서 우리나라는 비영리 조직 정책에서 권위주의를 보여 주지만 정부와 비영리 조직의 대립 관계도 활발한 형태를 보여 준다. 항상 다른 나라에서 개발된 모델이 우리나라 상황에 적용될 때는 우리 고유의 특수한 상황과 문화적인 변수를 고려하는 것이 필요하다. 따라서 오랜 민주화 운동 경력과 시민사회의 취약성을 고려한 우리나라 고유의 정부-비영리 조직 관계에 대해서 생각해 보는 것이 필요하다. 우리나라의 비영리 조직은 예산이나 고용 정도에 대비해서 권위주의 모델에서 보여 주는 정도의 무기력함을 보여 준다고 보기는 어려우며, 사회적인 영향력이나 시민사회 형성 가능성 측면에서 무한한 잠재력을 가지고

미니 케이스 분석 3-7

기업과 비영리 조직의 협력, 그리고 상징물의 힘

- 한국유방건강재단, "핑크 리본, 유방암 의식 향상 캠페인" -

한국유방건강재단은 여성의 건강과 아름다움을 지킴으로써 여성의 삶의 질을 향상시키는 것을 목적으로, 유방암 관련 의학자, 법조계, 문화계, 재계, 언론계 등 각계 인사들이 뜻을 모아 설립된 우리나라 최초의 유방암 관련 비영리재단이다. 한국유방건강재단 홈페이지에는 ㈜태평양이 후원하고 있다는 것을 명확하게 밝히고 있다. 현재 이 단체가 펼치고 있는 사업은 크게 다섯 분야로 나눌 수 있다. 핑크 리본 사랑의 마라톤 대회, 핑크 리본 유방암 대국민 건강 강좌, 핑크 리본 유방암 무료 이동 검진, 핑크 리본 상징물 공모전, 세계유방암 컨퍼런스 등이 그것이다. ㈜태평양이 기본 재산을 출연했으며, 태평양 외에 농심, 코카콜라, 한국존슨앤존슨 등의 기업들도 참여한 적이 있다.

핑크 리본은 유방암 예방 의식 향상을 위한 상징물이다. 한국유방건강재단은 핑크 리본 캠페인을 통해서 국내 여성암 발병률 1위인 유방암에 대한 경각심을 강화하고, 조기 검진의 필요성을 홍보하기 위한 활동을 펼치고 있다. 핑크 리본 캠페인의 특징은 민간재단이 실시하는 국가 차원 암예방 캠페인, 여성들이 직접 참여하는 프로그램 홍보, 정부 · 학회 · 민간기업의 협동으로 사회적인 비용을 최소화하는 캠페인 등을 들 수 있다. 이 캠페인은, 핑크 리본에 대한 일반인의 인식이 향상되었고, 유방암 환우 및 가족에 대한 인식이 달라졌으며, 언론 등의 관심 제고와 민간기업의 참여가 활발하게 이루어졌다는 측면에서 성공적이었다고 평가할 수 있다. 또한 핑크 리본 사랑의 마라톤대회가 국가 행사로 자리잡은 것도 큰 성과이다.(지금까지 홈페이지www.kbcf.or.kr 내용에서 정리)

캠페인의 성공에는 상징물의 힘도 무시할 수 없다. 하지만 무엇보다 이 캠페인이 성공할 수 있었던 요인은 기업의 탄탄한 물적 · 인적 지원과 건강에 대한 국민 의식의 향상이라고 할 수 있다. 이와 함께 여성이라는 특정 집단에 맞춘 홍보 활동과 여성의 참여를 유발하는 캠페인 프로그램이 적중한 결과라고 할 수 있다. 또 다른 중요한 요인은 역시 후원 업체의 성격과 캠페인의 연관성이다. 태평양은 여성을 주 타깃으로 하는 화장품 회사이다. 이 회사의 입장에서는 이익 창출뿐 아니라 여성의 건강을 염려하는 기업 이미지를 원했을 것이고, 이러한 기업의 의도가 일반 공중에게도 어색하지 않게 비쳐졌다는 것이 중요하다. 비영리 조직과 기업의 협력은 서로 간의 참여를 위한 명분이 있어야 하고, 일반 시민이 둘 간의 협력에 대해서 어색하다고 느끼지 않아야 한다. 시민이 공감할 수 없는 협력은 야합으로 비쳐질 수 있고 비영리 조직의 독립성에도 타격이 될 수 있다는 점을 명심해야 한다. 환경단체가 아무리 궁핍해도 공해 유발 업체와 손을 잡을 수는 없는 일 아닌가?

핑크 리본 캠페인에도 아쉬운 점은 있다. 일단 핑크 리본 캠페인은 대상 공중을 지정하면서 너무 일반적으로 광범위한 여성 전체를 대상으로 캠페인을 펼치고 있다. 그러다 보니 대상에 따른 차별화된 프로그램이 부족하다는 생각이다. 이는 공중에 대한 기초적인 조사가 부족했음을 짐작할 수 있다. 사회 상황 분석과 조직의 강·약점 분석, 쟁점 분석 등을 통해서 좀더 시의적절하고 세분화된 캠페인을 펼칠 수도 있었다. 또한 목표의 달성을 평가하면서 구체적인 목표가 불분명했기 때문에 유방암에 대한 인식을 제고했다는 정도의 추상적인 평가에 그치고 있다. 따라서 좀더 장단기 목표를 수치화해서 평가 기준을 구체적으로 가지는 것이 필요하다.

또한 좀더 세분화된 공중별로 커뮤니케이션 활동을 펼치는 것이 필요한 것과 함께 공중의 쌍방향 커뮤니케이션을 위한 노력은 조금 부족하다는 인상을 받는다. 20대, 30대, 40대 여성이 유방암에 대해서 느끼는 생각은 다를 수밖에 없다. 이들 세분화된 공중을 대상으로 하는 프로그램이 개발되지 않는다면 너무 조직 중심의 일방적인 정보 전달이 될 가능성이 많다. 아무래도 유방암 인식 제고 캠페인의 성격이 정보 제공에 가깝기 때문에 관련 공중과 대화하고 세분화된 목표 공중별로 커뮤니케이션 채널을 달리하여 의미를 공유하려는 노력은 부족한 면이 있었다고 본다. 마지막으로 기부금 내역에 대한 자세한 내역 공개와 관계를 형성한 공중과의 지속적인 관계 유지를 위한 프로그램도 함께 가져가는 것이 필요했다고 본다. 세계가 함께 사용하는 심벌이고 캠페인이지만, 프로그램 내용에서는 좀더 한국적인 프로그램으로 가져갈 수도 있었다고 본다.

있다. 이런 측면에서 특히 우리나라 비영리 조직에 커뮤니케이션 능력이 중요하다는 점이 강조될 필요가 있다.

국제적인 환경 변화가 우리나라 비영리 조직의 발전 방향에 주는 시사점은 분명히 있다. 국제적으로 볼 때 비영리 섹터와 정부의 협력 관계는 확대되고 있으며, 복지사회를 위한 파트너십도 점차 확대되고 있다. 비영리 섹터와의 분담을 법으로 정해서 지원하는 경우도 생기고 있다(Boris, 2006). 또한 커뮤니케이션 기술과 인터넷의 발달로 전 지구 차원의 비영리 네트워크가 생성되기도 한다. 따라서 우리나라에서도 비영리 조직과 정부의 협력 관계는 좀더 전향적으로 생각해 볼 필요가 있으며, 비영리 조직의 독립성이 손상되지 않는 범위 내에서 어떻게 정부의 정책과 조화를 이루어 갈 것인가를 고민할 필요가 있다. 이러한 다른 섹터와의 협력이 비영리 조직의 영향력을 증대하는 데 도움을 줄 수 있을 것으로 기대한다. 따라서 제2부에서 나올 비영리 커뮤니케이션 캠페인 과정에서 정부, 기업, 다른 비영리 조직 등과의 협력이 비영리 조직의 독립성과 정체성을 훼손하지 않는 범위 내에서 사회적인 영향력을 확대할 수 있는 방향으로 프로그램에 포함될 수 있다.

4. 결론적 논의: 비영리 커뮤니케이션의 방향성

비영리 조직의 발전은 결국 사회적인 영향력을 확대하고 시민의 참여를 확대하며, 참여하는 사람의 만족을 이끌어 냈을 때 가능하다. 이는 사회운동과 관련된 비영리 조직뿐 아니라 모든 비영리 조직의 존재 이유와 연관되어 있다. 이러한 노력의 기저에는 내·외부 공중과의 광범위한 커뮤니케이션이 자리잡고 있다. 따라서 비영리 조직의 커뮤니케이션 활동은 어떤 설정한 목표를 효과적으로 달성하기 위한 기능적인 행위와 참여하는 모든 사람의 표현 욕구를 충족시켜 주는 방향으로 구성되어야 한다.

비영리 커뮤니케이션의 차별화: 표현 행위와 기능 행위

비영리 조직을 비영리 조직이게 하는 것은 우리들이 뭔가 말하고자 하는 것, 달성하고자 하는 것을 표현할 수 있는 장을 제공한다는 것이다. 눈에 보이는 성과 위주의 의미도 있지만, 결국 비영리 조직은 참여하는 사람들의 동기 부여와 의미 찾기에서 진정한 생존의 동력을 얻는다. 참여하는 사람들이 즐길 수 없다면 본질적으로 비영리 조직은 존재 가치를 상실한다. Mason(1996)에 따르면, 비영리 조직의 표현 기능은 비영리 조직 참여자의 직접적인 욕구 충족 행위, 참여를 통한 만족 행위 등을 의미한다. 무엇을 달성하겠다는 욕구도 중요하지만 참여자의 직접적인 욕구 표현을 통한 만족은 비영리 조직을 다른 영리 조직으로부터 확연하게 구분시켜 준다. 사실상 지금까지 논의되어 온 경영학의 비영리 조직 전략 경영 논의는 이러한 비영리 조직 구성원의 특수성을 간과하고 있다고 할 수 있다. 표현 행위는 간접적인 만족 행위가 아니라 구성원의 활동 자체를 통한 직접적인 욕구 달성 행위이다(Mason, 1996). 따라서 표현 행위에서는 일 자체, 참여 자체에서 만족을 느끼고 의미를 찾는다. 하지만 전략 경영 행위는 목표 달성이나 어떤 편익의 실현에 집중하는 경향이 있다. 공부를 왜 하느냐고 물었을 때 공부가 좋아서 한다는 사람과 공부해서 성공하겠다는 사람은 만족 행위 자체가 완전히 다를 것이다. 비영리 조직은 일 그 자체를 즐기는 것이 필요하다.

행위를 기능적인 행위와 표현적인 행위로 나누었을 때, 기능적인 행위는 간접적인 만족에 치중하지만, 표현적인 행위는 직접적인 만족을 추구한다. 표현적인 행위는 기능적인 행위에 대비되는 개념이라고 볼 수 있지만, 두 개념은 언제나 함께 간다고 보는 것이 더 정확하다(Mason, 1996). 표현 행위는 어떤 행위를 통해서 자신과 조직 스스로의 욕구를 충족시키지만, 기능 행위는 이와 함께 외부에 어떤 성과물을 내어놓게 된다. 따라서 참여자의 만족과 조직의 성과가 함께 가는 것은 자연스러운 일이다. 공부 자체가 좋아서 하는 사람은 자연히 남들이 인정하는 어떤 성과를 가져오게 된다. 따라서 기능적인 행위 자체도 표현적인 기능과 합치되는 것이 필요하다. 하기 싫은 일을 억지로 해서는 능률이 오르지 않으며, 성과에 집착해서는 장기적이고 지속 가능한 성장을 이룰 수 없다. 자기가 하고 싶은 일을 즐기면서 할 수 있는 일이 가장 좋은 직업이고 인생이 아닐까? 이런 의미에서 표현 기능은 이러한 자기 표현, 자기 만족, 안빈安貧, 자족自足 등의 개념과 연결된다.

좀더 비영리 조직의 성격과 관련지어 보면, 표현 기능 자체가 비영리 조직을 이윤 추구 조직과 구별하는 특징이 된다. 물론 영리 조직도 표현 기능이 없는 것은 아니지만, 영리 조직의 표현 행위는 외부에 내어놓는 성과와 무관하게 독립적인 행위로서 인정받기 어렵다. 하지만 대부분의 비영리 조직은 자발적인 참여를 통해 산출물과 무관하게 자신의 욕구 달성을 추구한다. 이러한 성격으로 해서 비영리 조직은 시민 동원mobilization 과정에서 표현 행위를 강조함으로써 시민의 참여를 유도할 수 있다. 비영리 조직의 동원 기능은 표현 행위에 대한 기대와 연결된다.

하지만 표현 행위만 추구하는 조직, 예를 들어 어떤 동호인 모임 같은 경우, 사회적으로 의미 있는 일을 하고자 할 때는 자신만의 만족을 위한 표현 기능에 머물러 있을 수 없다. 표현 기능을 추구하는 조직이 어떤 식으로든 사회적으로 의미 있는 일을 하기 위해서는 기능 행위와 연관될 수밖에 없다. 따라서 표현 행위와 기능 행위가 적절한 조화를 이루는 것이 필요하다. 표현 행위가 충족되지 않는 비영리 조직은 존재 가치가 없다는 의미에서 표현 행위는 비영리 조직의 근간인 것이 분명하다. 하지만 조직의 기능 행위와 조화를 이루지 못하는 표현 행위는 사회적인 의미를 생산하는 데 취약할 수밖에 없고, 지속 가능한 발전을 이룰 수도 없다.

이러한 의미에서 표현 행위와 기능 행위를 연결시키는 커뮤니케이션 전략의 필요성이 대두된다. 이러한 통합은 공중 관계 커뮤니케이션의 이론화 과정에서 논의되는 기능과 표현의 통합화 과정과도 직접적으로 연결된다. 공중 관계 커뮤니케이션은 기능주의적인functional 접근과 수사학적인 rhetorical 접근으로 분류할 수 있는데 기능주의적인 접근은 기능 행위와 맞닿아 있고, 수사학적인 접근은 커뮤니케이션을 통한 표현 행위와 통한다고 할 수 있다(김영욱, 2003). 모든 커뮤니케이션 행위는 결국 기능적인 목적과 자기 충족의 목적을 동시에 만족시킬 필요성을 가진다. 비영리 조직도 이 두 가지 기능이 함께 만족되는 것이 필요하다. 표현 행위가 만족되었을 때 비영리 조직 참가자와 자원봉사자들이 만족을 느끼게 되며, 이러한 내부 만족은 기능적인 측면에서 비영리 조직의 사회적인 영향력 증대를 위한 기반으로 작용한다.

비영리 조직의 리더십과 구성원은 비영리 조직의 특성, 즉 자유, 혁신, 창의성, 유연성 등 표현 행위와 관련한 가치를 살려나갈 때 경쟁력을 갖출 수 있다. 즉 영리 조직은 기능 행위가 우세하여 표현 행동이 제약받을 수 있지만, 비영리 조직은 오히려 표현 행위를 통해서 결국 힘의 불균형, 자원의 부족을 뛰어넘는다. 또한 비영리 조직은 대부분 자원봉사 활동에 의존한다. 따라서 표현 행위와 관련한 만족을 주지 못하면서 자원봉사를 강요하는 것은 영속적인 비영리 조직의 발전을 해치는 행위이다.

비영리 조직의 문제점을 지적하면서 조직 운영의 개선을 주장하는 과정에서 보통 표현 행위를 제약하는 일들이 많이 생긴다(Mason, 1996). 비영리 조직의 문제점으로 지적되는 것은 대표적으로 비효율적이고 느린 일 처리 과정, 느슨한 회계 업무, 복잡하고 오래 걸리는 의사 결정, 비전문적인 인적 구조, 목표 설정의 부재, 기금과 예산의 부족, 지나친 자기 가치 집착 등이 있다. 대부분의 비영리 조직 개혁은 이러한 요소들이 비영리 조직의 발전을 가로막는다고 보고, 영리 조직처럼 바꾸려는 시도가 이루어지게 된다. 많은 경우 비영리 조직 자체 내에도 이러한 회의주의가 지배한다. 하지만 비영리 조직의 문제점 개선은 영리 조직을 따라 한다고 해서 해결될 문제가 아니고, 비영리 조직 고유의 표현 기능을 살려서 영리 조직과 차별되게 비영리 조직을 발전시켜 나가는 것이 필요하다. 위에서 든 문제점들을 해결하기 위해 영리 조직과 같은 개혁을 하다 보면 표현 행위를 살리기보다는 가로막기가 쉽고, 그렇게 되면 오히려 비영리 조직의 발전 가능성을 축소하게 된다.

표현 행위의 의미를 좀더 파악하기 위해 그 유형을 살펴보면, 크게 자발적인 행위/비자발적인 행위로 구분할 수 있고, 또한 개인 행위/집단 행위로 구분해 볼 수 있다(Mason, 1996). 비영리 조직의 표현 행위는 대부분 자발적인 표현이며, 집단 행위를 의미한다. 비영리 조직의 구성원은 자신이 추구하는 가치를 위해 자연발생적인 표현을 의도적으로 하는 것이며, 이는 개인의 표현을 넘어서서 집단화된 목소리로 표현하는 것이다.

Mason(1996)은 표현 기능과 관련한 결과물을 높이기 위해서 가치 평가assessing → 계획planning → 조직화organizing → 인원 확보staffing → 유도활동guiding → 평가feedback evaluation의 여섯 가지 단계를 들고 있다. 이러한 단계는 앞서 설명한 전략 경영, 전략 기획, 전략 커뮤니케이션의 일반적인 단계와 다르지 않다. 다만 표현 기능의 결과물을 창출하는 단계에서 특이한 것은 조직이 추구하는 가치를 통해서 내부 조직원에게 동기를 부여하고, 장기적인 공중과의 관계 형성이라는 틀 속에서 전략적인 계획을 형성한다는 것이다.

전략 경영은 조직 중심적인 가치에 매몰되어 있기 때문에 비영리 조직이 지향하는 전체 사회적인 의미를 도출하는 데는 취약한 측면이 있다. 내부 조직원을 포함하여 다양한 공중과의 커뮤니케이션을 통해서 장기적으로 우호적인 관계를 형성하고, 사회적인 영향력을 확대하고 지속하는 것이 비영리 조직의 활동이다. 따라서 비영리 조직의 표현적인 기능을 높이는 것은 그러한 자기 표현을 통한 내부 조직원의 만족을 높이고, 그것이 외부 공중과의 커뮤니케이션에도 긍정적인 영향을 미치도록 하는 것이다.

표현적인 기능에 어떤 특별한 것이 있다기보다는 표현적인 기능을 살려 줄 수 있는 요소들이 전략적인 기획의 중요 요소를 이루도록 하는 것이 바람직하다. 또한 이러한 표현적인 기능은 비영리 조직의 강점으로 작용할 수 있다. 왜냐하면 다른 영리 조직에서 볼 수 없는 내부 조직원과 참가자들의 결속과 만족을 통해서 비영리 조직이 가진 자원의 열세를 보충할 수 있고, 외부적으로 조직의 정체성identity을 높이는 데도 많은 도움을 줄 수 있다. 예를 들어 아름다운 가게에서 스스로 열심히 일하며 만족하는 자원봉사자들을 통해서 많은 사람이 아름다운 가게의 존재 의미와 사회적인 영향력에 대해서 다시 한 번 생각해 보게 된다. 이는 표현 행위와 기능 행위가 자연스럽게 만나는 접점에 가장 효과적인 비영리 조직 커뮤니케이션 활동이 자리하고 있음을 보여 준다.

기능 행위와 표현 행위의 통합

보통 비영리 조직의 활동 유형에는 네 가지가 있다(대부분 Jacoby & Babchuk, 1957에서 응용). 그것은 1) 표현 유형expressive, 2) 표현/기능 유형expressive/instrumental, 3) 기능/표현 유형instrumental/expressive, 4) 기능instrumental 유형을 말한다. 여기서 표현/기능 유형은 표현 행위가 더 많은 유형이고, 기능/표현 유형은 기능 행위가 더 많은 유형이다. 표현 유형 조직은 회원 중심의 친목을 도모하는 조직에 가깝고, 기능 유형은 공공기업 형태를 띠는 서비스 제공 조직에 가깝다. 하지만 대부분의 비영리 조직은 표현 행위를 정도의 차이는 있지만 일정 부분 포함하고 있다. 조직의 내부 공중인 다양한 참가자들이 어느 정도의 만족을 느낄 수 있을 때 비영리 조직은 존립할 수 있기 때문이다.

한편 조직의 기능 행위와 관련해서 가장 중요한 부분이 미션에 근거한 커

미니 케이스 분석 3-8

표현 욕구의 극대화

- 성서공동체 FM, "담장 허무는 엄마들 캠페인" -

"소출력 공동체 라디오를 설립한 이후 방송 소외 계층이 직접 방송을 제작해야 한다는 취지를 살려 장애인 방송을 특성화된 방송으로 기획하게 되었다. 그 중 중증장애아를 키우는 엄마들도 장애 문제를 해결하기 위한 '당사자'라는 문제 의식 하에 방송국에서 엄마들에게 제안하게 되었다. 그 결과 방송을 직접 제작하는 시스템을 구축하여 현재까지 방송을 진행하고 있다. 방송의 결과 성과로는 대구지역 장애 특수학교인 보건학교의 방과 후 활동 시간의 확대, 통합학교에 엘리베이터 설치 등 현안들을 엄마들 스스로가 해결해 나가고 있다. 문제 의식의 공유를 위해서 방송 제작물 CD 제작, 단행본 출간 등을 통해 장애 부모운동을 지역사회뿐만 아니라 전국적으로 확대해 나가고 있다." (2007년 제5회 풀뿌리 시민운동 사례 공모 보고서에서 가져옴. 풀꽃상 수상)

이 캠페인은 참가자들의 표현 욕구를 실현하는 것이 캠페인의 성공에 얼마나 중요한가를 잘 보여 주고 있다. 담장 허무는 엄마들 캠페인은 중증 장애인 엄마들이 스스로 담을 쌓고 세상과 소통하지 않는 것이 문제라고 보고, 라디오를 통해서 세상과 소통하고 장애인에 대한 차별과 편견을 개선하기 위한 노력을 스스로의 힘으로 할 수 있는 장을 제공한다. 이 캠페인에서 라디오 프로그램을 제작하는 것은 장애인 엄마들의 몫이다. 자발적으로 방송 프로그램을 제작하는 과정에서 피해 의식과 굴레를 벗어던지고, 세상과 맞서 싸울 수 있는 힘을 얻게 한다. 참가자들 스스로의 표현 욕구가 강조되었기 때문에 자발적이고 지속적인 캠페인이 가능하게 된다. 현재 이 캠페인은 공동체 라디오를 통한 지역 캠페인의 성공 사례로서 참가자들의 표현 욕구를 잘 살리는 것이 얼마나 중요한가를 보여 준다.

뮤니케이션 활동이다. 조직의 표현 행위도 중요하지만 비영리 조직의 행위가 미션에 근거해서 기획되고 실천되지 않는다면 방향타를 상실한 것이다. 아무런 장기적인 비전 없이 단기적인 편익만을 추구하는 조직은 지속 가능한 성장을 이루기 어렵다. 따라서 비영리 조직의 커뮤니케이션 전략은 미션을 중심으로 계획을 마련하고 실천하며, 전체적인 커뮤니케이션 전략이 조직의 미션에서 벗어나지 않는가를 점검하는 것이 필요하다.

사회 기업과 관련한 논의에서도 가장 중요하게 등장하는 것이 미션에 기반한 조직의 활동이다(Dees, Emerson, & Economy, 2002). 영리 기업의 경우에 효율성과 결과에 대한 책임성을 강조하는 전략들이, 비영리 조직의 경우에는 미션을 어떻게 가장 효율적으로 달성할 것인가와 연결된다. 따라서 모든 전략적인 계획은 미션에서 시작해야 한다. 즉, 비영리 조직의 계획은 미션 → 목적 → 목표 → 행동 단계 → 예산 부여 → 평가 → 미션 등의 순환적인 단계를 거치게 된다.

앞서 설명했듯이 대부분의 비영리 조직 공중 관계 활동과 관련한 경영학 분야의 저술들은 공중 관계 활동을 언론 퍼블리시티 활동과 동일한 것으로 사용하고 있다(Feinglass, 2005). 하지만 공중 관계 활동의 본래 목적은 공중과의 관계 증진에 있다. 공중 관계 활동을 언론 관계 활동으로 보는 것은 지나치게 공중 관계 커뮤니케이션의 범위를 축소한 것이며, 학문적인 발전 과정과도 동떨어져 있다. 따라서 이 책에서 공중 관계 커뮤니케이션 활동은 공중과의 우호적이고 지속 가능한 관계를 형성, 유지, 발전시키기 위한 다양한 조직 커뮤니케이션 활동을 의미하며, 조직은 공중 관계를 통해서 미션을 달성해 나간다(김영욱, 2003). 비영리 조직은 공중 관계 커뮤니케이션을 통해서 자신의 활동이 공중에게 우호적으로 수용될 수 있도록 의사 소통하고, 진실하고 신뢰할 수 있는 메시지를 통해서 우호적인 이미지와 평판을 형성함과 동시에 공중과 장기적인 관계를 형성해 나가야 한다. 따라서 비영리 조직의 미션은 공중 관계 활동과 연결될 수밖에 없으며, 미션에 기반한 목표 달성 행위는 궁극적으로 장기적인 공중 관계 형성으로 이어진다.

또한 비영리 조직의 기능 행위와 표현 행위는 공중 관계라는 측면에서 자연스럽게 연결된다. 조직이 공중과의 관계를 형성하는 것은 내부 공중과 외부 공중을 모두 포함한다. 따라서 표현 행위를 진작시키는 행위는 내부 공중과의 관계 관리에 해당하고, 기능 행위는 조직 행위가 외부에 발현되는 것을 의미하기 때문에 외부 공중과의 관계 관리와 유사하다. 따라서 기능 행위와 표현 행위를 모두 살려서 비영리 조직의 발전을 이룬다는 것은 공중 관계 중심의 광범위한 커뮤니케이션 전략을 실행한다는 것과 일맥 상통한다.

대부분의 행위는 이 두 가지 속성을 전부 가질 수밖에 없다. 표현과 기능은 언제나 동전의 양면처럼 함께하기 때문이다. 따라서 이 두 가지 행위가 조화를 이룰 필요성은 항상 제기된다. 행위의 두 가지 기능 이론에 따르면(Parsons & Edward, 1962), 기능 행위는 투입한 자원에 대한 산출과 분배를 항상 고려하지만, 표현 행위는 사회적인 통합과 윤리적인 기준을 항상 고려한다고 보았다. 따라서 이러한 두 행위의 다른 특성 때문에 서로 보완적인 기능을 수행할 수밖에 없다고 보았다. 비영리 조직의 발전과 관련해서도 투입 대비 산출의 중요성과 함께 참여하는 사람들이 사회적인 의미를 발견할 수 없다면 지속적인 투입 대비 산출을 기대하기는 어렵다.

기능 행위와 표현 행위의 구분은 비영리 조직의 성공을 이끄는 방법과도 연결된다. 비영리 조직의 성공을 이끄는 시각은 크게 기능 행위 중심적인 시각과 표현 행위 중심적인 시각이 있다. 기능 행위 중심적인 시각은 비영리 조직의 활동에 이윤 중심의 도전 정신과 효율성을 도입함으로써, 비영리 사회기업가 정신social entrepreneurship을 구현하려는 시도이다. 이는 또한 기업가 정신에 의한 성공entrepreneurial success이라고 할 수 있다(Crimmins & Keil, 1983; Dees, Emerson, & Economy, 2002). Dees 등에 따르면 사회기업가 정신을 가진 사람은 1) 미션을 채택하여 사회 가치를 창출하고 유지하려고 노력하며, 2) 채택된 미션을 달성하기 위해 새로운 기회를 끊임없이 모색하고, 3) 영속적인 혁신, 적응, 학습 과정에 참여하며, 4) 현재의 자원 구도에 만족하지 않고, 도전하는 자세를 가지며, 5) 관련 공중에게 책임성을 가짐으로써, 그것에 걸맞은 결과를 도출하기 위해 노력한다고 보았다.

따라서 비영리 조직에 기업가 정신을 도입하는 것은 사회적인 목적과 상업적인 목적을 통합하여, 사회에 가장 효율적으로 기여할 수 있는 사회 기업social enterprise을 형성하려는 노력이라고 할 수 있다. 이러한 경향은 비영리 조직에 좀더 효율적인 결과 중심의 활동과 기업과 유사한 전략적인 접근을 할 것을 요구한다. 따라서 사회 기업으로서 비영리 조직 활동은 기금을 확보하기 위한 상업적인 접근의 사용, 미션과 관련된 비즈니스의 과감한 도입, 영리 기업과의 상호 이익을 위한 파트너십 형성 등을 포함한다. 인수 합병을 통한 전략적인 재구성(Kohn & Piana, 2003) 등도 비영리 조직 사회 기업과 관련하여 새롭게 논의되는 주제이다.

이러한 접근의 특징은 필요한 사람에 대한 직접적인 자선 행위는 줄이고, 사회적인 약자들이 처한 사회 여건을 바꾼다든지, 자발적으로 일어설 수 있게 하는 등의 새로운 접근을 시도하고, 지속적인 기금의 마련을 위해 능동적인 사업을 펼쳐가기도 한다.

사회기업은 완전히 자선적인 경우와 완전히 상업적인 경우를 양 극단으로 하면서, 그 사이에서 다양한 성격을 가지고 분포되어 있다. 하지만 비영리 조직의 사회 기업화는 아직까지 자본의 부족, 상업주의에 대한 내부의 경계, 본질적인 비영리 조직문화와의 충돌, 관련 공중의 지지 철회, 정치적인 반대 세력의 등장, 지나친 기업, 정부 의존 등이 문제점으로 지적된다(Dees, Emerson, & Economy, 2002).

다른 하나의 비영리 조직 성공에 대한 시각은 비영리 조직 활동에 참여하는 사람들의 만족 정도와 자기 의사 표현을 통한 자아의 구현 등을 비영리 조직 활동의 성공 척도로 삼는 것이다. 이것은 기능 행위와는 대조되는 것으로 비영리 조직 구성원의 표현 행위를 중심으로 성공의 기준을 마련한 것이다. 예를 들어서 비영리 조직이 아무리 좋은 성과를 이루고 외부 공중의 찬사를 받는다고 하더라도, 내부 공중이 자기 만족감을 느끼지 못한다면 성공했다고 할 수 없다. 내부의 불만으로 곪아 터져서 지속적인 성장을 하지 못하는 비영리 조직을 찾는 것은 어려운 일이 아니다. 결국은 내부 공중과의 의미 공유, 커뮤니케이션을 통한 의사 결정, 구성원 참여를 통한 합의 등의 커뮤니케이션 요소들이 비영리 조직의 중요한 성공 척도가 된다.

이 두 가지 성공 척도도 통합될 필요가 있다. 사실 전략적인 커뮤니케이션의 형성은 기능적인 속성에서 비롯되었고, 이러한 특성은 사회기업의 성공 척도와 통하는 면이 많다. 하지만 비영리 조직에서는 기능 행위에 바탕을 둔 성공 척도가 비로소 표현 행위를 통한 내부 조직원의 만족과 만났을 때 시너지 효과를 낼 수 있다. 앞서 말한 대로 비영리 조직의 성공은 공중관계에 기반한 광범위한 커뮤니케이션 활동을 통해서 기능 행위와 표현 행위의 균형을 맞추었을 때 비영리 조직의 지속적인 발전을 기대할 수 있다. 따라서 조직의 미션에 기반한 효율적인 결과 도출 행위와 함께 참여하는 모든 사람이 만족할 수 있는 조직 행위가 영속적인 비영리 조직의 발전을 가져올 수 있다. 이러한 모든 행위는 공중 관계를 위한 커뮤니케이션 행위를 기반으로 한다.

기존 비영리 조직의 전략 경영을 다루는 책들은 대부분 기능 행위에 치우치는 경향이 있지만, 이러한 기능 행위와 표현 행위를 통합하는 것이 좀더 합리적이고 지속 가능한 발전을 추구한다(Drucker, 1990). 기능 행위에 치우치는 경우(Espy, 1986 등의 경우)는 비영리 조직 전략 경영 접근, 사회마케팅적인 접근, 영리 효율성 위주의 조직 경영 접근을 원용하는 과정에서 비영리 조직의 특성을 충분히 반영하지 못했기 때문에 실패할 가능성이 농후하다. 하지만 최근의 경향은 기능 행위와 표현 행위를 통합하려는 노력이 많아지고 있다(Mason, 1996).

Shaw(2001)의 경우도 사회운동의 원칙과 관련하여 능동적인 전략의 필요성에 대해 언급하면서, 조직원들이 진정으로 즐길 수 없는 전략은 좋은 전략이 아니라고 언급한다. 여기서 능동적인 전략은 조직의 미션에 기초한 전략적인 캠페인을 의미하고, 조직원이 즐길 수 있는 전략이라는 언급은 비영리 조직의 표현 기능을 의미한다. 기존 권력이나 지배 체제의 행위에 수동적으로 반응하는 수준이 아니라 능동적으로 캠페인을 만들어 내는 한편, 그러한 캠페인을 조직원들이 진정으로 즐길 수 있다면, 그러한 전략이 가장 효과적인 결과를 가져오게 된다고 본 것이다. 우리나라의 경우, 한미 쇠고기 협상 결과를 반대하는 촛불 집회의 경우가 이런 경우에 해당한다. 오랜 독재 타도의 전통에서 비롯된 과격 시위에 선뜻 동참할 수 없었던 많은 시민이 촛불 집회라는 평화적인 시위 방법에 처음으로 매료된 경우라고 할 수 있다. 시민이 참여할 수 있고, 즐길 수 있으면서, 자신의 의사를 표현할 수 있는 자리를 제공하는 것이 비영리 조직의 가장 중요한 존재 이유이다. 하지만 촛불 집회에서도 드러났듯이 조직이 가고자 하는 방향이 명확하지 않고, 목표 의식이 불분명할 경우, 표현 행위에 대한 만족만으로는 소기의 목적을 달성하기는 힘들어진다. 따라서 기능적인 행위, 즉 미션에 바탕을 둔

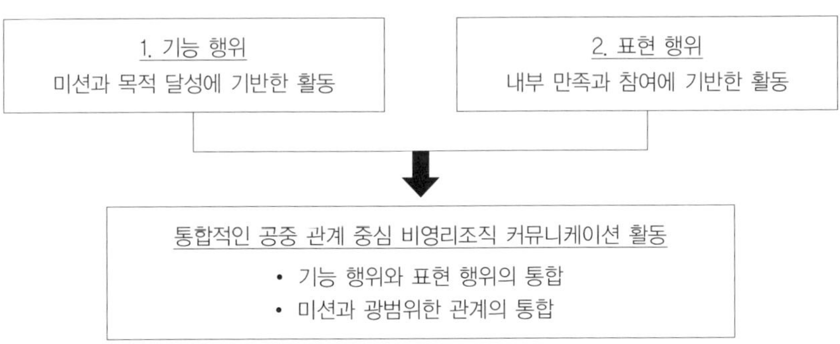

그림 3-3 비영리 조직의 발전을 위한 행위의 통합

미니 케이스 분석 3-9

지속적인 사회운동의 중요성

- 강릉 생명의 숲, "송림마을 소나무 지키기 시민 모금운동" -

강릉 생명의 숲은 2007년 강릉시 송림마을의 소나무 숲이 외부로 반출되는 것을 막기 위해 마을 주민들이 모금을 시작해 시민운동 활동가, 공무원, 농협, 지역 언론, 조경 업체 등이 함께 참가하여 소나무 숲을 지켜낸 성공적인 지역 풀뿌리 모금운동으로 평가받았다. 마을 주민들이 직접 운동을 조직하여 성공적으로 마을의 현안을 스스로 해결했다는 측면에서 풀뿌리 모금운동의 신기원을 이룩했다는 평가를 받기도 했다. 하지만 아래 기사를 읽어보면 단기적이고 일회성의 운동이 가져올 수 있는 약점이 극명하게 드러난다.

"소나무 마을인 강릉시 송림리의 소나무가 무관심 속에 고사돼 '솔향 강릉'의 도시 이미지를 무색케 하고 있다. 더욱이 문제의 소나무는 시민들의 모금운동을 통해 지켜낸 나무라는 점에서 안타까움을 더하고 있다. 소나무 숲이 우거진 마을이라고 이름도 '송림'인 이 마을에는 20여 그루의 소나무 중 6그루가 말라 죽은 채 볼썽사납게 서 있는 상태다.

100년 넘게 마을을 지켜 온 송림1리 소나무는 지난 2007년 37그루의 소나무가 자라고 있는 숲이 통째로 조경 업체에 매각, 외지로 반출될 위기를 맞게 되자 마을 주민과 시민들이 나서 일부 소나무를 매입하면서 지켜낸 사연을 지니고 있다. 당시 소나무 지키기 운동을 통해 학생과 시민, 사회단체가 5,600여만 원의 성금을 모금했으며, 이 중 소나무 매입 비용 4,500만 원을 지출하고 1,100여만 원은 마을에서 소나무 숲을 위해 쓰도록 관리하고 있다.

하지만 굴취된 소나무를 다시 심어놓은 과정과 사후 관리 부실 등의 이유로 고사되는 위기를 맞고 있다. 소나무 굴취와 반출 반대에 적극 나서며 소나무를 관리해 온 강릉시나 강릉 생명의 숲에서 소나무 살리기에 나섰다고는 하지만 별다른 성과를 거두지 못했다.

주민 김모(43) 씨는 "소나무 반출 저지를 위해 시민들이 적극 나섰는데 이후 관리가 제대로 안돼 애꿎은 소나무만 고사됐다"며 "일부 남아 있는 소나무라도 잘 자랄 수 있도록 관심을 가져야 할 것"이라고 말했다. 강릉시 관계자는 "마을 숲 보전을 위해 조경 업체에 고사된 소나무를 대체할 수 있도록 재협조 요청할 것"이라며 "소나무가 좀더 철저히 관리되도록 하겠다"고 말했다." (강원도민일보, 2009년 7월 28일자에서 가져옴.)

비영리 커뮤니케이션의 원칙은 시민이 쉽게 참여할 수 있으면서도, 지속적으로 관계를 형성할 수 있는 커뮤니케이션 활동이 되도록 하는 것이다. 또한 비영리 조직 사회운동의 성공 여부는 그 운동을 이끌어 갈 운동가를 양성하고 주체를 형성하며, 지속적인 운동을 이끌어 갈 동력을 계속 만들어 내는 것에 달려 있다. 여기서 공중 관계라는 개념이 매우 중요해진다. 비영리 조직을 위한 어떤 기능적인 목표를 달성하기 위해 노력하면서도 그것을 지속적으로 뒷받침해 줄 수 있는 사람을 양성하고, 사람들을 조직화하지 않으면 그러한 사회운동의 동력은 쉽게 상실될 수밖에 없다. 공중 관계 자산public relations asset은 사회 공동선을 실현하기 위해 비영리 조직이 다양한 공중과 우호적이고 지속 가능한 관계를 형성하는 것이다. 강릉 송림 마을 소나무 지키기 운동도 공중 관계 형성과 유지, 지속적인 조직화와 관련한 좀더 체계적인 아이디어가 있었다면 궁극적으로 성공한 운동이 되었을 것이다. 사회 운동에서 가장 중요한 것은 열정을 조직화하고 지속 가능하게 만드는 냉철한 이성이다.

목적 달성 행위와 이를 실제로 실행하는 치밀한 계획들이 함께 가는 것이 또한 중요하다.

Drucker(1990)의 경우도 두 가지 행위를 통합하는 것이 필요하다고 보았다. 기능 행위는 대부분 조직의 미션을 어떻게 가장 구체적으로 달성할 것인가를 전략적으로 모색하고 실행하는 것이다. 물론 조직의 미션에 표현적인 행위가 포함될 수도 있지만, 그것으로는 내부 공중의 만족을 보장할 수는 없다. 많은 문헌에서 다루어지는 미션에 근거한 비영리 조직 활동도 기능적인 측면에 초점을 맞추고 있다고 할 수 있다. 드러커는 이러한 미션에 기반한 조직 행위와 이를 달성하기 위한 마케팅, 조직 혁신, 기금 조성 노력 등과 함께 내 · 외부 공중과의 관계, 즉 비영리 조직 활동에 관계된 사람들과의 관계를 비영리 조직의 중요한 행위로 들고 있다. 이는 참여하는 사람의 만족과 그들과의 관계가 조직의 기능적인 목적 못지않게 중요함을 보여 준다. 이러한 설명들은 표현 행위의 중요성, 기능과 표현 행위 통합의 중요성을 간접적으로 역설하고 있다고 할 수 있다. 따라서 비영리 조직의 개별 프로그램이나 캠페인이 이러한 원칙을 바탕으로 구성되었을 때 그 효과를 극대화할 수 있을 것이다.

결론적 요약

지금까지 비영리 조직의 사회운동은 약자의 입장에서 갈등을 조장하는 경우가 많았지만, 우리나라 사회에서 갈등을 증폭시키는 전략은 더 이상 장기적인 안목에서 지속 가능한 비영리 커뮤니케이션 전략이 되기 어렵다는 것을 주장했다. 그러한 갈등 전략의 대안으로 작용하는 것은 공중 관계 커뮤니케이션이다. 비영리 조직의 활동은 크게 나누어 기능 행위와 표현 행위로 이루어져 있는데, 기능 행위는 외부 공중과의 관계와 연결되고, 표현 행위는 내부 공중과의 관계와 연결된다. 또한 이러한 기능 행위는 미션을 바탕으로 전략적인 행위가 이루어졌을 때 지속 가능한 공중 관계를 이루어 낼 수 있다. 이러한 논의들을 종합하면 비영리 조직의 모든 활동은 공중 관계를 근간으로 기능 행위와 표현 행위를 통합하여 어떻게 조직 활동을 효과적으로 구성할 것인가와 연결된다.

제2부

실행

비영리 커뮤니케이션 캠페인

제1부에서 비영리 커뮤니케이션 가운데 좀더 특정한 목적을 설정하면서 단계적인 과정을 상정하고 있다면 이는 커뮤니케이션 캠페인이라고 부르는 것이 더 명확하다고 설명했다. 비영리 커뮤니케이션의 실행 측면을 다루는 제2부는 비영리 조직이 시민의 참여를 이끌어 내고, 사회적인 힘의 불균형을 시정하며, 사회 공공의 이익을 가장 효과적으로 달성하기 위한 구체적인 실행 방법을 다루고 있다는 측면에서 비영리 커뮤니케이션 캠페인이라고 부를 수 있다.

제2부에서는 지금까지의 이론적인 논의를 중심으로 비영리 조직의 커뮤니케이션 활동을 실제적으로 실행하기 위한 방법에 대해서 알아본다. 이론적인 논의에서 비영리 조직의 커뮤니케이션 활동은 공중 관계를 근간으로 이루어지는 것이 좋으며, 그러한 활동은 조직의 미션과 조직원의 표현 행위와도 연결되어 있다고 설명했다. 따라서 공중 관계를 근간으로 이루어지는 비영리 조직의 모든 활동을 비영리 조직 공중 관계 커뮤니케이션 캠페인 혹은 줄여서 비영리 커뮤니케이션 캠페인이라고 부를 수 있다. 한편 일반적으로 캠페인은 프로그램 전략이라고도 한다. 따라서 제2부 실행 부분은 이러한 캠페인 혹은 프로그램 전략의 세부 단계별로 구성되어 있다. 이론적인 논의들만 이루어지고, 실제 문제 해결을 위한 실질적인 방안들이 무시된다면 그것은 안이한 접근 방법이다. 이 책은 추상적인 개념들이 가질 수 있는 그러한 한계를 극복하기 위해 실제적인 조직 행위의 방안을 제시하고자 노력했다.

앞 장들에서 비영리 조직, 특히 사회적인 이슈를 가진 조직의 경우, 갈등을 이용하거나 때로는 조장하는 전략을 통해서 조직 활동의 목적을 달성하려는 경우가 많았음을 설명했다. 이는 많은 비영리 조직의 경우 자신의 세계관은 정의의 편에 있으며, 상대방은 언제나 다른 동기를 가지고 잘못된 정책을 펼치고 있다고 보기 때문이다. 이러한 시각은 필연적으로 갈등을 불러오며, 그 갈등의 해결 방법 또한 일시적이다(Jackson, 1982). 물론 많은 비영리 조직의 활동이 힘의 불균형에서 오는 사회적인 여건 때문에 갈등 전략에 의존해야 하는 경우가 많다. 하지만 이러한 전략들이 장기적인 효과 측면에서 고려되고 전체 사회의 우호적인 동력을 형성하고 사회 변화를 이끌어 내기 위해서는 커뮤니케이션 캠페인이라는 측면에서 장기적이고 전략적으로 기획될 필요가 있다.

기존의 비영리 조직 활동은 갈등 전략을 포함하여 전략적으로 기획되거나 강·단점을 분석하여 장기적인 캠페인으로 이어져 오지 못했다. 갈등 전략도 장기적이고 전략적인 캠페인의 일부로서 실행되는 것이 중요하다. 따라서 비영리 조직이 사회적인 힘의 불균형을 넘어서기 위해서는 제1부에서 설명한 비영리 조직의 특성과 강점을 살리고, 이미 많은 영리 조직이나 권력 조직이 사용하고 있는 커뮤니케이션 캠페인의 장점을 받아들여 가장 효과적이고 효율적인 조직 활동을 형성하는 것이 필요하다. 제2부에서는 그런 의미에서 비영리 조직이 사회적인 힘의 균형을 형성하기 위한 새롭고 실제적인 방안을 제안하고 있다.

제4장

비영리 커뮤니케이션 캠페인 개요

비영리 조직이 펼치는 대부분의 행위를 캠페인 혹은 프로그램 전략이라고 할 수 있는 것은 기능과 표현 행위들이 어떤 단계적인 구성을 거쳐 지속적인 공중 관계 형성이라고 하는 전략적인 목표점을 지향하기 때문이다. 많은 경우 표현 행위는 전략적인 목표점 안에 용해되어 있다. 물론 이러한 단계들 중에서 사안에 따라 강조되는 부분도 있고, 소홀히 다루어지는 부분도 있을 것이다. 하지만 대부분의 비영리 조직은 이러한 캠페인 단계를 유지하면서 조직 행위를 구성하는 것이 기능과 표현 행위를 극대화하여 공중 관계를 강화하는 데 유리하다. 따라서 제2부에서는 지금까지 이론적으로 논의했던 비영리 조직의 커뮤니케이션 활동을 실제 어떻게 실행할 것인가의 차원에서 구체적인 단계 요소를 중심으로 구성한다. 물론 단계에 들어갈 구체적인 요소와 내용들은 지금까지 설명한 이론적인 논의를 배경으로 한다. 비영리 조직의 공중 관계 커뮤니케이션 캠페인 혹은 프로그램 전략은 제1부에서 설명한 대로 공중 관계와 커뮤니케이션이 동의 반복의 의미가 강하기 때문에 간단하게 비영리 커뮤니케이션 캠페인이라고 줄여서 부른다. 하지만 여기서 말하는 캠페인 혹은 프로그램 전략은 무엇보다도 공중 관계 활동에 중점을 두고 있다는 것을 이해하는 것이 핵심적인 사항이다.

캠페인과 프로그램 전략은 유사한 의미를 가진다. 캠페인도 어떤 프로그램을 통해서 목적을 달성하기 위한 전략적인 행위를 의미하기 때문이다. 전략이라는 말만큼 영리 조직에 유행했던 단어도 없었다. 전략은 본래 군대에서 쓰이던 말이지만 이것이 민간 조직으로 옮겨오면서 좀더 광범위한 의미로 쓰이게 된 것이다. 전략을 대략 개념 정의해 보면 어떤 목적을 달성하기 위한 조직의 체계적인 행위를 의미한다. 즉 전략적으로 행동한다는 것은 목적을 설정하고 그것을 가장 효과적으로 달성하기 위해 조직의 역량을 모으는 것이다(Wilson, 1997). 따라서 전략적인 조직은 조직의 본래 임무 mission 혹은 장 · 단기 목적에 충실한 연속적인 조직 행위를 펼친다. 여기서 연속적이라는 말은 전략적인 행위들이 단선적으로 이루어진 것이 아니라 조사, 계획, 실행과 같은 연속적인 과정을 거쳐 완성되는 과정 중심의 조직 행위를 의미하기 때문이다.

하지만 우리가 과정과 함께 고려해야 하는 것은 전략적인 행위에서 이루어지는 행위의 결과이다. 전략적인 조직 행위의 결과는 조직이 설정한 목적의 달성 여부를 판가름하는 조직 행위 책임성 척도에 의해서 효과 혹은 효율성 여부를 판단한다. 이러한 책임성은 영리기관의 경우 수익 혹은 이익 달성이 되는 경우가 많지만, 비영리 조직의 경우는 회원 확보라든지 기금 조성, 사회운동의 의미 달성과 같은 장 · 단기 목적 또는 조직의 장기적인 미션에 근거하는 경우가 많다. 이러한 일련의 목적 달성 여부를 체크하는 과정이 평가 과정이다.

보통 조직에서 프로그램 전략은 캠페인이라는 이름으로 행해지는 경우가 대부분이기 때문에 여기서 프로그램 전략과 캠페인은 같은 의미로 쓰도록 한다.

전략 경영과 사회 마케팅에서 추출된 커뮤니케이션 캠페인의 특징

이후 설명할 비영리 커뮤니케이션 캠페인 혹은 비영리 커뮤니케이션 프로그램 전략은 간단하게 조사, 계획, 실행, 평가, 관계 유지라는 다섯 가지 단계로 구성되어 있지만, 전략 경영과 사회 마케팅의 많은 요소를 승계하고, 그러한 전략적인 요소를 비영리 조직의 특성에 맞게 적용하려고 노력한다. 큰 테두리에서 보면 전략 경영에서 조직 미션의 중요성이 추출되고, 사회 마케팅에서 마케팅 믹스의 중요성을 가져온다. 또한 미션에서 캠페인 목적과 전략이 도출되고, 마케팅 믹스를 통해서 커뮤니케이션 캠페인의 다양한 메시지, 미디어 전략이 형성된다. 전략 경영과 사회 마케팅 두 개념 모두 조사와 공중 분석의 중요성을 강조하고, 철저한 환경 조사와 공중의 인식에 기반한 전략적인 행위를 제시한다. 이러한 요소는 비영리 커뮤니케이션 캠페인에 그대로 적용된다.

따라서 전략 경영과 사회 마케팅에서 추출된 커뮤니케이션 캠페인은 다음 네 가지 요소를 중심으로 실행된다. 첫째, 미션 중심의 사고—미션과 캠페인 목적, 목표의 일관성을 가지는 것이 중요하다. 둘째, 전략 믹스의 중요성—마케팅 믹스처럼 커뮤니케이션 메시지와 미디어의 전략적 다양화를 이루는 것이 필요하다. 셋째, 조사의 중요성 강조—상황 조사 및 공중 분석에 기반한 캠페인을 실행하는 것이 요구된다. 넷째, 조직 개선을 위한 평가 활용—목적과 평가의 일관성, 그리고 개선 시스템을 구축하는 것이 바람직하다. 물론 비영리 커뮤니케이션 캠페인은 이러한 요소 외에도 내·외부 공중과의 관계를 중심으로 구성되는 특징을 지닌다.

Radtke(1998)는 전략적인 커뮤니케이션이라는 말을 사용하면서 일곱 가지 단계를 제안한다. 이 과정에서 가장 중요한 첫 번째 단계로 미션을 제고하기 위한 비영리 조직 본래 목적을 상기시키면서, 모든 커뮤니케이션 계획이 미션을 중심으로 이루어져야 한다고 강조한다. 이처럼 비영리 조직의 커뮤니케이션 캠페인에서 미션은 중심적인 위치를 차지한다. 때로는 가장 효율적인 캠페인이 가능한 경우에도 조직의 미션과 일치하지 않는다면 과감하게 포기하는 것이 필요하다. 단기적인 손실과 비효율이 장기적인 측면에서 지속 가능한 조직 활동을 가능하게 하고, 조직의 존재 가치에 대한 정당성legitimacy을 부여한다. 조직의 미션은 언제나 커뮤니케이션 캠페인의 근본적인 이유가 된다.

Radtke가 주장했던 커뮤니케이션 전략의 일곱 가지 단계는 미션에 따른 전략 설정, 오디언스 분석, 메시지 프레이밍, 미디어 전략 설정, 프로그램 일정의 통합, 커뮤니케이션 실행, 평가로 이루어진다. 미션에 따른 전략 설정은 미션의 설정 및 상황 조사 후 미션에 바탕을 둔 목적과 목표를 설정하는 단계를 말한다. 여기서 중심은 결국 모든 커뮤니케이션 활동은 조직의 미션을 중심으로 이루어져야 한다는 것이며, 그러한 바탕 위에 공중을 분석하고, 메시지와 미디어 전략을 수립한다는 것이다. 그런 이후에야 마침내 수립된 계획을 실행하고 평가하는 과정을 밟게 된다. 조직의 미션은 모든 커뮤니케이션 캠페인 과정에서 조직 활동을 점검하는 지표로서 작용한다.

미션 중심의 커뮤니케이션 전략에서는 일단 미션 설정mission statement을 통해서 조직의 존재 이유를 분명히 할 필요가 있다. 미션의 구성 요소는 조직의 목적, 조직의 중요 업무와 가치를 분명하게 담고 있어야 한다(Radtke, 1998). 이렇게 쓰여진 미션은 이후 모든 조직 활동의 방향타 역할을 하게 된다. 이와 함께 캠페인 전략 수립 과정에서도 상황 분석, 목적 및 목표 설정, 메시지 및 미디어 전략 등이 미션과의 관련성 여부에 의해서 타당성이 판단된다.

상황 분석, 공중 분석 등의 조사 과정에서 사회 환경, 경쟁 환경 등의 외부 요소와 조직문화, 조직 구조, 전략 실행을 위한 역량 등의 내부 요인 진단이 필요한데, 이러한 조사 과정에서도 조직의 미션을 기본으로 해서 현재의 실제 상황과 이상적인 설정 상황 간에 어떠한 괴리가 있는가를 통해 문제점을 진단하게 된다. 또한 목표 공중을 세분화하는 방법을 이용할 때나, 메시지 전략을 짜고 미디어 전략을 편성하는 과정에서도 미션은 언제나 모든 전략의 기준점으로 작용한다. 예를 들어 재벌에 대한 규제를 설파하는 비영리 조직이 보수적인 단체나 재벌로부터 기금을 지원받거나 편의를 제공받는다면 그러한 전략은 높은 효율성에도 불구하고 좋은 점수를 받을 수 없다. 어려운 사람들을 구호하기 위한 미션을 가진 비영리 조직이 매스미디어에 대대적인 모금 캠페인을 하는 것은 그 타당성을 인정받기 어렵다. 비영리 조직은 어떻게 효율성을 달성하는가보다는 장기적인 관점에서 미션을 어떻게 달성할 것인가에 항상 초점을 맞추어야 한다.

비영리 캠페인과 공중 관계 자산

제1부에서 설명한 것처럼 비영리 커뮤니케이션 캠페인은 공중 관계를 진작하는 방향으로 이루어져야 한다. 비영리 커뮤니케이션 활동은 비영리 조직의 공중 관계를 증진시키기 위한 커뮤니케이션 활동을 의미한다. 전략경영과 사회 마케팅에서도 설명했듯이 비영리 조직을 둘러싼 전략적인 행위는 모두 커뮤니케이션 행위로 요약될 수 있다. 사회 마케팅의 제반 요소인 상품 및 서비스 전략, 유통 전략, 가격 전략, 촉진 전략 등도 메시지 프레임, 메시지 확산, 메시지 접근성 등의 커뮤니케이션 전략으로 요약될 수 있다. 이러한 커뮤니케이션 전략은 공중 관계 증진이라는 목적을 위해서 조사, 전략, 실행, 평가 등의 캠페인 단계로 재구성되는 것이다. 따라서 지금까지 논의된 비영리 조직의 모든 전략적인 행위들은 공중 관계 커뮤니케이션 캠페인으로 수렴된다. 한편 공공 관계를 쌓기 위해서는 장기적으로 우호적인 관계를 맺으려는 조직의 노력이 필수적이다. 비영리 커뮤니케이션 캠페인도 어떻게 장기적으로 공중과 우호적인 관계를 맺기 위해 노력해야 하는가를 고민하는 가운데서 나와야 한다.

비영리 조직이 장기적인 공중 관계를 쌓는 것은 영리 기업의 입장을 예로 든다면 좋은 브랜드 상품을 가지고 있는 것과 같다. 눈에 보이지는 않지만 누구도 코카콜라, 나이키, P&G, 맥도날드 등이 좋은 브랜드 자산을 가지고 있다는 것을 부정하기 어렵다. 좋은 브랜드는 사람들의 사랑을 받아서 백화점의 좋은 자리를 확보하기 마련이고 이것은 매출로 직결된다. 또한 좋은 브랜드는 소비자가 어렵지 않게 제품을 선택할 수 있게 해 주고, 가격에 따른 탄력성이 줄어들어 언제나 일정한 매출 상승을 기대할 수 있다. 브랜드 자산은 보이는 자산visible asset이라고 할 수 없고, 어느 회계장부에도 브랜드 자산이 돈으로 표기되지 않지만, 브랜드 자산이 조직의 성패에 얼마나 관여되어 있는가를 부정할 사람은 없다. 비영리 조직의 경우도 마찬가지이다. 비영리 조직이 관련 공중과 우호적인 관계를 가질 때, 기부자들은 안심하고 비영리 조직이 지향하는 가치에 흔쾌히 기부할 수 있을 것이고, 사회 변화나 경기 변동과 같은 환경 변화에 좌우되는 일 없이 꾸준히 지원을 받는 것이 가능해진다. 공중 관계를 우호적으로 유지하는 것이 결국 비영리 조직의 성패를 좌우하게 된다.

공중 관계 혹은 공공 관계도 브랜드 자산과 같은 보이지 않는 자산invisible asset이라고 말할 수 있다. 공중 관계는 지역사회 구성원, 내부 직원, 정부 구성원, 언론 등 조직을 둘러싼 모든 관련 공중이 가지고 있는 총체적인 지각의 합을 의미한다(김영욱, 2003). 이러한 공중의 지각은 조직 활동의 성패에 결정적인 영향을 미친다. 예를 들어 지역사회 구성원이나 내부 직원이 지역사회 활동을 우호적으로 보아 주지 않는다면 기본적인 비영리 조직의 활동은 불가능하다. 정부나 승인 단체가 비영리 조직의 활동을 제한하거나 지원을 중단할 수도 있다. 언론이 조직 활동을 공격할 수도 있고, 경쟁 비영리 조직에 기부금을 잠식당할 수도 있다. 이번 장에서 설명하는 캠페인 혹은 프로그램 전략 과정은 이러한 공중 관계 자산public relations asset을 생성, 유지, 발전시키기 위한 큰 주제로 설명된다.

비영리 조직의 커뮤니케이션 활동을 위한 캠페인 기획 혹은 전략 기획은 많은 부분 공공 커뮤니케이션 캠페인public communication campaign 혹은 공중 관계 캠페인public relations campaign에서 아이디어를 빌려 왔다고 할 수 있다. 사전 조사의 필요성, 목적과 목표 설정의 중요성, 목표 공중의 세분화 등이 공공 커뮤니케이션 캠페인에서 성공의 핵심으로 분류되어 왔다. 이러한 개념은 또한 공중 관계 캠페인에서도 거의 비슷하게 받아들여지고 있다. 공공 커뮤니케이션 캠페인은 보통 조직이 사회 공공의 이익을 함양할 목적으로 펼치는 캠페인을 의미한다. 공공 커뮤니케이션 캠페인은 조직을 불문하고 사회의 공동선共同善을 위해 실행하는 것을 광범위하게 총칭하지만, 비영리 커뮤니케이션 캠페인은 비영리 조직에 한정하여 제한적인 원칙을 반영해야 한다는 것이 차이점이다. 따라서 공공 커뮤니케이션 캠페인과 관련한 논의는 비영리 커뮤니케이션 캠페인에 많은 함의를 줄 수 있다.

공공 커뮤니케이션 캠페인은 일반적으로 대규모의 수용자를 대상으로 사회적으로 공공성을 가진 목적을 달성하기 위해서 행동 변화를 유도하는 의도된 커뮤니케이션 활동을 말한다(Rice & Atkin, 2000). 공공 커뮤니케이션 캠페인은 보통 설득이론, 학습이론, 자긍심self efficacy 이론, 공포심 유발 전략 등 개인의 행동 변화를 유도하는 사회과학의 실증적인 연구 성과를 받아들여, 그것을 캠페인과 연결하려는 시도를 많이 하고 있다. 따라서 공공 커뮤니케이션 캠페인 목적은 개인의 가치와 편익 실현에 중점을 두는 경향이 강하다. 또한 캠페인 과정에서도 매스미디어에 의존하는 편이며, 매스미디어를 중심으로 개인적인 네트워크의 도움을 받아 개인의 행동 변화를 유도하려고 한다. 인지awareness, 태도attitude, 행동behavior과 같은 개념을 구분하고, 캠페인의 목적을 실현하기 위해서 개인에 따라 다른 차원의 변화를 모색해야 한다고 주장한 것은 매우 유익한 함의를 준다.

또한 목표 공중을 찾아내고 그들의 변화를 유도하기 위해서는 철저한 사전 조사를 필요로 한다. 사전 조사는 목표 공중을 찾아낼 뿐만 아니라 그들에게 어떤 차원에서 접근하는 것이 바람직한가를 찾아낼 수 있다. 목표 공중이 파악되면 그들의 행동 변화를 유도하기 위한 미디어 전략과 메시지 전략이 필요하다. 공공 커뮤니케이션 캠페인은 주로 매스 미디어를 중심으로 개인 네트워크를 함께 활용한 미디어 전략을 구상한다. 그런 다음 목표 공중의 변화를 얼마나 이루어 냈는가를 사후 조사를 통해서 점검하게 된다.

공공 커뮤니케이션 캠페인도 사회 마케팅 등과의 접합점을 찾으려는 시도를 했지만(Rice & Atkin, 2000), 사회 마케팅의 가격, 상품, 유통, 촉진과 같은 개념이 어떻게 공공 커뮤니케이션 캠페인과 연결되는가에 대한 확실한 접합점은 없다. 다만 공공 커뮤니케이션 캠페인이 사회과학적인 연구 성과를 바탕으로 공공의 목적을 달성하고, 개인의 변화를 유도하기 위해 조사, 목적 설정, 실행과 평가와 같은 개념들을 차용한 것은 비영리 커뮤니케이션 캠페인을 구성하는 데 많은 도움을 준다. 비영리 커뮤니케이션 캠페인도 이러한 공공 커뮤니케이션 캠페인의 틀에서 크게 벗어나지는 않는다. 다만 비영리 조직은 공중 관계 자산에 대한 강조점이 좀더 특이하게 강조되고 있으며, 비영리 조직 특유의 미션과 표현 기능 등에 대한 고려가 공공 커뮤니케이션과는 뚜렷하게 구분된다.

전체적인 캠페인 프레임: 미션과 공중 관계의 수용

비영리 조직은 공중 관계를 강조한다는 면에서 일반적인 공중 관계 캠페인에서 참조할 것이 많다. 일반적인 공중 관계 커뮤니케이션 캠페인의 전략 기획 과정은 조사research, 계획action, 실행communication 과정과 평가evaluation 과정의 두문자를 따서 4단계 RACE 모델이라고 일반적으로 부른다(Marston, 1963). 이를 ROPEResearch-Objectives-Programming-Evaluation 모델이라고 부르기도 하는데 같은 의미로 받아들이면 된다(Hendrix, 1998). 전략 기획 과정에서 가장 중요한 점은 각각의 단계를 서로 떨어져 있는 과정으로 인식하지 않고 통합적으로 보는 것이다. 즉 조사에서는 조직이 직면한 문제점과 문제 해결 단서를 진단하고, 이러한 진단을 바탕으로 조직은 전략적 계획을 세우게 된다. 보통 목적 요소, 목표 공중 요소, 조직 자원 배분 요소로 이루어지게 된다. 이러한 전략적인 계획이 세워지게 되면 목표를 달성하기 위한 조직의 실행 계획을 짜게 된다. 이러한 실행 계획은 어떤 메시지를 어떠한 매체를 통해서 공중에게 전달할 것인가를 고민하는 매우 창의적인 단계를 의미한다. 마지막으로 평가 단계는 이러한 계획을 실행했을 때 어떤 기준으로 목표 달성을 측정할 것인가 서술하는 것이다. 실제 전략 행동에서는 평가를 통해서 성공 여부를 판가름하고 잘못된 점에 대한 피드백을 획득한다.

좋은 캠페인 혹은 프로그램 전략은 이러한 단계가 물 흐르듯이 잘 연결되어 있다. 앞 단계에서 다음 단계의 단서가 나오고 이러한 단서를 바탕으로 문제 해결을 위해서 각 단계들이 연결된다. 예를 들어 어느 비영리 조직이 특정한 문제점으로 인해 지속적인 기부금의 하락을 초래했다면 제시된 문제점을 해결하고 기부금을 장 · 단기적으로 끌어올리는 것이 목적이 될 것이고, 그러한 목적 달성을 가장 효과적으로 하기 위한 실질적인 노력이 캠페인 실행 계획이 된다. 평가 단계는 이러한 실행 캠페인이 과연 설정한 목적을 달성했는가를 기준으로 성공 여부를 판가름하게 된다. 이렇게 각 단계는 서로 밀접한 관련성을 가지면서 통합적으로 운영되어야 한다.

만약 조사 단계에서 기부금 하락의 원인이 기존 기부자들의 이탈로 결론지어졌다면 계획과 실행은 기존 기부자를 어떻게 유지할 것인가에 초점을 맞추는 것이 필요하다. 하지만 이러한 조사 결과에도 불구하고 계획과 실행이 새로운 기부자의 모집에만 초점을 맞춘다면 이러한 전략 기획은 잘된 기획이라고 할 수 없다. 의례적으로 예년 상황과 동일할 것이라고 가정하거나, 비슷한 행사가 비슷한 시기에 이루어져야 한다는 사고로는 이러한 캠페인 요소들이 합리적으로 반영될 수 없으며, 그러한 캠페인은 성공하기

표 4-1 일반적인 공중 관계 캠페인 요소들

단계	요소
조사research	
	1. 배경 조사
	2. 상황 분석
	3. 문제의 핵심 정의
	4. 목표 공중 및 조직 자원에 대한 예비 조사
계획planning	
	5. 캠페인 목적
	6. 캠페인 목표
	7. 목표 중심 공중
	8. 메시지 디자인
	9. 공중별 전략
	10. 세부 전술
	11. 일정
	12. 예산
실행communication	
	13. 커뮤니케이션 계획 확정표 작성
평가evaluation	
	14. 평가 기준
	15. 평가 수단

어렵다.

공중 관계 캠페인 활동에서 일반적으로 쓰이는 이러한 4단계 모델을 세분화하여 표현하면 〈표 4-1〉과 같다(Wilson, 1997). 각각의 단계별로 세부 단계들이 자리잡고 있다.

한편 일반적인 공중 관계 캠페인의 틀과는 상관없이 비영리 조직만을 위한 프로그램 전략 기획 단계들이 설정되기도 했다(Bryson, 1995; Radtke, 1998). 아래의 전략 기획 단계들(Radtke의 비영리 조직을 위한 전략 커뮤니케이션 7단계와 Bryson의 공공 조직 혹은 비영리 조직을 위한 전략 변화 사이클 10단계)은 비영리 조직을 위한 프로그램 전략 기획 단계로 마련된 것이지만, 공중 관계 캠페인을 위한 RACE 모델의 큰 틀을 벗어난다고 보기는 어렵다. 모두 조사에 기반한 목표 설정과 실행, 그리고 목표의 효과적인

표 4-2 비영리 조직을 위해 제시된 기존의 프로그램 전략 기획 단계

1. Radtke의 비영리 조직을 위한 전략 커뮤니케이션 7단계(1998)

단계 1: 왜 커뮤니케이션 기획을 하는가? 미션 달성을 위한 기획
- 모든 것은 미션을 배경으로 기획
- 상황 조사
- 프로그램 목적 정의
- 명확한 목표 설정
- 커뮤니케이션 목표의 설정

단계 2: 누구를 대상으로 하는가? 목표 공중의 정체성 탐구
단계 3: 무엇을 말할 것인가? 목표 공중에 대한 메시지 창안
단계 4: 어떻게 커뮤니케이션할 것인가? 실행 전략과 메시지 전달 미디어 결정
단계 5: 언제 어떻게 실행할 것인가? 실행 캘린더 작성
단계 6: 어떻게 어려움을 극복할 것인가? 진행 장벽에 대한 고려
단계 7: 잘 실행되었는가? 목표 달성에 대한 평가

2. Bryson의 공공 조직 혹은 비영리 조직을 위한 전략 변화 사이클 10단계(1995)

단계 1: 전략 기획 과정에 대한 합의와 시작
단계 2: 조직의 존재 이유에 대한 정체성 파악
단계 3: 조직의 미션과 가치에 대한 명확한 천명
단계 4: 조직의 강점, 약점, 기회 요인, 위협 요인을 찾기 위한 내·외부 환경조사
단계 5: 조직이 직면한 전략적인 쟁점 파악
단계 6: 이러한 쟁점을 해결하기 위한 전략의 형성
단계 7: 전략적인 계획들을 리뷰하고 채택
단계 8: 효과적인 조직 비전의 설정
단계 9: 효과적인 실행 과정 기획
단계 10: 전략과 전략 기획 과정에 대한 평가

달성 여부에 대한 평가 단계들로 구성되어 있다. 물론 세부적으로 참고할 수 있는 변화가 있는 만큼 캠페인을 기획하는 사람들이 응용해서 사용할 수는 있다. 앞에서도 전제로 내세웠지만 캠페인이나 프로그램 전략 기획을 짜는 것은 어떤 틀이 정해져 있는 것은 아니다. 얼마든지 창의적일 수 있는 만큼 각각의 캠페인 상황에 맞는 기획서를 만드는 것이 무엇보다도 중요하다.

〈표 4-2〉에서 예를 든 비영리 조직을 위한 캠페인 전략 기획을 보면 특히

조직의 미션이 강조되어 있고, 조직이 추구하는 가치를 실현하기 위해서 대상 공중과 참여자들의 우호적인 공중 관계를 지향하고 있음을 알 수 있다. Bryson(1995)의 단계를 보면, 조직의 존재 이유에서 시작해 조직의 미션과 추구하는 가치를 재확인하고, 전략의 실행 단계에서 다시 조직의 비전 vision을 강조한다. 이것은 비영리 조직이 영리 조직의 효율성 추구 원칙보다는 캠페인을 통해서 얼마나 조직이 추구하는 미션을 달성하고 그것을 대상 공중과 공유할 수 있을 것인가에 초점을 맞추고 있음을 보여 준다. 이러한 미션 추구와 참여자와의 공중 관계가 비영리 조직의 캠페인을 영리 조직의 그것과 차별짓고 있다. 이러한 점을 기억하면서 일반적인 캠페인에 공통적으로 적용되는 세부 단계를 선별적으로 살펴볼 필요가 있다.

우선 조사 단계를 살펴보면 배경 조사는 조직이 속한 비영리 섹터 관련 정보, 중심 이슈 혹은 프로그램과 관련된 정보, 관련 비영리 조직 정보, 새로운 사회 조류 등 조직의 배경을 이루는 정보를 1차 조사와 2차 조사를 통해서 모으는 것이다. 상황 분석은 보통 조사에 바탕을 둔 현재 상황 진단과 문제의 간결한 정의를 포함하는 내용과 함께 관련된 문제들과 잠재적인 어려움을 좀더 상세하게 밝혀두는 내용으로 이루어진다. 문제의 핵심 정의는 상황 분석의 내용을 핵심 문제 중심으로 요약해서 간단한 문장으로 표현하는 것이다. 이러한 문제 상황 진단이 끝나면 목표 공중과 조직 자원에 대한 예비 조사가 이루어지는데, 이 부분에서 처음 해야 할 일은 정의된 문제와 관련될 가능성을 지닌 모든 공중을 찾아내어 서술하는 것이다. 또한 직접적인 관련 공중 외에 영향을 미칠 수 있는 중개 공중intervening publics을 찾아내고, 이러한 공중과 관련된 캠페인을 펼칠 때 동원할 수 있는 조직의 자원을 점검한다.

계획 단계는 캠페인 목적, 목표, 중심 공중, 메시지 디자인, 공중별 전략을 찾아내는 것으로 이루어져 있다. 물론 이러한 모든 계획 단계의 세부 요소는 모두 조직의 미션을 바탕으로 한다. 따라서 세부적인 계획 요소의 설정 전에 조직 미션을 명확하게 설정한다. 미션을 바탕으로 문제의 핵심을 풀기 위해서 달성해야 하는 목표점을 목적이라고 하고, 목표는 그러한 목적을 달성하기 위한 일정 기간 동안의 구체적이고 측정 가능한 결과를 의미한다. 따라서 목적은 일반적이고 추상적이지만 목표는 수치로써 표현되는 경우가 많다(예를 들어 비영리 조직의 목적이 일반 공중으로부터 기부금을 증대하는 것이라면, 목표는 전년 대비 20퍼센트 증가와 같은 구체적인 수치로써 표현하는 경우가 대부분이다).

중심 공중은 목적과 목표를 달성하기 위해 필수적으로 관계를 쌓아야 하는 공중을 의미한다. 중심 공중을 파악할 때는 나중에 나올 메시지 개발 단계에 도움이 되도록 공중에게 동기를 부여하는 관심 사항을 함께 파악하는 것이 필요하다. 또한 현재의 공중 관계를 진단할 필요가 있으며, 지역사회와 같은 집단에 영향력을 끼치는 여론 주도자를 파악하는 것도 이 단계에서 함께 필요하다. 이러한 목적, 목표, 중심 공중 선정이 끝나면 각 공중에 대한 일차 메시지와 이차 메시지를 개발한다. 이 단계에서 중심 공중의 관심 사항이 반영되도록 해야 한다. 메시지는 보통 메시지 주제theme를 의미한다. 계획 단계의 마지막은 각 공중에 맞는 메시지를 가지고 큰 테두리 안에서 공중별 전략을 마련하는 것이다. 이는 주로 프로그램 아이디어에 의해서 구체화된다.

세부 전술은 전략이 확정되면 그 전략을 지정한 공중을 대상으로 수행하기 위한 수단이나 메시지를 전달하기 위한 미디어 계획을 의미한다. 따라서 한 가지 전략에는 많은 전술이 가능해진다. 일정은 이러한 전술에 대해서 세부적으로 짜져야 하고, 예산도 마찬가지로 이러한 세부 전술을 대상으로 마련되어야 한다. 계획이 짜지면 이제 그것을 어떻게 실행하느냐가 중요해진다.

실행 단계는 커뮤니케이션 계획을 확정하고 실행 계획을 기술한 표로 이루어진다. 커뮤니케이션 실행을 확정한 표는 중심 공중, 관심 사항, 여론 주도자, 전략, 전술 혹은 수단, 메시지 순으로 캠페인의 실행과 관련한 사항을 일목요연하게 정리하여 전략 기획에 삽입하는 것이다. 조사, 계획, 실행을 거쳐 캠페인이 끝났을 경우 어떻게 평가할 것인가를 마지막으로 정해 주어야 한다.

평가 단계는 평가 기준을 마련한 다음 구체적으로 어떻게 평가할 것인가를 서술하는 것이다. 이러한 평가 과정을 통해서 캠페인 활동의 성공 여부를 결정하게 된다. 지금까지 소개한 것처럼 전략 기획 과정은 조사, 계획, 실행, 평가 요소를 긴밀하게 통합해서 조직의 목적을 달성하고자 하는 노력으로 요약할 수 있다. 여기에 소개하는 단계에서 실행 부분은 더 많이 보강될 수 있지만 대강의 얼개는 모든 캠페인 전략에서 비슷하다.

이러한 일반적인 공중 관계 캠페인 전략 기획 활동과 비영리 조직의 커뮤니케이션 활동이 다른 점은 크게 세 가지로 요약할 수 있다.

첫째, 다른 조직에 비해서 비영리 조직은 이익 창출이나 수익성 증대보다는 좀더 고귀한 미션 혹은 임무를 달성하는 데 전반적인 목적을 두는 것이 바람직하다. 만약 어떤 조직이 이러한 미션을 소홀히 한다면 제3섹터로 일컬어지는 비영리 분야에 남아 있어야 할 이유가 없다. 따라서 전략 기획 활동도 미션 중심의 전략 기획mission-oriented strategic planning으로 짜는 것이 필요하다.

둘째, 일반적인 전략 기획과 비교해서 비영리 조직은 조직을 둘러싼 공중과의 관계 유지에 좀더 초점을 맞추는 것이 필요하다. 비영리 조직의 목적 달성 여부는 관련 공중과 얼마나 호의적인 관계를 유지하느냐에 달려 있다. 따라서 마케팅적인 목표 달성보다는 공중 관계를 계속 호의적으로 유지하기 위한 전략이 필요하다. 이러한 관계 유지를 위한 단계가 캠페인 과정에서 반드시 포함될 필요가 있다.

셋째, 단기적인 성과 위주의 전략 기획과 평가보다는 장기적으로 조직의 설립 가치를 사회에 구현하고, 안정적으로 사회의 요구를 수용하는 지속적

표 4-3 비영리 조직 전략 기획을 위한 전제 조건

1. 미션 중심의 전략 기획
2. 관련 내 · 외부 공중과의 관계 증진 및 유지에 초점을 맞출 것
3. 장기적이고 지속적인 조직 가치 구현에 평가의 초점을 맞출 것

이고 상호작용적인 노력에 초점을 맞추어야 한다.

미션 중심의 전략 기획을 위해서는 계획 단계에서 미션을 다시 한 번 상기시켜 주는 것이 바람직하다. 비영리 조직의 모든 전략 기획 활동을 조직이 본래 가진 미션에 맞춤으로써 전체적으로 모든 조직 활동이 통합되는 효과를 발휘할 수 있다. 또한 조직의 전략적인 행위를 기획하면서도 그러한 행위가 공공의 이익에 맞추어진 본래 의도에서 벗어나지 않는가를 항상 점검하는 효과가 있다. 이러한 미션 중심의 전략 행위는 조직 행위의 일관성과 공공성을 높여 장기적으로 조직 영향력을 확대할 수 있다.

비영리 커뮤니케이션 캠페인이 관계 증진에 초점을 맞추기 위해서는 제1부 이론편에서 설명했던 관계 경영 개념을 캠페인 기획의 전全 단계에서 반영하는 것이 필요하고, 형성된 공중 관계를 유지할 수 있는 전략이 또한 필요하다. 이를 위해 비영리 조직의 커뮤니케이션 캠페인은 형성된 관계를 유지하기 위한 단계를 캠페인 단계에서 수용해야 한다.

한편 관계를 형성하고 유지하는 것에 목적을 둔 관계 경영relationship management 캠페인은 여덟 가지 단계를 가진다(김영욱, 2002). 관계는 정형화되어 있는 것이 아니라 상대방과의 상호 관련성을 의미하기 때문에, 조직을 둘러싼 외부의 상황이 어떻게 형성되어 있으며, 어떤 주요 공중이 있는가를 파악하는 것이 우선이다. 그런 다음 장기적인 관계 증진을 위한 목적을 세우고, 이를 달성하기 위한 커뮤니케이션 세부 전략을 확정한다. 관계 경영 캠페인도 공중 관계 캠페인의 큰 틀에서 벗어나지 않지만, 프로그램의 진행 상황을 관계 관련 변수를 이용하여 계속 점검해 나가는 점이 다

표 4-4 관계 경영 캠페인 세부 단계

1. 외부에서 내부로 향하는 조사outside-in research–공중 중심 조사
2. 관련 주요 공중을 선정할 것
3. 관련 공중과의 관계 증진을 위한 장기적인 목적을 세울 것
4. 메시지 디자인 및 메시지 전달 전략
5. 프로그램 실행
6. 관계 유지 변수에 따라 프로그램의 진행 상황을 평가할 것
7. 관계 결과 변수에 따라 프로그램의 성공 여부를 평가할 것
8. 관계 유지 전략 수립 및 실행

르다. 즉 공중 관계 캠페인은 달성하고자 하는 목적이 따로 설정되지만, 관계 경영 캠페인은 관계 자체가 목적이 된다.

관계 경영 캠페인 단계도 RACE 모델의 네 가지 단계를 따르지만, 평가 과정에서 관계 유지 전략과 관계 증진 전략이 함께 맞물려 들어가는 것을 알 수 있다. 즉 공중 관계 캠페인 혹은 관계 경영 캠페인의 의미를 따른다고 할 때 공중과의 관계를 새로 만들거나 우호적으로 변화시키는 것도 중요하지만, 좋은 관계를 계속 유지해 나가는 전략도 함께 마련되어 있어야 한다. 여기서 대부분의 관계 설정 및 형성 전략은 비영리 커뮤니케이션 캠페인 전반에 걸쳐서 광범위하게 적용되지만, 관계 유지 전략은 비영리 커뮤니케이션 전략을 장기적이고 순환적으로 만들어 준다는 의미에서 별도로 기획될 필요가 있다.

비영리 조직의 경우 현재 기부금과 관련하여 극심한 경쟁 상태에 돌입하고 있다(Klein, 2004). 기존 조사에 의하면 기부를 해본 사람이 여전히 기부를 계속하는 경향이 있다고 한다. 이런 경우, 조직의 주요 기부자들을 유지 관리하여 좋은 관계를 이어가지 않는다면 자신들이 더 이상 필요하지 않다는 생각을 가지게 되고, 다른 사회적인 의미cause를 찾아서 기부할 곳을 바꾸게 될 가능성이 크다. 새로운 기부자를 모집하는 것도 중요하지만 기존 기부자와의 좋은 관계 유지가 위기 상황에서는 더 빛을 발휘한다. 즉 새로

운 친구를 만드는 것도 중요하지만 기존의 친구들과 좋은 관계를 유지하는 것도 매우 중요하다.

표면적으로 RACE 모델은 어떤 프로그램에 의해서 형성되는 관계에 대한 평가를 끝으로 마무리되는 단선적인 캠페인 모델을 의미한다. 하지만 본래 의미의 공중 관계 캠페인은 조직과 관련 공중과의 관계 형성과 유지를 목적으로 한다. 최근의 관계 경영 패러다임도 이러한 사실을 강조하여 관계 유지를 위한 노력을 관계 결과를 평가하는 과정과 함께 사용할 것을 주장하고 있다. 따라서 이러한 새로운 경향을 받아들여 5단계의 ROPES 모델이 등장

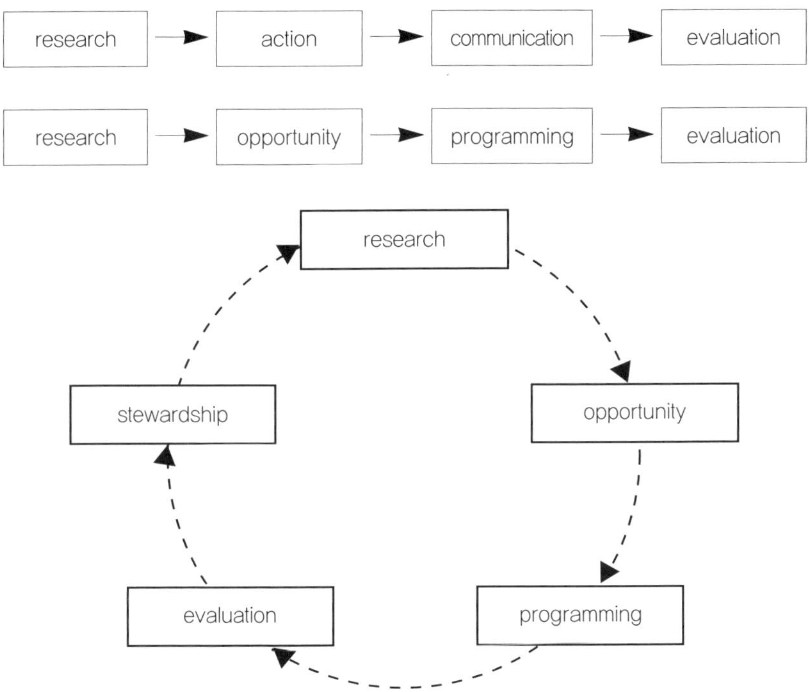

그림 4-1 순서대로 전략 기획 RACE 모델, ROPE 모델, ROPES 모델

주) 각 모델의 세부 요소는 학자들에 따라서 다르다. 하지만 크게 보아서 이러한 과정의 순서를 거스르는 법은 거의 없다.

하기도 했다(Miller, 1998). ROPES 모델은 RACE 혹은 ROPE 모델에 관계 유지 단계를 첨가한 것이다. 관계 유지stewardship는 우리말로 관계를 유지시키는 청지기 혹은 마름 등으로 해석되지만, 여기서는 관계 유지를 위한 독립적인 단계를 의미한다. 이 ROPES 모델은 기부금 모금 캠페인 모델로서 Miller가 처음 주장한 것인데(Miller, 1998), 비영리 커뮤니케이션 캠페인이 공중 관계와 관계 경영의 중요성을 인식한다는 점을 고려할 때 도입할 필요성이 있다.

ROPES 모델은 〈표 4-5〉와 같은 단계를 가진다(Miller, 1998). 이 모델에서는 관계 유지 단계를 통해서 기존의 관련 공중과의 관계 유지가 캠페인 프로그램의 중요한 요소를 차지하게 된다. 즉 비영리 조직을 위한 커뮤니케이션 캠페인은 관계를 형성하려는 미션 지향성 캠페인과 함께 지속적으로 기존의 관련 공중과 관계를 유지하려는 노력을 병행하게 된다. 유지 단계에서 이루어지는 노력은 비영리 조직 커뮤니케이션 캠페인을 단선적이 아니라 순환적circle-type으로 만들게 된다. 즉 캠페인을 시작하는 것이 항상 모르는 새로운 공중을 대상으로 하는 것이 아니라 기존의 공중으로부터 조금씩 발전해 가는 형태를 띠게 된다. 캠페인을 통한 관계 형성은 관계의 유지로 이어지게 된다. 우호적으로 유지된 관계는 이어지는 캠페인의 기본적인 동력으로 작용하게 된다.

비영리 커뮤니케이션 캠페인에서 새로운 관계를 형성하고 기존 공중과의 우호적인 관계를 유지하기 위해 노력하는 것은 비영리 조직의 지속 가능한 발전을 위해서 필수적이다. 따라서 모든 비영리 조직의 커뮤니케이션 캠페인은 기존 공중을 바탕으로 한 관계 유지 전략과 새로운 공중에 대한 관계 형성 전략이 순환적으로 이루어지는 계속적인 모델을 형성하는 것이 필요하다. 또한 비영리 조직의 경우 신규 기부자를 형성하는 것이 기존 기부자를 유지하는 것보다 몇 배 정도나 힘들다고 통념적으로 알려져 있다. 그만큼 유지 전략이 중요하다는 것이다.

표 4-5 일반적인 5단계 ROPES 모델

1. 조사research
    - 조직 조사organization
    - 기회 및 문제 요인 조사opportunity
    - 공중 조사publics
2. 목표 설정objectives
    - 프로그램 산출물 목표output
    - 프로그램 의도 효과impact
3. 실행programming
    - 세부 전술 계획planning
    - 실행implementation
4. 평가evaluation
    - 메시지 등 준비 과정 평가preparation
    - 캠페인 진행 과정 평가process
    - 캠페인 결과 평가program
5. 관계 유지stewardship
    - 호혜reciprocity
    - 책임responsibility
    - 보고reporting
    - 관계 증진relationship building

관계 유지 전략은 또한 4R 전략이라고 한다. 관계 유지는 캠페인 등을 통해서 형성된 관련 공중과의 관계를 유지하는 비영리 조직의 커뮤니케이션 행위를 의미한다. 좋은 관계를 유지하기 위해서는 호혜reciprocity, 책임responsibility, 보고reporting, 관계 증진relationship building 등의 4R 전략이 필요하다. 호혜는 조직이 어떤 형태로든 관련 공중으로부터 지원 의사를 받았을 때 적극적으로 감사하는 마음을 표시하거나 평소에 접촉 기회를 늘려 상호 호혜적이며, 즉각적인 반응이 나올 수 있는 관계를 유지하는 것이다. 책임은 조직에 지원 의사를 가진 공중을 대상으로 사회적인 책임을 다하는 행위를 보여 주는 것이다. 조직이 책임 있는 행동을 보이는 것은 관련 공중의 충성도loyalty를 높이는 역할을 한다.

다음으로 보고는 정보의 공개와 관련되어 있는 것으로 조직과 직 · 간접적으로 관련을 맺고 있는 공중에게 조직이 하고 있는 일을 가감 없이 알려주는 것이다. 이는 비영리 조직의 책임성과 관련된 것으로 비영리 조직의 모든 행위를 공개함으로써 조직과 공중 사이의 투명성을 높인다는 의미이다. 마지막으로 관계 증진은 지금까지 논의되었던 관계 유지를 위한 전략과 그 밖의 모든 수단을 동원하여 비영리 조직의 운영 초점을, 관계를 형성하고 유지하는 데 맞추어 간다는 것이다.

관계 증진을 위해서는 사실상 호혜, 책임, 보고의 원칙을 뛰어넘을 필요가 있다. 그러한 원칙에는 공중 관여도의 증진involvement 등이 포함될 수 있다. 정보 제공과 함께 해당 비영리 조직에 대한 관심을 유지하는 방향으로 조직 행위를 기획함으로써 관계 증진을 극대화할 수 있고, 조직의 의사결정 행위에 공중을 참여시키는 것도 좋은 방법이다. 결국 비영리 조직이 캠페인 혹은 커뮤니케이션 활동을 펼쳐가는 것은 사회 구성원과 좋은 관계를 형성 유지하기 위해 노력하는 것이다.

다음의 미니 케이스 분석(4-1)은 비록 영리 조직의 경우이기는 하지만 평소 우호적인 관계를 유지하는 것이 어떻게 조직의 생존을 좌우할 수 있는지 여실히 보여 준다.

전반적인 비영리 조직 커뮤니케이션 캠페인 프레임

이제 지금까지의 논의를 바탕으로 비영리 조직의 커뮤니케이션 캠페인 단계를 구성할 수 있다. 앞의 장에서 설명한 것처럼 공중 관계는 장기적으로 공중과 우호적인 관계를 맺으려는 노력에 의해서 좌우되는 활동이다. 따라서 비영리 조직의 공중 관계 커뮤니케이션 캠페인 혹은 커뮤니케이션 캠페인도 어떻게 장기적으로 우호적인 관계를 맺기 위해 노력해야 하는가를 고민하는 가운데서 나와야 한다. 여기서 커뮤니케이션 캠페인 과정은 '공중 관계 자산'을 생성, 유지, 발전시키기 위한 큰 주제 하에 설명되고 있다.

미니 케이스 분석 4-1

좋은 관계를 통한 위기 극복

- 데이튼 허드슨 사의 적대적 인수 방어 -

데이튼 허드슨 사는 미니애폴리스에 본부를 두고 한 해 180억 달러가 넘는 매출고를 올리는 미국에서 가장 큰 소매 회사 중의 하나이다. 창업부터 시작해서 업계 경영 혁신을 주도함으로써 주목을 받아온 소매업계의 대표적인 기업이라고 할 수 있다.

하지만 1987년 6월 중순부터 증시에서 이상한 기류가 감지된 후 데이튼 허드슨 사는 누군가가 회사를 적대적으로 인수하려고 하는 것을 알게 된다. 하지만 누가 회사를 적대적으로 인수하려고 하는지는 알 수가 없었다. 증시 관계자들을 중심으로 소문에 소문이 꼬리를 물고, 주식 가격이 폭등하고, 회사 입장에서는 매우 위험한 상황이 도래한다. 3주 만에 데이튼 허드슨 사의 주식 중 30% 이상이 주인을 바꾸었고 누구나 능력이 되면 회사를 손에 넣을 수 있을 정도로 상황은 불안정하게 흘러갔다.

데이튼 허드슨 사는 이에 대응하기 위해서 태스크포스팀을 구성했다. 적이 누구인지 알기 어려운 상황에서 그들 활동의 목적은 한 회사가 이러한 불안정한 증시 때문에 다른 사람의 손에 넘어가는 것을 방지하는 강력한 법을 만드는 로비 활동에 모아졌다.

캠페인 목적: 미네소타 소재 상장 회사들을 적대적인 인수 공작으로부터 보호할 수 있는 강력한 반인수법안을 상정하여 통과시키기 위한 지지 세력을 확보한다.

그 해 6월 18일, 회사 측은 주지사와 면담을 주선하고 홍보실에서 준비한 문건을 제시하면서 전체적인 상황에 대한 브리핑을 실시했다. 이 브리핑은 왜 새로운 반인수법안이 미네소타의 경제 안정을 위해서 필요한가에 집중했다.

6월 22일부터 데이튼 허드슨 사는 미네소타 주 내의 모든 도시를 순회하면서 지지를 호소했다. 그와 함께 종업원들의 지지 집회와 미디어의 관심 어린 보도가 잇

따랐다. 6월 23일 주 의회 법사위원회가 데이튼 허드슨 사를 포함한 이해당사자들의 의견을 듣기 위해 소집되었다. 그 과정에서 반인수법안에 대한 호의적인 분위기가 조성되었다. 하지만 법안을 빨리 통과시키기 위해서는 충분한 찬성표가 확보되어 있어야 했지만 반대 의견도 만만치 않게 제기되었다. 반대 의견의 논점은 이러한 법안이 자칫 현 경영권을 과다하게 보호해서 적대적인 인수 합병보다 더 못한 결과를 초래할 수도 있다는 것이다. 하지만 데이튼 허드슨 사에 대한 관련 공중의 인식은 매우 우호적이었다.

6월 24일 저녁, 주지사가 그 다음날 특별 세션을 열 것을 선포했고, 하원과 상원이 합의에 도달했음을 주장했다. 법안 통과와 관련된 정치적인 공방이 뒤따랐지만 어렵지 않게 합의에 도달할 수 있었다. 6월 25일 하원과 상원은 각각 120 대 5, 57 대 0으로 반인수법안을 통과시켰다. 주지사는 그날 법안에 서명했다.

이 위기 상황은 비록 영리 조직의 경우이기는 하지만 우리에게 호의적인 공중 관계를 쌓고 그것을 유지하는 것이 얼마나 중요한가를 보여 준다. 데이튼 허드슨 사의 장기적인 관계 설정이 없었다면 위기에 대응하여 그렇게 빨리 대처한다는 것이 불가능했을 것이다. 또한 정부, 국회, 종업원, 미디어 등 다양한 공중과 기존에 호의적인 관계를 맺고 있지 않았다면 회사가 내세우는 주장들이 그대로 받아들여지기는 힘들었을 것이다. 지역사회에 폐를 끼치는 기업을 위해 누가 문제를 해결해 주려고 하겠는가? 따라서 이러한 의문이 자연스럽게 남는다. 만약 공중과 우호적인 관계를 평소에 유지하지 않았다면 데이튼 허드슨 사의 운명은 어떻게 되었을까? 비영리 조직에도 공중과의 평소 관계가 조직의 생존에 결정적이라는 것은 크게 다르지 않다.(Center & Jackson, 1995에서 발췌 수정)

지금까지의 논의를 바탕으로 비영리 조직의 커뮤니케이션 캠페인 과정을 구성하면 〈표 4-6〉과 같다.

비영리 조직을 위한 커뮤니케이션 캠페인은 크게 ROPES 모델을 참조하여 다섯 단계로 나뉜다. 앞에서 논의한 미션 위주의 계획 수립 및 문제 해결과 관계 유지를 위한 전략 기획 단계, 지금까지 논의된 세부 전략 단계를 추

표 4-6 미션과 공중 관계를 고려한 비영리 커뮤니케이션 캠페인 단계

조사research

1. 상황 분석
2. 문제 정의
3. 조직 및 공중 조사
4. 환경 정의

계획planning

5. 조직 미션과 문제 상황
6. 목적
7. 목표
8. 핵심 전략 및 메시지 주제
9. 중심 공중과 공중별 목표

실행communication

10. 목표별 공중별 세부 프로그램
11. 공중별 프로그램 메시지 미디어 전략
12. 프로그램 실행 요소
13. 세부 일정 및 예산
14. 조직 자원

평가evaluation

15. 평가 기준
16. 평가 수단

관계 유지stewardship

17. 공중별 관계 유지 계획
18. 향후 필요한 프로그램
19. 후속 캠페인 적용

가하여 18단계의 캠페인 전략 기획 과정이 구성될 수 있다. 특히 공중 관계와 관련하여 공중의 범위는 외부 공중뿐 아니라 내부 조직원을 포함한다. 조직의 미션을 방향타로 해서 내부 조직원의 참여 의지와 표현 욕구를 극대화하고 커뮤니케이션을 통해서 공중과의 의미 공유를 목표로 하는 조직 행동이 비영리 조직의 커뮤니케이션 캠페인이다. 물론 여기서 제시한 단계는 지금까지 논의되었던 전략 기획, 사회 마케팅, 공중 관계 캠페인 등 기존의 기획 단계를 참조하여 비영리 커뮤니케이션 활동에 가장 적절한 방향으로 추가 수정하여 구성한 것이다.

조사 단계는 상황을 분석하고 캠페인 목적을 찾아내는 것이다. 조사 기능은 공중 관계 이론의 발전 단계에서 매우 중요한 의미를 지니는데 그것은 공중 관계에서 조사 기능이 첨가됨으로써 비로소 쌍방향 커뮤니케이션이 가능하게 되었기 때문이다. 즉 공중의 마음을 읽고자 하는 조사 기능의 발전이 현대적인 공중 관계를 가능하게 했다고 할 수 있다. 만약 비영리 커뮤니케이션 캠페인이 사람들의 마음을 읽으려는 노력 없이 일방적으로 행해진다면 기존의 권력을 가진 사람들이 행하는 선전 활동과 매우 유사해진다. 사람들의 마음을 읽으려는 조사 행위가 무엇보다도 중요한 이유가 여기에 있다. 자신이 정당하다고 느끼는 것을 남에게 강요할 수는 없다. 그것이 지금까지 우리나라 비영리 조직 캠페인의 실패 요인이었다.

계획 단계는 조사 기능에서 찾아낸 문제점을 해결하기 위해 조직의 역량을 집중시키는 과정이고, 실행 단계는 목표를 달성하기 위한 다양한 커뮤니케이션 프로그램을 의미한다. 물론 계획 단계에서 중요한 것은 모든 것이 미션이라는 큰 테두리 안에서 계획이 세워지고 실행된다는 것이다. 아무리 효율적인 방안이 있더라도 비영리 조직의 미션과 일치하지 않는다면 과감히 포기하는 것이 필요하다. 이것이 영리 조직과 비영리 조직의 캠페인을 구분하는 가장 큰 척도이다. 평가 단계는 캠페인 실행 결과가 설정된 목표를 과연 달성했는지 측정하는 것이고, 마지막으로 유지 단계는 캠페인을 통틀어서 형성된 공중과의 관계를 어떻게 유지해 나가고 후속 캠페인에 적용할 것인지를 논의하고 실행하는 단계이다.

비영리 커뮤니케이션 캠페인을 전략적으로 기획할 때에는 조사, 계획, 실행, 평가, 유지의 단계가 물 흐르듯이 서로 연결되어 있어야 한다. 커뮤니케이션 캠페인은 조사를 통해서 문제점을 파악하고, 그 문제를 해결하기 위해 목표를 세우고, 그 목표를 달성하기 위해 프로그램을 실행하고, 목표 달성 여부에 의해서 캠페인의 성공 여부를 평가하면서, 그 성과를 계속 유지하기 위해 노력하는 것이다. 이러한 다섯 가지 단계가 유기적으로 연결되어 있지 않고서는 좋은 캠페인 기획서라고 보기 어렵다. 많은 캠페인 기획서들이 범하는 실수는 이러한 다섯 가지 단계의 유기적인 연결이 부족할 때 생기는 것이라고 보아야 한다.

단계별 세부 과정을 아우르는 원칙과 관련하여, 비영리 커뮤니케이션 캠페인을 기획하면서 무엇보다 중요한 것은 조직의 미션mission 혹은 가치 체계value propositions를 반영하기 위해 노력하는 것이다(Seitel, 2001). 장기적으로 우호적인 공중과의 관계를 형성, 유지, 발전시키기 위해서는 비영리 조직이 확실한 자기 정체성을 확립하고 그것을 지키려고 노력하는 것이다. 물론 이러한 주장은 논란의 여지가 있다. 조직에 생길 수 있는 이득은 자신의 원칙을 지킴으로써 얻게 되는 손실과 함께 고려되어야 하기 때문이다(Schulz, Hatch, & Larsen, 2000). 하지만 중요한 것은 공중 관계는 장기적으로 우호적인 관계를 설정해야 한다는 것이다. 장기적으로 우호적인 관계를 설정하기 위해서는 단기적으로 끌어들일 수 있는 이익 극대화 노력을 포기할 수도 있다.

기업의 경우에서도 목격할 수 있는 일류 브랜드의 역할을 생각해 보라. 한번 일류 브랜드가 되면 그것이 가져오는 경제적인 효과는 엄청나다. 하지만 단기적인 이익 극대화에 매달려서는 일류 브랜드를 만들 수 없다. 비영리 조직이 공중 관계 자산을 형성하는 것도 마찬가지이다. 이러한 철학을 바탕으로 장기적인 차원에서 캠페인 기획서가 구성되어야 한다. 물론 정해진 기획서 규칙 같은 것이 있는 것은 아니다. 여기에 제시한 캠페인 기획 단계는 다만 기본적인 틀을 제시하는 것이다. 상황에 맞게 변형되거나 조직의 특성을 반영하는 것이 반드시 필요하다. 하지만 대부분의 비영리 조직 커뮤니케이션 활동은 이러한 틀을 기본적으로 필요로 한다. 세부 단계에 대한 자세한 설명은 후속 장에서 순서대로 제시한다.

미니 케이스 분석 4-2

미션을 풀어내는 다양한 실행 프로그램을 통한 캠페인의 효과 제고

- 유니세프 한국지사, "모유 수유 권장 캠페인" -

유니세프 한국위원회가 펼친 "모유 수유 권장 캠페인"은 다양한 실행 프로그램 구성을 통해서 모유 수유에 대한 낮은 인지도와 커뮤니케이션 통로 부재를 극복한 캠페인으로 평가될 수 있다. 유니세프는 146개국의 개발도상국에 대표사무소를 두고 그 나라 정부와 협력하여 어린이 보건, 영양, 기초 교육, 식수/위생 및 긴급 구호 사업을 펼친다. 모유 수유 권장사업은 유니세프 한국위원회가 펼치고 있는 주요 사업 중 하나이다. 모유 수유 권장을 위해 유니세프 한국위원회는 전문가들로 구성된 '아기에게 친근한 병원 만들기 위원회'를 자문기구로 두고 1993년부터 매년 모유 수유를 권장하고 실천하는 '아기에게 친근한 병원'을 지정하는 한편 연 3~4회 '성공적인 모유 수유를 위한 의료요원 교육'을 실시한다. 일반인들이 참여하는 엄마 젖 먹이기 서명 캠페인, 모유 수유 홍보대사 임명, 세계 모유 수유 주간(8월 1~7일) 행사, 일반인 대상 모유 수유 교육 및 참여 프로그램 등 대중 홍보 프로그램도 함께 운영한다. 이와 함께 2006년부터는 직장 여성들의 모유 수유를 돕기 위해 기업에 모유 수유 권장을 독려하는 '엄마에게 친근한 일터Mother-Friendly Workplace' 캠페인을 전개하고 있다.(홈페이지www.unicef.or.kr에서 가져옴.)

유니세프 한국위원회의 모유 수유 권장 캠페인을 간략하게 정리하면 아래와 같다.

미션: 어린이에 대한 차별 없는 구호
조사: 모유 수유에 대한 지식 부족과 부정적인 태도, 병원의 수유 권장 부족
목적과 목표: 모유 수유에 대한 태도 변화 및 모유 수유율 제고
목표 공중: 전문가, 병원, 산모
실행 프로그램:

아기에게 친근한 병원 지정 및 매체 보도

성공적인 모유 수유를 위한 의료요원 교육

각종 제작물 및 자료 병원 및 보건기관 배포

모유 수유 홍보대사 임명

모유 수유 서약운동

세계 모유 수유 주간 행사

임산부를 위한 모유 수유 교육

엄마 젖 먹이기 서명 프로그램

엄마에게 친근한 일터 프로그램

모유 수유실 개방 행사 등

평가: 모유 수유율 향상, 교육 성과, 매스컴 노출, 기금 마련 성과, 병원 네트워크 구축

관계 유지: 엄마들의 방 등 지속적인 정보 제공 및 네트워크 형성

이 캠페인에서 눈에 띄는 것은 다양한 프로그램을 통한 노출의 극대화이다. 아이디어와 창의성이 풍부한 프로그램은 그 자체로서 프로그램 기획이 가질 수 있는 약점을 뛰어넘는다. "아기에게 친근한 병원"은 그 자체로서 병원의 영업에 엄청난 파괴력이 있기 때문에 효과적인 성과를 거둘 수 있다. 비영리 조직의 강점은 이러한 평가자의 위치에 설 수 있다는 것이다. 물론 엄정한 독립성과 투명성이 뒷받침되어야 하겠지만 공중의 신뢰를 일단 얻게 되면 사회적인 평가자의 지위를 캠페인에 십분 발휘할 수 있다. 최근 기업을 평가하는 조직, 정부를 평가하는 조직, 대학을 평가하는 조직 등이 사회적인 주목을 받는 이유도 여기에 있다.

또한 세계 모유 수유 주간 등의 연계 행사, 홍보대사 임명, 각종 대중 매체와의 연계 프로그램 등은 범국민적인 관심을 유도할 수 있었다. 이와 함께 모유 수유 서약 프로그램, 임산부 교육, 의료요원 교육 프로그램은 직접적인 행위로 연결될 수 있는 프로그램이었기 때문에 노출의 증대로 인한 인식의 변화를 실제적인 행위로 이끌 수 있는 적절한 프로그램 구성이라고 할 수 있다. 이 캠페인이 다양한 프로그램을 통해서 성공할 수 있었던 요인은 1) 확실한 목표 공중 구분을 통한 세분화된 프로그램, 2) 노출, 태도 변화, 행동을 유발하는 적절한 프로그램의 구성, 3) 평가자 지위를 구성하는 사회 압력 프로그램 구성 등이라고 할 수 있다.

캠페인의 개선점도 눈에 띈다. 일단은 평가가 용이한 구체적인 목표가 전반적으로 제시되지 않아서 캠페인의 성과를 제고할 수 있는 기준점을 잡기가 어렵다는 것이다. 목표는 되도록이면 수량화할 수 있는 것이 좋다. 또한 현재의 공중의 폭을 좀 더 넓혀서 미래 산모에 해당하는 잠재 공중과 그들에게 영향을 미칠 수 있는 영향력 공중의 인식을 바꿀 수 있는 장기적인 프로그램이 필요하다. 마지막으로 산모들의 모임인 '엄마들의 방,' 아기에게 친근한 병원, 교육 프로그램을 이수한 의료요원들과의 장기적인 관계 유지 프로그램이 부실하거나 없다는 것이 아쉬운 점이다. 사람들과의 관계를 계속 유지할 수 있는 방안을 찾는 것은 장기적인 캠페인의 성공을 위해서 무엇보다도 중요하다.

제5장

조사 단계

조사는 캠페인 기획을 통틀어서 가장 중요한 과정이라고 할 수 있다. 우리가 조사 과정과 관련하여 가지고 있는 오해는 조사는 조사 단계에서 끝난다고 생각하는 것이다. 하지만 조사는 캠페인의 모든 단계에 걸쳐 관련되어 있다. 예를 들어 계획 단계에서 목적과 목표를 지정하는 것은 조사에 기반하여 문제점을 풀기 위한 방향성을 서술하는 것이다. 조사가 없다면 타당한 목적과 목표를 설정하는 것도 불가능하다. 목표 공중을 설정하는 것, 실행과 평가 계획을 세우는 것도 마찬가지이다. 심지어 창의적인 아이디어도 고단한 조사 과정을 통해서 나온다. 따라서 조사는 캠페인의 모든 단계에 걸쳐 영향력을 미치는 필수적인 단계로 이해하는 것이 바람직하다.

상황 분석은 왜 이 프로그램 혹은 캠페인을 기획하게 되었나 하는 이유를 서술하는 것이다. 상황 분석은 우선 배경 분석을 통해서 조직이 현재 겪고 있는 상황과 문제점, 새로운 조류 등 캠페인 기획이 필요하게 된 현재 상황을 진술한다. 배경 조사를 기반으로 기획 이유를 명확하게 서술하는 것이

표 5-1 비영리 커뮤니케이션 캠페인 조사 단계의 세부 항목

조사 단계research

1. 상황 분석
   - 상황 및 배경 설명
   - 기획 의도
2. 문제 정의
   - 상황 분석을 문제 진술로 요약
3. 조직 및 외부 환경조사
   - 조사 방법 및 범위
   - 조직 조사
   - 환경 분석
   - 공중 조사
   - 조직과 공중의 인식 비교
4. 환경 정의
   - 강점, 약점, 기회, 위협 요인으로 정리

필요하다. 비영리 조직의 경우, 정치사회적인 모든 영향 요인과 사회 조류가 면밀하게 분석되지 않는다면, 조직 중심의 단편적인 분석에 그칠 가능성이 높다. 상황 분석을 하는 이유는 조직 차원의 진단에만 함몰되지 않고, 전체 사회 차원의 시각에서 조직의 문제를 탐색할 수 있는 배경 지식을 확보하기 위한 것이다. 기획 이유도 이러한 배경 정보를 바탕으로 일관성 있게 정해지는 것이 필요하다. 예를 들어 유니세프의 모유 수유 캠페인의 경우, 모유 수유율이 떨어짐으로써 유아들의 건강 상태가 나빠지고 있으며, 그러한 현상이 전반적인 사회의 모유 수유에 대한 오해와 낮은 인지도, 상업적인 탐욕 등에서 비롯된다는 것을 먼저 밝힘으로써 캠페인에 대한 정당성을 높이는 것이 필요하다.

문제점 정의는 상황 분석에 기초하여 쓰게 되는 핵심적인 내용을 의미한다. 즉 문제 진술problem statement을 통해서 조직이 처해 있는 문제를 요약하여 기술하게 된다. 이는 조직이 이 캠페인 프로그램을 통해서 궁극적으로 풀어야 할 문제를 간단명료하게 요약하여 보여 준다. 따라서 캠페인 계획 과정은 이러한 문제점을 풀기 위한 조직의 전략적인 행동 요령이 된다. 문제점 정의는 압축하여 짧게 쓰는 것이 보통이다. 압축하여 짧게 쓰는 이유는 많은 상황 분석 중에서 가장 핵심적인 사안에 초점을 맞출 수 있도록 유도하기 위해서이다.

조직 및 외부 환경조사는 조직이 처한 상황과 함께 조직 구성원의 인식과 공중의 인식을 비교하는 것이 가장 중요하다. 비영리 커뮤니케이션과 관련한 원칙에서도 설명했듯이 비영리 조직의 커뮤니케이션 캠페인은 조직 중심이 아니라 공중과의 관계를 가장 우선으로 한다. 이는 조사 과정에서 공중의 인식을 가장 중요하게 고려해야 함을 의미한다. 조직 및 외부 환경 조사 단계에서는 우선 조사의 방법과 범위를 밝히는 것이 필요하다. 조직 관련 조사에서는 캠페인과 관련된 조직의 활동 역사와 배경, 조직의 역량, 조직의 경쟁 관계, 조직 구성원의 인식 등을 광범위하게 기술해야 한다. 비영리 조직 자체에 대한 조사가 우선 중요한 이유는 조직의 현재 상황과 인식에 대한 정확한 진단이 외부 환경조사와 비교 기준이 되기 때문이다. 예를 들어 어떤 환경단체 구성원이 조직의 역량을 과대 평가하고 있거나 사안에 대해서 지나친 확신을 가지고 있다면, 이는 외부 환경조사 결과와의 비교를 통해서 문제점이 드러날 수 있다.

외부 환경조사는 크게 외부 환경 분석과 공중 조사로 나뉜다. 외부 환경 분석은 사업 환경을 이루는 쟁점 혹은 조류 등을 분석하는 것으로 상황 분석의 내용들을 좀더 자세하게 조사하는 것이다. 공중 조사와 관련해서는 문제 쟁점과 관련된 가능한 공중의 리스트를 예비 조사하는 것이 우선 필요하다. 그런 다음 공중이 처한 상황을 분석하고 문제 쟁점과 관련한 공중 인식을 조사하게 된다. 이러한 조사가 끝나고 나서 조직과 공중의 인식을 비교하는 절차를 통해서 조직의 미진한 부분과 쌍방간의 오해 요인을 분석하게 된다. 사실상 예전의 비영리 조직의 경우, 외부 환경조사는 생략하고 조직 자체적인 결정을 통해서 중요도를 판단하는 경우가 많았다. 특히 사회적인 가치와 관련된 비영리 조직은 이러한 조직 중심주의적인 결정이 많았다. 하지만 외부 공중의 인식을 고려하지 않는 타협할 수 없는 가치는 조직 스스로 고립을 부르고 문제 해결을 오히려 어렵게 한다.

환경 정의는 조직 및 공중 조사 결과를 참조하여 조직을 둘러싼 환경을 좀더 일목요연하게 정리하는 것이다. 전략 경영에서 많이 쓰이는 SWOT 분석 같은 틀이 사용될 수 있는데, 비영리 조직에서도 얼마든지 응용이 가능하다. SWOT 분석은 조직을 둘러싼 내 · 외부 환경을 네 가지 측면에서 분석하는 것이다. Strength(S)는 조직 내부의 강점 및 이점을, Weakness(W)는 조직 내부의 약점 및 문제점을, Opportunity(O)는 외부 환경에서 이용할 수 있는 기회 요인을, Threat(T)는 외부 환경에서 발생할 수 있는 위협 요인을 각각 나타낸다. 이 밖에도 필요하면 장기적으로 문제가 되는 사항과 단기적으로 해결해야 할 사항, 갑작스럽게 발생한 문제와 지속적으로 내재되어 온 문제 등을 구분해 볼 수도 있다.

비영리 조직 커뮤니케이션 캠페인의 전 과정을 통틀어서 조사가 필요하다고 했지만, 프로그램을 실행하기 전에 상황을 분석하고 문제점을 파악하는 과정을 따로 구분해서 사전 조사라고 한다. 사전 조사는 프로그램이 끝난 후에 실시되는 캠페인 프로그램 평가 과정을 사후 조사라고 부르기 때문에 서로 구별하는 의미로 쓰인다. 보통 비영리 커뮤니케이션 캠페인을 진행하기 위한 사전 조사는 조직과 공중에 대한 조사를 각각 실시한 다음, 그 차이점에서 프로그램 아이디어를 추출하는 과정에 초점을 맞춘다.

개별 공중 관계 활동의 전략 기획 단계에도 이러한 조직 조사와 환경 조사의 이원적인 틀을 이용하는 경우를 어렵지 않게 찾아볼 수 있다. Burke(1999)의 '선택된 이웃'이 되기 위한 최적의 지역사회 활동을 위한 조사 방법 구성을 보면 우선 조사를 조직 평가organization assessment와 지역사회 평가community assessment로 이원화한다. 이렇게 조사를 이원화하는 이유는 조직의 대처 상황 인식과 지역사회 공중의 인식이 조화를 이루도

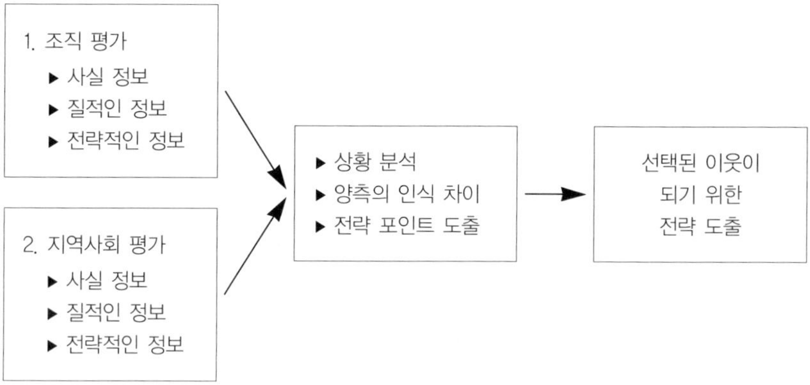

그림 5-1 '선택된 이웃'이 되기 위한 지역사회 관계 조사 활동

록 해야 하기 때문이다. 조직 평가와 지역사회 평가를 위해서는 각각 사실 정보, 질적인 정보, 전략적인 정보가 필요하다. 사실 정보는 지역사회 관계를 위한 기본적인 데이터를 모으는 것이고, 질적인 정보는 관련된 사람들의 의지나 인식, 아이디어를 인터뷰 등을 통해서 물어 보는 것이다. 전략적인 정보는 조직과 공중이 가지고 있는 문제점과 위협 요인, 기회 요인을 분석하여 조사 결과를 직접 프로그램과 전략적으로 연결시키고자 하는 것이다. 이러한 정보는 주로 설문 조사 등을 통해서 얻은 양적인 데이터가 많이 이용된다. 이렇게 기획 과정에서 조직과 공중 양쪽에서 다양한 정보가 필요한 이유는 조직의 현재 위치가 지역사회의 요구를 수용할 수 있는가 혹은 양쪽 간의 인식에 어떤 차이점이 있는가를 밝힘으로써 캠페인의 적절성을 높이기 위한 것이다.

비영리 조직의 캠페인 기획을 위한 조사도 이러한 양측 비교 포맷을 따른다고 보면 된다. 비영리 조직이 안고 있는 조직의 강점과 약점을 일단 파악하고 나서 공중 관계 활동이라든지 조직 커뮤니케이션 활동 등을 전반적으로 감사audit하는 것이 우선 필요하다. 이러한 조사를 통해서 이슈에 대한 조직 구성원의 인식을 일단 점검하고, 내부적 한계와 장애 요소를 진단한다. 외부 환경에 대한 환경 분석은 사업 환경을 이루는 쟁점 혹은 조류, 경쟁 상황 등을 분석하는 것으로, 기회로 활용할 수 있는 쟁점 및 사회 요인, 위협 혹은 위기가 될 가능성이 있는 쟁점 및 위협 요인 등을 조사하고, 같은 가치를 구현하기 위해 사회에서 활동하고 있는 경쟁 비영리 조직의 상황을 분석한다. 공중 조사는 가능한 관련 공중의 전체 리스트를 우선 확보하고, 집단별로 지지자, 반대자, 동조자 등과 같은 간단한 성격을 부여하는 것도 필요하다. 그런 다음 문제 쟁점 혹은 조직에 대한 평판 등과 관련한 공중의 인식을 조사하게 된다. 이러한 절차를 통해서 양측에 대한 조사가 끝나고 나면 비로소 조사 결과를 비교하는 것이 가능해진다. 비영리 조직의 입장에서는 이러한 조직과 공중의 인식 차이에서 문제 해결의 실마리를 찾을 수 있고 캠페인 프로그램을 위한 아이디어를 얻을 수 있게 된다.

조사 방법은 매우 다양하다. 사실 정보는 주로 기존 연구 결과들로부터 인용할 수 있지만 질적인 정보와 전략적인 정보는 조사 대상으로부터 직접 획득해야 한다. 질적인 정보를 획득하는 것은 주로 심층 인터뷰 혹은 참여 관찰 등을 주로 이용하고 전략적인 정보는 설문 조사나 드문 경우이긴 하지만 실험 등을 많이 이용한다. 이렇듯 조직과 공중으로부터 정보를 획득하기 위해서는 조사 방법과 관련한 지식을 필요로 한다. 조사 진행 및 분석과 관련된 일반적인 지식은 관련 서적을 뒤져보는 것이 필요하다. 간단한 통계도 익힐 수 있다면 금상첨화이다. 비영리 조직의 조직원은 모든 업무를 처리할 수 있어야 한다. 간단한 통계 처리도 마찬가지인데, 요즘 시중에서 나오는 SPSS Statistical Package for Social Science와 같은 컴퓨터 통계 패키지는 일주일 정도만 익히면 간단한 데이터 코딩과 통계 처리, 결과 분석 등이 가능하다.

대개 조사 방법이라고 하면 딱딱한 설문지나 실험 분석을 생각하지만 사실상 사람들의 인식을 끌어내고 문제를 진단할 수 있는 모든 창의적인 방법을 조사라고 할 수 있다. 정해진 정형화된 연구 방법이란 있을 수 없으며, 비영리 조직이 처한 상황에 따라 창의적인 방법을 개발해 낼 수 있다. 심층 인터뷰를 혼자서 하는 것이 아니라 여러 명을 포커스 그룹으로 할 수도 있고, 직접 반대 의견을 가진 사람끼리 토론을 시킬 수도 있다. 조사는 한마디로 문제 상황을 집어내기 위한 창의적인 물어보기 작업이다. 사람들의 생각을 정확하게 알아낼 수 있는 방법이 있다면 그것이 가장 좋은 조사 방법이다.

일반적인 조사방법론에서 양적인 조사에 주로 많이 쓰이는 방법은 설문 조사, 내용 분석, 실험 등이고, 질적인 조사를 위해서는 심층 인터뷰, 포커스 그룹 인터뷰focus group interviews: FGI, 참여 관찰ethnography, 텍스트 분석 등이 있다. 이러한 방법들을 구체적으로 설명하는 것은 이 책의 범위를 넘어선다. 가장 이상적인 조사 접근은 한 프로젝트에 대해 질적인 연구와 양적인 연구를 함께 쓰는 것이다. 이러한 통합적인 접근은 각각의 연구 접근이 지니고 있는 한계를 뛰어넘을 수 있게 할 뿐만 아니라 서로 보완하는 효과를 거둘 수 있다(이를 조사방법론에서는 triangulation이라고 한다). 〈표 5-2〉는 어떻게 질적인 조사와 양적인 조사가 결합될 수 있는가를 보여

표 5-2 질적인 조사와 양적인 조사의 결합 방법

1단계: 질적인 조사 – 조사 주제의 선정 및 배경 탐색, 중요 변수의 이해
2단계: 양적인 조사 – 조사 주제의 검증 및 변수 간 인과 관계 설명
3단계: 질적인 조사 – 인과 관계의 관련 변수 설명 및 정교화

예) 조사 과제: 1% 기부의 중요성을 국민에게 알리는 공공 캠페인 시행을 위한 조사

1) 질적인 연구 – 심층 인터뷰를 통해 배경 정보와 주제, 질문과 관련한 사람들의 인식 이해, 상황 및 맥락의 이해, 주요 영향 변수의 도출. 예를 들어 기금 조성 캠페인에서 수입에 따라 기부에 대한 관심이 다르게 나타난다.
2) 양적인 연구 – 설문을 통해 인터뷰에서 드러난 응답과 관련한 인과 관계를 검증, 캠페인 성공을 위한 전략적인 방안 마련. 예를 들어 공중의 수입과 기부 의사와의 관련성을 전국 표본을 대상으로 설문해서 검증한다. 그러한 관련성이 입증되면 적절한 캠페인 전략이 수립될 수 있다.
3) 질적인 연구 – 그러한 인과 관계가 나오게 된 상황 변수와 가외 변수를 파악하고 성패를 가져올 수 있는 요인을 계속 추구하는 과정. 예를 들어 공공 캠페인의 성공 여부가 수입의 크기에 달려 있다면, 수입이 많은 사람들이 기부와 관련하여 어떤 인식을 가지고 있는지 심층 조사한다.

준다. 우선 질적인 조사를 통해서 조사의 배경을 탐색하고, 이어서 양적인 조사를 통해서 어떤 일이 일어난 원인을 찾아내고, 마지막으로 질적인 방법을 통해서 찾아낸 인과 관계가 일어난 맥락을 정교하게 살펴서 함의를 도출해 보는 것이 바람직하다.

질적인 조사와 양적인 조사를 통합해서 쓰는 방법은 〈표 5-3〉과 같이 비영리 조직과 관련 공중과의 관계 증진을 위한 전략을 도출하는 경우에도 응용될 수 있다. 여기서도 질적인 조사를 통해서 관계의 특성을 파악하고, 양적인 조사를 통해서 관계를 구성하는 영향 인자를 파악한 다음, 마지막으로 다시 질적인 조사를 통해서 그러한 인과 관계가 일어난 심층적인 맥락과 설명 요인을 도출한다. 이러한 과정에서 우호적인 관계를 설정하기 위한 영향 요인을 광범위하게 이해할 수 있게 된다.

비영리 커뮤니케이션 캠페인을 위한 조사 연구가 전반적인 프로그램을 지원하고 지지하기 위해서는 다양한 연구 방법을 사용하는 것이 필요하다. 대개 '기술적이고' '설명적인' 정보를 얻기 위해서는 양적인 조사(예를 들면 전화, 메일 또는 인터넷 설문 조사, 실험 등)를 수행하고 '탐사적인' 정보를 얻기 위해 질적인 조사(예를 들면 포커스 그룹, 심층 인터뷰, 참여 관찰 등)를 우선 수행해야 한다. 많은 경우 양적 방법과 질적 방법을 동시에 사용하는 것이 사람들이 어떻게 그리고 무엇을 생각하는지와 더불어 그들이 왜 그러한 관점을 갖고 있는지를 함께 알려 준다는 점에서 매우 유용하다. 양적 방법과 질적 방법을 섞어서 사용하는 것은 비영리 조직의 상황과 캠페인 성격에 따라 창의적으로 구성할 수 있다.

표 5-3 비영리 조직의 공중 관계 증진을 위한 방안 도출 과정

1. 질적인 조사(심층 인터뷰): 관계 공중의 유목화, 특성 파악
2. 양적인 조사(설문 조사): 관계 공중별 이슈 인지, 태도, 행동 양태 조사, 관계 영향 변수 도출
3. 질적인 조사(포커스 그룹 혹은 인터뷰): 영향 변수 맥락의 심층 이해, 관계 설정 및 유지 전략 도출

표 5-4 외부 기관에 의뢰하는 조사 연구 진행 과정

1. 클라이언트가 조사 회사에 연구 이슈 의뢰
2. 연구 방향 및 조사 기획 조정
3. 조사 회사, 문제지 작성, 조사 과정 조정
4. 조사 회사, 연구 집행과 기초 자료tab 제출
5. 조사 회사, 기초 자료 분석 및 요약
6. 의견을 반영한 심층 자료 작성 및 상호 조정
7. 결론 도출 및 공개 방법 결정

보통 비영리 조직이 본격적인 조사를 진행할 때는 외부 조사 회사에 일을 맡기는 경우가 있다. 물론 비용이 만만치 않지만 요즘은 조사 회사의 무료 지원 프로그램 같은 것을 이용해 볼 수도 있고, 대학 등 연구기관을 통해서 적은 비용으로도 전문적인 조사 지원을 받아볼 수 있다. 외부 기관에 조사를 맡기는 경우는 보통 〈표 5-4〉와 같은 절차를 따른다. 외부 조사 회사에 맡기는 경우는 시간을 절약하고 좋은 샘플을 사용하여 비교적 객관적인 결과를 얻을 수 있다는 장점이 있다. 하지만 외부 기관을 이용하더라도 조사 전반에 대한 이해를 숙지하고 있는 것이 중요하다.

한편 비영리 조직이 가장 손쉽게 사용할 수 있는 조사 방법으로 포커스 그룹 인터뷰FGI를 들 수 있다. 다른 조사 방법에 비해서 적은 비용으로 쉽게 다른 사람들의 의견을 알아볼 수 있다는 측면에서 예산과 인적 자원이 부족한 비영리 조직에 유용한 질적인 조사방법론이라고 할 수 있다. 심층 인터뷰와 같은 다른 질적인 방법은 FGI로부터 응용할 수 있다. 설문 조사나 현장 실험과 같은 양적인 조사방법론이 전략적인 정보를 도출하기 위해서 필요하지만, FGI가 잘 진행되면 힘이 약하고 자원이 부족한 비영리 조직이 전반적인 정보를 얻는 데는 크게 부족하지 않다. 그래도 만약 양적인 조사방법론이 필요한 경우는 외부 조사기관의 도움을 받거나 조사에 전문성을 가진 자원봉사자를 모집하는 것도 하나의 방법이다.

FGI는 집단 심층 면접이라고도 부른다. FGI는 질적 연구 방법의 대표적

표 5-5 FGI 참여자 구성을 위한 제안 사항

1. 연령 차이가 10세가 넘으면 동일 집단에 포함시키지 않는다.
2. 남녀는 특수한 목적을 제외하곤 동일 집단에 넣지 않는다.
3. 사회적 계층이 분명히 다를 경우는 동일 집단에 넣지 않는다.
4. 서로 아는 사람들은 동일 집단에 넣지 않는다.
5. 거주지와 연령은 치우치지 않도록 분산시킨다.
6. 소개받을 경우는 1명만 소개받는 것을 원칙으로 한다.
7. 선정 배제 질문표screening questionnaire를 작성하여 사용하는 것이 좋다.

인 조사 방법이다. 이 조사 방법은 사람들의 동기나 태도, 가치 및 욕구를 심층적으로 탐색하고 이해하는 데 효과적이다. FGI는 집단을 단위로 한다. 8명을 하나의 집단으로 구성하는 것이 일반적이나, 60분 내지 90분 정도의 시간에 충분히 이야기를 들을 수 없는 경우에는 6명을 하나의 집단으로 FGI를 진행하기도 한다.

여기에서 가장 중요한 것은 FGI 진행자moderator의 역할이다. 진행자는 가급적 자유스럽게 참석자 전원이 자신의 의견을 말할 수 있는 분위기를 조성해야 한다. FGI의 진행에는 진행자의 역할과 참여자의 역동적인 상호 반응이 매우 중요하다. FGI의 목적은 무조건 사람들의 속마음을 이끌어 내고, 자유스러운 분위기에서 진솔한 의견을 말하게 하는 것이다. 어떤 제한이나 위계 때문에 대화에 장애를 받게 된다면 이는 좋은 FGI라고 할 수 없다. FGI는 한 집단을 대상으로 하기보다는 여러 FGI 집단을 형성하여 비교하면서 의견을 받는 것이 좋다.

FGI의 분석 대상은 언어 반응verbatim이다. 참석자의 언어 반응은 녹음되거나 녹화된다. 보조 진행자가 참석자들의 응답 내용을 간략하게 정리한다. 녹음된 대화는 다시 대화록transcript으로 만든다. 언어 반응을 분석하는 작업은 설문지의 개방형 질문open question의 코딩 작업과 비슷하다. 하나의 개방형 질문에 대한 참석자들의 반응을 정리해 놓고 정도 표현이나 중복성 정도에 주목하는 것이다. 하지만 어떤 분석 절차를 거치든지 결과의 일

표 5-6 포커스 그룹 인터뷰FGI 진행 절차

1. FGI의 적절성에 대한 판단
2. 필요한 정보에 대한 사전 정리
3. 진행자moderator의 선정
4. 연구 진행 장소와 일정 확정
5. 참가자 표본 선정 전략의 수립
6. 참가자 선정 배제 질문지 작성
7. 비슷한 생각을 가진 사람으로 참가자 구성
8. FGI 사전에 간단한 간이 설문 조사
9. 진행자의 진행 방법 결정
10. 참가자 외 FGI 관찰자 선정
11. 관찰자에 대한 사전 설명
12. 모든 준비물과 시설물 점검
13. 음료 · 다과 등 준비
14. 조금 많이 선정된 참가자 군群으로부터 참가자 최종 확정
15. 실제 FGI 진행
16. FGI 결과 보고

주) Broom & Dozier(1990)에서 수정 발췌.

반화는 어렵다. 동일한 참석자를 대상으로 FGI를 반복한다 해도, 이전과 같은 결과가 나타난다고 확신하기가 실제로 어렵기 때문이다. 특히, 조사 진행자와 내용 분석자가 다를 경우와 여러 사람이 조사 진행을 나누어서 하는 경우에는 내용의 신뢰도가 떨어진다.

FGI를 실행하는 목적은 심층적인 의견을 듣고, 사안과 관련한 이해의 폭을 넓히자는 것이다. 섣부른 일반화나 인과 관계 형성은 FGI의 실시 목적과 전혀 맞지 않다. 인과 관계를 찾아보겠다는 욕심을 버린다면 FGI는 사람들이 왜 그런 생각을 하는지, 일반 사람들이 가지고 있는 아이디어가 어떤 것인지 알아보는 데 매우 유용한 방법이 된다. 만약 동일 집단군별로 여러 번의 FGI를 거쳐 어떤 중복되는 아이디어를 발견할 수 있다면 이는 비영리 조직이 혼자 주장하는 생각보다는 좀더 일반 사람들의 생각을 대변한다고 주장할 수 있다. 완벽한 조사는 아니지만 비영리 조직 혼자서 일방적

으로 주장하는 아이디어보다는 훨씬 설득력이 있다. FGI의 일반적인 절차는 〈표 5-6〉과 같다.

한편 포커스 그룹 인터뷰FGI를 대신하는 방법도 있다. 포커스 그룹은 대표적인 질적인 연구 방법의 하나로서 특히 공중의 의견을 취합하여 조직의 목적과 목표를 설정하는 데 매우 유리한 방법이다. 하지만 포커스 그룹은 몇몇 사람들로부터 의견을 청취하기 때문에 집단 행동에 의한 사안의 왜곡을 가져올 위험성도 크다. 물론 의견이 근본적으로 다른 사람들을 같은 그룹에 두고 포커스 그룹을 진행하는 것을 금기로 여기지만, 한 번의 모임으로 사람들의 인식이 분명하게 판명되는 경우는 매우 드물다. 예를 들어 FGI 참가자 중에 커뮤니케이션 지배력dominance이 뛰어난 사람이 소속되어 있어 집단의 의견을 한 방향으로 몰아가거나 반대 의견을 가진 사람의 의견 표명을 은연중에 막고 있는 경우가 생길 수도 있다. FGI의 목적은 솔직하고 다양한 의견을 풍부하고 심도 있게 듣는 것이기 때문에, 이러한 FGI의 단점을 보완하여 진행하는 방법들이 개발되고 있다. 비영리 커뮤니케이션 캠페인 조사는 특히 관련 공중이 가진 내밀한 목소리를 꺼내는 것이 중요하기 때문에 이러한 방법이 유용하게 쓰일 수 있다.

또한 포커스 그룹을 대신하는 방법은 목적 목표 도출과 같은 합의 과정 도출에 유용하게 쓰일 수 있는 방법들이다. FGI가 가지는 단점을 보완할 수 있기 때문에 조직이 취해야 하는 목적의 달성 방향을 정확하게 집어 내는 것이 가능해진다. FGI를 대신하는 방법에는 일반 집단화 방법, 델파이 기법, 강제 현장화 방법 등이 있다.

일반 집단화 방법nominal group technique은 포커스 그룹 방법이 개인적인 성향 차이 때문에 부정적인 영향을 많이 받게 되는데 이러한 결점을 보완하여 개발된 방법이다. 예를 들어 조직에 대해서 별로 부정적인 생각을 가지지 않았던 사람도 한 사람이 조직의 부도덕성에 대해서 강변하면 후속 의견 제시의 방향성이 부정적인 면에 초점을 맞추게 된다. 또한 참여하는 사람들이 가지게 되는 숨겨진 의제 혹은 의도에 의해서 합의 도출에 방해를 받게 되는 경우도 있다. 일반 집단화 방법은 이러한 결점을 방지할 수 있다.

그 과정은, 먼저 집단이 상의해야 할 한 가지 문제를 상정하고(이후 계속 같은 순서로 진행), 각각의 개인이 자신의 의견을 조용히 혼자서 기술한다. 즉 서로 상의 없이 의견을 기술하고, 각각의 아이디어를 다 함께 게시하든지 발표한다. 모든 아이디어가 밝혀진 후에, 집단에 어떤 아이디어가 가장 중요한 것인지 생각해 볼 것을 요구한다. 그런 다음 각각의 개인에게 전체 아이디어를 보고 나서 가장 중요한 아이디어를 선택하게 한다. 집단 리더는 각각의 개인들이 중요하다고 생각한 아이디어의 수를 합산해서 그것을 순서대로 나열한다. 그런 다음 모든 사람이 집단에 의해서 결정된 가장 중요한 아이디어를 알 수 있게 한다. 최종적으로 결정된 아이디어에 대해서 모든 참가자가 후속적인 보완 논의를 이어나간다. 이 방법은 커뮤니케이션을 독점하거나 위계에 의해서 자유로운 커뮤니케이션이 방해받는 경우에 사용할 수 있다.

일반 집단화 방법은 FGI 형태를 유지하지만 델파이 기법delphi technique은 여러 번의 우편 설문을 통해서 실시되는 경우가 많다. 델파이 기법은 진행 과정에서는 일반 집단화 방법과 거의 유사하다. 과정은 우선 개인들에게 중요한 의견을 제시하게 한다. 그런 다음 개인적인 중요도 순위들을 취합하고, 집단 전체에 개인들이 매겼던 순위를 발표한다. 이를 바탕으로 참가자들에게 질문항의 중요도에 대한 순위를 결정하게 한다. 이러한 방법을 통해서 최종적으로 가장 중요한 아이디어를 결정하게 된다. 델파이 기법은 FGI 처럼 한 장소에 모여 상대방의 반응을 보면서 의견을 제시하게 하는 것은 아니지만 우편을 통해서 일반 집단화 방법과 거의 비슷한 효과를 거둘 수 있는 방법이다.

강제 현장화 방법force field analysis은 다른 방법들처럼 의견의 합의를 찾기보다는 서로 대립되는 의견을 상치시킴으로써 문제점을 극대화하는 데

미니 케이스 분석 5-1

지역 범주, 대상 공중, 주제 설정의 우수성

– 대전마을어린이도서관협의회, "마을어린이도서관 확산과 생활공동체 구축 캠페인" –

"평범한 엄마들이 풀뿌리주민운동의 보람을 갖게 만든 알짬마을 어린이도서관(2005년 3월 개관)은 주민 밀착형 주민운동이 초등학교를 같이 다니는 생활권역이 곧 지역공동체운동의 권역이며(지역 범주의 설정), 풀뿌리 활동이 가능한 실질적 주민으로 주부층(주체 설정)은 왕성한 활동력을 갖고 있으며, 이 주부층이 관심을 갖고 직접 참여하여 해결하고 싶어하는 분야는 바로 아이들의 교육과 관련된 활동(과제의 설정)임을 확인해 주었다.

대전마을어린이도서관협의회는 마을어린이도서관을 만들고 운영하면서 지역민의 자발적이고 주체적인 풀뿌리주민운동이 사회적 양극화로 인한 교육의 격차를 비시장적 가치를 통해 해결해 나갈 대안으로 인식하고 공동체성을 맛보았다. 더 나아가 지역공동체를 지속적으로 유지할 수 있는 것은 일상적인 생활권역 속에 여러 영역의 지역공동체 조직을 형성하는 것이라는 인식을 갖게 되었다. 이를 실현하기 위해 지역의 사랑방이 되고 있는 주민 중심의 어린이도서관을 확산하고, 어린이도서관의 지속적이고 안정적인 유지와 다양한 형태의 주민공동체를 형성하기 위해 지역의 여러 단체들과 네트워크를 형성한다.

이 운동은 교육은 물론 관계 형성까지도 시장 논리에 의한 사적 해결을 해야 했던 아이들에게 지역공동체 교육을 통해 평등한 교육의 기회를 제공하고, 자원 활동을 대물림하는 공익적 사회인으로 성장하게 하는 것은 물론, 지역공동체 경험을 통해 엄마들이 '이기적 엄마'에서 '사회적 엄마'로 성장하게 했다. 마을어린이도서관 만들기를 확산하고 도서관과 지역의 여러 단체들의 거미줄 같은 네트워크는 위와 같은 성과들을 지속적이고 일상적으로 만드는 지역공동체운동의 시스템을 구축하는 일이다. 이를 통해 만들어진 다양한 소모임(육아, 생태, 영상 등)이 지역의 공동체기업(예: 대안 유치원)으로 성장하여 생활 구석구석에서 비시장적 가치로 사는 영역을 확장하기 위해, 지속적인 교육과 공익적 가치로서의 마을 돈(지역화폐운동)

사용을 위한 시스템 구축이 요구되고 있다." (2007년 제5회 풀뿌리 시민운동 사례 공모 보고서에서 가져옴. 풀잎상 수상)

이 캠페인의 성공적인 진행의 배경에는 보고서에서도 밝혔듯이 세 가지 요소가 어우러졌기 때문이다. 우선 지역 범주의 설정이 매우 현실적이다. 같은 학교를 다니는 아이들을 둔 가정을 공동체의 단위로 묶음으로써 현실적인 고민을 공유할 수 있는 기반을 마련했다. 캠페인의 진행에서 지역 범주와 영향력이 미치는 범위를 설정하는 것은 매우 중요한 문제이다. 너무 좁아서는 캠페인의 동력을 확보하기가 어렵고, 너무 넓어서는 내부 구성원의 결속력을 다지기가 힘들다. 캠페인의 지역 범주를 자연스럽게 묶어 줄 수 있는 아이디어도 매우 중요하다. 예를 들어 지리산을 살리는 운동을 하는 지리산생명연대의 경우, 지리산이 걸쳐 있는 전북 남원시, 전남 구례군, 경남 함양군, 산청군, 하동군을 묶어서 지리산지역공동체라고 부르고 있는데, 이는 이질적인 지역을 서로 결속하는 효과를 발휘하게 된다.

이 캠페인은 대상 공중 혹은 주체의 선정이 뛰어났다. 지역 문제를 해결할 때 가장 예민하게 반응하고 문제 해결을 위한 직접적인 행동을 보여 주는 주부들을 캠페인 주체로 선정함으로써 생활권역의 강력한 행동 주체를 보유하게 되었다. 또한 교육이라는 주제의 선정도 주부들의 문제 의식과 잘 맞아떨어졌기 때문에 강력한 결집을 불러올 수 있었다. 우리나라에서 교육 문제의 심각성을 인식하지 않는 사람은 없다. 어린이도서관을 통해서 스스로 교육 문제를 해결하고 생활공동체의 협력을 다지는 일은 누구나 공감할 수 있는 주제이다. 지역 범주의 설정, 주체의 선정, 교육 주제의 삼박자가 이 캠페인의 성공을 몰고 왔다. 보고서에는 자세히 나와 있지 않지만 이러한 기획력은 캠페인을 펼치는 비영리 조직의 상황 판단력과 실질적인 조사 능력을 짐작하게 한다.

의미가 있다. 즉 이 방법의 목적은 합의의 도출이 아니라, 토의를 문제점의 인식에 맞추게 함으로써 의견 교류가 더욱 활발해지게 하는 것이다. 이 방법의 절차는 우선 집단에게 한 주제에 대해서 집중하게 하고, 주제에 대한 찬성 집단과 반대 집단으로 나눈다. 그런 다음 집단 리더는 각각 집단의 문

표 5-7 포커스 그룹 인터뷰FGI를 대신하는 조사 방법

1. 일반 집단화 방법 – 개인별로 우선 의견 제시, 커뮤니케이션 독점 방지
2. 델파이 기법 – 우편을 이용한 FGI 접근, 중요한 아이디어의 결정 과정
3. 강제 현장화 방법 – 의견 대립을 통한 교류 유도, 문제점 극대화를 통한 합의점 도출

제점/기회 요인을 리스트화하게 한다. 최종적으로 참가자들은 리스트를 함께 비교 분석함으로써 각각의 의견들이 갖는 함의를 도출한다. 이 연구 방법에서는 의견의 합의를 이루는 것보다는 문제점을 극대화하고 의견 대립의 원인을 짚어봄으로써 쟁점에 대한 이해를 깊게 하는 것이다. 비영리 조직의 입장에서는 강제 현장화 방법이 문제 해결을 위한 아이디어를 찾아내는 방법으로도 쓰일 수 있는데, 많은 사회 갈등 사안들에 대해서 대립되는 의견을 청취하고, 각 측면의 문제점을 서로 분석해 봄으로써 해결책을 찾아내는 것도 가능하다. 요즘 갈등 해소의 방법으로 많이 쓰이고 있는 합의 창출consensus building, 분쟁 조정disputes mediation 등이 이러한 방법을 준용하고 있다 [갈등 해소와 관련해서는 김영욱(2008)을 참조할 것].

제6장

계획 단계

앞에서도 설명했지만 비영리 조직의 캠페인 계획은 가장 중요한 원칙을 지켜 나가야 한다. 그것은 비영리 조직의 존재 이유가 영리를 목적으로 하는 것이 아니라 조직이 지지하는 가치를 함양하기 위한 것이기 때문에 모든 캠페인 활동이 조직의 미션에서 벗어나서는 안 된다. 만약 어떤 환경단체의 장이 조직의 정치적인 힘을 신장하고 조직과 조직원의 단기적인 편익을 신장하기 위해서 전략적인 조치를 취한다면, 그러한 행위가 조직을 둘러싼 공중과의 장기적인 관계에 나쁜 영향을 주게 될 것은 자명하다. 이러한 공중과의 관계 악화는 조직이 이루고자 하는 가치를 사회에 구현하는 데 어려움을 주게 된다.

따라서 비영리 조직의 미션을 모든 캠페인에서 서술하고 난 다음, 조직의 미션에 비추어서 중요한 문제 상황으로 대두된 것을 서술하는 것이 필요하다. 즉 장기적으로 조직의 미션을 구현하기 위해 현재 상황에서 조직의 발전 혹은 생존을 위협하는 요인들이 무엇인지 찾아내고, 조직 행위가 강조해

표 6-1 비영리 커뮤니케이션 캠페인 계획 단계의 세부 항목

계획 단계action or planning
5. 조직 미션과 문제 상황 - 조직 미션 - 문제 상황 혹은 중요 쟁점
6. 목적
7. 목표
8. 핵심 전략 및 메시지 주제
9. 중심 공중과 공중별 목표 - 일차 공중 - 이차 공중

야 할 기회 요인이 무엇인지 알아내어 서술하는 것이 필요하다. 이러한 요소들이 결정되면 마침내 그러한 문제 상황을 해결하기 위한 커뮤니케이션 캠페인 목적과 목표를 설정하고 목표 공중을 찾아내는 것이 필요하다. 여기서 목표 공중은 내·외부 공중을 모두 포함한다. 기능적인 목표의 달성과 함께 내부 구성원이 느끼는 표현 의지의 구현과 만족감도 비영리 조직의 미션 달성에는 매우 중요하기 때문이다. 내부 구성원의 표현 욕구와 외부 공중과의 의미 공유는 언제나 함께 고려되어야 한다.

캠페인의 목적과 목표의 수립에서 가장 중요한 원칙은 조직이 직면한 문제의 해결이다. 하지만 이와 같은 캠페인 목적과 목표의 달성은 캠페인이라는 진공 상태에서 존재하는 것이 아니라 조직이 처한 상황과 맥락에 맞닿아 있다. 이러한 모든 조직의 환경적인 요소를 조직 특성이라고 정의한다면, 캠페인 목적과 목표는 이러한 조직 특성에 대한 고려를 반영해야 한다. 이러한 조직 특성은 조직이 쌓아온 역사와 경험, 경쟁 상태, 기회 요인, 조직 역량 등을 모두 반영한다. 앞선 조사 단계에서 드러난 조직 조사나 환경 조사의 결과도 이러한 조직 특성을 드러내는 데 중요한 자료가 된다. 비영리 조직은 특히 조직이 이루어 온 역사적인 전통이나 고유한 습속에 많은 영향을 받는 경향이 있다. 비영리 커뮤니케이션 캠페인도 이러한 조직의 특성을

표 6-2 비영리 커뮤니케이션 캠페인 목적과 목표 수립의 기본 원칙

1. 조직 미션을 기반으로 하부 체계로서 목적과 목표 설정
2. 조직이 처한 문제점의 해결에 집중
3. 조직이 가지고 있는 조직 특성과의 일관성 유지

무시하고는 성공적으로 진행되기 어렵다.

효과적인 캠페인 실행을 위해서는 계획 단계에서부터 캠페인의 내용과 실행 그리고 예상되는 결과 모두 조직의 미션, 가치 체계value proposition에 적합해야 한다. 예를 들어 "이웃과 함께 성장하는 조직"을 모토로 내세운 비영리 조직의 캠페인은 이웃을 위한다는 따뜻한 마음씨를 모든 캠페인 활동에서 표현하는 것이 바람직하다. 이러한 조직이 정치적인 활동이나 국가적인 의제 수용에 강조점을 둔다면 공중의 외면을 받기 싶다. 이러한 미션과 가치 체계 말고도 조직의 특성을 나타내는 것은 조직의 역사와 신화, 구조, 환경, 정책 등을 들 수 있다. 캠페인의 목적이 가장 효과적으로 설정되고 실행되기 위해서는 조사 활동을 통해서 상황과 문제점을 분석하는 것도 중요하지만 그러한 문제점을 풀기 위한 방법이 얼마나 조직의 특성과 관련되어 있는가를 살피는 것도 매우 중요하다.

비영리 조직이 역사적으로 쌓아온 독특한 특성과 습속을 반영하지 않고는 캠페인의 동력을 확보하기 어렵다. Kendall(1996)의 경우 〈표 6-3〉의 요소를 조직의 특성과 관련된 요소라고 보았다. 캠페인 목적과 목표를 수립할 때 이들 요소를 모두 고려해 보는 것이 필요하다. 특히 자원이 부족한 비영리 조직의 입장에서는 이러한 조직의 특성과 운영 상황을 살리는 전략을 통해서 자원의 이용을 극대화하는 것이 무엇보다도 중요하다. 비영리 조직의 입장에서는 유형의 자산도 중요하지만 무형의 자산을 살려 나가는 것이 더 중요하다는 뜻이다. 〈표 6-3〉은 Kendall(1996)이 주장한 조직 특성을 이용한 계획 설정 방법을 정리한 것이다.

표 6-3 조직 특성을 고려한 계획 설정 방법

1. 조직의 역사와 신화에 적용
2. 조직의 철학과 사명에 적용
3. 조직의 구조에 적용
4. 조직의 환경에 적용
5. 조직의 정책에 적용
6. 조직을 둘러싼 주위 경향에 적용

조직의 역사와 신화mythology에 대한 조사 연구는 먼저 조직의 기원에 대한 연구에서 출발한다. 즉 창설자의 비전, 조직의 중대 사건 등이 그것이다. 이러한 조직 기원을 포함하는 조직문화에 대한 조사는 집단적인 의식 체계schema에 대한 연구이다. 이러한 집단이 공유하는 어떤 사건이나 아이디어는 비영리 조직의 커뮤니케이션 캠페인에 유용하게 사용될 수 있다. 집단이 공유하는 생각은 구성원의 만족감을 높일 수 있고, 근본적인 조직 미션의 의미를 곱씹어 보게 한다.

특히 신화적인 요소들은 조직 구성원의 사기를 북돋워 주고, 이를 바탕으로 자원의 결집을 통해서 사회 공헌에 대한 공통된 해석으로 이어질 수 있다. 예를 들어 한 지역 환경단체가 그 지방에서 전통적으로 이어 내려온 투쟁과 문제 해결의 역사를 현재 진행되는 환경 보존 캠페인의 목적과 연결시킨다면 지역 주민에게는 매우 익숙한 참여 동기를 제공하게 된다. 서로가 공감할 수 있는 신화적인 요소, 그것이 캠페인 성공의 핵심이 된다. 조직 구성원 사이에 우리는 예전에도 이런 어려움을 함께 극복해 왔다는 것을 신화적인 요소를 꺼내어 강조할 수 있다면, 그러한 연장선상에서 이루어지는 캠페인은 구성원의 만족도를 높일 수 있다.

조직의 철학과 사명도 조직의 전체적인 지향점을 가리키고, 조직원이 가지는 신념과 태도, 가치를 의미하기 때문에 조직의 역사 및 신화와 비슷한 측면에서 해석될 수 있다. 조직의 구조는 조직의 기능, 부서들이 어떻게 서로 연결되어 있는가를 규정하는 것이다. 조직의 전체적인 구조를 고려하지 않고 캠페인을 전개하는 것은 내부적인 저항을 불러올 가능성이 있다. 캠페인의 목적과 목표를 설정할 때, 조직 구조와 관련된 조직의 전체적인 역학 관계와 조직 구성원이 전체적으로 지향하는 바를 고려하여 큰 그림을 그리는 것이 필요하다.

조직의 환경에는 지리적 · 사회적 환경과 경쟁적 환경 두 종류가 있다. 적절한 캠페인 목적과 목표를 설정하기 위해서는 조직이 처한 외부 환경에 대한 철저한 인식이 필요하다. 물론 이러한 환경 조사는 캠페인 조사 단계의 중요 구성 요소이다. 지리적 · 사회적 환경은 조직이 위치한 지리적 범위와 조직의 사회적 위치와 연관된 사회 관계를 파악하는 것이다. 이러한 고려는 비영리 조직의 캠페인이 다루어야 하는 활동 범위와 다른 조직과의 연합 혹은 공동 캠페인 등 캠페인과 관련한 선택 사항들을 결정하게 해 준다. 특히 조직이 처한 환경적 요소를 고려함으로써 캠페인의 실행 맥락을 자연스럽게 만들어 줄 수 있다. 이러한 요소들이 고려된 목적과 목표는 좀더 현실적인 달성 가능성을 높여 줄 수 있다.

조직의 정책은 조직의 일상적 활동을 수행하기 위한 지침서guidelines의 역할을 하게 되며, 캠페인 목적과 목표 실행에도 도움을 준다. 현재 비영리 조직이 어떠한 정책을 견지하고 있으며, 어떤 원칙을 고수하고 있는지 반드시 고려해야 한다. 조직을 둘러싼 주위 경향trends은 쟁점 관리issue management와 연결된다. 쟁점 관리는 조직에게 어떤 영향을 줄 수 있는 사안을 찾아내어 조직의 적응력을 미리 길러두는 것이다. 쟁점 관리는 미래에 대한 예측, 공중의 관심을 불러일으키는 사안에 대한 지속적인 고려, 떠오르는 쟁점들에 대한 정의와 대응, 기존 쟁점들에 대한 지속적인 추적 등의 활동을 포함한다. 주로 조직을 둘러싼 쟁점은 한번 일어났던 쟁점들이 잠재되어 있다가 다시 재발하는 경우가 대부분이기 때문에 평소 조직이나 경쟁 조직을 둘러싼 쟁점들을 잘 관리하는 것이 필요하다. 비영리 조직이 목적과 목

표 6-4 비영리 조직의 경쟁 분석

1. 모금을 위한 경쟁

모든 종류의 비영리단체들은 다른 비영리단체와 함께 경쟁을 치르고 있다. 왜냐하면, 같은 집단이나 사람들에게 어필appeal해야 하며, 유사한 사회적 가치를 표방하고 있고, 때로는 같은 사회적 문제를 해결하기 위해서 모금 활동을 하기 때문이다.

2. 구성원과 자원봉사자를 위한 경쟁

모금 활동과 구성원과는 아주 밀접한 관계에 있으며, 대부분의 비영리 조직은 고정비에 인력을 쓰든지 아니면, 자원봉사자에 의해서 운영된다. 이러한 구성원은 거의 해당 조직의 사회적 명분cause에 헌신하는 사람들이고, 시간과 돈에서 해당 조직에 중요한 공헌을 하는 사람들이다. 이러한 사람들을 둘러싼 경쟁은 매우 중요하다.

3. 미디어 집중을 받기 위한 경쟁

미디어에 대한 노출은 시간과 돈을 아끼지 않는 구성원이 가지는 조직에 대한 헌신을 강화시켜 주며, 대중의 후원을 촉발시킬 뿐 아니라, 조직이 하나의 중요한 사회 구성체로서의 입지를 가지도록 하는 데 막강한 영향력을 행사한다.

4. 영향력을 위한 경쟁

영향력을 위한 경쟁은 거의 모든 비영리단체들이 다양한 방법과 활동으로 그들이 표방하는 사회적 명분을 강화함으로써 시행하고 있는 부분이다. 이러한 영향력을 위한 경쟁에는 아래의 세 가지 측면이 있다.

- 정치적 선호
- 효과적인 서비스
- 대중적 명성

표를 설정할 때 이러한 쟁점을 잘 분석하고 반영하는 것이 시의적절성과 연속성이라는 측면에서 반드시 필요하다.

한편 경쟁적 환경을 이해하는 것 또한 매우 중요하다. 비록 해당 조직이 비영리 조직이라고 할지라도 캠페인의 성공 여부는 조직이 처한 경쟁 상태를 이해하는 데 달려 있다. 조직의 경쟁 상황은 현재 혹은 미래에 조직에 영향을 미칠 잠재적 압력을 포함한 모든 압력 요인에 대해서 서술하는 것이다. 따라서 경쟁 상황에 대한 분석은 조직의 전략 계획에서 목적 · 목표를 수립하는 데 필수적인 고려 사항이라고 할 수 있다. 비영리 조직의 경쟁 상황에서는 모금이나 자원봉사자를 둘러싼 경쟁뿐 아니라 영향력을 둘러싼 경쟁이 가장 중요하다(Kendall, 1996, 〈표 6-4〉 참조). 이는 과거에는 주로 매스미디어를 중심으로 이루어져 왔는데, 요즘에는 인터넷이나 블로그 등을 통한 직접적인 미디어 사용에도 적용된다. 따라서 Kendall(1996)이 주장했던 미디어의 집중을 받기 위한 경쟁은 미디어를 사용하여 대중의 지지를 받기 위한 경쟁으로 해석하는 것이 지금의 상황에서는 더 타당하다고 할 수 있다.

한편 사회 마케팅 논의에서도 비영리 조직의 캠페인 목적 설정과 관련하여, 구성 요소와 관련한 논의가 있어 왔다. Sargeant(1999)는 Drucker(1990)를 인용하여 비영리 조직에서 조직 목적을 구성해야 할 요소로서 여덟 가지를 정리했다. 그것은 시장 상황과 관련한 목표점, 개혁성, 생산성, 재정 측면에서 실제적인 자산 관리, 관리자의 능력 개발, 달성해야 하는 사회적인 요구 사항, 공적인 책임 등이다. 이러한 요소를 잘 살펴보면 크게 조직 중심의 목적과 사회가 요구하는 목적으로 구분해 볼 수 있다. 조직은 목적을 설정할 때 시장 지위를 개선하고 발전적인 측면을 강조할 수도 있지만, 그것이 전체 사회의 지향성과 일치하지 않는다면 역풍을 맞을 수 있다. 따라서 비영리 조직의 목적 설정은 내·외부의 상황이 조화를 이루고, 조직의 목적과 사회의 요구가 합치하는 지점에서 찾아야 한다.

조직 목적을 이루기 위한 중심 전략은 크게 전체적인 전략, 세분화segmentation 전략, 포지셔닝positioning 전략으로 나눌 수 있다(Sargeant, 1999). 사회 마케팅에서 주로 많이 인용되는 전체적인 전략은 서비스의 존재 유무와 시장의 존재 유무에 따라서 크게 시장 침투 전략, 서비스 개발 전략, 시장 개발 전략, 다양화 전략으로 구분한다. 시장 침투 전략은 서비스도 이미 존재하고 시장도 이미 존재하는 경우이다. 이런 경우에는 기존 시장을 파고드는 전략을 설정할 수밖에 없다. 서비스 개발 전략과 시장 개발 전략은 각각 서비스나 시장이 새롭게 형성되는 경우이다. 이런 경우에는 새로운

표 6-5 조직 목적을 이루기 위한 중심 전략

1. 전체적인 전략 – 시장 침투 전략 – 서비스 개발 전략 – 시장 개발 전략 – 다양화 전략 2. 세분화 전략 – 인구통계학적인 특성 – 지역 특성 – 행위 특성 – 심리적인 특성 3. 포지셔닝 전략

서비스와 시장을 창출하는 데 조직의 역량을 모아야 한다. 마지막으로 서비스와 시장 모두 새롭게 형성되는 경우에는 조직의 다양화 전략을 통해서 새로운 상품과 시장을 동시에 개척하는 것이 필요하다.

비영리 조직의 경우에도 이러한 사회 마케팅의 전략 설정 개념이 유용하게 응용될 수 있다. 예를 들어 특정한 환경 보호 이슈와 관련한 지역 사회 단체를 구성하고 커뮤니케이션 캠페인을 펼친다고 했을 때 전체적인 전략이 어디에 해당하는지 구분해 보는 것이 필요하다. 이미 환경 보호와 관련한 단체들이 많이 활약하고 있다면 자신의 환경단체가 역점을 두는 새로운 개념이나 활동에 집중하는 것이 필요하다. 물론 이러한 과정에서 영리 조직과 같은 시장 경쟁을 할 수는 없겠지만, 자신의 단체가 추구하는 미션의 중요성을 강조하기 위해서 전체적인 전략의 방향성을 결정하는 것은 반드시 필요하다. 〈표 6-5〉에 나타나는 조직 목적을 이루기 위한 중심 전략은 사회 마케팅에서 인용했기 때문에 시장 개념을 그대로 원용하고 있다(Sargeant, 1999). 하지만 비영리 조직의 경우, 이러한 시장 관련 개념은 비영리 섹터에 맞는 개념으로 변환될 필요가 있다.

목표 시장을 세분화하는 방법은 여러 가지가 있겠지만 주로 인구통계학적인 특성, 지역 특성, 행위 특성, 심리적인 특성 등에 의해서 구분한다. 행위 특성은 주로 편익에 따라 분류하거나, 충성도 상황, 이용자 상태 등에 따라서 구분하기도 한다. 이러한 분류는 얼마나 비영리 조직을 이용하고, 비영리 조직의 활동에 대해서 지지하고 있는가를 기준으로 한다. 예를 들어 스스로 진정한 동기를 보유하거나, 세금 등의 실용적인 측면을 고려한 사람, 가족의 전통이나 명예에서 비롯된 사람, 누군가의 도움을 받아서 그것을 돌려 주려고 하는 사람 등 다양한 이유와 동기 요인에 따라서 분류해 볼 수 있다(Cermark, File, & Prince, 1994). 또한 영리 조직의 브랜드 충성도 같이 비영리 조직에 매우 높은 충성도를 보여 주는 사람도 있고, 평소에 비영리 조직의 서비스를 많이 이용하는 사람과 적게 이용하는 사람으로 구분할 수도 있다. 이러한 행위에 의한 구분 외에도 개인의 인성이나 태도, 심리적인 상태를 분류하여 시장을 세분화하기도 한다. 대표적인 심리 분류 기준인 VALS Values, Attitudes, and Lifestyles에 따르면 사람들이 가지는 삶의 목적, 동기, 가치를 이용하여 현상 유지자, 목표 성취자 등 아홉 가지 유형으로 분류하기도 한다.

목표 공중을 세분화하는 일은 포지셔닝 전략과도 직접적으로 연결된다. 목표 공중이 어떤 특성에 의해서 분류되는가를 아는 것과 함께 비영리 조직이 공중의 마음속에 어떤 포지션으로 자리잡아야 하는가를 아는 것도 매우 중요하다. 포지셔닝은 보통 공중의 마음속에 그려지는 조직이나 서비스의 위치를 의미한다. 보통 현재의 포지셔닝 상태와 비영리 조직이 미래에 추구하는 포지셔닝을 분류하여 현재의 포지셔닝에서 미래 목표하는 포지셔닝으로 옮아갈 수 있는 전략을 설정하게 된다. 목표 공중을 세분화하는 일과 포지셔닝은 따라서 밀접하게 연결되어 있다.

목표 공중을 세분화하는 일은 어떤 공통의 특성을 공유한 공중을 찾아내는 일이다(Rice & Atkin, 2000). 하지만 기계적으로 목표 공중을 어떤 도식적인 기준에 의해서 구분하는 것은 아무 의미가 없다. 예를 들어 공중을 나이나 직업으로 분류하는 것이 비영리 조직의 비전을 달성하는 데 어떤 도움을 주겠는가? 하지만 많은 커뮤니케이션 캠페인 기획들이 이러한 단순한 분류 방법을 적용함으로써 개인이 보유하고 있는 많은 연관된 사회적인 의미를 무시하는 경향이 있다. 비영리 조직을 위한 목표 공중의 세분화는 이러한 기계적인 분류에서 벗어나 공중이 비영리 조직의 활동과 자신을 어떻게 연결하려고 하는가 혹은 공중이 비영리 조직의 활동에서 어떤 의미를 찾고 동기 부여를 하고 있는가를 고민하는 것이 필요하다. 또한 이러한 목표 공중의 세분화 과정에서 실질적으로 공중을 이해하게 되고, 공중의 의식 속에서 가장 적절한 위치를 탐색하여 포지셔닝하는 것이 가장 이상적으로 공중 세분화와 포지셔닝 전략을 연결하는 방법이라고 할 수 있다.

보통 목적과 목표를 달성하기 위한 조직 활동 전략은 네 가지 차원으로 구분된다(Koteen, 1989). 네 가지 차원은 조직 차원 전략, 프로그램 전략, 자원 확충 전략, 조직 유지 전략을 말한다. 조직 차원 전략은 조직 차원의 미션, 목적, 가치 등을 실현하기 위한 전략적인 노력을 의미한다. 프로그램 전략은 개별 프로그램의 목적, 가치를 실현하고 개별 쟁점을 해결하기 위한 노력을 의미한다. 자원 확충 전략과 조직 유지 전략은 조직의 인적 · 물적 자원을 확충하기 위한 전략적인 노력과 예산 · 회계 전산화 등 조직을 유지하기 위한 전략을 의미한다. 하지만 보통 비영리 조직의 전략을 의미할 때는 전자의 두 가지 전략을 의미한다. 조직 차원과 프로그램 차원의 전략을 실행하기 위해서는 자연스럽게 자원 확충 전략과 조직 유지 전략이 통합적으로 운용될 수밖에 없다. 따라서 자원 확충과 조직 유지 전략이 자연스럽게 조직 차원과 프로그램 차원의 전략에 융해될 수 있도록 하는 것이 필요하다.

일반적으로 비영리 조직의 전략은 조직의 미션과 목적을 달성하기 위한 통합적인 조직 행위를 의미한다(Hay, 1990). 좋은 전략은 크게 몇 가지 특징적인 속성을 공유한다. 우선 영리 조직의 경우 좋은 전략은 경쟁 우위를

미니 케이스 분석 6-1

협소한 목표 공중의 지정

- 청소년폭력예방재단, "청소년 지킴이 캠페인" -

청소년폭력예방재단은 1995년 외아들을 학교 폭력으로 잃은 아버지(설립자 김종기)가 다시는 이 땅에 자신과 같은 불행한 아버지가 없기를 소망하면서, 직장도 폐하고 사재를 내어 설립한 학교 폭력 예방과 치료를 위한 비영리 공익단체이다. 재단은 학교 폭력으로 고통받고 있는 청소년, 학부모, 교사와의 상담과 학교 폭력 예방 교육을 담당하며, 교사, 청소년 전문가, 학교 폭력에 관심 있는 분들에게 그 위험성과 대처 방법을 알려 주는 원격 연수원 운영, 그리고 학교 폭력 예방 전문가 양성 교육을 실시하고 있다. 2007년부터는 교육과학기술부와 학교 폭력 예방 및 근절을 위한 협약을 체결하고 '학교 폭력 SOS지원단'을 개소했다. 지원단은 청소년 폭력 관련 위기 대응과 즉각적인 위기 관리 임무를 수행하고 있다. 청소년폭력예방재단의 주요 캠페인 프로그램은 학교 폭력 피해자들을 지원하는 수호천사운동, 대안학교 운영, 상담사업, 학교 폭력 예방 교육사업, 예방교육센터 운영 및 전문가 양성 프로그램 등이 있다.(홈페이지www.jikim.net에서 가져옴.)

캠페인의 성공적인 진행에도 불구하고 한 가지 아쉬운 점은 목표 공중 지정이 너무 협소하다는 것이다. 목표 공중이 너무 피해자에만 초점을 맞추고 있기 때문에 근본적인 문제 해결을 위한 캠페인 프로그램이 부족하고, 피해자 구제와 사후 대응에 더 초점을 맞추고 있기 때문에 가해자와 청소년 폭력이 일어날 수밖에 없는 사회문화적인 요인에 대한 광범위한 대책이 부족하다. 가해자 교육, 잠재 가해자 인식 전환, 가해자 부모 교육, 청소년 폭력 유발 사회문화적 요인 없애기, 정부에 대한 입법 로비, 실제적 객관적인 평가를 통한 공중별 태도 변화 평가 등도 필요한 프로그램들이다. 캠페인의 피해자에 집중할수록 문제의 근본적인 해결에는 멀어질 수 있음을 이해하는 것이 필요하다.

창출하고 상품이나 서비스가 고객에게 편익을 창출할 수 있어야 한다. 비영리 조직의 경우에는 조직 활동이 관련 공중에게 어떤 유·무형의 가치를 창출할 수 있어야 한다. 이러한 목적을 달성하려면 조직 행위가 통합되어 있어야 하고, 조직 행위에 대한 전체적인 방향성이 확립되어 있어야 한다.

예를 들어 조직이 계속적으로 확대 전략을 펼칠 것인가, 아니면 유지 전략이나 축소 전략을 펼칠 것인가 등과 관련하여 전체적인 방향성이 정해져야 한다. 그런 다음 그러한 전체적인 방향성에 맞는 조직의 가치 추구와 조직 행위가 구체화되어야 한다. 영리 조직의 경우에는 상품과 서비스의 질을 높이는 데 집중할 것인가, 시장 세분화에 집중할 것인가, 생산 비용의 축소에 집중할 것인가와 같은 구체적인 행위들이 정해지게 된다. 그런 다음 시장 상황에 맞는 상품과 서비스 전략을 수립하게 된다. 비영리 조직도 이와 마찬가지로 조직 행위를 전체적인 방향성에 맞추어서 집중할 가치를 선택하게 된다. 이러한 전체적인 방향성, 조직의 가치 추구와 구체적인 행위가 통합적으로 이루어질 때 조직의 전략적인 행위도 힘을 발휘할 수 있다.

비영리 조직의 전략은 조직의 지향점을 설정하고 그것을 달성하기 위해 가장 효율적으로 조직 행위를 통합하는 과정이다. 조직 행위를 통합하는 것은 경영진의 철학, 외부 환경조사, 미션을 포함하는 목적의 설정, 내부 역

표 6-6 비영리 조직에 좋은 전략의 특징

1. 경쟁적인 우위의 창출
2. 공중에게 주는 어떤 편익과 가치의 창출
3. 조직 행위의 통합적인 접근
4. 조직 행위에 대한 전체적인 방향성의 부여
5. 조직 미션을 달성하기 위한 가치 체계의 수립
6. 가치 체계에 맞는 구체적인 조직 행위의 선택
7. 미션, 가치 체계, 구체적인 행위의 통합
8. 세부적인 면에서 전략적인 적절성의 구체화

량 및 기능의 통합 등이 자연스럽게 전략적인 적절성strategic fit을 갖추게 되는 것이다. 이러한 전략적인 적절성을 갖추고 조직 행위가 통합적으로 방향성을 가지고 이루어지는 조직이 성공적인 전략을 실행할 수 있다.

이제 지금까지 설명했던 계획의 요소들을 실제적으로 서술하는 것이 필요하다. 계획 단계는 상황 분석과 조사 결과물을 통합하여 일목요연하게 캠페인 혹은 전략 기획을 실행하기 위한 방향성을 기술하는 단계이다. 이 단계에서는 조직의 미션, 중요 쟁점, 목적, 목표, 중심 공중을 정하고 캠페인을 통틀어서 펼치게 될 커뮤니케이션 캠페인의 핵심 전략 및 기본 메시지를 도출하게 된다. 여기서 핵심 전략이란 세부 프로그램을 묶어 줄 전체적인 캠페인의 기본 주제theme를 의미한다.

우선 비영리 조직의 기본적인 운영 목적을 이루는 조직 미션을 다시 한 번 서술하는 것이 필요하다. 비영리 조직이 펼치는 커뮤니케이션 캠페인은 조직 미션을 기본으로 행해지는 조직 활동mission-based campaigns이라고 말할 수 있다. 문제 상황 진술은 조사 결과를 토대로 해서 조직이 현재 당면해 있는 중요한 문제 혹은 쟁점들이 어떤 것인지 기술한다. 즉 문제 상황은 조사 단계의 문제 정의에서 조금 더 발전해서 조직 미션에 비추어 봤을 때 조직의 발전 혹은 생존을 위해 현재 상황에서 다루어야 하는 중요한 쟁점이 어떤 것인지 서술하는 과정이다. 이때 조직이 당면한 사안을 단기적으로 해결하는 것이 아니라 조직 미션과 부합되는 장기적인 관점에서 해결하기 위한 쟁점을 서술하는 것이 무엇보다도 필요하다.

목적은 이러한 문제 상황 혹은 쟁점을 해결하기 위한 조직의 행위 지향점을 의미한다. 따라서 목적은 구체적인 달성 계획이 아니고 일반적이고 추상적인 지향점을 나타낸다. 반면 목표는 목적을 달성하기 위한 구체적인 계획을 의미한다. 예를 들어 목적이 관련 기부 공중의 인지도 향상에 있다면, 목표는 관련 기부 공중의 비영리 조직에 대한 비보조 인지율(도와 주지 않고도 기억할 수 있는 비율)을 50%까지 끌어올리는 것 등에 해당한다. 즉 목적은 일반적인 서술인데 비해, 목표는 수치를 이용한 구체적인 지향점을 의미한다. 핵심 전략 및 메시지 주제는 지금까지 미션과 문제 상황의 괴리, 그것을 풀기 위한 목적과 목표를 기반으로 조직의 전체적인 캠페인을 이끌어 갈 기본 메시지 혹은 캠페인 주제theme(혹은 theme line)를 정하는 것이다. 보통 핵심 캐치프레이즈나 슬로건의 형태를 띠기도 하고, 그래픽을 포함하거나, 단순하게 단어나 문장으로 표현하기도 한다. 이렇게 정해진 캠페인 주제는 세부 프로그램을 통틀어서 시너지 효과를 내기 위한 통합 단서로 작용한다.

이 단계는 구체적으로 다음과 같은 사항을 담는다.

미션: 조직의 장기적인 목적 혹은 원칙—장기적인 관계 설정 중심으로 제정
문제 상황 혹은 쟁점들: 조직 미션에 비추어 조직의 발전 혹은 생존을 위해 다루어야 할 중요한 쟁점들
목적: 중요 쟁점을 풀기 위한 계획. 일반적인 사항이 되기 쉬움.
목표: 전략 혹은 목적을 달성하기 위한 구체적인 계획
핵심 전략 및 메시지 주제: 캠페인의 전체적인 기본 메시지 혹은 주제

[예]
미션: 공동체 정신으로 어려운 사람을 돕는 건강한 사회 만들기
중요 쟁점 #1: 어떻게 우리 조직의 낮은 인지도를 끌어올릴 것인가?
목적: 우리 조직의 인지도를 높이고 우호적인 평판의 기반을 마련한다.
목표: 우리 사회 기존 기부 경험자 중에서 조직에 대한 인지도를 80% 이상 높인다.
핵심 전략 및 주제 메시지: "사촌보다 가까운 이웃"이라는 주제로 프로그램 진행

목표 공중: 일차 공중—우리 사회 기존 기부자 집단

이차 공중—언론, 정부, 각종 지역사회단체 등

보통은 중요 쟁점이 단일한 경우가 많지만 중요 쟁점 #2, 중요 쟁점 #3 등이 있다면 같은 순서대로 반복해서 계획을 입안한다.

이러한 계획과 관련한 서술이 끝나면 캠페인의 대상이 되는 중심 공중을 선정할 필요가 있다. 비영리 조직의 부족한 예산을 감안할 때, 모든 공중을 대상으로 일률적인 캠페인을 펼친다는 것은 비현실적일 뿐만 아니라, 목표 공중을 대상으로 하지 않는 캠페인은 효과와 효율성도 떨어진다. 목표 공중을 선정하는 방법은 기존 공중 관계 이론인 상황이론, 현장역학이론 등 이론적인 기반을 두고 분류하는 방법과 인구통계학적 혹은 사회심리학적 공중 분류에 의존하는 방법 등 여러 가지가 있다[자세한 내용은 김영욱(2003) 참조].

예를 들면 Hallahan(2000)의 경우, 지식 수준과 관여도에 따라 공중을 활동 공중active public, 인지 공중aware public, 관심 공중aroused public, 비활동 공중inactive public으로 분류했다. 활동 공중은 지식 수준과 쟁점에 대한 관여도가 모두 높은 공중이고, 인지 공중과 관심 공중은 지식 수준과 관여도만 각각 높은 공중이며, 비활동 공중은 지식 수준과 관여도가 모두 낮은 공중이다. 이러한 공중 분류는 캠페인이 어떤 공중에 집중해야 할 것인가를 알려 줌으로써 전반적인 효과와 효율성을 높이게 된다.

일단 공중은 목표 달성을 위해 가장 중요한 일차 공중과 일차 공중을 보완하는 이차 공중으로 세분화하는 것이 필요하다. 이러한 일차 공중과 이차 공중 추출은 캠페인을 통해서 목표를 달성할 수 있는 가장 효과적이고 효율적인 프로그램 개발의 기본이 된다. 캠페인을 위한 중심 공중이 선정되면, 이러한 관련 공중을 대상으로 캠페인의 전체 목표를 달성하기 위한 공중별 목표를 설정하게 된다. 이러한 공중별 목표가 캠페인 프로그램 구성의 기본

표 6-7 지식 수준과 관여도에 따른 공중 분류

활동 공중active public: 지식 수준과 관여도가 높은 공중
인지 공중aware public: 지식 수준은 높으나 관여도가 낮은 공중
관심 공중aroused public: 지식 수준은 낮으나 관여도가 높은 공중
비활동 공중inactive public: 지식 수준과 관여도가 낮은 공중

주) Hallahan(2000)에서 인용.

을 이루게 된다.

보통 공중별로 목표를 세울 때는 지식 목표, 태도 목표, 행동 목표 등으로 나눌 수 있고, 조직의 전체적인 이미지나 평판과 관련한 목표가 있을 수 있다. 예를 들어 쟁점에 대해서 잘 모르는 공중의 경우, 지식 목표로서 인지율 등과 관련된 지표들이 쓰일 수 있다. 태도 목표와 행동 목표는 인지의 수준을 이미 넘어서기 때문에 우호도나 행동 유발 등과 관련한 지표들이 사용될 수 있다. 이미 쟁점을 알고 있는 공중은 조직에 우호적인 태도를 형성하거나 조직의 캠페인에 참여할 수 있도록 자극하는 것이 더 적절하기 때문이다. 따라서 공중의 성격과 특성에 따라서 각각 적절한 목표를 설정하는 것이 캠페인의 성공과 직접적으로 연결된다.

미니 케이스 분석 6-2

조직정체성의 혼란, 미션과 메시지의 혼란, 그리고 지나친 정부 의존

– 한국에이즈퇴치연맹, "에이즈 예방 캠페인" –

한국에이즈퇴치연맹은 인류의 존엄성에 기반한 헌신과 봉사를 바탕으로 에이즈 예방을 위한 상담, 홍보, 교육, 조사 연구 그리고 국제 협력사업을 효과적으로 수행함으로써 외국인과 국민의 건강을 증진시키는 것을 목적으로 한다. 에이즈퇴치연맹의 주요 사업은 국내 체류 외국인을 포함하여 에이즈 예방 홍보, 교육, 상담, 조사 연구 및 수련사업, 에이즈에 관한 교육 홍보사업, 에이즈 예방을 위한 성교육 사업, 에이즈 예방을 위한 수익사업 등을 담당한다. 한국에이즈퇴치연맹의 에이즈 예방 캠페인은 이러한 연맹 차원의 모든 활동을 아우른다고 할 수 있다.

캠페인의 프로그램을 보면 홍보 교육사업, 조사 및 연구사업, 상담 및 검사사업, 국제 교류사업으로 이루어진다. 홍보 교육사업은 일반인 대상, 청소년 대상, 동성애자 대상, 외국인 대상 홍보 교육사업으로 나뉜다. 홍보 교육사업은 현장 캠페인, 각종 광고, 인쇄물, 동료 교육자 양성을 통해서 에이즈에 대한 편견을 없애고 정확한 정보를 제공하는 것을 목적으로 한다. 이와 함께 감염인을 대상으로 하는 에이즈 예방 홍보교육도 포함된다. 청소년 대상 홍보교육 프로그램은 청소년 에이즈 예방 동료 교육자 양성 과정을 통해서 에이즈 예방을 이끌 수 있는 차세대 지도자를 양성하는 데 목적을 둔다. 상담 및 검사사업은 에이즈 전문 상담원들로 구성된 에이즈 상담 24시간 핫라인 체제가 운영되며, 전국에서 전화 상담, 인터넷 상담, 면접 상담이 이루어질 수 있게 돕고 있다. 조사 연구사업과 국제 교류사업은 캠페인을 위한 기초 조사사업과 다른 나라와의 상호 정보 교환을 통한 협조 체제 구축에 중점을 두고 있다. 지금까지 이루어졌던 세부 프로그램을 보면 MBC와 공동으로 진행한 콘돔 사용 캠페인, 전국적인 거리 캠페인, 붉은 리본 서명 캠페인, 건강박람회 참가, 12월 1일 세계 에이즈의 날 행사, 콘돔 자판기 보급, 청소년 에이즈 예방 홍보대사 교육, 동성애자 전용 에이즈 정보 사이트 운영, 동성애 관련 사이트 팝업 광고 등 매우 다양한 프로그램을 펼쳐 왔다. 한국에이즈퇴치연맹은 1993년 이후 매우 활발한 에이즈 예방 캠페인을 펼쳐온 성공적인 비영리 조직이라고 할 수 있다.(홈페이지www.kaids.or.kr 에서 가져옴.)

하지만 아쉬운 점이 없지는 않다. 우선 가장 눈에 띄는 것은 조직의 정체성 문제인데, 조직명이 에이즈퇴치연맹임에도 불구하고 모든 활동은 에이즈 예방에만 맞춰져 있다. 에이즈 예방 활동에 비해서 에이즈 감염인에 대한 지원이나 에이즈 치료와 관련한 활동이 광범위하게 이루어져야 진정한 에이즈 대책이 될 수 있다. 에이즈퇴치연맹의 미션과 관련하여 내부 구성원의 합의를 다시 한 번 이끌어 낼 필요가 있다. 미션이 정비되면 목적과 목표도 다시 손볼 필요가 있다. 한 가지 더 우려되는 것은 "퇴치"라는 말의 어감이다. 퇴치라는 말이 조직명으로 사용되면서 감염인과 함께 살아가는 따뜻한 세상을 꿈꾼다는 목적과 조화되지 않는 면이 있다. "퇴치"라는 말이 에이즈에 너무 부정적인 낙인을 찍는 것은 아닌지 생각해 볼 필요가 있다.

이러한 조직의 정체성 문제와 관련되어 있는지는 모르지만 비영리 조직의 활동으로 보기에는 보도 자료에서 보건복지부의 산하기관으로 연맹을 지칭하는 등 지나치게 정부기관에 의존하고 있는 것으로 보인다. 조사 연구사업이나 국제 교류사업의 과도한 비중도 순수한 민간단체로서 사회 문제를 시민의 힘으로 해결하기 위한 비영리 조직의 역할로 보기에는 이해하기 힘든 면이 있다. 비영리 조직이 정부에 의존했을 때는 정부가 원하는 방향으로 프로그램을 기획하거나 수동적인 프로그램에 머물 공산이 크다. 분명 정부가 에이즈와 관련한 정책적인 허점을 가지고 있음에도 불구하고 그것을 감시하고 비판하는 기능은 떨어질 수밖에 없다. 정부 산하단체를 스스로의 정체성으로 가져갔을 때, 비영리 조직은 스스로의 장 · 단점과 기회 요인을 파악하고 능동적으로 대처할 기회를 상실하고 만다. 물론 재원이 중요하다고 할 수 있지만 정부의 지원에 대부분 의지하는 순간, 스스로의 기회 요인도 놓치고 만다는 것을 인식할 필요가 있다. 한국에이즈퇴치연맹의 활동이 에이즈 예방에 과도하게 머무는 것도 이러한 정부와의 관련성, 정체성 혼란에서 기인하는 바가 있다고 본다.

세부 캠페인 프로그램과 관련해서도 문제점이 지적된다. 캠페인 프로그램들이 우리나라 사회문화적 특성을 충분히 반영하고 있다고 보기 어렵다. 아무래도 다른 나라의 에이즈 캠페인을 참조하다 보니 이런 일이 생기는 것 같은데, 일례로 MBC와 함께 펼쳤던 콘돔 사용 촉진 캠페인은 좀더 우리나라의 사회문화적인 요인에 대한 고려가 필요했다고 본다. 청소년을 대상으로 하는 교육 프로그램의 경우, 청소년 교육자를 양성하여 또래집단에 홍보가 되도록 하는 방법을 쓰고 있는데, 이러한 프로그램은 오히려 직접적이고 개방적인 성교육과 함께 실시되었을 때 효과를 발휘할 수 있다. 지나치게 간접적인 방법보다는 직접적인 접근이 필요하다. 캠페인 프로그램이 세분화된 목표 공중별로 좀더 세심하게 목표를 설정하고 이에 맞춘 프로그램을 만드는 것이 필요하다. 정형화된 프로그램보다는 인터넷을 이용한 청소년 홍보나 영화나 TV 프로그램과 연계한 에이즈 인식 전환 등을 시도해 볼 필요가 있다. 정부에 대한 의존을 덜고, 비영리 조직의 정체성을 확립했을 때, 일방적인 교육이나 예방 홍보가 아니라 시민이 함께 참여하고 서로를 보듬어 안을 수 있는 좀더 유연한 '시민형' 에이즈 캠페인이 형성될 수 있다.

제7장

실행 단계

비영리 조직의 커뮤니케이션 캠페인 실행은 설정한 목표를 달성하기 위한 실제적인 프로그램을 기획하고 실행하는 단계이다. 여기서 가장 중요한 점은 실행 단계의 세부 프로그램이 조사와 계획 단계에서 설정되었던 내용을 바탕으로 구체화되어야 한다는 것이다. 따라서 실행 단계에서 비영리 조직 프로그램 기획자가 가장 주안점을 두어야 할 점은 전前 단계와의 관련성에 있다. 아래 실행 단계의 세부적인 요소에서 알 수 있는 것처럼 목표를 달성하기 위한 세부 프로그램이 정해지면 프로그램의 메시지 전략과 미디어 전략을 정해야 하는 것이 핵심 실행 사항이다. 따라서 실행 단계는 창의적인 아이디어가 요구된다. 면밀한 분석과 이에 따른 체계적인 계획이 기본이지만 이를 실제적으로 현실에 적용하기 위해서는 창의성이 관건이 된다. 그런 의미에서 창의성 훈련과 관련해서도 간단히 다루게 될 것이다. 비영리 조직 커뮤니케이션 캠페인에서 창의성은 조직의 미션과 일치하면서 공중과의 관계를 증진시킬 수 있는 아이디어를 찾아내고, 그것에 메시지와 미디어

표 7-1 비영리 커뮤니케이션 캠페인 실행 단계의 세부 항목

실행 단계communication or execution

10. 목표별 · 공중별 세부 프로그램
    - 조직 미션과 공중별 목표 기술
    - 목표별 · 공중별 세부 프로그램 결정
    - 프로그램 의의
11. 목표별 · 공중별 프로그램 메시지 미디어 전략
12. 프로그램 실행 요소
13. 세부 일정 및 예산
14. 조직 자원

의 날개를 다는 것이다.

실행 단계에서는 메시지를 개발하는 부분이 가장 핵심이다. 메시지를 개발하는 단계는 크게 여섯 가지로 나눌 수 있다(Radtke, 1998). 메시지 개발은 1) 중심 주제의 개발, 2) 메시지 프레임의 결정, 3) 연결 메시지umbrella messages의 개발, 4) 실제 메시지를 개발하기 위한 메시지 삼각형message triangle 고안, 5) 언어적인 측면과 상징적인 측면의 분석, 6) 메시지 적용을 통한 검증 등의 과정을 거치게 된다. 물론 이러한 방법이 엄격하게 정형화될 필요는 없지만, 메시지 개발 경험이 없는 비영리 조직의 입장에서는 이러한 대략적인 개발 과정을 따라 해보는 것이 캠페인 메시지의 효과를 높이는 데 많은 도움을 줄 수 있다.

표 7-2 메시지 개발 과정

1. 중심 주제의 개발
2. 메시지 프레임의 결정
3. 연결 메시지의 개발
4. 메시지 개발 삼각형 이용
5. 언어적인 측면과 상징적인 측면의 분석
6. 메시지 적용을 통한 검증

메시지는 이슈를 명확하게 밝혀 주고, 목표 공중과 조직을 연결하며, 프로그램의 실행 과정에서 가장 중요한 역할을 한다(Radtke, 1998). 사실상 비영리 조직은 메시지를 어떻게 사용하느냐에 따라 힘의 불균형을 극복하는 강력한 추진력을 획득할 수 있다. 메시지 전략은 일단 주제를 선정한 다음, 그 주제를 어떻게 중심 메시지로 구체화할 것인가를 결정하는 프레임 형성 단계를 거치게 된다. 일단 미디어, 관련 자료 등 기존 미디어 자료를 통해서 어떤 프레임이 사용되는지 분석한 다음, 그것을 참조하여 메시지의 프레임, 즉 메시지의 중심 접근 방법을 결정하게 된다. 프레임을 결정하는 것은 조직이 사용할 메시지가 어떤 형태를 띠게 될 것인가를 최종 결정하는 것이다. 예를 들어, 습지를 개발 계획으로부터 살리기 위한 환경단체의 메시지는 습지가 인간에게 미치는 영향을 통계적인 숫자나 과학적인 증거를 가지고 설득할 것인지, 아니면 습지에서 서식하는 생물들이 겪게 될 안타까운 모습을 감성적으로 보여 줄 것인지 그 프레임을 결정하는 것이 필요하다.

이러한 프레임 단계를 거치고 나서 연결 메시지를 모으는 것이 중요하다. 연결 메시지는 중심 주제가 되는 메시지와 관련이 있는 모든 메시지를 모으는 것이다. 이러한 연결 메시지를 통해서 왜 비영리단체의 활동이 이 사회에서 중요하고 반드시 필요한가를 설명함으로써 설정한 주제와 프레임을 실질적으로 보강한다. 예를 들어 습지 보호를 위한 캠페인에서는 습지 파괴로 인한 피해와 습지가 인간에게 주는 의미 등을 표현하는 정보와 메시지를 다양하게 모을 필요가 있다. 그런 다음 구체적으로 메시지를 개발하기 위해서 메시지 삼각형을 구성하게 된다.

메시지 삼각형은 개발하고자 하는 메시지에 대해서 무엇을 말하는가what it is, 무슨 의미인가what it means, 무엇을 할 것인가what to do를 삼각형의 세 변처럼 구성해서 동시에 비교함으로써 가장 적절하고 실제적인 메시지를 도출하는 방법이다. 예를 들어 환경운동을 위한 슬로건을 만들면서 "다음 세대를 위한 약속"이라는 메시지 원형을 고안했다면, 이러한 슬로건이 무엇을 말하고 있는가, 적절한 의미를 전달하는가, 이 메시지를 이용하여 실제적으로 무엇을 할 수 있는가를 점검함으로써 메시지의 실제적인 적절성을 점검하고 실질적인 내용을 확정하는 것이다. 또한 실제적으로 개발된 메시지는 언어적인 측면과 상징적인 측면에서 고려되어야 하는데, 실제 사용하는 언어는 되도록 간단하고, 상징성이 풍부하며, 감정적인 감흥을 불러일으킬 수 있어야 한다. 예를 들어 탤런트 김혜자 씨의 책 제목으로 쓰인 "꽃으로도 때리지 마라"와 같은 메시지는 비폭력 운동과 관련하여 매우 간결하지만 적절한 의미를 효과적으로 전달할 수 있는 메시지의 전형을 보여준다. 이러한 언어 훈련은 좋은 사례들을 많이 보는 것이 도움이 되는데, 시중에서 베스트셀러로 팔리는 책들의 제목이나 잡지의 기사 소제목을 유심히 훑어보는 것도 많은 도움이 된다.

마지막 단계에서는 개발된 메시지가 현장에서 의도한 대로 받아들여지는지 적절한 표본을 통해서 확인하는 절차를 거치는 것이 반드시 필요하다. 보통 비영리 조직의 경우, 자체 개발된 구호에 익숙해져서 외부 사람의 시각에서 볼 때 거부감을 불러일으키는 경우가 종종 발생한다. 반드시 공식적인 조사는 아니더라도 앞선 조사 단계에서 소개했던 포커스 그룹 인터뷰FGI와 같은 방법을 비공식적으로 진행하는 것도 한 방법이다. 메시지는 조직의 입장보다는 공중이 공감할 수 있느냐의 여부가 가장 중요하다.

메시지 개발과 함께 개발된 메시지를 어떤 통로를 통해서 전달할 것인가를 기획하는 것도 매우 중요하다. 미디어 전략을 세우는 데는 무엇보다도 공중의 반응을 얼마나 이끌어 낼 수 있느냐가 가장 중요한 기준이 된다. 공중의 반응을 잘 이끌어 내기 위해서는 목표 공중이 선호하거나 그들에게 친숙한 미디어를 이용하거나 개발하는 것이 중요하고, 조직과 미디어의 관련성이 생경하지 않아야 한다. 예를 들어 비영리 조직이 방송이나 신문 광고를 통해서 대대적인 광고 캠페인을 펼친다면 공중의 입장에서는 활동의 정당성에 의문을 제기할 수도 있다. 또한 무엇보다도 좋은 미디어는 공중의 인식perception에 유효한 영향을 미칠 수 있어야 한다. 관련 공중의 생활 양식과 전혀 무관한 미디어나 공중의 관심을 불러일으킬 수 없는 미디어는 캠페인 대상에서 제외하는 것이 오히려 바람직하다. 가장 적절한 미디어에 집중하는 것이 자원이 상대적으로 부족한 비영리 조직에는 필요하다.

미디어 실행 전략을 세우는 데 몇 가지 기준을 고려하는 것이 좋다. 우선 미디어가 얼마나 공중의 반응을 이끌어 낼 것인가를 고려하는 것이 가장 중요하다. 반응을 이끌어 낼 수 있는 미디어는 평소 비영리 조직과 관계를 형성해 온 미디어가 유리하고, 심층적인 보도나 배경 설명이 가능한 미디어를 선택하는 것이 좋다. 이와 함께 공중의 인식에 영향을 미치기 위해서는 메시지를 어느 정도 컨트롤할 수 있느냐의 여부도 중요한 판단 기준이 된다. 비영리 조직이 메시지를 모두 컨트롤하는 것도 좋지 않다. 이렇게 되면 오히려 미디어의 신뢰성이 떨어져서 공중의 인식에 부정적인 영향을 주는 경우도 생길 수 있다. 조직의 영향력, 미디어의 신뢰도, 공중의 반응과 관심을 유인하는 능력 등의 요인이 자연스럽게 조화됨으로써 메시지의 효과를 높이는 것이 무엇보다도 중요하다.

미디어 전략에서 매스 미디어 위주의 전략은 비용 대비 효과적이라고 할 수 없다. 무엇보다도 비영리 조직의 미디어 전략은 매스 미디어 전략과 대인 커뮤니케이션 전략을 적절하게 통합하는 것이 필요하다(Rice & Atkin, 2000). 비영리 조직의 활동과 평판과 관련해서는 주변 사람이나 관련 공중, 영향력 있는 여론 지도층의 우호적인 커뮤니케이션이 가장 효과적으로 메시지를 전달할 수 있다. 또한 적절한 미디어의 선택은 커뮤니케이션 캠페인이 가지는 목표를 구체적으로 달성하는 방향으로 진행되는 것이 좋다. 예를 들어, 광범위한 대중을 대상으로 비영리 조직에 대한 관심을 끌기 위해서는 매스 미디어 위주의 커뮤니케이션 전략이 필요하겠지만, 특정한 대상 위주로 우호적인 공중을 넓혀가기 위해서는 인터넷이나 개인 차원 네트워크를 활용할 필요가 있다. 또한 이미 형성된 태도를 바꾸거나 실제 우호적인 태도를 기반으로 실천에 옮기기 위해서는 매스 미디어보다는 대인 커뮤니케이션 위주의 미디어 전략이 더 효과적일 수 있다.

한편 미디어 전략을 크게 나누면 자신이 전파나 지면을 사서 컨트롤할 수 있는 광고 마케팅 위주의 미디어 전략과 제3자의 승인이나 입소문에 의존하는 언론 퍼블리시티 위주의 미디어 전략, 그리고 대인 커뮤니케이션을 이용한 전략을 들 수 있다. 비영리 조직 커뮤니케이션 캠페인의 효과를 극대화하기 위한 미디어 전략은 자신이 컨트롤할 수 있는 부분과 자신이 컨트롤하기 힘든 부분이 함께 시너지 효과를 낼 수 있도록 노력해야 한다. 예를 들어, 특정한 목적을 위한 기금을 확보하기 위한 광고 캠페인은 유명 인사의 인터뷰나 다른 조직과의 연대, 시의적절한 사회 이벤트를 통해서 통합적인 메시지로 작용할 수 있다. 또한 이러한 메시지 효과는 입소문이나 주변 사람의 호응, 사회적인 규범화, 지역 단위 활동 등을 통해서 실제적인 행위로 연결될 가능성을 높이게 된다. 특히 지역사회 단위의 행위를 이끌어 낼 수 있는 미디어 전략은 가장 지속적이고 효과적인 비영리 커뮤니케이션 캠페인을 유도할 수 있다.

지금까지 설명한 것처럼 매스 미디어를 이용한 전략은 대다수의 군중을 동원하고, 대단위로 관심을 환기시키며, 단기적인 효력을 발휘하는 데 매우 유용한 수단임에는 틀림없다. 또한 매스 미디어를 통한 미디어 전략은 향후 대인 커뮤니케이션 차원의 미디어 전략을 이끌어 가는 촉매제 역할을 한다는 것도 부정할 수 없다. 하지만 비영리 조직이 매스 미디어를 이용할 때는 매스 미디어가 가진 부정적인 측면도 간과해서는 안 된다(Rice & Atkin, 2000). 우선 매스 미디어는 그 자체로서 사회적으로 건강하지 못한 안건 agenda을 생산하거나 상업화하는 경향이 있기 때문에 비영리 조직이 가진 존재 의미와 부합하지 않을 수도 있다. 또한 매스 미디어를 통한 미디어 콘텐츠는 정형화된 사회적인 규범을 강요하거나 또는 현상을 유지하거나 승

미니 케이스 분석 7-1

미디어의 영향력, 지속적인 변화 그리고 이슈화 전략

- 사랑의 장기기증운동본부, "각막 기증 캠페인, 눈을 떠요!" -

사랑의 장기기증운동본부는 1991년 창립했으며 지금까지 우리나라 장기기증운동의 역사를 만들어 온 단체이다. 생존시 신장 기증은 본부 활동의 중요한 축을 이루며, 각막은행, 골수은행, 뼈은행 등을 분리 운영했고, 장기 기증 희망 등록자를 전산 등록 관리하는 장기은행을 설립 운영했다. 하지만 1999년 '장기 등 이식에 관한 법률'이 제정되었지만 법률의 지나친 엄격화, 시행 차질 등으로 인해 장기 기증의 급감을 가져왔다. 또한 사랑의 장기기증운동본부도 신장 이식 결연과 장기 기증 등록에 관한 업무 외에 모든 업무는 국립장기이식센터로 이관되었다. 하지만 이러한 침체기를 벗어나기 위해서 운동본부는 많은 노력을 했고, 그 결과 다시 장기 기증 등록자가 상승하기 시작하고 있다. "각막 기증 캠페인, 눈을 떠요!"는 사랑의 장기기증운동본부가 국민의 장기 기증에 대한 불씨를 살리기 위해 MBC와 함께 펼친 캠페인이다.

전반적으로 운동본부의 창립과 함께 1992년부터 뇌사자의 장기 기증이 꾸준히 늘어났고, 국민의 장기 기증에 대한 인식이 달라졌다는 면에서 운동본부의 활동은 성공적이라고 할 수 있다. 장기기증운동을 활성화시키고 본부가 가장 대표적인 장기기증운동단체로 자리매김한 데는 지부의 역할이 컸다. 현재 본부에는 14개 지부가 있다. 또한 신장을 기증하고 이식받은 사람들의 모임인 새생명나눔회, 장기, 각막, 시신 등 가족의 장기를 기증한 분들의 모임인 기증자 어머니들의 모임도 활동을 돕고 있다.(사랑의 장기기증운동본부 홈페이지 www.donor.or.kr에서 가져옴.)

"지난 달 22일 방송된 〈!느낌표〉에서 눈을 뜬 시각 · 청각 중복 장애인 박진숙(43) 씨가 아들 원종건(13) 군을 바라보며 감격스러워하고 있다. 한 방송 프로그램이 불을 댕긴 사랑의 장기기증운동이 사회 전체로 번지고 있다. MBC 〈!느낌표〉가

지난해 12월 어려운 처지의 시각 장애인들에게 무료로 개안 수술을 해 주는 코너('눈을 떠요')를 내보내기 시작하면서부터다. 방송 후 각막 기증 서약자가 20배 가까이 늘었다.

현재 국내엔 2만여 명의 시각장애인이 이식 수술을 기다리고 있다. 하지만 한 해 각막 기증은 150~200건에 불과하다. 이런 현실 때문에 〈!느낌표〉 제작진은 서울 강남성모병원과 협력, 미국에서 각막을 기증받고 있다. 그간 빛을 찾은 시각장애인 여섯 명 모두 '수입' 각막으로 수술에 성공했다. 이런 부끄러운 현실이 TV로 전해졌고, 시청자들의 관심을 일깨웠다. 지난 한 달 간 '사랑의 장기기증운동본부'에 서약서를 제출한 각막 기증 희망자는 4,738명. 이 달 들어서도 17일 현재 2,878명이 기증 의사를 밝혔다. 예년 한 달 평균이 200~300명선이었던 것에 비하면 대단한 변화다.

지난 해 1,210명에게서 서약서를 받았던 '한국생명나눔운동본부'에도 올 들어 지금까지 400명이 장기 기증 의사를 밝혔다. 생명나눔운동본부의 조정진 사무총장은 "일, 월요일에 서약자가 몰리는 것으로 봐 토요일 밤 〈!느낌표〉가 영향을 주는 것 같다"고 말했다. 사회 지도층과 연예인들의 움직임도 적극적이다. 지난 달 28일 국회의원 104명이 동시에 장기 기증 서약 의사를 밝혔고, 탤런트 김지수 · 하지원 등도 나섰다. MBC와 사랑의 장기기증운동본부는 다음 달 4일 '각막 기증의 해 선포식'을 연다.

한나라당 안명옥 의원은 지난 5일 '장기 이식 등에 관한 법률 개정안'을 국회에 제출했다. 본인의 의사만으로 장기 기증이 가능케 하고 뇌사판정위원회의 판정 절차도 완화하는 내용이다." [현재 법률 개정안은 오히려 사랑의 장기기증운동본부의 장기 기증 등록 업무를 제한하는 방향으로 이루어지고 있다. 이러한 개정안에는 장기 이식 대기자의 등록 및 관리 업무를 장기이식의료기관으로 한정하는 안을 담고 있다. 정부는 장기 매매를 방지하고 투명성을 높이기 위해 개정안을 마련했다고 발표했다: 저자 주](중앙일보, 2005년 2월 17일자에서 가져옴.)

'눈을 떠요' 캠페인은 확실히 전통 미디어의 힘을 보여 준다. 사랑의 장기기증운동본부로서는 'MBC 느낌표 효과'를 톡톡히 보았고, 전 국민적인 관심을 불러일으키는 데 성공했다. 이 캠페인이 일어나게 된 상황을 살펴보면 우리나라에는 장기

기증에 대한 부정적 인식이 넓게 자리잡고 있고, 장기 기증문화가 자리잡고 있지 않기 때문에 장기이식률이 턱없이 낮다. 이러한 문화를 바꾸기 위해 각막 이식이라는 사안을 선정하고 TV를 통해서 다시 앞을 보게 된 사람들의 모습을 보여 주게 됨으로써 드라마틱한 효과를 극대화할 수 있었다.

하지만 이 캠페인은 대중 매체를 통한 캠페인이 가지는 약점을 그대로 보여 주고 있다. 각막 기증 희망자가 기하급수적으로 증가하고 장기 기증에 대한 생각이 매우 우호적으로 변했지만(연합뉴스, 2005년 8월 14일자 기사 참조), 그것이 캠페인의 진정한 목적이었던 장기 기증을 대중화하고 장기 기증에 대한 부정적인 인식을 바꾸어 우리나라 장기 기증문화를 변화시켰는지에 대해서는 의문점이 많다. 대중 매체를 통한 캠페인은 드라마틱한 상황에 집중하게 만듦으로써 태도의 변화보다는 단기적인 행동이 우선되는 결과를 가져오는 경우가 많다. 그것이 대중 매체 캠페인의 장점이 될 수도 있는데, 문제는 이러한 행동 우선을 어떻게 장기적인 태도와 행동의 변화로 연결할 것인가의 여부이다.

대중 매체를 통해서 이루어진 캠페인의 대표적인 문제점은 갑자기 타오르던 관심이 프로그램의 종영과 함께 그 효과마저 상실하게 된다는 것이다. 오히려 대중 매체의 인기를 등에 업고 급조된 정치적인 사업들이 프로그램의 종영과 함께 큰 후유증을 가져오기도 한다. 이는 오히려 캠페인의 목적을 정면으로 거스르는 것이다. 사랑의 장기기증운동본부의 경우도 "눈을 떠요! 캠페인" 이후 정부의 시책이나 장기 기증문화가 조직에 우호적으로 변했다고 보기 힘들다. 오히려 정부의 장기 기증 관련 시책은 장기 매매 금지에 맞추어져서 민간의 자유로운 장기기증운동에 제약을 걸고 있는 상황이 되고 있다. 대중 매체를 통한 성공적인 캠페인이 어떻게 장기적인 문화의 변화로 연결될 것인가 하는 문제는 비영리 조직 캠페인 기획자들이 항상 고민해야 할 문제이다.

이 캠페인 자체를 살펴보면 다양한 공중 세분화 전략이 부재했다는 것도 아쉬운 점이다. 캠페인 이후의 장기 기증문화 변화를 이끌어 가는 힘은 세분화된 공중에 맞는 메시지를 지속적으로 개발하여 그들과의 관계를 계속 이어가는 것이다. 하지만 이 캠페인은 대중 매체적인 접근을 시도했기 때문에 시청자 집단, 장기 기증 희망 등록자, 희망 등록자 가족, 전문가 집단 등으로 나누어 좀더 장기적으로 메시지를 전달하는 전략을 펼치지 못했다. 또한 대중 매체 자체에 의존하기보다는 대중 매체는 관심을 끄는 데만 이용하고 지속적으로 자체 프로그램을 마련하는 것이 중요하다. 사랑의 장기기증운동본부는 그러한 더 강력한 자체 프로그램을 개발하는 데 기민하지 못한 부분이 있다. 이와 함께 캠페인을 통해 관계를 맺은 다양한 공중과의 관계를 유지하기 위한 전략 개발이 필요하고, 제도화와 관련하여 범국민적인 지지를 형성하는 것이 중요하다. 장기기증운동과 관련하여 정부의 지지를 받지 못하고 있는 부분과 효율적인 법 제도를 정비하지 못하고 있는 것은 이슈화 전략을 통한 장기적인 캠페인이 부재하다는 것을 의미한다. 대중 매체는 수단이 되어야지 목적이 되어서는 안 된다.

계하려는 경향이 강하다. 이러한 상황에서 비영리 조직이 지나치게 매스 미디어에 의존하게 되면 사회의 변화보다는 현실과 타협하는 결과를 가져올 가능성이 높다.

우리가 매스 미디어를 통해서 접하게 되는 많은 현실은 사실상 개인에게 문제를 책임지우고 문제의 해결도 개인이 맡을 것을 강요하는 경우가 많다. 사회적인 문제에 대한 진단과 해결이 개인에게 집중되기 때문이다. 예를 들어 실업이나 가난의 문제가 사회 구조적인 모순이 아니라 개인의 비극으로 다루어지는 경우가 대부분이다. 이는 단기적인 원인 진단과 해결을 통해서 빠른 결말을 유도해야 하는 현대 미디어의 특성과 연결되어 있기 때문이다. 장기적이고 근본적인 해결을 요구하는 비영리 조직의 이상과 미션에 맞지 않는 경우도 이러한 이유에서 발생한다. 따라서 비영리 조직의 미디어 전략은 장기적이고 지속 가능하면서도, 한편으로는 이를 단기적인 캠페인 효과와도 연결할 수 있는 창의적인 미디어 전략을 개발하는 데에 집중되어야 한다. 사회 변화를 몰고 오는 인터넷 문화라든시, 블로그와 같은 일인 미디어, 트위터twitter와 같은 새로운 미디어 형태에 항상 관심을 가지고 적용하려는 노력을 하는 것도 중요하다.

지금까지 개괄적으로 메시지 전략과 미디어 전략에 대해서 알아보았는

데, 이제 실제적으로 개별적인 프로그램을 설정하는 방법에 대해서 알아볼 필요가 있다. 물론 개별적인 프로그램을 설정하는 과정은 메시지 전략과 미디어 전략과 독립되어 이루어지는 것이 아니라 통합적으로 이루어진다. 단지 실제적인 실행 프로그램의 개별적인 단위를 결정하게 된다는 의미이다. 개별적인 프로그램을 설정하는 방법에는 여러 가지가 있겠지만, 비영리 커뮤니케이션의 미션과 목적을 기반으로 어떤 형태의 개별 프로그램이 필요할 것인가에 대한 대체적인 방향성을 설정하는 것이 우선 필요하다. 이와 함께 프로그램을 설정하는 방법에는 프로그램이 가져올 수 있는 편익을 중심으로 프로그램 아이디어의 방향성을 집중시키는 방법이 이용될 수 있다(Herron, 1997).

프로그램 편익 위주의 설정 방법은 크게 두 가지 차원에서 살펴볼 수 있다. 첫 번째 차원은 프로그램이 추구하는 대상이고, 두 번째 차원은 프로그램 실행의 중점이다(Herron, 1997). 프로그램이 추구하는 대상에는 자기 중심self-oriented, 타인 중심other-oriented, 불특정 대상 중심nonspecific으로 나눌 수 있고, 프로그램 실행의 중점은 경험 중심experience, 이미지 중심image, 기능 중심function으로 나눌 수 있다. 이러한 두 가지 차원에서 아홉 가지의 편익 상황이 도출되는데, 예를 들어 자기 중심/경험 중심의 프로그램이 설정되는 경우에는 멤버십 위주의 프로그램을 통해서 자기 중심의 편익을 경험할 수 있는 비영리 프로그램을 기획하게 된다. 만약 타인 중심/기능 중심의 프로그램이 설정되는 경우에는 타인과 약자 구호 중심의 비영리 프로그램이 기획될 수 있다. 이러한 프로그램 설정은 결국 경쟁 상황과 내부 역량 조사를 포함한 광범위한 조사 활동과 목표 공중 설정, 전반적인 커뮤니케이션 전략의 설정 등을 통해서 구체화된다. 일단 프로그램 설정 방향이 결정되면 그러한 방향으로 아이디어를 모아 나간다. 이렇게 한번 아이디어의 방향성이 결정되면 창의적인 프로그램을 고안할 확률이 훨씬 더 높아지게 된다.

표 7-3 실행 프로그램 설정 방법

차원 1. 프로그램 대상 설정
- 자기 중심/ 타인 중심/ 불특정 대상

차원 2. 프로그램 중점 설정
- 경험 중심/ 이미지 중심/ 기능 중심

아이디어 설정 - 두 가지 차원에서 아홉 가지 편익 상황 중심으로 도출
예를 들어 세이브 더 칠드런의 모자짜기 캠페인은 타인 중심/경험 중심 아이디어 구현

프로그램을 설정하는 방법에는 커뮤니케이션 호소 유형과 커뮤니케이션을 통해서 바라는 결과를 중심으로 프로그램 아이디어를 형성하는 방법도 있다(Espy, 1993). 커뮤니케이션 호소 유형에는 논리적인 접근, 감정적인 접근, 윤리적인 접근이 있고, 커뮤니케이션을 통해서 바라는 결과에는 인지적인 결과, 감정적인 결과, 행동적인 결과가 있다. 예를 들어 프로그램을 설정할 때 감정적인 접근을 통해서 행동적인 결과를 유도해야 한다면, 프로그램 메시지가 감성적인 메시지를 소구하면서도, 실질적인 행위로 연결될 수 있는 장치를 프로그램에 삽입하는 것이 필요하다. 어떤 감성적인 메시지에 동의한다면 어떤 행위를 해달라는 식으로 프로그램을 구성하는 것이다. 대략적으로 이러한 두 가지 차원에서 프로그램의 방향성이 결정되면 아이디어를 내는 과정에서 역량을 집중할 수 있기 때문에 커뮤니케이션 캠페인의 목적에 부합하는 프로그램을 설정하는 것이 가능해진다.

한편 좋은 커뮤니케이션 캠페인 프로그램에는 여러 가지 척도가 필요하다(Kendall, 1996). 우선 좋은 캠페인은 세부 프로그램이 조직이 하는 일과 명백한 관련성을 지니는 것이 필요하다. 명확한 관련성이 없는 프로그램은 공중의 입장에서도 기억되지 않을 뿐만 아니라 조직 스스로도 프로그램을 실행하는 데 많은 문제점을 가질 수 있다. 커뮤니케이션 캠페인 프로그램은 적절한 뉴스 가치를 가져야 하고, 프로그램의 성격을 한눈에 보여 줄 수 있는 적절한 명칭을 가져야 하며, 사람들의 관심을 끌 수 있도록 구성되어야

표 7-4 좋은 캠페인 프로그램 생성을 위한 척도

척도 1. 프로그램과 조직 간의 명백한 관련성 척도
척도 2. 프로그램의 뉴스 가치 척도
척도 3. 프로그램의 적절한 명칭 척도
척도 4. 프로그램 입소문 척도
척도 5. 다른 사회적인 의미cause와의 연계 척도
척도 6. 다른 조직과의 협조 척도
척도 7. 프로그램의 지속성 척도
척도 8. 프로그램의 인간 감성human touch 척도

한다. 또한 사회적으로 관심을 끌고, 사람들에게 수용될 수 있는 의미와도 연계되어야 하고, 다른 사회 조직과 협조 관계를 유지할 수 있으면 더 좋다. 이와 함께, 커뮤니케이션 프로그램이 일회성으로 끝나는 것이 아니라 지속될 수 있어야 하며, 무엇보다도 사람들의 감성을 자극할 수 있어야 한다.

하지만 아이디어가 기발한 프로그램이라고 해서 전부 좋은 프로그램은 아니다. 비영리 조직 캠페인이 추구하는 가치와 미션을 언제나 잊지 말아야 한다. 좋은 프로그램을 위한 아이디어 짜기의 함정과 관련하여 20세기 초반 미국에서 이루어졌던 여성 해방과 담배회사 프로모션을 연계시켰던 캠페인을 지적할 수 있다. 어떻게 보면 이 행사도 일종의 의미 연계ties-in 캠페인이었던 셈이지만, 이 캠페인의 영향으로 지금도 말할 수 없이 부정적인 결과가 나오고 있다. 당시 이 행사를 기획했던 사람들은 담배회사의 프로모션 요구를 받아들여 그 당시에는 생각하기 힘들었던 여성 흡연을 권장하게 되는데, 이 과정에서 여성의 흡연이 마치 여성 해방과 관련되어 있는 것처럼 의미를 연계하는 캠페인을 하게 된다. 뉴욕 거리를 흡연하는 여성들로 가득 채웠던 '자유의 횃불Torches of Liberty' 행진 같은 것이 대표적인 이벤트였다.

이로 인해서 담배회사들은 엄청난 이윤을 챙기게 되었고 여성 흡연이 기하급수적으로 늘어나게 된다. 물론 이 행사를 기획했던 사람들은 이 캠페인

미니 케이스 분석 7-2

아이디어가 모든 것을 말해 주는 캠페인

– 미국여성소비자위원회, "관세 부가 반대운동" –

에드워드 버내즈Edward Bernays는 '실용적인 정치운동'이라는 개념을 사용하여 아이디어가 밑받침된 정치 캠페인이 얼마나 힘을 발휘할 수 있는지 한 실례를 보여준다(Bernays, 1928). 미국여성소비자위원회The Consumer's, Committee of Women는 정부의 관세 부가 움직임에 제동을 걸기 위해서 시위나 일반적인 항의 수단을 사용하기보다는 뉴욕의 57번가에 한 빈 상점을 임대하여 한편에 상품들을 진열한 다음 가격을 표시하고, 다른 한편에는 관세가 부가되었을 때의 가격을 비교해 볼 수 있도록 같은 상품을 전시했다. 수많은 사람들이 이 전시장을 방문했고, 그 효과는 매우 직접적인 것이었다. 정치운동이 때로는 갈등을 필요로 하지만 말없는 아이디어가 더 강력한 힘을 발휘하기도 한다.

비영리 캠페인의 승부수는 결국 아이디어이다. 유니세프 물 캠페인처럼 아프리카 어린이들에게 식수를 보내는 캠페인을 벌이면서 식당에서 공짜로 주는 물에 대해서 천 원을 기부하게 한다든지, 세이브 더 칠드런이 저체온증으로 죽어가는 아프리카 아이들을 살리기 위해서 털실 모자짜기 캠페인을 벌이는 것, 아름다운 재단의 1퍼센트 나눔 기부운동 등은 모두 신선한 아이디어가 힘을 발휘한 성공 사례들이다. 하지만 이러한 아이디어의 이면에는 공통적으로 조직의 미션에 대한 인식과 참가자들이 얼마나 즐길 수 있을까에 대한 배려가 담겨 있다. 아이디어는 아이디어 자체로 생성되는 것이 아니라 조직 미션에 대한 고려와 표현 욕구 실현, 그리고 쉬운 참여 수단 등의 공통점을 가지고 있다.

에 대해서 담배의 폐해를 그때 알았더라면 결코 하지 않았을 것이라는 후회를 할 수 있지만, 단순하게 화제성만을 지향하는 창의력 혹은 아이디어가 엄청난 부정적인 결과를 낳을 수 있다는 것을 함께 인식할 필요가 있다. 비영리 조직의 캠페인 프로그램이 단순히 기발한 아이디어에만 의존할 수 없는 이유가 여기에 있다. 사회적인 가치를 추구하는 비영리 조직이 충분한 반향을 고려하지 않고 단순히 아이디어에만 의존했을 때는 예상하지 못했던 부정적인 결과를 가져올 수 있다. 비영리 조직은 언제나 본래의 미션과 연관하여 캠페인 프로그램을 기획해야 한다. 현재에 의미 있는 일도 미래에 어떤 변화를 가져올지 아무도 모른다. 비영리 조직의 캠페인 관리자들이 프로그램 아이디어를 짜는 데 신중해야 할 이유가 여기에 있다.

Lesly(1991)는 지역사회 관계를 성공적으로 실행하기 위한 방안으로 여덟 가지 기준 혹은 아이디어 획득 방법을 소개하고 있다. 〈표 7-5〉는 그러한 기준을 정리한 것이다. 이러한 캠페인 프로그램 아이디어 획득 방법은 비영리 조직의 커뮤니케이션 캠페인 프로그램을 결정하는 데 도움을 줄 수 있다. 왜냐하면 사회민주주의가 점점 성숙해지면 질수록 비영리 조직의 많은 캠페인들이 지역사회 구성원과의 관계 형성에 초점을 맞출 가능성이 많아졌기 때문이다. 예를 들어, 부산 희망세상의 희망도서관 건립 캠페인을 보더라도, 캠페인의 주제가 지역 주민들이 모두 관심을 가질 수 있는 교육 문제에 맞춰져 있었고, 전에 존재하지 않았던 새로운 것에 강조점을 두면서 주민의 참여와 자치권을 강조한 것이 성공적인 캠페인의 요인이라고 할 수 있다. 특히 가지지 못한 사람들에게 초점을 맞추면서 시설물을 공유하고 생활 주변의 문제를 개선하려고 했다는 면에서 주민들의 전폭적인 지지를 획득할 수 있었다. 결국 성공적인 캠페인 프로그램은 설정한 기준을 충족시키려는 아이디어 속에서 나오게 된다.

Smith(2002)는 공중 관계 프로그램을 능동적인 전략 프로그램과 수동적인 전략 프로그램으로 구분했다. 능동적인 전략 프로그램은 이벤트나 다른 조직과의 연합 형성처럼 어떤 행위로 구성되는 부분과 정보를 전달하는 커뮤니케이션 부분으로 구성된다. 수동적인 전략 프로그램은 능동적인 전략과 달리, 조직에 어떤 위기 상황이 발생했을 때 미리 행동에 나선다든지, 적

표 7-5 지역사회 관계를 성공적으로 이끌기 위한 기준 혹은 아이디어들

기준 1. 전에 존재하지 않았던 새로운 것을 창출
기준 2. 생활 주변 혹은 지역사회에서 문제라고 생각하는 것을 제거
기준 3. 공중 스스로 자치권을 행사할 수 있는 수단을 개발
기준 4. 가진 자보다는 가지지 못한 사람에게로 초점화
기준 5. 금전적인 것에 집중하기보다는 집기, 시설물, 전문적인 기술을 공유하는 방향으로 전개
기준 6. 생활 주변 혹은 지역사회에서 수리가 필요하거나 개선이 필요한 곳을 찾아낼 것
기준 7. 학생 교육, 상담, 그리고 교육 및 훈련과 관련한 프로그램
기준 8. 사람들의 참여를 유도하고 사기를 고무하는 프로그램

극적으로 반응하거나 방어하는 전략, 사과하거나 수정하는 행위, 전략적인 침묵 등을 포함한다. 하지만 Smith의 구분은 수동적인 전략에 너무 무게를 둔 감이 있다. 이러한 전략보다는 Kendall(1996)이 제시한 프로그램이 좀 더 현실성이 있다. Kendall은 프로그램을 기획하는 데 조직 차원의 요소organizational factors, 공중 차원의 요소audience factors, 커뮤니케이션 차원communication factors의 요소가 영향을 미친다고 보고, 이러한 요소들의 상호작용을 통해서 전략적인 무대응strategic inaction, 정보 전달 위주의 전략 프로그램informational activities, 행사 위주의 전략 프로그램event activities, 촉진 위주의 전략 프로그램promotional activities, 조직 차원의 전략 프로그램organizational activities 등과 같은 프로그램 형태를 결정하게 된다고 보았다(〈표 7-6〉 참조).

조직 차원의 요소는 조직의 역사, 임무, 철학, 조직 구조, 조직 정책, 조직 환경, 조직 관련 사회 조류의 변화와 같은 요소를 말하고, 공중 차원의 요소는 목표 공중을 선정하는 변수를 말하는데, 예를 들어 상황이론situational theory[김영욱(2003) 참조]의 변수들, 즉 문제를 인식하는 정도, 한계를 인식하는 정도, 사안과의 관련성 정도와 같은 요소들이 포함된다. 마지막으로 프로그램 설정에 영향을 미치는 커뮤니케이션 요소들은 정보 전달자의 성향, 메시지의 성격, 전달 채널의 종류, 수용자의 특성, 커뮤니케이션 목적

표 7-6 전략적인 프로그램의 유형

1. 전략적인 무대응strategic inaction
2. 정보 전달 위주의 프로그램information dissemination activities
   - 공적인 정보 전달 프로그램
   - 뉴스 컨퍼런스
   - 로비
   - 명사를 이용한 정보 전달
   - 조직 내 대변인 양성을 통한 정보 전달
   - 잘못된 정보의 수정 노력
   - 정보 전달 창구 혹은 사이트의 신설 등
3. 행사 위주의 프로그램event activities
   - 자연발생적인 행사 이용
   - 기념일 행사
   - 미디어 행사
   - 경연을 통한 행사
4. 촉진 위주의 프로그램promotional activities
   - 광고 등 서비스 촉진 관련 프로그램
   - 서비스 실연 프로그램
   - 기금 조성 행사
   - 관련 조사 결과 발표 프로그램
   - 사회책임성과 관련한 메시지 전파
5. 조직 위주의 프로그램organizational activities
   - 조직 우호집단의 결집
   - 다른 집단과의 연계 강화
   - 세미나, 학술 행사, 소모임
   - 시민 압력단체 이용 로비
   - 협상 혹은 갈등 해소 프로그램

등의 요인이 작용하게 된다. 이러한 광범위한 요인들이 프로그램 설정에 작용하지만 프로그램을 결정하기 위한 일반적인 법칙은 존재하지 않는다. 관련 지식과 경험이 어우러져서 가장 적절한 프로그램을 찾아내기 위해 스스로 노력하는 수밖에 없다. 〈표 7-6〉은 Kendall이 제시한 프로그램의 종류를 비영리 조직에 맞게 수정한 것이다. 이러한 리스트들이 어느 정도 프로그램을 개발하는 데 가이드라인 역할을 해 줄 수 있을 것으로 기대한다.

기본적으로 실행 단계는 목표를 달성하기 위해서 기획한 계획을 실천하는 단계이다. 이 단계의 가장 중요한 의도는 공중별로 핵심 전략 및 주제에 따라 가장 적절한 프로그램을 기획하는 것이다. 만약 두 개의 쟁점 하에 두 개의 목적이 있다면 각각의 목적에 대한 공중별 세부 프로그램이 필요하다. 일단 세부 프로그램을 기술하기 전에 조직 미션과 목표를 다시 한 번 간략하게 기술해 주고, 공중별 목표를 밝혀둘 필요가 있다. 프로그램 전체의 목적과 목표가 단일한 경우라면 공중별 세부 프로그램만 작성하면 된다. 프로그램 전체의 목적과 목표가 복수라면 각각의 목표에 대한 공중별 세부 프로그램을 짜게 된다. 한편 프로그램을 제시하면서 이 프로그램이 어떻게 조직 미션에 기여하고 목표 달성을 이루어 낼 것인지 합당한 이유를 제시하는 것이 바람직하다. 여기서 중요한 것은 한 캠페인이 너무 많은 프로그램으로 이루어지지 않도록 구성하는 것이다. 복잡한 프로그램으로 이루어져야 한다면 캠페인을 단계적으로 구성하는 것이 더 바람직하다.

세부 프로그램이 확정되면 목표별 · 공중별 프로그램 메시지 미디어 전략을 결정하게 된다. 메시지 전략은 전체적인 핵심 전략 혹은 캠페인 메시지 주제에 벗어나지 않는 범위 내에서 목표를 달성하기 위한 캠페인 내용 혹은 중요 메시지를 의미한다. 미디어는 이러한 내용을 전달할 가장 효과적이고 효율적인 매체를 말한다. 메시지 미디어 전략이 가장 창의적인 아이디어를 필요로 하는 부분이다.

공중별 목표를 짤 때는 공중이 현재 위치한 상황을 고려하여 목표를 짜는 것이 필요하다(김영욱, 2003). 상황이론에 따르면 사람들은 활동 공중, 인지 공중, 잠재 공중, 비공중으로 나눌 수 있는데, 이러한 공중의 처한 상황에 따라서 메시지 전략도 차별화될 필요가 있다. 예를 들어 인지 공중, 즉 사안에 대해서 알고 있으나 행동으로 옮기기에는 조금 부족한 사람들의 경우, 공중의 태도를 강화하고 행동을 유발하기 위한 메시지를 개발하는 것이 좋다. 또한 사람들이 이슈에 대해서 잘 모르고 있는 잠재 공중이라면 인지

표 7-7 비영리 조직을 둘러싼 공중의 상황에 따른 목표와 메시지 전략

활동 공중active publics: 행동 목표, 행동 유발과 전파 강화 위주의 키워드
인지 공중aware publics: 태도 강화 목표, 태도 강화 및 변화를 유도하는 텍스트 위주의 메시지
잠재 공중latent publics: 인지 목표, 인지율 상승 위주의 시각적인 요소를 극대화하는 메시지
비공중nonpublic: 예산에 따라 잠재 공중 메시지 전략 시용 여부 결정

도를 높이기 위한 메시지가 유리할 것이다. 보통 인지도를 높이기 위한 메시지는 과도한 텍스트를 자제하고 이미지 위주의 메시지를 구성하며, 태도를 형성 혹은 강화하기 위한 메시지는 자세한 설명과 의미를 부여하는 텍스트 위주로 구성하는 것이 유리할 것이다. 상대가 이미 활동 공중이라면 행동의 효과를 높이고 다른 사람들에게 전파할 수 있는 핵심적인 키워드를 제공하는 것이 중요하다. <표 7-7>은 공중에 따라서 어떤 목표가 선정되어야 하고, 그러한 목표에 따른 메시지 전략은 어떠해야 할 것인지 보여 준다.

메시지를 고안할 때 설득이론이 또한 원용될 수 있다. 설득이론은 목표 공중에게 계획된 효과를 얻을 수 있는 메시지를 개발하는 것이다. 보통 메시지는 1) 관련 공중이 어떻게 구성되어 있고, 2) 사전에 어떤 생각을 가지고 있으며, 3) 어떤 필요 사항이나 요구를 가지고 있는가를 파악한 다음에 구성될 수 있다(Bivins, 1999). 즉 관련된 사람들에 대한 조사와 지식이 좋은 메시지를 만들 수 있는 기반이 된다. 사람들을 알지 못하고 만드는 메시지는 실패를 보장할 뿐이다. 보통 메시지는 정보 전달 중심의 메시지와 설득 중심의 메시지로 나뉜다(Bivins, 1999, <표 7-8> 참조). 단순히 정보를 정확하게 전달하는 방법과 사람들이 가진 태도를 바꾸는 메시지는 차이가 있다. 정보 전달 메시지는 순수하게 사실을 전달하기 위한 것으로 순수한 사실 정보 전달, 이야기 형식의 정보 전달, 상황의 묘사를 통한 정보 전달, 오락적인 요소를 가미한 정보 전달 등으로 나눌 수 있다. 설득 전략은 다른 사람의 의도나 태도를 바꾸어야 하기 때문에 힘이나 위계를 사용하는 전략

표 7-8 메시지 전략의 분류

정보 전달 전략
- 1) 순수 정보 전달exposition
- 2) 이야기 형식narration
- 3) 상황 묘사description
- 4) 오락성 정보 전달entertainment

설득 전략
- 1) 순응 전략compliance strategies
  - 제재 전략sanction strategies
  - 호소 전략appeal strategies
  - 명령 전략command strategies
- 2) 주장 전략argument strategies
  - 논리적인 주장reasoned argument
  - 감정적인 주장emotional argument
- 3) 감성 전략emotional strategies
  - 상징 전략symbols
  - 감성적인 언어 사용emotive language
  - 오락성 감성 전략entertainment

또는 주장이나 감성에 호소하는 전략이 있다.

설득은 어떤 사람이 자신이 의도한 대로 생각하거나 움직이게 만드는 커뮤니케이션 행위를 의미한다. 설득 행위를 어렵게 하는 이유는 사람들이 자신이 쌓아온 생각의 체계를 흩트리지 않으려는 욕구를 가지고 있기 때문인데, 흔히 말하는 인지 부조화cognitive dissonance 거부는 그러한 의미로 받아들여질 수 있다. 즉 사람들은 보통 자신이 생각하는 것과 다른 것을 받아들임으로써 갈등 상황이 일어나는 것을 싫어한다. 반대편의 의견을 잘 수용하지 않는 것도 그런 이유이다. 따라서 선택적인 노출, 주의, 지각, 기억 등의 작용을 통해서 자신이 생각하는 것을 지키려고 노력한다. 예를 들어 자신이 좋아하는 정당을 지지하는 기사가 난다면 그것을 찾아서 읽지만, 반대의 기사가 난다면 애써 외면하게 되는 경우 등을 의미한다.

이러한 상황을 극복하기 위해서 설득 전략은 철저히 공중 위주로 짤 필요가 있다. 반대 의견을 제시하면서도 공중이 어떻게 메시지에 관심을 가져 줄 것인지 공중의 입장에서 접근해야만 한다. 공중을 설득하기 위한 설득 전략의 대원칙은 1) 메시지 주체의 명확화identification, 2) 행위의 수반suggestion of action, 3) 친숙함과 신뢰familiarity and trust, 4) 주제의 간결성clarity 등을 들 수 있다(Bivins, 1996). 예를 들어 인지 부조화를 피하려는 사람들에게 친숙함과 신뢰는 필수적이다. 야당이 펼치는 "어려운 경제 문제를 해결하기 위해서는 현 정권의 무능을 심판해야 합니다"보다는 민생 관련 시민단체가 펼치는 "못살겠다 바꿔보자"가 훨씬 더 친숙하고 신뢰성 있게 보인다. 메시지를 사용할 수 있는 자격을 갖춘 주체가 명확하고 실제적인 행동 강령을 수반하며 친숙하고 간결한 메시지가 설득에는 유리하다.

구체적인 설득 전략을 보여 주는 〈표 7-8〉에서 순응 전략은 강제적인 수단이나 유인을 통해 메시지 전략 목표를 달성하는 것으로 엄밀한 의미에서 설득이라고 보기 힘들다. 주장 전략은 사안에 대한 다른 주의주장을 이해시킴으로써 설득하는 전략이다. 마지막으로 감성 전략은 감성적인 소구를 통해서 지지를 이끌어 내는 전략이다. 특히 우리나라 국민에게 잘 통한다고 알려진 방법인데, 지난 대선에서 각 당들이 앞다투어 이런 종류의 전략을 사용한 이유도 여기에 있다. 우리나라 사람들의 감성을 자극하기 위해서 태극기를 이용한다든지, 애국을 주제로 한 감성적인 단서를 삽입하는 것 등은 대표적인 감성 전략이라고 할 수 있다. 이러한 설득 전략은 당연히 수사학적인 전통과 직접적으로 연결되어 있다.

수사학적인 전통은 주로 논거를 발견하기 위한 방법과 관련되어 있는데, 가장 대표적인 구분이 아리스토텔레스의 에토스ethos, 파토스pathos, 로고스logos 설득 방식이다. 로고스는 논리적으로 사람들을 설득하는 것이고, 에토스는 말하는 사람의 신뢰감 · 윤리성 등이 영향을 미치는 것이며, 파토스는 청중의 감정적인 성향에 호소하는 것이다(Smith, 2002, 〈표 7-9〉 참조). 비영리 조직의 경우 말하는 사람으로서 신뢰감과 윤리성을 확보하는 것은 기본이다. 자원의 경쟁에서 밀리는 상황에서 신뢰감과 윤리성마저 잃게 되는 순간, 경쟁에서 살아남기 힘들게 된다. 비영리 조직이 좀더 철저한 윤리 의식을 가져야 하는 이유가 여기에 있다. 이러한 에토스를 바탕으로 사회 선을 구현하기 위한 논리적인 설득이나 인간 보편성 혹은 감성에 호소함으로써 비영리 조직이 목표로 하는 가치를 실현할 수 있다.

에토스는 보통 3C로 일컬어지는 세 가지 화자의 덕목, 신뢰성credibility, 개인적인 매력charisma, 사안 장악력control을 지칭한다. 하지만 실제로 가

표 7-9 수사학에서 가져온 설득의 메시지 전략

- 에토스ethos
  - 신뢰성credibility
  - 개인적인 매력charisma
  - 사안 장악력control

- 로고스logos
  - 주장proposition
  - 언어적인 증거verbal evidence
    - 유사성analogies
    - 비교comparisons
    - 예시examples
    - 통계치statistics
    - 증언 혹은 승인testimonies and endorsements
  - 논리 결함 없애기avoiding errors of logic
    - 근거 없는 가정에 기반한 논리 전개
    - 논리적인 비약에 따른 결론
    - 성급한 일반화
    - 정확하지 않은 사실에 기반한 논리 전개
    - 쟁점보다는 사람에 초점을 맞추는 공격
    - 대부분의 사람들이 인정하지 않는 전통에 호소
  - 영상 지원 증거visual supporting evidence

- 파토스pathos
  - 긍정적인 감정 소구
  - 부정적인 감정 소구

장 많이 사용하는 텍스트는 로고스라고 할 수 있다. 로고스는 크게 네 가지 방법으로 분류할 수 있는데, 그것은 주장proposition, 언어적인 증거verbal evidence, 논리 결함 없애기avoiding errors of logic, 그리고 영상 지원 증거visual supporting evidence를 말한다. 주장은 어떤 메시지에서 가장 강조하는 아이디어를 내세우는 것이고, 언어적인 증거는 말에 의한 논리를 확보하는 것이다. 언어적인 증거에는 유사성, 비교, 예시, 통계치, 증언 혹은 증인 등이 있다. 논리 결함 없애기와 영상 지원 증거는 말 그대로 메시지 논리 속에 숨은 논리적인 결함을 없애거나 영상 증거를 보강함으로써 논리적인 설득 근거를 보강하는 것이다.

마지막으로 파토스는 인간의 감정에 호소하는 것인데, 주로 긍정적인 감정 소구와 부정적인 감정 소구로 나뉜다. 긍정적인 감정 소구는 주로 사랑, 선善, 유머, 성性 등의 요인을 포함한다. 이러한 감정 소구가 많이 일어나는 것이 영리 상품 광고인데, 흔히 말하는 3B 즉 여성beauty, 아기baby, 동물beast을 광고에 이용하는 것도 이런 종류의 감정 소구에 해당한다. 부정적인 감정 소구는 공포나 죄의식을 이용하는 것이다. 공포나 죄의식을 이용할 때 너무 과도한 공포나 죄의식을 이용하는 것은 오히려 메시지 회피를 가져올 수 있기 때문에 조심하는 것이 좋다. 특히 금연을 비롯한 건강 관련 공익 캠페인에서 부정적인 감정 소구가 많이 쓰인다.

한편 실행 단계에서 가장 중요한 요소는 창의성이다. 조직 미션과 방향성이 일치하면서도 관련 공중과의 관계를 가장 효과적이며 효율적으로 증진시킬 수 있는 방법을 찾는 것이 중요하다. 중요 전략이 모두 확정되면 프로그램 실행 요소를 가능한 자세하게 확정하는 것 또한 필요하다. 제3자가 전략 기획안을 읽고 기획자의 의도를 그대로 실행할 수 있을 정도가 되는 것이 좋다. 보통 프로그램 실행에 필요한 요소들을 시간 순으로 상세하게 기술한다. 프로그램 실행 계획이 확정되면 세부 일정 및 예산을 짜고 조직 자원을 어떻게 운용할 것인지 결정한다. 세부 일정은 보통 갠트 도표Gantt chart 등을 이용하는데, 보는 사람이 일목요연하게 이해할 수 있는 적당한 표를 그리면 된다. 조직 자원은 캠페인과 관련해서 조직 전체에서 지원하거나 결정해야 할 사항을 미리 서술한다. 예를 들어 동원 가능한 인력과 필요 인력, 팀 구성 여부, 보고 체계, 의사 결정, 조직 전체 협조 체계 구성 등을 미리 결정하는 것이 좋다. 이러한 요소들이 결정되지 않을 경우, 캠페인을 실행하는 과정에서 어려움에 봉착하는 경우가 많다. 아래는 실행 요소들이 어떻게 구성되는가를 보여 준다.

조직 미션과 공중별 목표 기술: 세부 프로그램을 전체적인 방향성과 일치시킨다.

프로그램 의의: 왜 프로그램이 중요하고, 이러한 프로그램을 통해서 어떻게 조직의 미션과 목적을 달성할 것인지 설명한다.

프로그램 메시지 전략: 어떠한 주제를 쓸 것인가? 어떠한 컨셉트를 이용할 것인가?

프로그램 미디어 전략: 어떠한 미디어를 이용할 것인가?

프로그램 실행 요소들: 프로그램 실행에 필요한 요소들을 시간 순으로 상세하게 기술한다. 이것은 프로그램의 시작부터 끝까지 완벽하게 기술해야 한다.

세부 일정: 보통 갠트 도표 등을 이용해서 세부 프로그램을 전체적으로 보여 준다.

예산: 필요 예산을 세부 프로그램별로 기술한 다음 전체로 통합한다.

조직 자원: 동원 가능한 인력과 팀 구성, 보고 체계, 의사 결정, 조직 전체 협조망 구성 등을 결정한다.

실제적으로 개별 프로그램 요소를 기획할 때는 프로그램명, 기간, 목표 공중, 목표, 핵심 메시지, 프로그램 의의, 실행 및 세부 내용을 기술한다. 예를 들어 저소득층 어린이를 위한 문화 행사를 기획한다고 한다면 아래와 같은 프로그램 실행 요소들을 구성할 수 있을 것이다. 실제적으로는 물론 일정이나 내용과 관련해서는 좀더 세부적으로 다루게 된다. 또한 메시지와 미디어 전략도 좀더 심층적으로 다루게 된다.

프로그램명: 아트 펀 캠프(Art Fun Camp)

기간: 2010년 6월 12월부터 10일간 연 2회 실시

목표 공중: 6세~13세의 소외 지역 어린이들

목표: 캠프를 통해서 문화 예술을 직접 체험함으로써 예술에 관한 이해를 높이고 예술을 통해서 어려움을 극복할 수 있는 의지를 심어 준다. 구체적으로 지역 내 소외 어린이들이 20% 이상 참여할 수 있도록 한다.

핵심 메시지: "우리 모두 예술가"

프로그램 의의: 문화에 대한 이해는 이론적인 지식을 바탕으로 이루어지기도 하지만, 직접적인 체험만큼 확실한 이해와 흥미를 유도해 낼 수는 없을 것이다. 아트 펀 캠프는 방학 기간을 이용, 아이들에게 직접 예술을 행하는 주체자가 되어 아이들에게 좀더 폭넓은 문화의 세계를 누리게 함과 동시에 '함께 살아가는' 지역사회의 의미를 느낄 수 있도록 한다.

실행 및 세부 내용: 참가 신청 접수, 캠프 숙소 확보, 캠프 지도교사 자원봉사를 통해 확보, 캠프 참가 명단 확정, 프로그램 확정, 캠프 인원 확정 및 조 구성 통보, 캠프 합숙 시작, 발표회 등 프로그램 진행, 돌발 상황에 대한 계획 등.

한편 실행 단계에서 무엇보다도 중요한 것은 얼마나 창의적인 아이디어를 가질 수 있느냐의 여부라고 설명했다. 그렇지만 창의력creativity은 그냥 얻어지는 것이 아니다. 커뮤니케이션 캠페인에서 말하는 창의력이란 기존의 두 개 혹은 그 이상의 지난 아이디어와 현재에 적용하고자 하는 새로운

표 7-10 커뮤니케이션 캠페인 창의성 획득을 위한 한 방법

1. 과거 기획자들의 경험 정리 2. 기존 캠페인 사례 연구 3. 뉴스와 잡지 등 관련 기사 미디어 조사 4. 문제 해결 테크닉의 데이터베이스화 5. 브레인스토밍을 통한 아이디어 획득 - 5~10명이 가장 적정한 인원 - 어느 한 명에 의해 과정이 장악되지 않도록 주의 - 기록자는 모든 내용을 가급적 정확하게 체크 - 시간 제한은 15~60분 사이에 정하되 엄격하게 적용 - 문제에 대한 가능한 해결 방법들의 리스트를 미리 준비 - 생각의 범위를 규정하지 말고 최대한의 범위를 허용할 것

주) Kendall(1996)에서 인용.

아이디어를 함께 연관짓는 능력을 말한다. 즉 이러한 창의력에 필요한 자원으로서 어떤 아이디어가 이용되어 왔는가, 활동은 어느 정도로 활발했는가, 혹은 지난 과거에 문제 해결을 위한 어떤 방법과 과정이 사용되어 왔는가 등을 잘 정리해서 그것을 현재의 문제 해결을 위한 아이디어 단서로 이용하는 능력이 필요하다. 결국 과거에 대한 엄밀한 조사가 현재의 창의성이 가지는 질을 좌우한다. 창의력은 하늘에서 뚝 떨어지는 것이 아니라 치열한 조사를 통해서 뽑아내지는 것이다.

한편 이 책은 전반적인 비영리 조직의 커뮤니케이션 캠페인을 소개하고 있기 때문에 비영리 조직이 겪게 되는 위기 상황과 관련한 실행 계획을 따로 다루고 있지는 않다. 비영리 조직도 영리 조직과 마찬가지로 조직의 위기 상황을 맞을 수 있고, 그것을 준비된 위기관리 매뉴얼에 맞추어 실행할 필요가 있다 [위기관리와 관련한 자세한 내용은 김영욱(2008)을 참조]. 다음의 미니 케이스 분석은 비영리 조직 위기관리에서 어떤 것이 중요한 점인가를 전체적으로 보여 준다.

미니 케이스 분석 7-3

비영리 조직의 위기관리

- 대한적십자사, 혈액오염사고 -

"수혈로 인해 에이즈와 간염에 감염되는 사고가 또다시 발생했다. 대한적십자사는 지난 2003년 8월 공급된 김모(23 · 남) 씨의 혈액을 수혈받아 A(30)씨, B(35)씨 등 30대 여성 2명이 에이즈에 감염된 것으로 확인됐다고 29일 밝혔다. 또 지난 해 7월 공급된 혈액을 수혈하는 과정에서 C형 간염 감염자가 1명 발생했다고 덧붙였다. 적십자사는 지난 달 28일 김씨가 헌혈한 혈액을 검사한 결과, 김씨가 에이즈에 감염된 사실을 확인했다. 적십자사는 즉시 김씨의 이전 헌혈 경력을 조회했고, 그 결과 김씨가 지난 2003년 6월14일과 8월 26일에 헌혈을 한 사실을 밝혀냈다. 김씨가 2003년 6월에 헌혈한 혈액을 수혈받은 환자들은 에이즈에 감염되지 않았다. 그러나 김씨가 2003년 8월에 헌혈한 혈액은 모두 3명에게 수혈됐고, 이 중 2명은 모두 에이즈에 감염된 것으로 드러났다. 그러나 이들 에이즈 감염 여성으로부터 배우자나 자녀 등이 에이즈에 2차 감염되지는 않았다." (서울신문, 2005년 9월 30일자에서 가져옴.)

대한적십자사의 혈액오염사고는 그것이 단발성이 아니라는 데 문제가 있다. 말라리아 감염 혈액 유통, 간염 감염 혈액 유통 등 심심치 않게 유사한 사고들이 반복해서 일어나고 있다. 적십자사의 혈액오염사고는 쟁점의 발전 단계인 잠재 → 임박 → 현재 → 위험 → 동면 단계를 반복해서 밟고 있으며, 현재의 상태도 위험이 잠복한 잠재 상태로 보고, 위험 상황을 관리하는 것이 바람직한 태도라고 하겠다. 위험이 언론과 사람들의 관심에서 사라졌다고 해서 제거된 것이 아니고 계속 잠재된 형태로 근본적인 대책을 요구하고 있다는 것을 명심할 필요가 있다. 아래 기사는 그러한 상시적인 쟁점 관리가 이루어지지 않았을 때 더 큰 사태로 발전할 수 있다는 것을 보여 준다. 쟁점은 눈에 보이지 않아도 언제나 잠복해 있는 법이다.

"대한적십자사 직원이 검사 오류가 발생한 사실을 알고도 혈액을 유통시켰을 뿐만 아니라 사건 은폐를 위해 혈액 라벨 등 관련 자료를 조작한 사실이 뒤늦게 드러났다. 또 적십자는 지난 2003년 이런 사실을 인지했으나 후속 조치가 지연돼 2007년에야 관련 책임자가 해임된 것으로 확인됐다. 사건 자료에 따르면 2003년 5월3일 대한적십자사 대구 · 경북혈액원에 근무하던 6급 A씨는 B형 간염 선별 검사를 실시하던 중 헌혈 혈액에서 채취한 검체의 순서가 뒤바뀌는 바람에 5명의 B형 간염 양성 혈액이 음성으로 판정되는 오류가 발생했다. 이들의 혈액이 13단위로 나뉜 지 3일 후 A씨와 직속 상관 B씨는 오류 발생을 파악하고도 즉시 출고 혈액에 대한 '사용 중지'를 요청하지 않았던 것으로 드러났다. 이에 따라 오류 사실을 인지한 이후에도 3건의 혈액이 5월 6일부터 7일 사이에 3명에게 수혈됐다. 수혈받은 환자는 곧 사망해 이들의 감염 여부를 따지는 역학 조사가 실시되지 않았다." (연합뉴스, 2007년 10월 30일자에서 가져옴.)

대한적십자사 혈액오염사고는 여러 가지 심리학적 · 사회정치학적 · 기술적 원인이 복잡하게 작용하고 있는 위기 사안이다. 이러한 광범위한 위기 원인의 분석과 결과가 사회 구성원에게 미치는 광범위한 영향을 이해하는 것이 우선되어야 한다. 단순한 기술적인 결함이나 사람의 실수로 위기의 원인을 잡았을 때 문제의 근본적인 해결과 예방은 멀어지고 만다.

이러한 위기는 조직 내부의 책임성과 사람과 조직의 문제가 복합적으로 작용한 위기로서 가장 구조적으로 심각한 위기의 한 형태라고 보아야 한다. 따라서 문제의 해결에서도 기술적 예방 시스템 확립, 조직 구성원의 사기 진작, 무사안일과 책임회피 조직문화 퇴출, 조직의 독립성 확보 등 다각적인 방법이 모색되어야 한다. 즉 조직 개인의 역량, 조직문화, 조직 구조, 조직 전략 모두에 대대적인 수술을 가하지 않는 한 이러한 사건은 다시 일어날 수밖에 없다.

위기의 재발을 막기 위해서는 조직의 위기 취약성 조사에 바탕을 둔 종합적인 위기관리 매뉴얼을 작성하는 것이 필요하고, 다양한 위기 유형, 위기 발전 단계, 공중별 대응에 맞춘 시나리오를 가지고 있으면서 조직 내부 구성원이 정기적인 교육 훈련을 통해서 위기관리 매뉴얼의 내용을 숙지하고 있는 것이 필요하다. 또한 대한적십자사는 비영리 조직으로서 자신들의 미션에 대한 내부 구성원의 자부심과 사기에 큰 문제가 있는 것으로 짐작된다. 내부 구성원의 진정으로 자신들의 일에 의미를 찾고, 열정을 회복해서 적극적으로 위기를 예방하려는 자세를 가질 수 있도록 조직문화를 재정비하는 것이 필요하다. 위기관리는 사안이 일어났을 때 적절히 대응하는 것도 중요하지만, 조직 시스템을 정비하여 위기가 일어나지 않도록 예방하는 체제를 갖추는 것이 무엇보다 중요하다. [위기관리와 관련해서는 김영욱(2008) 참조]

제8장

평가 단계

평가는 캠페인 프로그램의 목표 달성 여부를 측정하는 것이다. 비영리 조직의 경우 평가는 캠페인의 전 과정이 얼마나 조직의 미션에 부합했는가를 점검하고 개선안을 모색하는 과정이다. 사실 평가는 캠페인의 모든 과정을 통틀어서 행해지는 것이다. 그래서 혹자는 조사 과정을 사전 평가라고 부르고, 캠페인 진행 과정 동안의 평가를 프로그램 유지 평가, 캠페인 사후에 그 효과를 측정하는 것을 사후 평가라고 부른다. 여기서 말하는 평가 단계는 엄밀히 말하면 사후 평가를 의미한다.

표 8-1 비영리 커뮤니케이션 캠페인 평가 단계 세부 항목

평가 단계evaluation

15. 평가 기준
16. 평가 수단
    - 세부 프로그램별
    - 전체 캠페인 평가

공중 관계 커뮤니케이션 캠페인의 효과적인 성공 여부를 밝히는 평가는 기본적으로 일곱 가지 요소로 분류되기도 한다(Kendall, 1996). 그것은 목적 달성, 개선 여부, 측정된 가시적인 결과, 캠페인의 비용 효율성, 캠페인의 예상하지 못한 결과, 조직 전체에 주는 캠페인의 영향, 그 외 명시되지 않았던 부수적인 결과 등을 말한다. 한마디로 캠페인의 결과로 나타나는 모든 효과를 심층적으로 분석해 보는 것이다. 그 효과는 프로그램 자체일 수도 있고 조직 차원의 보이지 않는 효과일 수도 있다. 비영리 커뮤니케이션 캠페인의 경우, 프로그램 자체의 효과나 효율성은 떨어지지만 장기적인 차원에서 조직의 평판에 도움이 되는 경우가 있을 수 있다. 이런 경우에는 조직 차원의 장기적인 효과를 무시하지 않는 평가 기준이 필요하다. 따라서 평가 단계에서는 문제 상황의 요소들이 캠페인을 통해서 긍정적으로 해결되었는가를 광범위한 측면에서 측정하고 이를 통해서 향후 전략의 기반으로 삼게 된다. 결국 평가는 비영리 커뮤니케이션 캠페인이 가질 수 있는 단선적인 문제점을 극복하고 비영리 조직 활동을 순환적인 형태로 끌어올린다.

평가 단계는 커뮤니케이션 캠페인이 끝난 후, 그 성공 여부를 어떻게 기술할 것인가와 연결된다. 캠페인의 성공 여부를 평가할 때는 목적과 목표, 실행 단계와의 일관성이 무엇보다도 중요하다. 또한 평가 기준으로 캠페인의 성공 여부를 판단하기 위한 기준을 정해 주는 것이 필요하다. 예를 들어 MBO Management By Objectives 원칙을 따른다면 미리 설정한 목표를 달성하는 것이 캠페인 성공의 척도가 될 것이다. 또한 평가 기준으로 정보 전달 여부, 태도 변화 여부, 행동 유발 여부 등 효과의 달성 여부가 적용될 수도 있고, 기존 상태로부터 어느 정도 향상되었는가의 여부, 비용 대비 효율성의 여부, 조직 평판에의 기여 정도, 공중 관계의 개선 등이 제시될 수도 있다. 이러한 평가 기준을 묶어서 프로그램 수준, 조직 수준에서의 평가 등으로 분류하거나 효과 측정, 효율 측정 등으로 분류하는 것도 가능하다.

효과 측정과 관련되어 평가 기준을 마련하면 목표 달성 위주의 구체적인 평가 수단을 기술하게 되고, 효율성을 평가 기준으로 마련하게 되면 투입 대비 비용 절감이나 상대적인 저비용 고효율 정도를 내세우게 된다. 평가 기준이라는 것은 엄밀하게 정해져 있다고 보기는 어렵고, 개별 비영리 조직의 상황에 맞는 합리적인 기준을 정하면 된다. 예를 들어 한 저소득층을 돕기 위한 비영리 조직이 기금 조성 캠페인을 했다고 하면, 기금 모집 정도와 이에 따른 조직의 평판 강화를 두 가지 평가 기준으로 잡아두고 이를 측정하기 위한 구체적인 평가 수단을 정할 수 있다. 이처럼 평가 기준은 어떤 식으로 평가할 것인가에 대한 원칙을 정하는 것이다. 평가 수단은 세부 프로그램별 평가 수단과 이러한 세부 프로그램의 효과를 통합해서 전체 조직에 대한 영향력을 살펴보는 평가 수단이 있을 수 있다.

평가 기준: 보통 프로그램별 목표 달성 여부로 평가한다. 이 밖에도 얼마나 개선되었는가, 얼마나 적은 비용으로 효율적으로 실행되었는가 등이 고려될 수 있다. 하지만 궁극적으로 얼마나 조직의 평판에 기여했는가, 관련 공중과의 관계가 얼마나 개선되었나 등의 조직 전체 차원의 기준을 설정하는 것도 필요하다.

평가 수단: 평가 기준 만족 여부를 평가하기 위한 구체적인 조사 수단을 의미한다. 주로 설문 조사, 심층 인터뷰, 포커스 그룹, 미디어 내용 분석, 전문가 조사 등의 방법이 쓰인다. 이러한 평가는 목표별, 공중별 세부 프로그램에 대한 평가도 있지만, 모든 세부 프로그램이 합쳐졌을 때 그러한 효과가 조직 전체에는 어떻게 영향을 미치는지 알아보는 것으로 확대되어야 한다.

비영리 조직의 활동을 평가하는 것은 명확한 기준을 세우기가 매우 힘들다. 영리 조직의 경우는 확실한 마케팅 목표나 조직 활동 목표를 가질 수 있지만, 비영리 조직은 드러나지 않은 활동이 많고, 분명한 책임성을 요구하지 않는 활동이 많기 때문이다. 하지만 요즘 들어서 비영리 조직도 책임성 기준에서 벗어나기는 힘들게 되었으며, 경쟁 상황과 함께 활동의 적절성을 평가받아야 한다는 요구가 팽배해 있다. Kearns(1996)는 협의와 광의의 책임성을 구분하고, 협의는 비영리 조직이 법적인 규정을 준수하는 것이고, 광의는 법적인 측면뿐 아니라, 조직의 운영을 둘러싼 모든 측면에서 사회의 요구에 부응하는 것을 의미한다. 따라서 책임성은 법적 · 경제적 · 재정적인 측면을 넘어선다.

비영리 조직이 책임성 입증을 통해서 투명하게 활동을 공개하는 것은 갈수록 중요해지고 있다(Vernis, Iglesias, Sanz, & Saz-Carranza, 2006). 비영리 조직은 본질적으로 투명성과 정직성을 기본으로 활동한다. 따라서 사회 정의에 부합하고 존재 의미를 찾기 위해서는 활동의 책임성을 투명하게 공개하고, 조직을 둘러싼 공중에게 개방적인 태도를 견지해야 한다. 여기서 책임성은 결과에 대한 적절한 평가를 통해서 비영리 조직 활동의 적절성을 검증하는 것이다. 비영리 조직이 책임성 있는 활동을 하지 못한다면 조직 미션을 달성하기는 어려워질 수밖에 없다. 따라서 커뮤니케이션 전략의 평가도 이러한 비영리 조직 책임성의 전체 맥락에서 투명성과 정직성을 준수하며 행해질 필요가 있다. 책임성을 측정하는 방법에는 여러 가지가 있겠지만 적절한 자원을 쏟았는가input, 조직 차원에서 실행이 잘 되었는가operation, 산출 결과는 적절한가output, 장기적인 결과는 유효한가outcome 등으로 크게 나눌 수 있다(Vernis, Iglesias, Sanz, & Saz-Carranza, 2006).

일반적인 캠페인에서 조사는 사전 조사와 사후 조사로 나뉜다. 사전 조사는 프로그램이 실행되기 전에 상황 요인과 조직 역량을 파악하고 프로그램의 목적과 실행 방안을 구성하기 위해서 실시되는 것이다. 사후 조사는 프로그램을 실행하고 난 이후에 그 효과를 측정하기 위한 조사 방법이다. 일반적으로 평가는 사후 조사를 의미하기 때문에 프로그램 점검 차원에서 사전에 이루어지는 평가는 여기서 생략하기로 한다. 한편 실질적인 평가의 차원은 직접적인 프로그램의 산출 결과물과 그러한 프로그램의 영향력이 조직에 대한 인식에 미치는 영향으로 크게 나누어 볼 수 있다. 이것을 산출물 평가output evaluation와 결과 평가outcome evaluation로 나누기도 하고, 프로그램 차원 평가program evaluation와 조직 차원 평가organization evaluation로 나누기도 한다. 예를 들어 비영리 조직이 어떤 이벤트를 기획했을 때, 그곳에 모인 사람들의 수는 프로그램 차원 산출물 평가라고 할 수 있지만, 이벤트로 인해서 조직의 국민 인지도가 상승했다면 조직 차원 결과 평가라고 할 수 있다.

마지막 평가 차원은 프로그램에 대한 평가가 효과effectiveness에 역점을 두는가, 혹은 효율efficiency에 역점을 두는가를 가지고 나눈다. 효과는 설정한 목표의 달성 여부를 측정하는 것이고, 효율은 그러한 목적 달성이 경제적인 측면에서 얼마나 효율적인가를 측정하는 것이다(Scriven, 1991). 예를 들어 설정한 목표를 달성하기 위해서, 비영리 조직의 예산과 맞지 않는 과도한 비용이 집행된다면 이는 결코 효율적인 프로그램이라고 할 수 없다. 제한적인 예산 문제에 사로잡히는 경우가 많은 비영리 조직의 경우, 목표 달성과 함께 창의적인 목표 달성 방법을 강구하는 것이 무엇보다도 중요하다. 따라서 효율은 효과 못지않게 중요한 평가 척도가 될 수밖에 없다.

비영리 조직의 평가는 지금까지 논의한 세 가지 척도, 즉 사전/사후, 산출물/조직 결과, 효과/효율 척도를 모두 고려하는 것이 좋다. 하지만 앞서 설명했듯이, 사전 평가는 커뮤니케이션 캠페인의 조사 단계와 겹치기 때문에 평가 단계에서 잘 고려하지 않는다. 따라서 보통의 비영리 조직 커뮤니케이

표 8-2 비영리 커뮤니케이션 캠페인 평가 기준

1. 개별 프로그램 산출물 차원과 조직 전체 차원
2. 목표 달성 효과 차원과 비용 대비 효율성 차원

션 캠페인 평가는 프로그램 산출물과 그것이 조직 전체에 미치는 영향력을 평가하고, 프로그램의 목표 달성 여부와 그러한 목표 달성의 효율성을 평가하는 것으로 구성된다. 프로그램 기획서를 작성하면서 평가 기준을 작성할 때는 이러한 차원을 원용하면 된다.

이러한 평가 기준은 많은 실제 공중 관계 캠페인에서 적용되고 있는데, 예를 들어 공중 관계 평가를 위한 기준 모델effectiveness yardstick model을 보면, 평가를 위한 기준으로 산출물output, 중간 결과outgrowth, 최종 결과outcome를 내세우고 있다. 산출물은 캠페인 메시지가 얼마나 미디어를 통해서 나타났느냐를 보고, 중간 결과는 그러한 메시지가 사람들에게 기억되거나 관심을 끌게 된 정도를 측정한다. 최종적인 결과는 캠페인의 결과에 의해서 사람들의 태도가 얼마나 변용되고 행동이 얼마나 달라졌으며, 조직 전체의 평판에 어떤 영향을 미쳤는가를 평가하는 것이다. 이러한 세 가지 평가 기준은 대부분의 공중 관계 캠페인에서 원용된다. 비영리 조직의 커뮤니케이션은 이러한 기준과 함께 상대적으로 열악한 자원을 이용하는 만큼 비용 대비 효율성 정도가 상황에 따라 선별적으로 적용되는 것이 필요하다.

한편 평가 수단과 관련하여 산출물 분석은 보통 미디어 모니터링, 미디어 내용 분석, 반송 편지 및 반송 전화 분석, 인터넷 댓글 분석, 불만 조사, 인터뷰, 포커스 그룹 등을 사용할 수 있고, 최종 결과 분석은 포커스 그룹, 심층 인터뷰, 설문 조사, 실험 조사, 기존 데이터 수집, 현장 실험 연구, 공중 만족도 조사, 평판 조사, 공중 관계 조사 등을 이용할 수 있다. 다양한 평가 수단이 이용될 수 있지만, 비영리 커뮤니케이션 캠페인 평가에서 중요한 것은 정보 전달이나 마케팅 차원의 논의를 벗어나 공중과의 관계를 우선시하면서, 조직의 미션이 얼마나 공중으로부터 정당성을 획득할 수 있는가를 점검하는 것이다. 비영리 조직 중에 단기적인 성과에 치중하다 보니 장기적인 조직의 미션을 망각하여 공중으로부터 외면받게 되는 경우가 생기기도 한다. 이러한 일은 평가의 기준이 산출물 위주에 맞춰져 있을 때 발생할 수 있다. 비영리 조직은 평가를 통해서 자신들의 미션이 사람들에게 얼마나 정당하다고 평가받고 있는지 항상 점검할 필요가 있다.

한편 최근 들어 비영리 조직 평가와 관련하여 책임성이라는 개념이 많이 사용되고 있다. 책임성accountability 개념은 영리 조직의 회계적인 측면을 넘어서서 광범위한 사회 책임성을 수용해야 한다는 의미를 담고 있다. 비영리 조직의 책임성 기준은 보통 타당성, 지속성, 비교 가능성, 객관성 등의 척도를 따른다(Cutt & Murray, 2000). 비영리 조직이 책임 있는 성과를 보여 주는 것은 목표 달성의 정도가 타당해야 하고, 지속 가능하며, 다른 조직과 비교했을 때 적절하고, 객관적인 기준을 만족시켜야 한다. 보통 이런 기준을 만족시키기 위해서 금전적인financial 기준이 쉽게 채택된다. 하지만 비영리 조직에 대한 평가는 이러한 금전적인 기준보다는 중요한 미션의 달성, 평판, 사회 정의, 공중과의 관계 등 질적인 변수에 의해서 판단되는 것이 필요하다. 따라서 비영리 조직의 책임성 기준 만족 평가는 창의적인 평가 방법과 그것이 실제로 비영리 조직의 역량을 보여 줄 수 있는 타당하고 지속 가능한 접근이어야 한다.

일반적으로 이상적인 평가 과정은 우선 먼저 프로그램의 목표를 명확하게 진술하고, 그 다음 이러한 목표에서 얻고자 하는 결과를 서술하는 것이다(Cutt & Murray, 2000). 이것은 물론 긍정적인 효과도 있겠지만, 부정적인 효과를 어떻게 피할 수 있는가도 함께 들어가는 것이 필요하다. 그런 다음, 실제 나타난 결과와 목표한 결과를 비교해서 전반적인 캠페인 프로그램의 효과와 효율성을 평가하게 된다. 하지만 이러한 평가 과정에서 가장 많이 발생하는 문제는 책임을 회피하려는 현상, 목표를 회피하려는 현상, 실제 일어나는 일을 주관적으로 자신에게 유리하게 해석하는 것 등을 들 수 있다. 표면적으로 그럴듯하게 보여서 책임을 회피하고자 하거나 설정된 목표를 회피하려는 목적으로 진행되는 평가는 비영리 조직의 문제점을 오히려 감추게 함으로써 장기적으로 조직에 큰 피해를 줄 수도 있다. 또한 현실

표 8-3 평가 과정이 비영리 조직에 피해를 줄 수 있는 경우

1. 그럴듯한 포장으로 책임을 회피하기 위한 수단으로 이용한 평가
2. 설정된 목표를 회피하려는 목적으로 진행된 평가
3. 사의적이고 주관적인 해석으로 문제점을 감추는 평가

인식에 주관이 개입되어 정확한 평가가 이루어지지 않은 경우에도 평가 과정이 오히려 문제점을 감추는 데 작용할 수 있다.

따라서 이러한 문제점을 극복하기 위해서는 평가 기준을 설정하는 과정에서 다양한 평가 척도를 개발하여 서로 간에 견제와 점검이 이루어질 수 있도록 유도하는 것이 좋다. 예를 들어 프로그램 결과에 대한 조사를 기획하면서 대상 공중에 대한 설문 조사와 전문가 집단에 대한 인터뷰 등을 동시에 진행하여 한 가지 조사가 가질 수 있는 평가의 맹점을 다양한 방법론을 통해서 보완하는 것이 중요하다.

한편 지금까지의 논의를 종합하여 비영리 조직 평가를 위한 통합적인 모델이 제시되기도 했다(Cutt & Murray, 2000). 통합 모델은 평가 범위, 평가 초점, 평가 방법이라는 세 가지 차원으로 구성된다. 평가 범위는 프로그램 차원, 시스템 차원, 조직 차원으로 나눌 수 있고, 평가 초점은 투입 차원, 과정 중심 차원, 결과 중심 차원으로 나눌 수 있다. 마지막으로 평가 방법은 크게 공식적인 조사 방법과 비공식적인 조사 방법으로 나눌 수 있다. 평가 범위는 앞서 설명했던 산출물/조직 차원과 통하고, 평가 초점은 사전/사후 조사 차원, 평가 방법은 평가 수단과 일맥 상통한다. 여기서 제시하는 통합 모델은 평가 범위와 평가 초점의 각 요소들을 연결하여 아홉 가지의 경우의 수(3×3)를 만들어 프로그램 평가를 구성한다. 아홉 가지의 평가 방법은 모두 공식적인 조사와 비공식적인 조사를 병행할 수 있다. 이러한 방법들은 비영리 조직 커뮤니케이션 캠페인의 성격에 따라 상황에 맞추어 취사선택할 수 있다.

미니 케이스 분석 8-1

리더인가? 조직인가? 비영리 조직 인물 중심 조직 운영의 딜레마

- 아름다운 재단과 환경재단의 리더 -

아름다운 재단의 모태가 된 아름다운 가게는 적극적인 수익사업을 추진하여 그 수익을 공익으로 되돌리는 비영리 조직으로서 아름다운 가게 매장, 아름다운 나눔장터, 공정 무역 등을 통해서 재사용과 나눔문화를 확산하고 있다. 아름다운 가게는 유럽의 옥스팜Oxfam과 미국의 굿윌Goodwill을 벤치마킹했는데, 우리나라에 재활용을 통한 기부문화를 뿌리내리는 데 성공적인 역할을 했다고 평가받고 있다. 캠페인 대상은 크게 일반인, 내부 조직원, 지역 주민, 국제 공중으로 나뉜다. 연중 캠페인으로는 일반인을 대상으로 아름다운 나눔 학교, 아름다운 성년의 날, 아름다운 결혼, 아름다운 이사, 아름다운 일터 등의 프로그램을 가지고 있으며, 지역 주민들을 대상으로 아름다운 아파트, 해외 공중을 대상으로 한 아름다운 세상 프로젝트 등을 가지고 있다. 특히 창의성 있는 이벤트를 통해서 언론의 집중을 받아내고, 기업 · 사회단체 · 언론 등과 협력 체계를 구축한 것 등이 성공 요인으로 꼽힐 수 있다. 아름다운 재단도 1퍼센트 나눔운동의 성공적인 확산과 개인 기부의 활성화를 통한 신나는 기부문화를 만들어 내는 데 기여하고 있다. 아름다운 재단이 기부문화에서 이루어 낸 변화는 종래의 의무와 연민을 강조하는 기부 풍토에서 기부의 무거운 이미지를 걷어내고 신나고 재미있는 기부 행동을 강조한 것이다. 기부를 통한 생활 밀착형 캠페인도 신선했다.(캠페인과 관련한 것은 홈페이지www.beautifulstore.org, www.beautifulfund.org에서 가져옴.)

한 가지 주목할 만한 것은 아름다운 가게, 아름다운 재단과 박원순 상임이사와의 관계이다. 박원순 변호사는 인권 변호사로서 사회적 평판이 워낙 좋고, 대선 출마 가능성이 거론될 정도로 대중적인 인기가 상당히 높기 때문에 아름다운 재단의 성공에는 박원순 상임이사의 인지도와 평판이 큰 작용을 한 것으로 추정된다. 하지만 현 정부 들어 박원순 프리미엄 효과가 많이 떨어진 것으로 보인다. 언론 보도에 따르면 심지어 그가 재단 차원에서 추진해 왔던 사업들도 보수 정권이 들어서자 무산되는 일도 있었다고 한다. 현 정권의 비영리 섹터에 대한 정책에 문제가 있는 것은 사실이지만, 비영리 조직의 운영이 리더가 처한 상황에 너무 많이 좌우된다면 그것도 시민운동의 건전성 입장에서는 약점이 될 수도 있다. 비영리 조직에 소속된 개인의 위기는 있더라도 그것이 조직 전체의 운영에 영향을 주어서는 안 된다.

아래 기사와 같이 한 사람의 일이 조직 전체 혹은 비영리 섹터 전체의 위기로까지 갈 수 있다면 이것은 분명 건강한 비영리 섹터가 아니다. 일부 사람에 너무 의존하는 조직은 분명 문제가 생길 수 있다. 우리나라의 비영리 조직은 과거에는 어쩔 수 없었던 특정인에 대한 의존에서 벗어나서 조직 시스템이 활동을 이끌어 갈 수 있도록 저변을 확대할 필요가 있다. 비영리 조직도 사람이 사는 동네인데 너무 리더가 우상화되면 조직의 효율성에 분명 문제가 발생하게 된다. 다양한 시민 지도자를 키우는 것이 지금 우리에게는 시급하다.

"최열 환경재단 대표는 우리나라 시민운동의 스타였다. 1993년 환경운동연합을 만들어 회원 7만 명이 넘는 대표적인 시민단체로 키웠다. 비슷한 시기에 참여연대를 만든 박원순 변호사와 함께, 그는 한국 시민운동의 상징과 같았다. 그런 그가 지난해부터 검찰 수사를 받았다. 환경운동연합 기부금을 횡령했다는 혐의였다. 충격은 컸다. 비슷한 무렵, 환경연합 활동가 2명이 1억여 원의 공금을 유용한 사실이 드러나면서 시민운동의 도덕성은 도마 위에 올랐다. 반대로, 검찰 수사가 시민사회 진영을 옥죄려는 정치적 표적 수사라는 비판도 거셌다. 법원은 두 차례나 검찰의 구속영장을 기각했다. "재판에서 다퉈볼 여지가 있다"는 이유에서였다. 검찰은 결국 지난 1일 최 대표를 업무상 횡령 · 알선 수재 혐의로 불구속 기소했다. 이제 검찰과 최 대표의 본격적인 법정 공방의 막이 오른다. 한쪽엔 검찰의 명예가, 또 한쪽엔 한국 시민운동의 신뢰가 걸려 있다."(한겨레신문, 2009년 4월 7일자에서 가져옴.)

제9장

관계 유지 단계

비영리 커뮤니케이션 캠페인의 마지막 단계는 조사 → 계획 → 실행 → 평가를 거친 캠페인 노력이 전체적인 조직 활동과 어떻게 연결되고, 캠페인을 통해서 형성된 공중 관계를 어떻게 유지해 나갈 것인가를 논의하는 관계 유지 단계이다. 이 단계는 비영리 조직이 펼치는 캠페인 활동이 조직 미션 추구와 내부 조직원의 표현 기능 활성화와 연결된다는 것을 직접적으로 보여 준다. 내·외부 공중과의 관계를 유지 발전시키는 것은 비영리 조직의 미션을 달성하고 내부 조직원의 만족도를 높이는 데 필수적인 사항이다. 관계 유지 단계에서는 캠페인을 거쳐 형성된 공중별 관계를 유지하는 계획을 기술하고 향후 관계 유지를 위해서 필요한 프로그램 혹은 연속적으로 펼쳐 나가야 할 프로그램을 밝혀둔다. 마지막 단계에서는 캠페인 기획 과정에서 미흡했던 점을 설명하고 향후 후속 캠페인에 적용해야 할 개선점이나 제안 사항을 제시한다.

이 책에서는 커뮤니케이션 캠페인의 한 요소로서 관계 유지라는 개념을

표 9-1 비영리 커뮤니케이션 캠페인 관계 유지 단계 세부 항목

관계 유지 단계stewardship
17. 공중별 관계 유지 계획
18. 향후 필요한 프로그램
19. 후속 캠페인 적용

사용한다. 하지만 이 개념은 비영리 세계에서 이미 광범위하게 사용되어 온 개념이다(Brinckerhoff, 2004). 비영리 조직은 현재 높아진 경쟁과 떨어진 신뢰의 틈 사이에서 어려움을 겪고 있다. 무엇보다도 이 사회가 필요로 하는 요소들을 정확하게 짚어냄으로써 새로운 활로를 모색할 필요성이 제기되는데, 공중과의 관계 유지 전략은 비영리 조직이 처한 어려움을 극복할 수 있는 방안으로 제시되고 있다. 우리나라는 특히 민주화 이후 비영리 조직의 정체성 확보 실패와 비영리 조직에 대한 사회 전반적인 피곤화 현상이 두드러진다. 이러한 현상을 공중과의 지속적인 관계 유지를 통해서 돌파할 수 있는 방안을 찾는 것이 무엇보다도 중요하다.

청지기stewardship라는 개념이 관계 유지와 관련하여 비영리 조직에서는 많이 사용된다(Brinckerhoff, 2004). 비영리 조직을 청지기로 보고 비영리 조직의 활동은 사회나 지역사회에서 비영리 조직에 부여한 자원을 청지기의 자세로 어떻게 배분하고 관리할 것인가에 신경을 써야 한다는 의미이다. 이것은 매우 좁은 의미의 해석이지만, 청지기라는 개념에는 청지기처럼 공중과의 관계 형성 유지에 지속적으로 신경을 쓰고 최선을 다하는 모습을 평소에 보여 주는 것이 비영리 조직의 커뮤니케이션 전략에 필수적이라는 의미가 담겨 있다. 따라서 청지기라는 개념은 관계 유지와 유사한 의미라고 볼 수 있다.

관계 유지를 기본으로 하는 활동은 결국 미션 중심의 조직 활동과 직접적으로 연결된다. 관계 유지는 자신만을 생각하는 것이 아니라 상대방을 항상 고려해서 의사 결정을 한다는 의미이기 때문에, 미션에 충실한 조직은 자신

의 조직뿐만 아니라 공중을 향해 있는 조직의 미션을 조직 행동의 지침으로 활용한다. 미션에 기본을 둔 관계 유지 전략은 조직의 미션 달성을 통해서 공중과의 우호적인 관계 유지를 도모하는 것이다.

청지기 개념과 연관되어 많이 논의되는 관계 유지를 위한 프로그램은 조직 미션과 실행 사업의 연관성, 공중에 대한 책임성 유지, 공중과의 의사 소통 노력 및 진실성 고수, 공중에 대한 정보 공개와 활발한 공중 참여 유도 등을 포함한다. Brinckerhoff(2004)는 청지기 개념을 정의한 후, 비영리 조직에서 청지기의 역할을 담당해야 할 사람들을 세부적으로 나누기도 했다. 하지만 이러한 청지기 역할을 담당해야 할 사람들이 개별적으로 존재한다고 주장하기보다는, 다양한 공중과의 커뮤니케이션 전략 측면을 강조하면서 조직 차원에서 통합적으로 접근하는 것이 더 바람직하다고 말할 수 있다.

관계 유지 개념은 비영리 조직의 후원자 혹은 기부자와의 관계와도 밀접하게 관련되어 있다. 따라서 관계에 초점을 맞춘 커뮤니케이션 전략과 관련하여 후원자 혹은 기부자 관계에 대해서 좀더 자세히 알아보는 것이 필요하다. 여기서 기부자는 조직에 대한 유형 · 무형의 후원자들을 포함하는 개념이다. 우선 기부자를 그냥 돈을 주는 자선사업가 정도로만 생각하지 않는다면 좀더 적극적으로 그들과의 관계를 모색하는 것이 필요하다. 기부자는 자신의 가치와 비영리 조직이 추구하는 가치가 일치할 때 지갑을 연다(Dees, Emerson, & Economy, 2002). 기부자의 가치를 이해하고, 조직과 기부자의 가치를 일치시켜 나가는 것이 기부자를 투자자 혹은 관계 유지의 대상자로 대우하는 것이다. 즉 기부자에 대한 투자자 개념의 도입은 기부자와의 관계를 장기적으로 형성 · 유지 · 강화하겠다는 비영리 조직의 전략적인 행위를 의미한다. 즉 조직이 기부자에 대해 정성을 쏟아붓고cultivation, 자신이 가진 가치를 호소하며solicitation, 관계를 관리해 나가는 것stewardship이다(Dees, Emerson, & Economy, 2002).

따라서 새로운 기부자 관계는 우선 모든 조직 행위에서 기부자 중심의 접근이 필요하고, 책임 있는 조직 행위를 유지해야 하며, 무엇보다도 가치 중심적이어야 한다. 전통적으로 기부자를 장기적인 투자자로 보지 않는 접근은 조직의 요구 사항에만 초점을 맞추고, 단기적인 관계에 집중해 왔지만, 새로운 투자자 관계 접근은 조직보다는 기부자의 의도에 초점을 맞추고, 조직의 요구 충족보다는 사회의 이익 실현과 장기적인 관계 형성에 중점을 두게 된다. 또한 비영리 조직은 기부자의 입장에서 볼 때 책임 있는 조직 행위를 보여 주어야 한다. 즉 새로운 기부자 관계는 재정적인 책임성과 투명성, 즉각적인 보고 행위 등이 어우러져서 공중에게 신뢰를 줄 수 있어야 한다. 왜냐하면 현대 사회 공중은 적극적인 관계 정립을 통해 조직의 활동에 대해서 확신이 들 때만 기부행위에 돌입하기 때문이다. 마지막으로 이러한 모든 활동은 가치 중심으로 이루어져야 한다. 기부자 관계를 조직의 미션과 기부자의 가치가 공통되는 영역에 초점을 맞춤으로써 장기적인 관계가 형성될 수 있도록 해야 한다. 가치 중심은 조직의 기부자 관계에서 서로의 세계관에 공통되는 부분을 공유함으로써 장기적이고 상호 호혜적인 관계를 가능하게 한다.

가치의 영역과 관련하여 기부자들을 끌 수 있는 방법은 역시 조직이 얼마나 공중이 꿈꾸는 가치를 실현할 수 있느냐의 문제이다. 기업가 정신도 마찬가지인데, 기업가 정신을 가져야 한다는 것은 단순한 효율성이 아닌 사회적 영향력 확대 차원으로 바라볼 필요가 있다(Dees, Emerson, & Economy, 2002). 따라서 기금 조성도 조직을 위한 것이 아니라 이슈의 중요성에 의해서 판단받아야 한다. 여기서 이슈란 조직의 가치로 만들어 내는 사회적인 의제를 의미한다. 결국 진취적인 미션과 목적으로 무장한 비영리 조직은 이슈를 둘러싸고 같은 가치를 가진 기부자들과의 관계를 통해서 가장 효율적으로 조직의 미션과 공중의 가치를 실현시켜 나가려고 노력하게 된다.

기존의 기부자 관계와 관련한 커뮤니케이션 접근은 전술적이고 기술적인 차원에서 어떻게 메시지를 전달할 것인가에 초점을 맞추었다. 하지만 진정한 조직 커뮤니케이션의 목적은 단순한 메시지의 전달이 아니라 관계 형성relationship building 및 증진에 맞추는 것이 필요하다. 사실상 이러한 관계 형성을 목적으로 하는 커뮤니케이션 활동은 이 책의 목적과 일치한다. 기부자-투자자 시각의 접근도 관계 형성을 기반으로 기부자의 가치를 배양하고, 사회적으로 유익한 결과를 보여 주는 방향, 즉 조직과 기부자의 가치가 일치해서 관계가 유지되는 방향으로 발전하고 있다.

따라서 지금까지의 논의를 종합하면 조직으로서는 기부자 관계를 잘 하기 위해서 두 가지 목적, 즉 조직 행위에 가시적인 책임을 지는 부분과 가치를 추구하는 활동을 수행하는 것이 조화를 이루는 것이 무엇보다도 중요하다. 성과나 효율에 치우쳐서 재정적인 측면의 목적을 달성했다고 하더라도, 공중과의 가치 공유가 이루어지지 못하면 그러한 목표 달성은 장기적이고 지속 가능한 조직 행위가 되기 힘들다. 이러한 두 가지 목적이 조화되는 조직의 행위는 결국 사람들의 선량한 자선 행위charity에만 의존하는 것이 아니라 광범위한 조직 미션에 기반한 기부자와의 적극적인 관계 형성 노력이 중요함을 시사한다. 예를 들어 국제적인 아동구호단체에 기부하는 사람이 자신이 기부하는 돈이 어디에 어떻게 쓰이는지 확신할 수 없고, 비영리 조직의 가치 추구에 대한 확신이 들지 않는다면 계속해서 기부를 이어갈 동기를 잃고 만다. 따라서 비영리 조직의 장기적인 발전을 위해서는 적극적인 관계 유지가 무엇보다도 중요하다.

적극적인 관계 형성과 유지의 중요성은 기부자 혹은 후원자 관계에만 국한되는 것은 아니다. 마케팅 중심의 비영리 조직은 조직 중심의 전략 경영 마인드를 너무 무리하게 적용하려고 하다가 실패하는 경우가 많다. 비영리 조직에 더욱 중요한 것은 커뮤니케이션을 통해서 어떻게 공중과 가치를 공유하고, 변함없는 지지를 도출할 것인가를 고민하는 것이다. 관계 유지와 관련하여 커뮤니케이션의 중요성은 아무리 강조되어도 지나치지 않다. 관계를 기반으로 하는 비영리 조직의 커뮤니케이션 전략은 기부자 관계만을 기반으로 하는 것이 아니기 때문에 다양한 공중과의 관계를 동시에 고려하는 것이 무엇보다도 중요하다.

또한 비영리 조직에서 다양한 공중과 우호적인 관계를 유지하는 것은 안정적인 수입원을 확보하고 조직 생존의 기반을 다진다는 측면에서도 또한 중요하다. 비영리 조직은 기부자 관계뿐만 아니라 지역사회 관계, 정부 관계, 언론 관계 등에서 다양한 공중 관계를 상정하고, 이를 형성 · 유지 · 발전시키기 위한 조직의 전략적인 행위를 구상하는 것이 필요하다.

다시 캠페인 단계의 논의로 돌아와서, 커뮤니케이션 캠페인의 마지막 단계는 관계 유지인데, 관계 유지 단계는 자칫 단선적인 행위로 그칠 수 있는 비영리 캠페인을 순환적인 모델로 만들어 준다. 조사 → 계획 → 실행 → 평가를 거쳐 관계 유지 단계를 실행한다는 것은 캠페인을 통해서 형성된 사람들과의 관계를 다음 캠페인 단계로도 계속 이어가겠다는 의지의 표명이다. 비영리 커뮤니케이션 캠페인은 일회성으로 끝나는 것이 아니기 때문에 관계 유지 단계를 통해서 공중 관계를 지속적으로 강화해 나가는 것이 무엇보다도 중요하다. 따라서 관계 유지 단계를 위해서는 관계와 관련한 광범위한 이론적인 체계를 이해하고, 관계의 발전 단계에 맞추어 관계 유지 실행 프로그램을 짜는 것이 필요하다. 관계를 유지하기 위한 실행 프로그램은 보통 1) 관련 공중 및 캠페인 활동 성과 점검, 2) 관련 공중과의 현재 관계 정의, 3) 관계 유지 목표의 설정, 4) 관련 공중별 세부 프로그램의 확정 등의 순으로 짜는 것이 좋다.

따라서 전반적인 관계 유지 단계는 캠페인을 거쳐 형성된 공중별 관계를 유지하는 계획을 기술하고 향후 관계 유지를 위해서 필요한 프로그램 혹은 연속적으로 펼쳐 나가야 할 프로그램을 밝혀둔다. 이러한 프로그램은 현재 캠페인 과정 속에서 실행될 수도 있고, 다른 캠페인에 반영되어 지속적으로 펼쳐질 수도 있다. 마지막 단계에서는 캠페인 기획 과정에서 미흡했던 점을 설명하고 향후 후속 캠페인에 적용해야 할 개선점이나 제안 사항을 밝혀둔다.

한편 일반적인 관계 유지 전략 수립을 위한 기준과 관련하여 Stafford & Canary(1991)는 다섯 가지의 중요한 관계 유지 전략을 제시했다. 그것은 적극성positivity, 확신성assurances, 개방성openness, 의무 분담sharing tasks, 그리고 사회 네트워크의 형성social networks을 말한다. 이러한 전략은 비영리 조직의 관계 유지 과정에도 그대로 적용될 수 있다. 빈민 아동을 돕기 위한 복지기금을 모집하는 비영리 조직의 경우, 일단 캠페인 등을 통해서 기금을 내는 사람들과의 관계 형성을 시작했다면, 이어서 그 관계를 계속 유지하기 위한 프로그램을 연속하여 실행하는 것이 바람직하다.

이러한 과정에서 Stafford 등의 다섯 가지 전략을 응용한다면, 우선 적극적으로 비영리 조직에서 회원들에게 관심을 가지고 있다는 것을 보여 줄 필요가 있다. 소식지를 보낸다든지 정기적인 모임을 주선함으로써 회원들이 조직 활동에 얼마나 중요한 사람인가를 상기시켜 주는 것이 필요하다. 이와 함께 회원들에게 조직이 하고 있는 일의 가치를 확신하게 해 주어야 한다. 회원들의 기부금이 얼마나 사회적으로 가치 있는 일에 쓰이고 있으며 일단 형성된 관계에 대해 스스로 의미를 부여하는 확신이 들도록 하는 것이 필요하다. 그것은 분명하게 조직이 추구하는 가치를 전달하고 전체 사회가 추구해야 하는 가치와의 관련성을 밝히는 것이다.

또한 비영리 조직의 모든 재정 집행 상황을 개방하고, 회원들의 능동적인 참여로 조직 운영이 이루어지게 하는 것이 필요하다. 이와 함께 조직과 공중이 상호 협조하는 관계를 이루는 것이 필요한데, 이것은 적극적인 제안 시스템과 이를 수용하는 의사결정 구조를 만들고, 조직 차원에서 정책을 입안하고 회원들은 그것을 수동적으로 따르는 것이 아니라 회원들이 자유롭게 자치권을 행사할 수 있는 조직 구조와 시스템을 갖추는 것이다. 마지막으로 회원들이 사회적으로 가치 있는 일을 통해서 삶의 의미를 찾고 비슷한

표 9-2 비영리 조직의 공중 관계 유지를 위한 다섯 가지 기준

1. 적극성positivity
   - 조직 활동의 명확한 고지
   - 공중의 조직 활동 관련성 확대
2. 확신성assurance
   - 분명한 조직 가치의 이해
   - 사회 가치 달성과의 관련성 제고
3. 개방성openness
   - 재정 상태의 투명성
   - 능동적인 참여와 조직 진입 장벽의 제거
4. 의무 분담sharing tasks
   - 적극적인 제안 시스템을 통한 의사 결정
   - 자발적인 정책 제안과 유동적인 조직 구조
5. 사회 네트워크의 형성social networks
   - 회원 교류 확대
   - 자발적인 사회 시스템화

생각을 가진 사람들과의 교류를 통해서 궁극적으로 조직 활동을 사회 시스템화하는 것이 필요하다.

한편 인간 관계를 포함해서 관계는 변화의 욕구를 내포하고 있다(Thomilson, 2000). 따라서 관계가 변화의 욕구를 제대로 수용하지 못한다면 좋은 관계를 유지할 수 없다. 비영리 조직도 공중과 좋은 관계를 지속적으로 유지하기 위해서는 안이한 현실 대처로부터 탈피하는 것이 필요하며, 공중과의 관계를 끊임없이 점검하고 새로운 커뮤니케이션 양식을 탐색할 필요가 있다. 관계 유지를 위한 교훈은 고인 물은 썩는다는 것이다. 과거의 명성에 안주하여 공중 관계의 변화 욕구를 수용하지 못하는 비영리 조직은 생존하기 힘들다. 우리나라의 많은 비영리 조직에 해당되는 정의라고 할 수 있다.

형성된 관계에 대해서 유지 전략을 통해 관계를 호의적으로 유지하는 것이 필요하고, 몇 가지 발전 단계를 거친 다음, 관계는 그 결과를 함께 공유

하게 된다. 그러한 관계의 결과로서, 관계의 진전과 관련한 마음을 공유하는 상태, 호감, 상대방에 대한 헌신, 관계에 만족하는 정도와 같은 감정적인 상태를 공유하게 된다(Canary & Stafford, 1992). 이러한 관계의 결과는 서로가 사용하는 유지 전략과 밀접하게 연결되어 있으며, 어떤 유지 전략이 이루어지느냐에 따라서 서로의 공감 정도가 결정된다.

비영리 조직에서 관계 유지 전략이 중요한 이유는 커뮤니케이션 활동의 목적이 계속적으로 관계를 유지해 나가야 하는 데 있기 때문이다. 모든 비영리 조직의 커뮤니케이션 캠페인은 기존 공중을 바탕으로 한 관계 유지 전략과 새로운 공중에 대한 관계 형성 전략이 순환적으로 이루어지는 계속적인 모델을 형성하게 된다. 관계의 결과들은 이러한 순환적인 커뮤니케이션 활동이 원활하게 이루어졌을 때 자연스럽게 나타나게 된다. 따라서 비영리 조직의 기부 활동의 경우에 신규 기부자를 모집하는 것도 중요하지만 기존 기부자들을 유지하는 것 또한 매우 중요한 일이다. 커뮤니케이션 캠페인의 목적은 관계 형성과 관계 유지가 선순환 구조가 되도록 노력하는 것이다.

비영리 조직과 관련된 관계 유지 전략으로 가장 많이 인용되거나 참고로 삼는 전략이 4R 활동을 기본으로 하는 청지기 전략stewardship이다. 청지기 전략 혹은 관계 유지 전략은 커뮤니케이션 캠페인 등을 통해서 형성된 관련 공중과의 관계를 유지하는 비영리 조직의 커뮤니케이션 행위를 의미한다. 좋은 관계를 유지하기 위해서는 호혜reciprocity, 책임responsibility, 보고reporting, 관계 증진relationship building 등의 4R 전략이 필요하다.

호혜는 비영리 조직이 어떤 형태로든 관련 공중으로부터 지원 의사를 받았을 때 적극적으로 감사를 표시함으로써 상호 호혜적이며 즉각적인 반응이 나올 수 있는 관계를 유지한다는 것이다. 책임은 조직에 지원 의사를 가진 공중을 대상으로 사회적인 책임을 다하는 행위를 보여 주는 것이다. 다음으로 보고는 정보의 공개와 관련되어 있는 것으로 조직과 직·간접적으로 관련을 맺고 있는 공중에게 조직이 하고 있는 일을 가감 없이 알려 주는

표 9-3 관계 유지를 위한 4R 전략

호혜reciprocity
책임responsibility
보고reporting
관계 증진relationship building

것이다. 이는 비영리 조직의 조직 활동 공개와 공중의 조직 의사결정 활동에의 참여를 의미한다.

마지막으로 관계 증진은 지금까지 논의되었던 관계 유지를 위한 전략과 그 밖의 모든 수단을 동원하여 비영리 조직의 운영 초점을 관계를 형성하고 유지하는 데 맞추어 간다는 것이다. 관계 증진을 위해서는 사실상 호혜, 책임, 보고의 원칙을 뛰어넘을 필요가 있다. 그러한 원칙에는 관여도의 증진involvement 등이 포함될 수 있다. 정보 제공과 함께 해당 비영리 조직에 대한 관심을 유지하는 방향으로 조직 행위를 기획함으로써 관계 증진을 극대화할 수 있다. 사실상 청지기 이론은 관계 유지를 위한 포괄적인 원칙을 보여 주기 때문에 관계 유지 전략을 수립할 때 상황에 따른 세부적인 아이디어로 다양하게 적용할 수 있다. 결국 비영리 조직이 캠페인 혹은 커뮤니케이션 활동을 펼쳐가는 것은 사회 구성원과 좋은 관계를 형성, 유지하기 위해 노력하는 것이기 때문에 청지기 이론은 그러한 원칙을 충실히 보여 주고 있는 셈이다.

결론적 요약

지금까지 대략적으로 18단계로 나누어 비영리 조직의 커뮤니케이션 캠페인을 전략 기획하는 과정을 살펴보았다. 이러한 전략 기획은 단계가 확실하게 정해져 있다기보다는 전술한 단계들을 기반으로 얼마든지 창의력을

미니 케이스 분석 9-1

공중 관계 유지의 중요성

– 에코 붓다, "빈 그릇 운동" –

사단법인 에코 붓다는 생명 존중 사상을 중심으로 하는 불교의 근본 가르침을 토대로 시민과 학생을 대상으로 한 다양한 교육과 수련 프로그램을 진행하는 환경교육단체이다. 에코 붓다는 2005년 빈 그릇 운동을 주창했는데, 이 운동은 생활 속에서 음식을 남기지 말자는 약속을 하자는 의미에서 100만인 서명운동을 벌였다. 홈페이지에 따르면 2005년 12월 이 운동의 목표는 어렵지 않게 달성한 것으로 기술되어 있다. 현재 학교, 기업, 군대, 지자체, 종교계, 시민 사회단체, 정부 등이 함께하고 있고, 150만 명이 서약에 동참한 것으로 나와 있다. 이후의 계획을 보면 한국의 사례를 바탕으로 지구촌 환경과 기아 해결을 위한 운동으로 이어가겠다는 비전을 밝히고 있다.

수치화된 목표치의 달성은 캠페인의 성공을 의미하지만 비영리 조직의 캠페인으로서는 조금 찜찜한 면이 있다. 이러한 운동에서 중요한 것은 서약인의 숫자가 아니라 음식물 쓰레기의 양이 얼마나 줄었으며, 얼마나 생태 환경에 도움이 되는 생활 태도로 참여자들이 바뀌었는가 하는 점이다. 하지만 이 캠페인은 너무 서약인의 숫자에 집착하다 보니 정작 더 중요한 것을 놓치고 있다는 생각이 든다. 만약 캠페인에 참가하는 단체나 개인의 음식물 쓰레기 양을 일정량 줄이게 하고, 그것을 인터넷 상에 계속 기록하게 한다면 오히려 실질적인 성과를 거둘 수 있었을 것이라고 생각한다. 우리나라의 많은 캠페인이 서약운동을 활용하는데 이는 지지자를 확보한다는 면에서 중요하지만, 사후 관리가 안 되어 실질적인 효과를 올리지는 못하는 경우를 많이 발견하게 된다.

캠페인 과정에서 관계 유지 단계가 중요한 이유가 여기에 있다. 100만 인 서명운동이 쓰레기 줄이기 국가 정책으로의 전환, 생태 환경 살리기, 음식물 쓰레기 줄이기 생활문화화 등으로 이어지기 위해서는 서약에 참여했던 사람들과 사후에 어떻게 관계를 잘 유지하느냐가 관건이 된다. 현재의 자료에 의하면 에코 붓다의 빈 그

룻 서약운동은 서약 후의 관계 유지 전략이 보이지 않는다. 지속적으로 정보를 제공하기 위한 뉴스레터의 경우도 단순한 새 소식 정도의 소식지로는 곤란하고, 지속적인 관심과 서약 후의 생활을 바꾸어 갈 수 있는 안내서가 되어야 한다. 또한 서약을 개인적으로 지킬 수 있도록 유도할 수 있는 장치들을 마련해야 하고, 에코 붓다의 다른 생태 환경사업과의 참여도 이어가게 해야 한다.

물론 이러한 관계 유지와 호혜 전략의 밑바닥에는 기부금이 어떻게 사용되고 있으며, 에코 붓다의 생태사업이 어떻게 진행되고 있는지 상세히 보고해 주는 일도 잊지 말아야 한다. 단체 서약의 경우에는 실질적으로 음식물 쓰레기 정책을 펼치고 있는지 점검하고, 서약을 실천하는 단체에는 일정한 인센티브를 줄 수 있도록 아이디어를 짜내야 한다. 많은 비영리 조직이 처음 설정한 목표의 달성을 위해서 모든 열정을 쏟은 다음에 그러한 에너지가 장기적인 캠페인으로 이어지는 데에는 무관심한 경우가 많은데, 이는 비영리 캠페인에서 관계 유지의 중요성을 망각하기 때문에 발생하는 것이다. 관계 유지로 이어지지 않는 어떠한 반짝 성공도 진정한 성공으로 칭송받을 수 없는 이유가 여기에 있다.

발휘하는 것이 가능하다. 다만 설명한 단계 구분이 모든 캠페인 기획에서 공통적으로 적용될 수 있는 것이고, 가장 기본적인 내용을 반영하고 있다고 할 수 있다. 이러한 캠페인 기획은 비영리 조직이 사회적인 목소리를 강화하고 자원의 열세를 극복할 수 있는 한 가지 방법을 제시한다. 하지만 더 중요한 것은 이러한 방법을 사용할 때 얼마나 조직의 미션과 공중 관계, 조직 구성원의 표현 욕구 실현과 같은 원칙이 잘 지켜질 수 있느냐 하는 것이다. 커뮤니케이션 캠페인의 방법이 너무 기계적으로 또는 기능주의적인 목적 달성에 무조건적으로 사용된다면 이는 장기적인 차원의 시민운동 실패와 우리 사회 또 다른 갈등의 증폭 장치로 변질될 수 있음을 항상 기억하는 것이 필요하다. 어떤 경우에도 수단이 목적을 잠식해서는 안 된다.

에필로그

이 책에서 영리 조직을 중심으로 논의된 전략 경영, 사회 마케팅과 같은 개념을 왜 비영리 조직에 그대로 적용하기가 어려운지 설명했다. 시장과 소비자를 중심으로 이루어지는 성장, 판매, 촉진, 확산 전략은 공공의 이익과 사회적인 미션을 중심으로 이루어지는 비영리 조직에 그대로 적용되기는 어렵다. 비영리 조직의 발전 방안으로 논의되어 온 전략 경영이나 사회 마케팅의 효용에는 과장된 측면이 있다. 비영리 조직이 단순한 마케팅 지향적 조직으로 변모하기는 어려우며, 마케팅 전략을 통한 시장 세분화, 목표 시장 선점, 포지셔닝 관리 등도 그대로 적용하기에는 비영리 조직의 존립 이유와 일치하지 않는 경우가 많다. 따라서 전략 경영과 사회 마케팅의 계획 수립, 가격 정책, 마케팅 유통 경로 관리, 목표 효율성 평가 등은 비영리 조직의 활동과 조응하지 못하는 경우가 대부분이며, 무리한 적용이 오히려 관련 공중과의 우호적인 관계를 악화시키는 잘못을 범할 가능성도 상존한다. 하지만 아직까지 비영리 조직의 활동과 관련하여 전략 경영이나 마케팅이라는 용어가 대부분 쓰이고 있을 뿐 아니라, 우리나라의 많은 비영리 조직은 전략 경영이나 마케팅에서 현재 처해 있는 어려움을 극복하기 위한 해답을 찾으려 한다. 참으로 안타까운 일이다.

이 책은 전략 경영과 마케팅 의존에서 벗어나 비영리 조직의 커뮤니케이션 접근을 새로운 방법으로 제시하고 있다. 첫째, 이 책은 비영리 전략 경영, 비영리 사회 마케팅의 한계를 극복하고, 공중 관계를 둘러싼 커뮤니케이션 행위를 통해서 비영리 조직의 역량을 강화하는 방법을 논의했다. 둘째, 비영리 커뮤니케이션은 구체적으로 조직의 미션과 구성원의 표현 행위를 극대화하여 내·외부 공중과의 우호적인 관계를 장기적으로 유지하고, 조직 활동의 효과 효율성을 높이게 된다. 이 책은 그러한 활동을 위한 전체적인 프레임워크를 제시했다. 셋째, 이러한 비영리 커뮤니케이션 프레임워크에서 지금까지 비영리 조직이 주로 의존해 왔던 관성적인 방법이나 갈등 의존형 커뮤니케이션 수단이 얼마나 효과적이지 못했는가를 설명하고, 새로운 커뮤니케이션 캠페인 방법을 구체적으로 제시했다. 마지막으로 비영리 조직의 커뮤니케이션 캠페인은 지금까지 비영리 조직이 의존해 왔던 갈등 의존형 커뮤니케이션에서 벗어나 구체적으로 비영리 조직의 목소리를 강화할 수 있는 방법을 제시한다. 비영리 커뮤니케이션 캠페인은 조사 → 계획 → 실행 → 평가 → 관계 유지의 순환적이고 일관된 커뮤니케이션 행위를 통해서 조직을 둘러싼 공중과의 관계를 형성, 유지, 발전시키고, 조직 미션을 장기적인 관점에서 달성할 뿐 아니라, 생활 속에서 시민과 참여자들의 표현 욕구를 강화할 수 있는 실질적인 방안으로서 제시되었다. 비영리 커뮤니케이션 캠페인이 전략 경영과 마케팅의 한계를 극복하고, 갈등 위주 커뮤니케이션에서 벗어나 공중 관계 위주의 지속적이고 장기적이며 좀더 효과적인 커뮤니케이션 활동으로 전환하는 데 기여할 수 있기를 기대한다.

비영리 조직에는 각종 시민사회단체, 학교, 병원뿐만 아니라 교육, 아동 청소년, 환경, 지역사회 등의 쟁점과 관련된 활동을 하는 모든 시민 조직,

지역사회 조직을 포괄한다. 우리 사회의 미래 희망이 이들에게 있으며, 이들이 사회적으로 힘의 열세를 극복하고 사회의 이슈 경쟁을 주도하는 한 축으로 떠오를 수 있을 때, 우리 사회의 민주주의는 지속적인 발전이 가능할 것이다. 그런 의미에서 이 책에서 주장하는 커뮤니케이션 활동이 우리 사회의 희망과 미래를 이끌어 가는 내부 동력이 되기를 바라는 마음이다.

비영리 조직의 커뮤니케이션 활동은 기업이나 정부의 커뮤니케이션 활동과 다른 의미를 가진다. 즉 정부나 기업은 경제적인 혹은 자원의 독점을 기반으로 커뮤니케이션 활동을 하지만, 비영리 조직은 그러한 자원이 확실히 부족하다. 그렇다면 어떻게 공중과 커뮤니케이션할 것인가? 그것은 사회문화적인 자본이 기본이 된 커뮤니케이션 활동이 필요함을 보여 준다. 비영리 조직이 이러한 사회문화적인 자본을 확충하기 위해서는 첫째, 조직의 정당성을 확보하려는 노력이 필요하다. 기업이나 정부에 비해 조직의 정당성을 확보하는 것이 사회적인 영향력을 높임으로써 경쟁력을 강화하게 된다. 브랜드 가치, 평판, 관계성 이런 개념들이 모두 유용하게 쓰일 수 있다. 물론 정치적인 영향력은 비영리 조직의 커뮤니케이션 활동을 통해서 비로소 구현될 수 있다.

둘째, 많은 경제적인 투자를 요구하지 않는 풀뿌리 시민 조직을 탄탄하게 다지는 것이 필요하다. 비영리 조직의 힘은 경제력이나 정치 권력에서 나오는 것이 아니라 사람에게서 나온다. 즉 자발적인 참여 인원volunteering을 통해 기본적인 활동을 보장받으면서 영향력 확대의 기반으로 활용하는 접근이 필요하다.

셋째, 커뮤니케이션 활동의 창의성이다. 프로그램의 창의성이 보유 자원의 차이를 극복할 수도 있고, 이슈 경쟁을 위한 힘을 부여한다. 자원의 열세를 극복하고 여론을 동원할 수 있는 힘은 창의적인 커뮤니케이션 활동이다. 이러한 창의성은 공중의 인식을 여과 없이 이해하면서 비영리 조직과 공중이 진심으로 공유할 수 있는 이슈, 상징, 프로그램, 메시지 등을 만들어 내는 것이다.

넷째, 미디어를 공론의 장으로 충분히 활용하는 것이다. 기존 언론이 정파적이기는 하지만, 한편으로 누군가 반대 의견을 말해 줄 수 있는 측이 필요하기도 하다. 따라서 기존 언론도 비영리 조직의 힘이 강화되면 이슈 경쟁의 도구로 이용될 수 있다. 하지만 현실적으로 우리나라의 전통 매체들이 이러한 소스 경쟁source competition을 편견 없이 받아들일 수 있다고 생각하기는 어렵다. 다만 전통 매체들이 여론 시장을 형성하고 어마어마한 권력을 행사하는 현실에서 비영리 조직 입장에서는 커뮤니케이션 캠페인을 통해서 전통 매체들에게 지속 가능한 압력 수단으로 작용할 수 있는 사회적인 정당성을 확대해 나가는 수밖에 없다.

미디어와 관련한 변화의 움직임은 주목할 만하다. 이제 우리나라 사회 상황에서 여론을 선도할 수 있는 폭발력을 지닌 미디어는 인터넷을 비롯한 뉴미디어들이다. 따라서 기존 언론에 대한 의존보다는 창의적으로 자신의 미디어를 만들어 가는 것도 매우 중요하다. 이제 점차적으로 미디어와 소스를 구분하는 것은 의미가 없어지고 있으며, 미디어 게이트키핑gatekeeping을 통한 소스 경쟁은 구세대 방식이 되어 가고 있다. 트위터twitter와 같은 새로운 형태의 미디어를 통한 정보 전달과 여론 형성이 기존 매체의 영향력을 넘어설 날이 사실상 얼마 남지 않았다. 새로운 기술과 인터넷의 발달로 인해 개인 미디어, 시민 미디어, 인터넷 공론의 장의 기회가 계속 커지고 있는 만큼, 비영리 조직이 이를 커뮤니케이션 활동에 적용하는 것은 또 다른 기회라고 할 수 있다.

한편 민주주의가 완벽한 제도인가에 대해서는 여러 가지 반론이 있을 수 있지만, 지금까지 인류가 찾아낸 가장 좋은 제도라는 데는 이견이 없다. 하지만 현대 사회는 이러한 민주주의라는 미명 하에, 혹은 민주주의가 안고 있는 위험성을 제거해야 한다는 미명 하에 너무나도 거대하고 강력한 권력 유지와 권위주의의 요소들이 민주주의 제도를 왜곡하고 사회적인 약자를 억압하고 있다. 민주주의를 수호한다는 미명 하에 행해지는 선전propaganda 도구들은 너무나도 은밀하고 광범위해서 일반인은 자신들이 조작되고 있다는 느낌조차 가지지 못한다. 오히려 기존의 권력자들이 내세우는 자유, 시장 경제, 애국심, 민족주의 등에 세뇌되어 스스로 이러한 개념의 수호자가 되어 민주주의의 적들과 싸워야 한다는 전투심에 불타고 있다. 차라리 독재자나 권위주의 통치자들은 힘으로 밀어붙였기 때문에 지금과 비교하면 간결한 투쟁의 대상이 되었다.

하지만 현대 사회 기존 권력은 힘으로 밀어붙일 수 없다는 것을 너무나도 잘 알고 있기 때문에 모든 선전 도구를 이용하여 사람들의 여론을 조종하고, 이를 통해서 자신이 가진 기존 권력 구도를 유지하려고 애쓴다(Carey, 1995). 현대 사회의 투쟁은 힘이 아니라 여론 조작이다. 이를 선전 도구라고 정의하는 것은 언론, 광고, 홍보 등의 활동뿐만 아니라 교육, 산업, 여가 및 체육, 문화 등 모든 사회 분야에서 자신도 모르는 사이에 광범위하게 이러한 활동이 이루어지고 있기 때문이다. 현대 사회의 대부분의 제도, 사회 규범, 법률, 경제 활동 등은 이러한 선전 도구에 순치되어 있다. 아이러니한 것은 이러한 모든 선전 활동이 민주주의라는 이름으로 자유와 시장 경제, 정의와 국가 수호라는 명목으로 너무나도 당당하게 행해진다는 것이다.

우리나라에서 이러한 선전 활동이 더욱 문제가 되는 것은 그나마 이러한 선전 도구를 견제하고 공론의 장을 넓혀야 할 언론이 전혀 제 역할을 못해주고 있기 때문이다. 국가 권력과 경제 권력의 통합에 따라 언론의 눈치보기는 더 심해졌으며, 오히려 광범위한 선전 도구로 스스로를 자임하는 경우가 생기고 있다. 더욱이 사회 각 분야의 통합된 여론 조작이 가능해짐에 따라 선과 악의 구도를 명확하게 나누는 선전 활동이 가능해졌다. 우리 사회 대부분의 이슈 논의들이 극단적이고 양극화되어 있다는 것은 그만큼 기존 권력이 자신들의 논리를 전파하기가 쉬워진다는 것을 의미한다. 우리 사회에서 자유 시장 논리에 따라 사회단체 활동, 문화예술 활동, 학술 활동 등의 정당성을 비합리적으로 재단하는 행위들은 대부분 이와 깊이 관련되어 있다.

물론 모든 조직, 단체, 사람들은 선전 활동을 한다. 누구나 선전 도구를 가지고 싶어하고, 여론을 자신에게 유리한 방향으로 이끌고 싶어한다. 따라서 이 책에서 어떤 특정 정파나 조직, 단체들이 하는 선전 활동은 나쁘고, 반대편의 선전 활동은 좋다는 주장을 하는 것은 아니다. 다만 기존의 권력과 권위주의가 여론 조작을 통해서 사회적인 공론 형성을 가로막고, 일방적으로 선과 악으로 구분하는 것은 잘못임을 지적한 것이다. 문제는 다양성이다. 다양한 조직, 단체, 사람들이 서로가 자신의 의견을 자유롭게 말할 수 있고, 본래 선과 악이 나뉘어 있는 것이 아니라 대화를 통해서 사회적인 규범을 형성하고 상대방의 생각을 존중하면서 이슈에 대해서 사회적인 합의를 이루어 갈 수 있어야 한다. 이런 의미에서 선전에도 좋은 선전이 있고 나쁜 선전이 있을 수 있다. 나쁜 선전은 일방적으로 여론을 조작하면서 사회 공론의 장을 억압하지만, 좋은 선전은 자신의 의견을 개방하고 공론의 장에 자유롭게 참여하면서 상대방과 공정한 의견 경쟁을 벌이는 것이다.

비영리 조직도 지나치게 목표 지향적인 측면을 강조하다 보면 나쁜 선전의 유혹에 빠지기 쉽다. 선전의 유혹에 빠지지 않기 위해서는 공중과의 커뮤니케이션이 항상 우선해야 한다. 이 책에서 선전propaganda이라는 말 대신에 커뮤니케이션이라는 말을 쓴 것은 선전이 가지고 있는 현실적인 함의connotations가 부담스럽기도 했지만, 모든 조직의 목소리들이 여론 조작이 아니라 공론의 장을 풍부하게 하기 위해서 힘을 쏟아야 한다는 것을 강조하기 위한 것이다. 커뮤니케이션의 가장 근접한 우리말은 소통疏通이다. 하지만 사회적으로 힘이 약한 사람들이 자신의 목소리를 낼 수 없다는 것은 이러한 커뮤니케이션이 이루어질 수 없고, 사회적인 공론의 장이 형성될 수 없다는 것을 의미한다. 이것은 민주주의의 위기이다. 따라서 이제 비영리 조직의 소통 능력은 민주주의를 지탱하는 힘이다.

이 책은 그런 의미에서 힘이 약한 사람들이 어떻게 힘을 강화하여 공론의 장을 확대할 것인가를 염두에 두고 씌어졌다. 자유 시장의 논리가 힘이 약한 종업원들에 대한 해고를 언제나 정당화할 수는 없다. 노조는 경제 발전을 가로막는 세력이고, 공정한 분배가 언제나 자유를 침범하지는 않는다. 은연 중에 형성된 사회 정의의 개념들이 자의적으로 사회적인 악을 생성하고 비난할 수는 없다. 언론이 자연스럽게 여론을 형성하기보다는 정파성에 머물면서 편파적으로 여론을 주도하는 데 더 신경쓰고 있을 때, 우리 사회 공론의 장은 축소되거나 붕괴될 수밖에 없다.

따라서 해답은 정의로운 언론이나 공정한 공론의 장 제공에 있지 않다. 공정성과 객관성에 기반한 저널리즘 원칙을 강조하는 해법은 너무 순진하거나 아니면 현실을 무시한 것이다. 결국 사회 공론의 장을 확대하고, 시민의 참여를 통한 소통의 광장을 열기 위해서는 힘이 약한 사람들이 자신의 목소리를 갖기 위해서 노력해야 한다. 힘이 약한 쪽이 사회 세력 누구도 무시할 수 없는 힘을 가지게 된다면, 사회 이슈에 대한 균형된 시각을 유지하는 것이 가능해진다. 이러한 상황에서 언론도 힘이 약한 쪽을 무시하기 힘들게 되며, 인터넷을 비롯한 개인 미디어 시대의 강화까지를 생각한다면 언론조차도 감시와 견제를 받아야 하는 진정한 공론의 장이 형성될 수 있다.

현대 사회 문제를 해결하기 위해서는 커뮤니케이션 공론의 장이 형성되고, 사회 합의를 이끌어 내는 숙의민주주의deliberative democracy의 발전이 필요하다. 그런데 커뮤니케이션 공론의 장이 활발하게 형성되기 위해서는 공론의 장에 접근하는 관련 주체들의 접근성 평등이 필수적이다. 하지만 현대 사회 많은 이슈들은 공론의 장을 형성하는 것처럼 보이지만 유사 공론의 장pseudo public sphere일 가능성이 농후하다. 이는 관련 주체들 간에 힘의 불평등이 엄연히 존재하기 때문이다. 따라서 활발한 공론의 장을 유도하기 위해서는 힘이 약한 사람들, 커뮤니케이션 접근성이 약한 사람들에게 힘을 부여하려는 노력이 무엇보다도 중요하다. 공론의 장에서 힘의 균형이 이루어지지 못한다면 공정한 여론을 형성하는 것도 어렵다.

사회적인 이슈를 둘러싼 공정한 소스 경쟁은 어느 한쪽의 일방적인 독주를 견제하면서 사회적인 의사결정이 가져올 수 있는 모든 측면들을 고려하게 한다. 따라서 공론의 장을 통한 건전한 소스 경쟁은 민주주의의 위기에 대한 실질적인 대안이 될 수 있다. 이를 위한 전제 조건은 무엇보다도 힘이 약하고 공공의 이익을 지향하는 사람들이 힘을 가지게 되는 것empowerment이다. 비영리 조직의 커뮤니케이션 활동이 가지는 의미는 이러한 힘의 균형 회복과 이를 통한 진정한 소스 경쟁과 공론의 장 확장에 모아진다.

현대 사회의 문제를 해결하기 위해 개인이 스스로 힘을 합쳐 조직을 만들어 가는 상황에서, 시민단체를 포함하여 비영리 섹터 조직의 공론의 장에 대한 접근 강화와 영향력 확대는 가장 현실적인 해결 과제이다. 이는 관련 주체 간 힘의 균형을 맞추어 주려는 실질적인 노력이며, 활발한 사회 커뮤니케이션을 유도하려는 노력과 연결된다. 사실 비영리 조직의 힘power 혹은 영향력은 커뮤니케이션에서 나온다. 눈에 보이는 자원이 열세인 상황에서 커뮤니케이션을 통해서 사회정치적 영향력을 확대하고, 공중과의 네트워크 강화를 통해서 지속적인 미션과 가치를 유지하는 것이 가능하다. 따라서 비영리 조직은 효과적인 커뮤니케이션 전략을 통해서 사회적인 영향력을 강화하고, 사회적인 공론의 장을 활발하게 한다. 물론 정부 등 공공단체가 커뮤니케이션 활동을 통해서 사회적인 가치를 실현하고자 하는 경우에도 이 책에서 말하는 커뮤니케이션 전략이 이용될 수 있다. 하지만 이 책의 비영리 커뮤니케이션 캠페인 방법론은 사회적으로 힘이 약한 비영리 조직이 힘 강화 전략을 통해서 공론의 장을 확장하는 과정에 좀더 초점을 맞추고 있다.

우리나라의 언론 상황을 보면, 공론의 장 축소가 두드러진다. 이미 대기업이 광고를 이용하여 언론에 전방위로 압박을 가하고 있으며, 정부를 비롯한 권력기관의 여론 조작, 언론 및 인터넷에 대한 압력 행사 등이 심각한 사회 문제가 되고 있다. 현재 활발하게 논의되고 있는 미디어법을 둘러싼 논란도 진정한 여론 형성 기능이 위축될 수 있다는 가능성에 주목한 것이다. 여론 형성을 둘러싸고 관련 조직의 선전 기능을 강화하는 것은 어쩔 수 없는 일이다. 하지만 문제는 그것이 여론을 조작하는 선전이 아니라 개방적인 공론의 장을 형성하고 자유로운 의견 개진이 이루어지는 커뮤니케이션 행위가 되어야 한다는 것이다.

분명한 것은 커뮤니케이션에 선전적인 요소가 있고 그러한 선전의 유혹을 벗어나기 어려운 측면이 있다는 것이다. 사회의 대중 동원 원리와 집단 심리를 꿰뚫고 있는 상황에서 대중의 마음을 자기 마음대로 움직여 보고 싶다는 유혹을 벗어나기는 쉬운 일이 아니다. 하지만 이런 활동들도 어떤 원칙과 절제 속에서 행해져야 한다. 그렇다면 원칙은 당연히 개방된 공론의 장과 자유로운 소스 경쟁에 주어져야 한다. 이 책에서 다룬 커뮤니케이션 캠페인도 나쁘게 사용된다면 여론 조작의 유혹에 빠질 수 있다. 하지만 이 책을 통틀어 제시하고 있는 원칙들을 준수하면서, 조직의 이익만을 위하는 커뮤니케이션 활동이 되지 않도록 스스로 경계한다면 사회 공공의 이익과 민주주의의 발전에 기여할 수 있다.

이 책에서 아쉬운 점은 비영리 조직의 능동적인 커뮤니케이션 캠페인 노력만 강조했다는 것이다. 사실 비영리 조직도 규모가 커지고 많은 사회 활동을 하다 보니 위기 상황이 닥칠 수 있다. 전체 비영리 조직의 활동을 조망하기 위해서는 평상시 커뮤니케이션 노력과 함께 위기시에 어떻게 대응할 것인가를 함께 고민해야 한다. 예를 들어 미국의 적십자사 같은 경우, 기부금 유용 등의 사건으로 인해서 평판이 하락하고, 그것이 기금의 고갈로 나타나고 있다. 우리나라도 사회복지 공동모금의 경우, 기업의 지원을 받아 과도한 본사 건물을 지으려고 하다가 문제가 된 적이 있다. 또한 우리나라 적십자사의 기금 고갈과 혈액 고갈 사태의 경우도 비영리 조직이 커뮤니케이션 위기 상황에 직면할 수 있다는 것을 보여 준다. 비영리 조직도 위기 상황으로부터 자유로울 수 없으며, 위기를 잘 예방하고 대응했을 때 자신들의 미션을 성공적으로 이루어 갈 수 있다. 따라서 비영리 조직의 위기 상황, 쟁점 대결 상황, 구성원 갈등 상황 등 세부 분야별 위기 커뮤니케이션 활동에 대한 좀더 심도 깊은 논의가 필요하다. 광범위하지만 위험, 위기 갈등관리와 관련한 종합적인 논의는 김영욱(2008)을 참조할 수 있다.

한편 비영리 커뮤니케이션과 관련한 논의는 직업 세계로 발전하고 있는 공중 관계 커뮤니케이션의 발전 방향과도 연결된다. 현재 공중 관계 커뮤니케이션과 관련한 업무를 하고 있는 홍보, 광고, 마케팅, 인터넷 관련 산업에서는 공중 관계 활동의 사회적인 의미에 대해서 종종 의문점을 표시한다. 대부분은 공중 관계 커뮤니케이션이 사회적인 강자의 논리를 강화하는 데 이용되기 때문이다. 특히 직업 세계는 기존 언론 위주의 활동에서 벗어나지 못하다 보니 업무의 한계와 언론인과의 업무 관련 갈등이 속출하고 있다. 특히 여론 형성과 관련한 선전적 특징이 강자의 논리를 강화하기 위한 조작의 의미로 다가오기도 한다.

하지만 공중 관계 커뮤니케이션의 사회적인 의미에 대해서 정작 직업인들이 적극적인 의미 찾기를 포기한 채, 그것을 주어진 상황으로 그대로 받아들이는 것이 문제를 더 심각하게 만든다고 할 수 있다. 직업에 대한 존엄이나 의미는 스스로 찾아야 하는 것이지 외부로부터 주어지는 것이 아니다. 공중 관계 관련 직업인들이 스스로 의미 찾기는 포기한 채 언론과의 위계성에서 오는 갈등이나 조직 중심 활동에서 발생하는 공공성의 결여에 대해서 외부적인 조건이 나아지기만을 기다리는 것은 어불성설이다. 비영리 조직의 공중 관계 커뮤니케이션 활동은 이러한 기존 활동의 단점을 보완해 줄 가능성을 가지고 있다. 최근 언론에 비영리 커뮤니케이션의 새로운 세계를 경험한 사람의 이야기가 게재되었다. 다음의 이야기는 홍보, 광고, 마케팅, 인터넷 등 커뮤니케이션 관련 직종에서 비영리 분야가 직업으로서 사뭇 중요하다는 것을 보여 준다.

5년 전만 해도 스콧 해리슨Scott Harrison(33)의 삶은 화려한 밤이 지배했다. 미국 뉴욕 맨해튼의 나이트클럽과 패션쇼 홍보 담당이었던 그는 BMW를 몰고 호화스러운 아파트에 살면서 술과 마약에 절어 지냈다. 그러나 행복하지 않았다. 인생을 바꿔 보고 싶어서 선택한 것이 서아프리카행行이었다. 극빈국 의료 봉사단체인 '자비의 배Mercy Ships'의 사진사를 자원해 여러 의사들과 함께 아프리카로 향했다. 풍요로운 삶을 버리고 메스를 잡은 의사들을 보면서 그는 다시 태어났다. "내가 얼마나 이기적이고 비참한 인간이었는지 깨달았다." 해리슨의 카메라에 처음 잡힌 것은 서아프리카 베냉의 열네 살 소년 알프레드였다. 입 안에 가득 찬 1.8kg짜리 종양 때문에 숨조차 제대로 쉬지 못하는 알프레드를 보고 그는 구석으로 가서 흐느꼈다. 2년 뒤 2006년 뉴욕으로 돌아온 그는 빈털터리에 친구 집 소파에서 잠을 청하는 신세가 됐다. 그러나 돈을 잃은 그에게 꿈이 생겼다. 뉴욕의 화려한 이벤트를 위해 쏟았던 자신의 '홍보'와 '마케팅' 재능을 가난한 나라의 소중한 생명을 구하는 데 발휘할 수 있다는 것을 알게 됐기 때문이다. 빈국 원조에 가장 어려운 관문은 '홍보'였다. 자칫 싫증나고 딱딱한 주제인 기부를 어떻게 호소력 있게 전달하느냐가 관건이었다. 해리슨은 '자선: 물charity: water'이라는 구호단체를 세웠다. 3년 만에 1,000만 달러가 들어왔다. 기부자는 5만 명에 이르며 아프리카와 아시아의 100만 명에게 깨끗한 물을 제공하게 됐다. '자선: 물' 트위터의 실시간 소식을 받는 이들은 50만 명에 달한다. 유엔의 트위터를 따르는 이가 3,000명이라는 점에 비춰보면 놀라운 관심이다. 뉴욕의 시내버스는 '아프리카에 깨끗한 물을 전해 주자'는 그의 메시지를 담은 무료 광고판을 달고 달린다. 뉴욕타임스 칼럼니스트인 니콜라스 크리스토프Nicolas Kristof는 12일 '깨끗하고 섹시한 물'이라는 칼럼을 통해 세상을 변화시키는 해리슨의 놀라운 힘을 소개했다. 해리슨이 빈국 구호를 '섹시하게' 전달한 비결은 세 가지다. 첫째, 가장 헌신적인 500명의 기부금으로 행정 비용을 조달하고, 새 기부금은 전액 현장 구호에 썼다. 둘째, 기부의 기쁨을 맛볼 수 있도록 기부자는 자신의 기부로 만들어진 우물에 이름을 붙일 수 있고, 이 우물의 모습은 구글 어스로 확인할 수 있다. 셋째, 트위터 등 네트워크 사이트를 홍보에 적극적으로 이용했다. 해리슨은 "죄책감 때문이 아니라 즐거워서 기부할 수 있어야 한다"고 주장한다.(조선일보, 2009년 7월 14일자에서 가져옴.)

비영리 조직의 커뮤니케이션 활동은 기존 사회 권력에 대한 대안 세력으로서 활발한 사회 담론을 주도해 나갈 수도 있고, 지나친 기존 언론에 대한 의존이나 위계성에서도 벗어나 동반자적인 관계를 형성할 수도 있다. 또한 비영리 조직이 가지는 공공성으로 인해 지나친 조직 중심주의적인 활동에서 오는 자괴감을 극복할 수도 있다. 무엇보다도 비영리 조직의 커뮤니케이션 활동은 사회적인 약자를 대변하는 경우가 많다. 하지만 이러한 장점에도 불구하고 지금까지 직업으로서 비영리 조직은 세간의 관심을 크게 끌지 못했다. 그것은 조직의 영세성과 자원의 부족으로 인해서 갓 사회에 진출하는 초년병들에게 매력적인 일로 자리매김하는 데 실패했기 때문이다. 하지만 이러한 인식은 분명 잘못된 것이다. 금전적인 보상은 약할지 몰라도 사회적인 의미나 주관적인 만족에서는 비영리 조직이 훨씬 유리한 조건에 있다. 또한 이러한 자원 부족은 커뮤니케이션의 역할을 더욱 강조하게 하기도 한다.

기능주의적인 논의가 될 수 있지만, 커리어 패스라는 측면에서도 비영리 조직이 그렇게 나쁘지는 않다. 어떤 사회적인 정의를 위해서 자신의 평생을 바친다는 것이 얼마나 개인적으로도 의미가 있는가? 또한 사회적인 필요라는 측면에서 앞으로 우리나라는 지역 단위, 지역사회 단위의 비영리 조직 운동이 매우 필요한 시점이 되고 있다. 지금까지는 전국 단위의 전문적인 운동가들이 비영리 조직을 이끌어 왔지만 이제부터는 지역사회 속에서 사람들과 의미의 공유를 이루고, 부정을 감시하며, 사회적인 정의를 실현하는 생활 커뮤니케이션 전문가의 시대가 다가오고 있다. 이제 공중 관계 커뮤니케이션 전문가가 비영리 조직에 눈을 돌리고 사회적인 의미를 실현하기 위해 노력해야 하는 시점이라고 할 수 있다. 커뮤니케이션과 관련된 전공 학생들의 분발이 요구된다.

한편 비영리 조직 활동에서 갈등 요소를 어떻게 해석할 것인가 하는 문제는 여전히 의문으로 남는다. 갈등은 분명 변화의 동력이고 조직원들을 결속시키는 동기이다. 우리나라의 많은 시민사회운동에서 갈등 요소를 들어냈을 때 존속할 수 있는 조직은 많지 않을 것이다. 분명 비영리 조직 활동을 투쟁 중심으로 가져갈 것인가, 아니면 장기적인 공중 관계의 증진으로 가져갈 것인가 하는 문제는 쉬운 결정이 아니다. 이는 비영리 조직이 사회 안에서 힘을 획득하기 위한 방법과도 연관되어 있지만, 실제 사회의 권력 구조가 어떻게 이루어져 있는가와도 직접적으로 연결되어 있기 때문이다. 하지만 좀더 분명해지고 있는 것은 투쟁 중심의 비영리 조직 활동이 사회적인 지지를 획득하기가 점점 힘들어져 가고 있다는 것이며, 커뮤니케이션을 통한 전략적인 프로그램을 통해서 좀더 효과적이고 지속적인 방법으로 사회적인 힘의 균형을 맞추어 가는 것이 현재 시점에서 필요하다는 것이다. 갈등이 커뮤니케이션과 상존하기 힘들다는 생각을 없애는 것이 무엇보다 중요하며, 커뮤니케이션 활동을 통해서 좀더 지속적인 갈등 해소가 가능하다는 것을 인식할 필요가 있다.

이 책은 이제 비영리 조직의 활동이 투쟁 지향적이 되기보다는 좀더 커뮤니케이션 기능을 활용한 공중 관계 중심적인 활동으로 이루어져야 한다는 것을 생각하며 집필되었다. 지금까지 비영리 조직이 커뮤니케이션 캠페인의 효과를 극대화하지 못했던 것은 사회적인 힘의 불균형이 극심했던 것도 한 요인이지만, 비영리 조직 자체가 커뮤니케이션 역량을 갖추고 있지 못했던 것도 큰 원인이라고 할 수 있다. 커뮤니케이션 활동은 정당성에 기초하고 있기 때문에 효과적으로 사용된다면 비교적 자원의 불균형과 무관하게 사회적인 힘의 균형을 맞추는 데 기여할 수 있다. 이제 비영리 조직에 무조건적인 투쟁의 시대는 가고 커뮤니케이션을 통해서 장기적이고 지속 가능한 공중 관계를 도모하는 시대가 도래했다고 할 수 있다.

마지막으로 이 책은 언론을 통한 공정한 여론 형성을 믿지 않는다. 아식도 공정한 저널리즘에 대한 환상을 가진 사람이 있다면, 적어도 우리나라, 특히 현재 시점에서 공정한 저널리즘은 불가능하다고 할 수 있다. 우리나라의 언론은 자신이 공정한 여론을 형성하기 위한 공론의 장 역할을 하기보다는, 스스로 이해집단의 주체가 되어 여론을 이끌어 가기 위한 온갖 무리수를 감행하고 있다. 그런 상황에서 태연하게 공평무사한 저널리즘으로 돌아가는 것이 해법이라고 주장하는 것은 너무나 안이한 현실 진단이다.

이제 의제를 설정하는 기능은 언론에 독점적으로 주어지지 않고 누구에게나 열려 있다. 따라서 이 책은 공정한 여론이 형성되기 위해서는 무엇보다도 소스 간의 공정한 경쟁이 중요하다고 생각한다. 언론의 범위가 흐려지고, 일인 미디어와 블로거, 트위터가 각광받는 시대에 언론과 소스를 구분하는 것은 무의미하다. 하지만 소스 간의 힘의 균형은 무엇보다도 중요하다. 만약 기존의 사회 권력을 가진 사람들이 축적된 권력과 금력을 이용하여 여론을 조작할 수 있다면, 민주주의의 발전을 위한 공론의 장은 계속 제한될 것이다. 하지만 사회적으로 힘이 약한 사람들도 조직을 형성하고 창의적이고 공감할 수 있는 커뮤니케이션을 통해서 스스로 기존의 권력과 경쟁할 수 있는 힘을 키워 간다면 우리나라의 민주주의에도 희망은 싹틀 수 있다.

이 책은 그런 의미에서 사회의 소스 경쟁을 원활하게 하기 위해 사회적인 약자, 공공의 이익을 수호하려는 사람들이 어떻게 힘을 획득하고 커뮤니케이션을 통해서 공중과 공감할 수 있는가를 논의했다. 소스 경쟁은 이를 위한 새로운 개념이며, 비영리 커뮤니케이션은 이러한 소스 경쟁을 진작하기 위한 구체적인 방법을 의미한다. 비영리 조직이 커뮤니케이션 활동을 통해서 사회적인 힘의 균형을 회복하고 공론의 장을 확대해 나갈 때 공정한 여론 경쟁을 통한 숙의민주주의도 비로소 가능해질 것이다.

참고 문헌

감현주 · 김영욱(2007). "시민단체의 공적 소스 역할에 관한 연구: 성매매방지법 시행 관련 의제 속성 의존 중심." 커뮤니케이션학연구, 15(2), 5-32.

강상욱(2002). "NGO의 성장과 인적 자원의 특성에 관한 연구." 한국행정연구, 11(3), 3-31.

김광혁(2003). "정부와의 협력이 비영리 민간조직(NPO)에 미친 영향: 자활사업 참여기관을 중심으로." 전북대, 사회과학연구논집, 29(3), 71-100.

김동춘 외(2000). NGO(비정부기구)란 무엇인가. 서울: 아르케.

김신화(1997). "탈냉전시대의 국제 비정부단체(NGO)." 연세대 동서문제연구원, 동서연구, 9(2), 69-99.

김영욱(2002). 위기관리의 이해. 서울: 책과 길.

_____(2003). PR커뮤니케이션: 체계, 수사, 비판 이론의 통합. 서울: 이화여자대학교출판부.

_____(2005a). "PR커뮤니케이션 이론과 미디어 중심주의의 극복." 커뮤니케이션 이론, 1(1), 296-331.

_____(2005b). "비영리PR과 PR커뮤니케이션 이론의 확장: 공론장 논의와 수사학 패러다임의 적용." 한국광고홍보학보, 7(5), 7-40.

_____(2005c). "하버마스 의사소통 합리성과 PR커뮤니케이션 의미의 확장." 한국언론정보학보, 30(가을), 89-119.

_____(2006a). "뉴스 속성의 정부 소스 의존 정도: 행정수도 이전을 둘러싼 언론 보도와 정부 제공 이슈 속성의 관련성 중심." 한국언론정보학보, 32, 75-111.
_____(2007). "소스 경쟁과 의제 속성 의존: 스크린 쿼터를 둘러싼 정부와 시민단체의 영향력 분석." 한국언론정보학보, 39(가을), 140-177.
_____(2008). 위험, 위기 그리고 커뮤니케이션: 현대 사회의 위험, 위기, 갈등에 대한 해석과 대응. 서울: 이화여자대학교출판부.
김영욱 · 김찬아(2004). "비영리 기금 조성 활동의 상징적 현실에 관한 연구: 기부 관련 신문 특집 기사에 대한 환상 주제 분석." 한국비영리연구, 3(2), 73-119.
김영욱 · 박정윤(2006b). "PR커뮤니케이션 비판이론의 방향성에 관한 논의: 푸코와 하버마스를 중심으로 한 전개." 홍보학연구, 10(2), 125-167.
김원용 · 이동훈(2004). "신문의 보도 프레임 형성과 뉴스 제작 과정에 대한 연구." 한국언론학보, 48(4), 351-381.
김인춘(1997). "비영리 영역과 NGOs: 정의, 분류 및 연구 방법." 연세대 동서문제연구원, 동서연구, 9(2), 5-35.
_____(1998). "비영리 부문 연구의 이론적 고찰: 한국 비영리 부문 연구를 위한 시론." 연세대 동서문제연구원, 동서연구, 10(2), 5-40.
_____(2001). "한국의 비영리 영역: 문화예술 부문." 연세대 동서문제연구원, 동서연구, 12(2), 191-214.
김정린(2005). 비영리 조직 경영. 서울: 아르케.
김태룡(2002). "NGO들 간의 영향력 차이와 그에 따른 효과성에 관한 연구: 지방정부의 환경정책 결정과정과 관련하여." 한국행정학보, 36(2), 269-290.
김혁래(1997). "한국의 시민사회와 비정부단체(NGO)연구: 현황 및 발전전략." 연세대 동서문제연구원, 동서연구, 9(2), 37-68.
김혜경(1997). "OECD 회원국 개발 NGO의 활동 유형과 과제." 연세대 동서문제연구원, 동서연구, 9(2), 101-137.
김홍균(1997). "국가와 시민사회 그리고 비정부 조직: 서구와 한국의 비교연구." 연세대 동서문제연구원, 동서연구, 9(2), 139-163.
박상필(1999a). "비영리단체(NPO)의 정립틀 설립을 위한 이론적 논의." 한국행정

연구, 8(2), 159-182.

_____(1999b). "시민단체와 정부의 관계 유형과 지원체제." 한국행정학보, 33(1), 261-278.

_____(2000). "NGO 지도자의 사회적 배경과 인식에 관한 연구." 한국행정연구, 9(2), 118-152.

_____(2002). NGO와 정부 그리고 정책. 서울: 아르케.

_____(2005). Non-Government Organization(NGO). 서울: 아르케.

박상필 · 김상영(2000). "수동사회에서 능동사회로의 변형: NGO의 역할과 한계." 한국행정연구, 9(4), 164-197.

박성창(2000). 수사학. 서울: 문학과지성사.

박윤철(2003). "대만 시민사회의 성장과 비영리 조직의 활성화: 대만 특색의 기금회를 중심으로." 중소연구, 98, 13-36.

박재영(2003). 국제관계와 NGO. 서울: 법문사.

변충규(2009). "의료서비스에서 지각된 대기시간이 재이용 의도에 미치는 영향." 한국비영리연구, 8(1), 85-110.

사이벨, 볼프강 · 안하이어, 헬무트 편(2002). 제3섹터란 무엇인가: 비영리 조직에 대한 비교 연구. 노연희 옮김. 서울: 아르케.

설러먼, 레스터(2000). NPO(비영리기관)란 무엇인가. 이형진 옮김. 서울: 아르케.

손원익(2002). "NPO 및 기부금 관련 최근 동향." 한국조세연구원, 재정포럼, 73, 1-10.

시민운동정보센터. "2003 한국시민단체총람 조사 및 분석." www.kngo.net.

유석춘 · 김용민(2000). "한국 시민단체의 목적 전치 : 경실련과 참여연대를 중심으로." 연세대 동서문제연구원, 동서연구, 12(2), 5-38.

유석춘 · 장미혜(1998). "한국의 비영리 · 비정부 부문과 사회 발전: 연고집단을 중심으로." 연세대 동서문제연구원, 동서연구, 10(2), 121-144.

유팔무(1998). "비정부 사회운동단체의 역사와 사회적 역할: 시민운동과 정부와의 관계를 중심으로." 연세대 동서문제연구원, 동서연구, 10(2), 77-119.

_____(2001). "비영리 민간 부문(NGO)으로서의 사립대학과 정부의 사학정책."

연세대 동서문제연구원, 동서연구, 12(2), 147-169.

이근주(2000). "NGO 실패와 정부의 지원에 관한 연구: 환경 NGO를 중심으로." 한국행정학보, 34(1), 291-307.

이상화(1997). "하버마스의 사회분석틀에 대한 여성주의적 비판." 정호근 외 편. 하버마스 이성사회의 기획 그 논리와 윤리. 서울: 나남.

이태우(2001). 화해의 철학자 하버마스. 서울: 이문출판사.

이혜경(1998). "민간 사회복지 부문의 역사화 구조적 특성." 연세대 동서문제연구원, 동서연구, 10(2), 41-75.

_____(2001). "일본의 비영리 부문: 역사적 배경과 구조적 특성." 연세대 동서문제연구원, 동서연구, 13(1), 5-49.

電通總硏(1999). 지속 가능한 사회를 위한 시민경영학 NPO. 제진수 옮김. 서울: 삼인.

정무성 · 남석훈(2008). "사회복지조직에서의 조직동일시가 조직시민운동에 미치는 영향." 한국비영리연구, 6(3), 39-62.

정윤수(1996). "비영리 민간단체에 대한 정부지원 분석." 정부학연구, 6(2), 129-157.

정익준(2005). 비영리 마케팅. 서울: 형설출판사.

정진경(2002). "정부 지원 NGO의 조직 특성과 자원 획득에 관한 연구." 한국행정학보, 36(2), 231-247.

_____(2008). "비영리조직-정부 관계 측면에서 자원봉사센터 운영의 자율성에 관한 연구." 한국비영리연구, 6(3), 211-246.

조희연(2000). "한국 시민사회단체(NGO)의 역사, 현황과 전망." 김동춘 외 공저. NGO(비정부기구)란 무엇인가. 서울: 아르케.

_____(2003). "한국민간단체총람 1997년판, 2000년판, 2003년판의 분류와 조사의 성격." 시민의 신문(2003), 한국민간단체총람.

_____ 외(2001). NGO 가이드: 시민 · 사회운동과 엔지오 활동. 서울: 한겨레신문사.

주성수(2002). "정부-NGO 관계와 정부의 NGO 공모사업." 한양대학교 제3섹터연구소, 2002년 3월, www.ngp.hanyang.ac.kr/page2-5.htm.

_____ 외(2007). 한국 민주주의와 시민 참여. 서울: 아르케.

차희원(2001). "시민단체와 대응 조직체 간 갈등 해소를 위한 승승적 PR전략에 관한 연구: 시민단체의 커뮤니케이션 특성과 갈등 결과, 그리고 영향 요인을 중심으로." 이화여대 신문방송학과 대학원, 박사학위 논문.

하버마스, 위르겐(1995). 소통행위이론 I: 행위합리성과 사회적 합리화. 서규완 외 옮김. 서울: 의암출판.

_____(1997). 도덕 의식과 소통적 행위. 황태연 옮김. 서울: 나남.

_____(2001). 공론장의 구조변동: 부르주아 사회의 한 범주에 관한 연구. 한승완 옮김. 서울: 나남.

하승수 · 김현수(2007). "공익법인 지배구조의 현황과 법제도적 개선 방안." 한국비영리연구, 6(2), 41-88.

하승창(2001). 하승창의 NGO 이야기. 서울: 역사넷.

한겨레21(2009). "시장을 의심하는 당신, 떠나자, 폴라니의 세계로." 3월 30일자, 26-45.

한부영(2005). "독일 비영리단체의 역할과 과제." 한국비영리연구, 4(2), 75-100.

홍기수(1999). 하버마스와 현대철학. 울산: 울산대학교출판부.

황창순(1998). "한국 공익법인의 성격과 기능: 기업재단을 중심으로." 연세대 동서문제연구원, 동서연구, 10(2), 145-170.

_____(2001). "한국의 의료법인 : 비영리 조직의 관점." 연세대 동서문제연구원, 동서연구, 12(2), 171-190.

Alinsky, S. D.(1971). *Rules for radicals: A pragmatic primer for realistic radicals*. New York: Random House.

Avenhaus, R.(2002). Game theory. In V. A. Kremenyuk(ed.), *International negotiation: Analysis, approach, issues*. San Francisco, CA: Jossey-Bass.

Axelrod, R.(1984). *The evolution of cooperation*. New York: Basic Books.

Baron, J. & Spranca, M.(1987). Protected Values. *Organizational Behavior and Human Decision Processes*, 70(1), 1-16.

Bazerman, M. H. & Moore, D. A.(2008). *Judgment in managerial decision making*(7th eds.). New York: Wiley.

Berger, B. K.(2005). Power over, power with, and power to relations: Critical reflections on public relations, the dominant coalition, and activism. *Journal of Public Relations Research*, 17(1), 5-28.

Burke, E. M.(1999). *Corporatre community relations: The principle of the neighbor of choice*. Westport, CT: Quorum Books.

Bernays, E.(1928). *Propaganda*. Brooklin, NY: Ig Publishing.

Bernstein, P.(1997). *Best practices of effective nonprofit organizations: A practitioner's guide*. New York: The Foundation Center.

Bernstein, S.(1991). *Managing contracted services in the nonprofit agency*. Philadelphia: Temple University.

Bivins, T. H.(1999). *Public relations writing: The essentials of style and format*. Lincolnwood, IL: NTC/Contemporary Publishing Group.

Blumler, J.(1990). Elections, the media and the modern publicity process. In M. Ferguson(ed.), *Public communication: The new imperative*. London: Sage.

Blumler, J. & Gurevitch, M.(1995). *The crisis of public communication*. London: Routledge.

Bonk, K., Griggs, H., & Tynes, E.(1999). *Strategic communications for nonprofits*. San Francisco, CA: Jossey-Bass.

Booms, B. H. & Bitner, M. J.(1981). Marketing strategies and organizational structures for service firms. In J. Donnelly & W. R. George(eds.), *Marketing of services*. Chicago, IL: AMA.

Borchers, T. A.(2005). *Persuasion in the media age*. Boston, MA: McGraw-Hill.

Boris, E. T.(2006). Nonprofit organizations in a democracy: Varied roles and responsibilities. In E. T. Boris & C. E. Steuerle(eds.), *Nonprofits and government: Collaboration and conflict*. Washington, DC: The Urban Institute Press.

Boris, E.T. & Steuerle, C. E.(eds.)(1999). *Nonprofits and government: Collaboration and conflict*. Washington, DC: The Urban Institute Press.

Bormann, E.(1985). Symbolic Convergency Theory : A Communication Formulation. *Journal of Communication*, 35, 128-138.

_____(1990). *Small group communication theory and practice*. New York: Harper and Row.

_____(1995). Forum: Some random thoughts in the unity or diversity of the rhetoric of abolition. *The Southern Communication Journal*, 60(3), 266-274.

Brinckerhoff, P. C.(2003). *Mission-based marketing: Positioning your not-for-profit in an increasingly competitive world*. Hoboken, NJ: John Wiley and Sons.

_____(2004). *Nonprofit stewardship: A better way to lead your mission-based organization*. Saint Paul, MN: Wilder Center for Communities.

Broom, G. M. & Dozier, D. M.(1990). *Using research in public relations: Applications to program management*. Englewood Cliffs, NJ: Prentice-Hall.

Brown, B. R.(1968). The effects of need to maintain face on interpersonal bargaining. *Journal of Experimental Social Psychology*, 4, 107-122.

Bryson, J. M.(1995). *Strategic planning for public and nonprofit organizations*. San Francisco, CA: Jossey-Bass.

Burke, E. M.(1999). *Corporate community relations: The principle of the neighbor of choice*. Westport, CT: Quorum Books.

Burke, K.(1966). *Language as symbolic action: Essays on life, literature and method*. Berkeley: University of California Press.

_____(1969). *A grammar of motives*. Berkeley: University of California Press.

_____(1970). *The rhetoric of religion: Studies in logology*. Berkeley: University of California Press.

_____(1973). The rhetorical situation. In L. Thayer(ed.), *Communication: Ethical and moral issues*. New York: Gordon and Breach.

Cancel, A. E., Cameron, G. T., Sallont, M., & Mitrook, M.(1997). It depends: A Contingency theory of accommodation in public relations. *Journal of Public Relations Research*, 9, 31-63.

Carey, A.(1995). *Taking the risk out of democracy: Corporate propaganda versus freedom and liberty*. Urbana, IL: University of Illinois Press.

Center, A. H. & Jackson, P.(1995). *Public relations practices: Managerial case studies and problems*. Upper Saddle River, NJ: Prentice Hall.

Cermark, D. S. P., File, K. M., & Prince, P. A.(1994). A benefit segmentation of the major donor market. *Journal of Business Research*, 29, 121-130.

Cheney, G. & Dionisopoulos, G. N.(1989). Public relations? No, relations with publics: A rhetorical-organizational approach to contemporary corporate communications. In C. H. Botan & V. Hazelton(eds.), *Public relations theory*. Hillsdale, NJ: Lawrence Erlbaum Associates.

Cobb, R. W. & Elder, C. D.(1983). *Participation in American politics: The dynamics of agenda-building*(2nd ed.). Baltimore, MD: Johns Hopkins University Press.

Cohen, J. & Arato, A.(1992). *Civil society and political society*. Cambridge, MA: MIT Press.

Connors, T. D.(ed.)(2001). *The nonprofit handbook: Management*. New York: John Wiley & Sons.

Coombs, T.(1993). Philosophical underpinnings: Ramifications of a pluralist paradigm. *Public Relations Review*, 19(2), 111-120.

Cottle, S.(2000). Rethinking News Access. *Journalism Studies*, 1(3), 427-448.

_____(2001). Television news and citizenship: Packaging the public sphere. In M. Bromley(ed.), *No news bad news*. Harlow: Pearson Education.

_____(2003). News, public relations and power: Mapping the field. In S. Cottle(ed.). *News, public relations and power*. London: Sage.

Crable, R. E. & Vibbert, S. L.(1983). Mobil's epideictic advocacy: Observations of prometheus-bound. *Communication Monographs*, 50, 380-394.

_____(1985). Managing issues and influencing public policy. *Public Relations Review*, 11(2), 3-15.

Cragan, J. & Shields, D.(1998). Symbolic Convergence Theory. In *Understanding Communication Theory*. Boston : Allyn & Bacon.

Crimmins, J. C. & Keil, M.(1983). *Enterprise in the nonprofit sector*. Washington, DC: Partners for Livable Places.

Crystal, M.(2003). Negotiating under the cross: The story of the forty day siege of the church of nativity. *International Negotiation*, 8, 549-576.

Cutlip, S. M., Center, A. H., & Broom, G. M.(2000). *Effective public relations*(8th eds.). Upper Saddle River, NJ: Prentice-Hall.

Curtin, P. A. & Gaither, T. K.(2005). Privileging identity, difference, and power: The circuit of culture as a basis for public relations theory. *Journal of Public Relations Research*, 17(2), 91-115.

Cutt, J. & Murray, V.(2000). *Accountability and effective evaluation in non-profit organization*. New York: Routledge.

David, F. R.(1993). *Strategic management*. New York: Macmillan Publishing Company.

Davis, A.(2000). Public relations, news production and changing patterns of source access in british national media. *Media, Culture, and Society*, 22(1), 39-59.

_____(2002). *Public relations democracy: Public relations, politics and the mass media in Britain.* Manchester, UK: Manchester University Press.

Deacon, D.(1996). The voluntary sector in a changing communication environment: A case study of non-official news sources. *European Journal of Communication*, 11(2), 173-199.

Dees, J. G., Emerson, J., & Economy, P.(2002). *Strategic tools for social entrepreneurs: Enhancing the performance of your enterprising non-profit.* New York: John Wiley & Sons.

Donuhue, W. A., Ramesh, C., Kaufmann, G., & Smith, R.(1991). Crisis Bargaining in intense conflict situations. *International Journal of Group Tensions*, 21(2), 133-153.

Donohue, W. A. & Roberto, A. J.(1993). Relational development as negotiated order in hostage negotiation. *Human Communication Research*, 20, 175-198.

Donohue, W. A. & Taylor, P. J.(2003). Testing the role effect in terrorist negotiations. *International Negotiation*, 8, 527-547.

Dozier, D. M. Grunig, L. A., & Grunig, J. E.(1995). *Manager's guide to excellence in public relations and communication management.* Mahwah, NJ: Lawrence Erlbaum Associates.

Dozier, D. M. & Lauzen, M. M.(2000). Liberating the intellectual domain from the practice: Public relations, activism, and the role of the scholar. *Journal of Public Relations Research*, 12(1), 3-22.

Drucker, P.(1990). *Managing the non-profit organization: Practices and principles.* New York: Harper Collins.

Espy, S. N.(1986). *Handbook of strategic planning for nonprofit organizations.* New York: Praeger.

_____(1993). *Marketing strategies for nonprofit organizations.* Chicago, IL: Lyceum Books.

Fairclough, N.(1992). *Discourse and social change.* London: Polity.

Faure, G. O.(2003). Negotiating with terrorists: The hostage case. *International Negotiation*, 8, 469-494.

Feinglass, A.(2005). *The public relations handbook for nonprofits.* San Francisco, CA: Jossey-Bass.

Fine, S. H.(1981). *Marketing of ideas and social issues.* New York: Praeger.

_____(1990a). Introduction to social markeing. In S. H. Fine(ed.), *Social marketing.* Needham Heights, MA: Allyn and Bacon.

_____(1990b). A generic marketing plan. In S. H. Fine(ed.), *Social marketing.* Needham Heights, MA: Allyn and Bacon.

Fisher, W. R.(1984). Narration as a human communication paradigm: The case of public moral argument. *Communication Monographs*, 51, 347-367.

_____(1985a). The narrative paradigm: An elaboration. *Communication Monographs*, 52, 347-367.

_____(1985b). The narrative paradigm: In the beginning. *Journal of Communication*, 54, 74-89.

_____(1987). *Human communication as narration: Toward a philosophy of reason, value, and action.* Columbia: University of South Carolina Press.

Fishman, M.(1980). *Manufacturing news.* Austin: University of Texas Press.

Fox-McIntyre, M.(2001). Internet strategy for nonprofits. In T. D. Connors(ed.), *The nonprofit handbook: Management.* New York: John Wiley & Sons.

Frumkin, P.(2002). *On being nonprofit: A conceptual and policy primer.* Cambridge, MA: Harvard University Press.

Gamson, W. A. & Modigliani, A.(1989). Media discourse and public opinion on nuclear power: A constructionist approach. *American Journal of*

Sociology, 95 (1), 1-37.

Gamson, W. & Wolfsfeld, G.(1993). Movements and media as interacting systems. *The Annals of the American Academy of Political and Social Science*, 528, 114-125.

Gandy, O. H.(1982). *Beyond agenda setting: Information subsidies and public policy.* Norwood, NJ: Ablex.

Gans, H. J.(1979). *Deciding what's news: A study of CBS Evening News, NBC Nightly News, Newsweek and Time.* New York: Pantheon.

Garnham, N.(1986). The media and the public sphere. In P. Golding, G. Murdock, & P. Schlesinger(eds.), *Communicating politics: Mass communications and the political process*, Leicester: Leicester University Press.

Gitlin, T.(1980). *The whole world is watching: Mass media and the making and making of the new left.* Berkeley, CA: University of California Press.

Glasgow University Media Group(GUMG)(1976). *Bad news.* London: Routledge.

_____(1980). *More bad news.* London: Routledge.

_____(1982). *Really bad news.* London: Routledge.

_____(1985). *War and peace news.* Milton Keynes: Open University Press.

Gordon, J. C.(1997). Interpreting definitions of public relations: Self assessment and a symbolic interactionism-based alternative. *Public Relations Review*, 23, 57-66.

Gouldner, A.(1963). The norm of reciprocity: A preliminary statement. In E. P. Hollander & R. G. Hunt(eds.), *Current perspectives in social psychology.* New York: Oxford University Press.

Grunig, J. E.(1993). Image and substance: From symbolic to behavioral relationships. *Public Relations Review*, 19(2), 121-139.

_____(2000). Collectivism, collaboration, and societal corporatism as core professional values in pubic relations. *Journal of Public Relations Research*, 12(1), 23-48.

_____(2001). Two-way symmetrical public relations: Past, present, and future. In R. L. Heath(ed.), *Handbook of Public Relations.* Thousand Oaks, CA: Sage.

Grunig, J. E., Dozier, D. M., Ehling, W. P., Grunig, L. A., Repper, F. C., & White, J.(1992). *Excellence in public relations and communication management.* Hillsdale, NJ: Lawrence Erlbaum Associates.

Grunig, L. A., Grunig, J. E., & Dozier, D. M.(2002). *Excellent public relations and effective organizations: A study of communication management in three countries.* Mahwah, NJ: Lawrence Erlbaum Associates.

Grunig, J. E. & Hunt, T.(1984). *Managing public relations.* New York: Holt, Rinehart, & Winston.

Gutmann, A. & Thompson, D.(1996). *Democracy and disagreement.* Cambridge, MA: Harvard University Press.

_____(2004). *Why deliberative democracy?.* Princeton, NJ: Princeton University Press.

Habermas, J.(1975). *Legitimation crisis.*(T. McCarthy, Trans.). Boston, MA: Beacon.(Original work published 1973).

_____(1984). *The theory of communicative action, Vol. 1: Reason and the rationalization of society*(T. McCarthy, Trans.). Boston: Beacon.(Original work published 1981).

_____(1987). *The theory of communicative action, Vol. 2: Lifeworld and system*(T. McCarthy, Trans.). Boston: Beacon.(Original work published 1981).

_____(1989). *The structural transformation of a public sphere: An inquiry into a category of bourgeois society*(T. Burger & F. Lawrence, Trans.).

Cambridge, MA: MIT Press.(Original work published 1962).
_____(1990). *Moral consciousness and communicative action*. Cambridge, MA: MIT Press.(Original work published 1983).
_____(1998a). *The inclusion of the other: Studies in political theory*(C. Cronin & P. D. Greiff, Edited and Trans.). Cambridge, MA: MIT Press.(Original work published 1996).
_____(1998b). *On the pragmatics of communication*(M. Cooke, Edited and Trans.). Cambridge, MA: MIT Press.
Hall, S., Critcher, C., Jefferson, T., Clarke, J., & Roberts, B.(1978). *Policing the crisis: Mugging the state and law and order*. London: Macmillan.
Hallahan, K.(1996, August). *"Community" as the foundation for public relations theory/ practice*. Paper presented at the meeting of the Association for Education on Journalism and Mass Communication, Anaheim, CA.
_____(2000). Inactive publics: The forgotten public in public relations. *Public Relations Review*, 26, 499-515.
Hammack, D. C.(ed.)(1998). *Making the nonprofit sector in the United States: A reader*. Bloomington, IN: Indiana University Press.
Hansmann, H. B.(1980). The role of nonprofit enterprise. *The Yale Law Journal*, 89, 835-901.
Hatch, S. & Mocroft, I.(1983). *Components of welfare*. London: Bedford Square Press.
Hay, R. D.(1990). *Strategic management in non-profit organizations: An administrator's handbook*. New York: Quorum Books.
Hayes, R. E.(1991). Negotiations with terrorists. In V. A. Kremenyuk(ed.), *International negotiation: Analysis, approaches, issues*. San Francisco, CA: Jossey-Bass.
Heath, R. L.(1993). A rhetorical approach to zones of meeting and orga-

nizational prerogatives. *Public Relations Review*, 19, 141-155.

_____(2000). A rhetorical perspective on the values of public relations: Crossroads and pathways toward concurrence. *Journal of Public Relations Research*, 12(1), 69-91.

_____(2001). A rhetorical enactment rationale for public relations: The good organization communicating well. In R. L. Heath(ed.), *Handbook of public relations*. Thousand Oaks, CA: Sage.

_____(2004). Telling a story: A narrative approach to communication during crisis. In D. P. Millar & R. L. Heath(eds.), *Responding to crisis: A rhetorical approach to crisis communication*. Mahwah, NJ: LEA.

Heath, R. L. & Vasquez, G. M.(1996, May). Rhetoric as a basic for the socially responsibility. *Journal of Mass Media Ethics*, 4, 21-38.

Hendrix, J.(1998). *Public relations cases*(4th ed.). Belmont, CA: Wadsworth.

Herman, E. S. & Chomsky, N.(2002). *Manufacturing consent: The political economy of the mass media*. New York: Pantheon Books.

Herron, D. B.(1997). *Marketing nonprofit programs and services: Proven and practical strategies to get more customers, members, and donors*. San Francisco, CA: Jossey-Bass.

Hofstede, G.(1980). *Culture's consequences: International differences in work-related values*. Beverly Hills, CA: Sage.

Hudson, M.(2003). *Managing at the leading edge: New challenges in managing nonprofit organizations*. London: Directory of Social Change.

Jacoby, A. P. & Babchuk, N.(1957). Instrumental and expressive voluntary associations. *Sociology and Social Research*, 47, 461-471.

Jackson, P.(1982). Tactics of confrontation. In J. S. Nagelschmidt(ed.), *The public affairs handbook*. New York: Amacom.

James, E. & Rose-Ackerman, S.(1986). *The nonprofit enterprise in market economics, a monograph in the fundamentals of pure and applied series*. London: Harwood Academic Publishers.

Jamieson, K. H.(1988). *Eloquence in an electronic age*. New York: Oxford University Press.

Johnson, E. M. & Venkatesan, M.(2001). Marketing. T. D. Connors(ed.). *The nonprofit handbook: Management*. New York: John Wiley & Sons.

Karlberg, M.(1996). Remembering the public in public relations research: From theoretical to operational symmetry. *Journal of Public Relations Research*, 8(4), 263-278.

Kay, J.(1994). Lee Iacocca as debater and storyteller: Speeches concerning the problems and future of the automobile industry. In M. W. Seeger(ed.), *"I gotta tell you": Speeches of Lee Iacocca*. Detroit: Wayne State University Press.

Kearns, K. P.(1996). *Managing for accountability*. San Francisco, CA: Jossey-Bass.

Kendall, R.(1996). *Public relations campaign strategies: Planning for implementation*. New York: Harper Collins.

Kersten, A.(1994). The ethics and ideology of public relations: A critical examination of American theory and practice. In W. Armbrecht & U. Zabel(Hrsg.), *Normative aspekte der public relations*. Opladen, Germany: Westdeutscher Verlag.

Klein, K.(2004). *Fundraising in the times of crisis*. San Francisco, CA: Jossey-Bass.

Kohn A. & Piana, P.(2003). *Strategic restructuring for nonprofit organizations: Mergers, integrations, and alliances*. Westport, CT: Praeger.

Koteen, J.(1989). *Strategic management in public and nonprofit organizations*. New York: Praeger.

Kruckeberg, D. & Starck, K.(1988). *Public relations and community: A reconstructed theory*. New York: Praeger.

Leeper, R. V.(2001). In search of a metatheory for public relations: An argument for communitarianism. In R. L. Heath(ed.), *Handbook of public relations*. Thousand Oaks, CA: Sage.

Leichty, G.(1997). The limits of collaboration. *Public Relations Review*, 23, 47-55.

Leichty, G. & Springston, J.(1993). Reconsidering public relations models. *Public Relations Review*, 19, 327-339.

Leitch, S. & Neilson, D.(2001). Bringing publics into public relations: New theoretical frameworks for practice. In R. L. Heath(ed.), *Handbook of public relations*. Thousand Oaks, CA: Sage.

Lesly, P.(1991). *Lesly's handbook of public relations and communications*. Chicago, IL: Probus.

L'Etang, J. & Pieczka, M.(1996). Public relations education. In J. L'Etang & M. Pieczka(eds.). *Critical perspectives in public relations*. London: International Thomson Business Press.

Letts, C. W. Ryan, W. P., & Grossman, A.(1999). *High performance nonprofit organizations: Managing upstreams for greater impact*. New York: John Wiley & Sons.

Light, P. C.(2004). *Sustaining nonprofit performance: The case for capacity building and the evidence to support it*. Washington, DC: Brookings Institution Press.

Lim, T. & Choi, S.(1996). Interpersonal relationships in Korea. In W. Gudykunst, S. Ting-Toomey & Nishida(eds.), *Communication in personal relationships across cultures*. Thousand Oaks: Sage.

Lockhart, C.(1979). *Bargaining in international conflicts*. New York: Columbia University Press.

Lovelock, C. H. & Weinberg, C. B.(1989). *Public & nonprofit marketing*. Redwood City, CA: The Scientific Press.

_____(1990). *Public and nonprofit marketing*. San Francisco, CA: The scientific Press.

Manning, P.(2001). *News and news sources: A critical introduction*. London, Sage.

Marston, J.(1963). *The nature of public relations*. New York: McGraw-Hill.

Mason, D. E.(1996). *Leading and managing the expressive dimension: Harnessing the hidden power of the nonprofit sector*. San Francisco, CA: Jossey-Bass.

McCarthy, E. J.(1975). *Basic Marketing: A managerial approach*. Illinois: Richard Irwin.

McCarthy, T.(1978). *The critical theory of Jürgen Habermas*. Cambridge, MA: MIT Press.

Mckie, D.(2001). Updating public relations: "New science" research paradigms, and uneven developments. In R. L. Heath(ed.), *Handbook of public relations*. Thousand Oaks, CA: Sage.

McLaughlin, T. A.(2006). *Nonprofit strategic positioning: Decide where to be, plan what to do*. Hoboken, NJ: John Wiley & Sons.

McQuail, D.(1992). *Media performance: Mass communication and the public interest*, London: Sage.

Mickey, T. J.(2003). *Deconstructing public relations: Public relations criticism*. Mahwah, NJ: Lawrence Erlbaum Associates.

Miller, G. R.(1989). Persuasion and public relations: Two "Ps" in a pod. In C. H. Botan & V. Hazleton, Jr.(eds.), *Public relations theory*. Hillsdale, NJ: Lawrence Erlbaum Associates.

Miller, K.(1998). *Organizational communication: Approaches and processes*. Belmont, CA: Wadsworth Publishing Company.

Moffitt, M. A.(1994). A cultural studies perspective toward understanding corporate images: A case study of State Farm Insurance. *Journal of Public Relations Research*, 6(1), 41-66.

_____(2005). Comments on special issue public relations from the margins. *Journal of Public Relations Research*, 17(1), 3-4.

Morrow, J. D.(1994). *Game theory for political scientist.* Princeton, NJ: Princeton University Press.

Morton, J. & Weaver, C. K.(2005). A discourse perspective for critical public relations research: Life sciences network and the battle for truth. *Journal of Public Relations Research*, 17(1), 49-67.

Oster, S. M.(1995). *Strategic management for nonprofit organizations: Theory and cases.* New York: Oxford University Press.

Oye, K. A.(1985). Explaining cooperation under anarchy: Hypotheses and strategies. *World Politics*, 38, 1-24.

Parsons, T. & Edward, A. S.(1962). *Toward a general theory of action.* Cambridge, MA: Harvard University Press.

Phills, J. A.(2005). *Integrating mission and strategy for nonprofit organizations.* New York: Oxford University Press.

Pieczka, M.(1996). Paradigms, systems theory and public relations. In J. L. L'Etang & M. Pieczka(eds.), *Critical perspectives in public relations.* London: International Thomson Business.

Plowman, K. D.(2003, Summer). Theory in public relations brings sense to teaching communication theory. *Teaching Public Relations Monograph*, 60.

Price, V.(1992). *Public opinion.* Newbury Park, CA: Sage.

Pruitt, D. G.(1991). Strategic choice in negotiations. In J. W. Breslin & J. Z. Rubin(eds.), *Negotiation theory and practice.* Cambridge, MA: Program on Negotiation.

Putnam, R. D.(1988). Diplomacy and domestic politics: The logic of twolevel games. *International Organization*, 42(3), 427-460.

_____(1993). *Making democracy work: Civic traditions in modern Italy.* Princeton: Princeton University Press.

_____(1995). Bowling alone: America's declining social capital. *Journal of Democracy*, 6(1), 65-78.

Rados, D. L.(1996). *Marketing for nonprofit organizations.* Westport, CT: Auburn House.

Radtke, J. M.(1998). *Strategic communications for nonprofit organizations: Seven steps to creating a successful plan.* New York: John Wiley & Sons.

Reese-Schäfer, W.(1991). *Jürgen Habermas.* Frankfurt, Germany: Campus Verlag. 선우현 (1998). 하버마스: 철학과 사회이론. 서울: 거름.

Rice, R. & Atkin, C.(2000). *Public communication campaigns.* Thousand Oaks, CA: Sage.

Rochefort, D. A. & Cobb, R. W.(eds.)(1994). *The politics of problem definition: Shaping the policy agenda.* Lawrence: University Press of Kansas.

Rogan, R. G. & Hammer, M. R.(1994). Crisis negotiations: A preliminary investigation of facework in naturalistic conflict discourse. *Journal of Applied Communication Research*, 22, 216-231.

Roper, J.(2005). Symmetrical communication: Excellent public relations or a strategy for hegemony?. *Journal of Public Relations Research*, 17(1), 69-86.

Rubin, J. Z. & Salacuse, J. W.(1990). The problem of power in international negotiations. *International Affairs*, 4, 24-34.

Salacuse, J. W.(1999). How should the lamb negotiate with the lion?: Power in international negotiations. In D. Kolb(ed.), *Negotiation Eclectics.* Cambridge, MA: Program on Negotiation Books.

Salamon, L. M.(1992). *America's nonprofit sector: A primer.* New York: The

Foundation Center.

_____(1995). Of market failure, voluntary failure, and third party government: Toward a theory of government-nonprofit relations in the modern welfare state. In L. M. Salamon(ed.), *Partner in public sector: Government-nonprofit relations in the modern welfare state*. Baltimore, MD: Johns Hopkins University Press.

_____(1999). *America's nonprofit sector: A primer*. New York: Foundation Center.

_____(2002). *The state of nonprofit America*. Washington, DC: Brookings Institution Press.

_____(2006). Government-nonprofit relations from an international perspective. In E. T. Boris & C. E. Steuerle(eds.), *Nonprofits and government: Collaboration and conflict*. Washington, DC: The Urban Institute Press.

Salamon, L. M. & Anheier, H. K.(1996). *The emerging nonprofit sector: An overview*. New York: Manchster University Press.

_____(1997). *Defining the nonprofit sector: A cross-national analysis*. New York: Manchester University Press.

_____(1998). Social origins of civil society: Explaining the nonprofit sector cross-nationally. *Voluntas: International Journal of Voluntary and Nonprofit Organizations*, 9(3), 213-248.

Salem, P. E.(1993). A critique of Western conflict resolution from a non-Western perspective. *Negotiation Journal*, Oct, 361-369.

Sargeant, A.(1999). *Marketing management for nonprofit organizations*. New York: Oxford University Press.

Schelling, T.(1963). *The strategy of conflict*. London: Oxford University Press.

Schlesinger, P.(1990). Rethinking the sociology of journalism: Source strategies and the limits of media centrism. In M. Ferguson(ed.), *Public communication: The new imperatives*. London: Sage.

Schudson, M.(1991). The sociology of news production revisited. In J. Curran & M. Gurevitch(eds.), *Mass media and society*. London: Edward Arnold.

Schulz, M., Hatch, M. J., & Larsen, M. H.(2000). *The expressive organization: Linking identity, reputation, and the corporate brand*. New York: Oxford University Press.

Scriven, M.(1991). *Evaluation thesaurus*(4th ed.). Newbury Park, CA: Sage.

Seitel, F. P.(2001). *The practice of public relations*. Upper Saddle River, NJ: Prentice-Hall.

Shapiro, B. P.(1990). Marketing for nonprofit organizations. In D. L. Gies, J. S. Ott, & J. M. Shafritz(eds.), *The nonprofit organization: Essential readings*. Pacific Grove, CA: Brooks/Cole Publishing.

Shaw, R.(2001). *The activist's handbook: A primer*. Berkeley, CA: University of California Press.

Shoemaker, P.(1989). Public relations versus journalism comments on Turrow. *American Behavioral Scientist*, 33(2), 213-215.

Shoemaker, P. & Reese, S. D.(1996). *Mediating the message: Theories of influences on mass media content*. New York: Longman.

Sigal, L. V.(1973). *Reporters and officials: The organization and politics of newsmaking*. Lexington, MA: Lexington Books.

Smith, R. D.(2002). *Strategic planning for public relations*. Mahwah, NJ: Lawrence Erlbaum Associates.

_____(2003). *Becoming a public relations writer*(2nd eds.). Lincolnwood, IL: NTC.

Sohn, D. W. & Wall, J. A.(1993). Community mediation in South Korea: A city-village comparison. *The Journal of Conflict Resolution*, 37(3), 536-

543.

Spicer, C.(2000). Public relations in a democratic society: Value and values. *Journal of Public Relations Research*, 12(1), 115-130.

Stafford, L. & Canary, D. J.(1991). Maintenance strategies and romantic relationship type, gender and relational characteristics. *Journal of Social and Personal Relationships*, 8, 217-242.

Stein, M.(2001). Nonprofit success on the internet: Creating an effective online presence. In T. D. Connors(ed.), *The nonprofit handbook: Management*. New York: John Wiley & Sons.

Steiss, A. W.(2003). *Strategic management for public and nonprofit organizations*. New York: Marcel Dekker.

Stevenson, D. R.(1997). *The national taxonomy of exempt entities manual*. Washington, DC: National Center for Charitable Statistics and Foundation Center.

Stone, D.(1988). *Policy Paradox and Political Reason*, Glenview, IL: Scott Foresman/Little.

Susskind, L. & Field, P.(1996). *Dealing with an angry public: The mutual gain approach to resolving disputes*. New York: The Free Press.

Tetlock, P. E., Lerner, J., & Peterson, R.(1996). Revising the value pluralism model: Incorporating social content and context postulates. In C. Seligman, J. Olson, & M. Zanna (Eds.), *The psychology of values: The Ontario Symposium*. Hillsdale, NJ: Erlbaum.

Thomilson, T. D.(2000). An interpersonal primer with implications for public relations. In J. A. Ledingham & S. D. Brunning (Eds.), *Public relations as relationship management: A relational approach to public relations* (pp. 177-203). Hillsdale, NJ: Lawrence Erlbaum Associates.

Thompson, A. A. & Strickland, A. J.(1996). *Strategic management: Concepts and cases*. Boston, MA: Irwin/McGraw-Hill.

Toth, E. L.(1992). The case for pluralistic studies on public relations: Rhetorical, critical, and systems perspectives. In E. L. Toth & R. L. Heath(eds.), Rhetorical and critical approaches to public relations(pp. 3-15). Hillsdale, NJ: Lawrence Erlbaum Associates, Inc.

_____(1993). The case for pluralistic studies of public relations: Rhetorical, critical, and systems perspectives. In E. L. Toth & R. L. Heath(eds.), *Rhetorical and critical approaches to public relations*. Hillsdale, NJ: Lawrence Erlbaum Associates, Inc.

Toth, E. L. & Heath, R. L.(eds.).(1993). *Rhetorical and critical approaches to public relations*. Hillsdale, NJ: Lawrence Erlbaum Associates, Inc.

Turien, E.(1983). *The development of social knowledge: Morality and convention*. Cambridge University Press.

Turk, J. V.(1986). Public relations influence on the news. *Newspaper Research Journal*, 7(4), 15-27.

Vasquez, G. M.(1994). Testing a communication theory-method-message-behavior complex for the investigation of publics. *Journal of Public Relations Research*, 6, 291-316.

Vasquez, G.M. & Taylor, M.(2001) Research perspectives on "the public." In R. L. Heath(ed.), *Handbook of public relations*. Newbury Park, CA: Sage.

Vernis, A., Iglesias, M., Sanz, B., & Saz-Carranza, A.(2006). *Nonprofit organizations: Challenges and collaboration*. New York: Palgrave MacMillan.

Waelchli, H. & Shah, D.(1994). Crisis negotiations between unequals: Lessons from a classic dialogue. *Negotiation Journal*, April, 129-141.

Weitzman, M.(2002). *The new nonprofit almanac and desk reference*. San Francisco, CA: Jossey-Bass.

Wilcox, D. L., Ault, P. H., Agee, W. K., & Cameron, G. T.(2000). *Public*

Relations Strategies and Tactics(6th eds.). New York: Addison Wesley Longman.

Williams, B.(1981). *Moral luck: Philosophy papers 1973-1980*. Cambridge: Cambridge University Press.

Wilson, L. J.(1997). *Strategic program planning*. Dubuque, IA: Kendall-Hunt Publishing Company.

Wirth, E. M.(2001). Strategic media relations. In T. D. Connors(ed.), *The nonprofit handbook: Management*. New York: John Wiley & Sons.

Wolfsfeld, G.(1984). The symbiosis of press and protest: An exchange analysis. *Journalism Quarterly*, 61, 550-556.

_____(1991). Media, protest, and political violence: A transactional analysis. *Journalism Monographs*, 127.

Woodward, W. D.(2003). Public relations planning and action as "practical-critical" communication. *CommunicationTheory*, 13, 411-431.

Young, D. R.(1986). Entrepreneurship and the behavior of nonprofit organizations: elements of a theory. In S. Rose-Ackerman(ed.), *The economics of nonprofit institutions: Studies in structure and policy*. New York: Oxford University Press.

_____(1991). *Critical theory and classroom talk*. 이정화 · 이지헌 역(2003). 하버마스의 비판이론과 담론교실. 서울: 우리교육.

_____(2006). Complementary, supplementary, or adversarial? Nonprofit-government relations. In E. T. Boris & C. E. Steuerle(eds.), *Nonprofits and government: Collaboration and conflict*. Washington, DC: The Urban Institute Press.

Zartman, I. W.(2003). *Negotiating with terrorists. International negotiation*, 8, 443-450.

찾아보기

비영리 커뮤니케이션

사회적 약자와 공공 이익을 위한 커뮤니케이션 캠페인

펴낸날 1판 1쇄 2010년 1월 18일
2쇄 2011년 2월 25일
지은이 김영욱
펴낸이 최민숙
펴낸곳 이화여자대학교출판부
주소 서울특별시 서대문구 대현동 11-1(우 120-750)
등록 1954년 7월 6일 제9-61호
전화 02) 3277-2965(편집)
02) 362-6076(마케팅)
팩스 02) 312-4312
전자우편 press@ewha.ac.kr
인터넷서점 www.ewhapress.com
디자인 정혜진
찍은곳 네오프린텍

ISBN 978-89-7300-859-9 93320

값 19,000원